인종주의의 덫을 넘어서

인종주의의 덫을 넘어서

혼혈 한국인, 혼혈 입양인 이야기

초판발행일 2020년 10월 30일

편집진 캐서린 김 · 체리사 김 · 소라 김 러셀 · 메리 김 아널드
옮긴이 강미경
펴낸이 김도현
기획편집 황선미
표지디자인 스테파니 블랜던
디자인 스튜디오 아홉 임현주
인쇄제본 미래상상

펴낸곳 뿌리의집
등록 제300-2012-53호(2012년 4월 2일)
주소 03031 서울시 종로구 자하문로 125-10
전화 02-3210-2451~2
팩스 02-3210-2453
전자우편 admin@koroot.org
홈페이지 www.koroot.org

ISBN 978-89-968798-6-2 03330

이 도서의 국립중앙도서관 출판예정도서목록(CIP)은 서지정보유통지원시스템 홈페이지(http://seoji.nl.go.kr)와 국가자료종합목록시스템(http://kolis-net.nl.go.kr)에서 이용하실 수 있습니다. (CIP제어번호 : CIP2020044756)

책값 18,000원

*잘못된 책은 구입하신 곳에서 교환해 드립니다.
뿌리의집출판사는 한국사회에 입양에 대한 다양한 관점을 소개하고 입양담론을 다양화하기 위하여 해외에서 출판된 입양관련 서적을 번역출판하고 있습니다.

인종주의의 덫을 넘어서

혼혈 한국인, 혼혈 입양인 이야기

캐서린 김 · 체리사 김 · 소라 김 러셀 · 메리 김 아널드 엮음 | 강미경 옮김

뿌리의집
KOROOT

수-지 게이지Sue-Je Gege 박사님을 추모하며

이 책을 헌정합니다.

박사님은 딸로 자매로 어머니로 사셨습니다.

대학의 교수로 일하셨고 우리의 벗이기도 했습니다.

무엇보다도 박사님은 혼혈 한국인과

온 세계 혼혈인들의 목소리였습니다.

그녀는 깊은 사랑의 사람이었고

많은 사람들로부터 사랑받으셨습니다.

우리 혼혈 형제자매들에게

이 이야기들이 현재에 대한 이해에 빛을 드리우고,

미래에 대한 배려의 초석으로 이바지하기를.

우리 선조들의 고향 땅이 우리의 뼈 안에 살아 있듯이,

우리 경험의 지혜를 혼혈인 모두가

환영받는 세상을 만드는 데 씁시다.

목차

제4장 부정의를 이겨내는 삶

제5장 문화적 협상

제6장 우리의 유산

한국어판 서문

이 책은 각기 다른 관점과 삶의 경험을 가지고 있는 혼혈 한국인들의 목소리를 담고 있다. 책장을 넘길 때마다 펼쳐지는 우리의 긴밀한 이야기는 우리만의 정체성을 다룬다는 점으로 수렴하면서도, 우리가 처한 상황은 개인적인 요인들로 인해 제각각 다르다. 우리는 언제 어디서 태어났고 누구 밑에서 자랐는지, 어머니가 한국인인지, 아버지가 한국인인지, 아니면 부모가 양부모인지, 인종적으로 해당 국가에 동화됐는지, 주변 사람들이 우리의 다문화적 배경에 어떻게 반응했는지, 한국 문화가 '우리의 것'이라고 주장할 수 있을 만큼 그 문화에 익숙해질 기회가 주어졌었는지 등과 같은 개인적 요인의 조합에 따라 다른 경험을 한다. 그동안 우리는 시, 단편 소설, 회고담, 구술 역사, 산문 등 다양한 형태의 글을 통해 우리가 가진 다수의 정체성을 표현하면서 우리 삶에서의 중요한 순간들을 이야기해왔다. '한국인'의 자격 요건은 무엇이며, 한인 이주 사회의 구성원으로 받아들여지려면 어떤 경험이 필요한지에 대한 독자들의 이해를 넓힌다는 하나의 목표 아래 우리는 여전히 결집돼 있다. 이런 이야기가 너무나 오랜 시간 기존 담론에서 배제되어왔기에 이 책의 영어 판본을 한국어로 번역해서 한국 독자들에게 혼혈 한국인들의 이야기와 목소리를 담은 첫 번째 책을 선사하고자 한다. 그런 만큼 이 책은 국내와 한국디아스포라문학 양쪽에 이루 말할 수 없이 소중한 의미를 지닐 뿐만 아니라, 저마다 환경이 다른 혼혈 한국인들의 삶을 토대로 한 실증적 자료를 제시한다.

이 책에서 우리는 한국인이라는 정체성의 본질을 이루는 것은 혈통도 인종도 아닌 근·현대 한반도의 경험에 뿌리를 둔 공동의 역사라고 주장한다. 우리는 혼혈 한국인의 이야기가 식민주의, 분단, 그리고 전쟁의 잔재로 인해 여기저기 깨어지고 흩어진 한국인들의 이야기와 본질적으로 같다는 것을 보여주고 싶지만, 그렇게 인식되지 않는 경우가 많다. 사실 한국의 단일민족 또는 순수혈통주의 개념은 우리가 아무리 한국인이라고 주장하고, 우리 중 대부분이 한반도에서 태어나 그곳에서 초년기를 보냈음에도, 우리 같은 혼혈인들을 한국의 테두리 밖으로 밀어낸다. 아시아, 동유럽, 아프리카 등 세계 각지에서 결혼이주여성과 이주 노동자들이 들어와 한국이 빠르게 다문화사회가 되기 시작한 2000년대 초반부터 시민사회와 정치권의 논의에서 다문화주의가 중요하게 다뤄지고 있음에도, 여전히 많은 한국인들이 민족과 인종을 동일한 개념으로 여기기 때문에 조금이라도 다르다고 인식되는 사람들은 한국사회의 일원으로 받아들여지지 못하고 있다. 다양성을 고려한 최근의 정책들은 단일민족주의를 강조하던 과거의 민족주의를 벗어나는 것처럼 보이지만, 한국인들에게 내재된 정서를 바꾸고, 인식의 지평을 넓히려면 더 많고, 길고, 끈질긴 노력이 필요할 것이다. 이 책은 한국이 국민의 다양성에 관심을 가지고 한국사회를 재정의하고자 노력하는 점이 국가의 미래를 둘러싼 지속적 담론에 중요한 의제를 던지기 때문에 그 어느 때보다도 중요한 의미를 지닌다.

이런 사정을 감안할 때, 한국 동포들에게 단일민족주의와 순수혈통주의가 영원했던 것처럼 느껴진다 해도, 그 개념은 사실 식민지배 경험으로 거슬러 올라가는 비교적 최근에 만들어진 정서라는 점을 명심하라고 당부하고 싶다. '민족'이라는 용어는 1905년 한국이 일본에 외교권을 빼앗기고, 3년 뒤 독립운동가이자 저술가인 신채호가 『독사신론(讀史新論)』에서 처음 언급했다. 신채호는 생물학적 인종과 사회적 다윈주의에 관한 서구의 담론에 영향 받아 한국 역사는 민족의 역사라고 선언했다. 여기서 신채호가 말하는 민족은 수세기 넘게 외국의 침략을 겪으면서도 면면히 혈통을 이어온 단군의 후예들을 의미했다. 식민 정부가 한국인은 일본인보다 열등한 피를 물려받았다고 주장했기 때문에 민족을 인종적으로 명확하게 정의해서 이를 한국인의 필수요소로 못 박아야 할 필요성이 더욱더 커졌다. 식민 정부의 주장은 한국인을 이류 시민이라는 틀에 가두고, 한국인의 유산을 말소해, 일본 제국주의국가에 복속시키려는 목적에 사용되었다. 억압적인 식민지배의 트라우마로 인해 한국인의 인종적 정체성은 민족자결주의로 굳어졌다. 그 결과, 순혈주의 또는 단일민족주의가 한국인의 국민성과 정체성의 필수 요건으로 자리 잡게 되었다.

식민지 이후 시기에 들어와서도 민족자결주의는 한반도 전역에 걸쳐 또다시 대두되면서 통일을 둘러싼 담론의 핵심 주제로 자리 잡았다. 예를 들어 남쪽 체제는 국호를 대한민국으로 다시 정했는데, 여기서 '한'은 하나의 민족, 한민족을 뜻한다. 제1공화국의 공식 정책이기도 했던 이승만 대통령의 일민주의 또한 한국인을 단일 민족, 단일 인종으로 강조하는 가운데, 피와 민족의 개념을 더욱더 동일시하면서 북측과의 통일의 필요성을 강조했다. 그러나 한국의 단일민족 사상이 식민주의와 분단으로 인해 깨어진 민족을 정의할 때도 사용되면서, 이러한 이데올로기는 곧 혼혈로 불리게 되는 사람들을 한국인의 범주에서 사실상 배제해버렸다. 일본이 2차 세계대전에서 패배하고 식민지배 국가들을 포기하면서 광복을 맞았지만, 식민 지배의 고통이 끝나고 몇 년도 채 지나지 않아, 한국인들은 이번에는 미국 군대라는 형태를 띠는 새로운 외세의 유입을 목도해야 했다. 한때 일본 군대 소유였던 '위안소'는 미국 군대 전용으로 바뀌면서 이곳을 찾는 미국장병들과 친하게 지낸 여성들은 지역민들에게 따돌림을 당하며 양공주 또는 양갈보 같은 경멸 어린 이름으로 불렸다. 이는 이 여성들이 순수혈통을 거스른 반역자라는 시각을 여실히 보여주는 비속어였다. 1940년대 후반과 1950년대 초반 수 만명의 미군이 한국으로 물밀듯이 들어왔다 나갔다 했다. 짧은 복무 기간이 끝나면 그들은 제한적인 이민법과 동양인과 미국인 사이의 출산을 금지했던 군대 정책 때문에 사실혼 배우자, 내연녀, 그리고 많은 경우 아이들을 남겨둔 채 떠났다. 곧이어 미군 시설을 둘러싸고 있는 기지촌 주위에서 혼혈 아이들을 보는 것은 흔한 일이 되었고, 비혼모들이 자신의 가족은 둘째 치고 한국 정부나 미국 정부의 도움도 거의 받지 못하면서도 최선을 다해 자신의 아이들을 부양하고 있었다. 지역 주민들의 손가락질 속에서도 이 여성들은 연대하여, 모임을 만들어 공동육아를 실천했다.

한국전쟁은 미국에서 남한의 존재를 크게 알렸고, 국가의 전후 복구를 돕는 인도주의자, 자선가, 선교사, 자원봉사 단체 관계자 등 수천 명의 미국인이 한반도로 흘러 들었다. 이 기간에 미국인들은 그 동안 신경도 쓰지 않았던 혼혈 자손들에게 갑자기 관심을 보이기 시작했다. 미군이 오랜 시간 한국계 미국인 가정에 무관심했을 뿐만 아니라, 군인들이 한국인과 아이를 낳는 경우, 아내와 아이들로부터 그들을 떼어놓는 경우도 더러 있었다는 사실을 감안하면 아이러니가 아닐 수 없었다. 미국의 정치개혁가들은 혼혈아들이 한국 사회에서 외면당한 존재였다고 주장하며, 이들의 가족관계에 한국인 남성 가장이 없다는 이유로 종종 시민권이나 법적 지위를 얻지 못했다고 했다. 혼혈아동들의 한국에서의 낮은 지위와 이들의 고충을 알면서도 못 본 척 눈 감았던 미국 정부의 무관심이 알려지면서, 이에 대해 책임을 지는 것이 냉전하에서 아시아패권을 위해 들이는 노력의 의무라고 여겨졌고, 이러한 사실은 미국이 세계에서 누리는 지위에 부끄러움을 안겼다 . 그런 만큼 인도주의자와 자원봉사 단체 관계자들은 자기 아이를 생면부지의 외국인에게 보내고 싶어하지 않는 한국 어머니들을 설득하며, 미국인 부부들에게 이 아이들을 입양하라고 독려했다. 이들은 한국 어머니들에게 아이를 진정 사랑한다면 더 잘살고 강한 나라에서 아이들에게 더 나은 삶을 살 기회를 줘야한다는 얘기를 했다. 한국 정부는 소극적인 태도로 일관하며 혼혈아의 미국 입양을 허가했다. 이는 전쟁 이후 빠듯한 예산으로는 사회 복지에 지출할 돈이 거의 없었고, 그럴 돈이 있으면 차라리 북한과의 군사적 대치에 필요한 국방비로 사용하는 게 낫다고 판단했기 때문이다. 한편, 당국이 생각하기에 혼혈 한국인은 남한 체제의 단일민족성을 위협하기도 했다. 단적인 예로는 공산주의 세력이 혼혈아의 존재를 남한에 미국 제국주의가 판치고 있다는 증거라고 선전하자, 이승만은 "태평양에 떨어뜨리는 한이 있더라도" 혼혈아들을 나라에서 치워버리고 싶어한다는 소문이 나돈 것이다. 이와같은 정서는 대부분의 사람들이 혼혈한국인을 볼 때, 미국인 아버지가 있으니까 이들을 미국인으로 여기기 때문에 가능하다고 정당화되었다. 혈관에 한국인 아버지의 피가 흐르지 않기 때문에 많은 사람들이 이 아이들의 행복은 한국이 아닌, 그 아이들의 아버지 나라에 달려 있다고 믿었다.

따라서 이 책의 일부는 우리 어머니들 대다수가 한국인이라는 점에서 젠더, 유교적 가부장제 사회 구조 속에서의 여성의 지위, 그리고 국적, 즉 국가로부터의 법적 지위를 얻는 것이 오직 친족체계를 통해 대물림 됐던 방식에 대한 이야기이기도 하다. 1998년이 되어서야 비로소 여성들은 호주(戶主)에게 청원하지 않고도 자녀를 가족으로 등록할 수 있는 권한이 생겼고, 2005년에는 법적으로 아이가 엄마의 성을 따를 수 있는 것을 허락 받았다. 그런가 하면, 2008년에는 수십 년에 걸친 여성운동과 페미니즘 진영의 로비 끝에 호주제 자체가 폐지되었다. 그 전에는 한국인 어머니 밑에서 태어난 혼혈 한국인들은, 외국인 아버지가 친권을 인정하지 않거나 외국으로 입양되지 못하면 계속 무국적자로 남아 있었다. 실제로 이러한 역사를 거치는 내내 한국 여성들은 국가의 자궁 역할, 즉, 단일민족의 혈통을 이어가고, 다른 인종과 섞이지 않게 이를 보존하는 역할을 수행해야 했다. 한국인들이 미군기지 주변에서 일하던 기지촌 여성들을 멀리했던 이유 중 하나는 그들이 약한 국력을 상징하고, 남성적(masculine) 보호를 제공해주는 강한 외국 군대에 종속된 자신들의 여성적(feminine) 처지를 상기시켰기 때문이다. 이러한 젠더/성애화 역학(남성 지배, 여성 복종을 정상적 원칙으로 보는 것)은 한국의 일부 역사가들이 2차 세계대전 이후 몇 십 년 동안 일본군 '위안부' 여성들의 고통을 부인하며, 이 여성들이 외국 군인들과 피와 살을 섞어 국가의 얼굴에 먹칠을 하고, 단일민족의 혈통을 외부인으로부터 보존하지 못하게 한 매춘부 또는 창녀라고 불렀던 이유이기도 하다. 이 여성들은 오랜 세월 수치심에 자신의 경험을 숨기고 살았다. 그러다 선구적 학자들과 범세계적 여성운동이 이 문제를 수면 위로 끌어내고 나서야, 20세기 초반 일본이 한국민들에게 저지른 범죄를 폭로하는 생생한 증거로 자리매김하고, 나아가 국가간의 갈등 프레임을 넘어서서 보편적인 여성인권과 전시하의 성폭력에 대항하는 운동으로 확장되었다. 반면에 미군을 상대하는 기지촌 여성들은 '위안부 여성들'과 비슷한 경험을 했음에도 아직 그들의 이야기는 덜 가시화되었다.

20세기를 돌아보면 한국은 독재 정권, 군사 독재, 급격한 경제 발전 같은 역동적인 변화를 경험하면서도 단 한 가지만은 줄기차게 변하지 않았다. 바로 단일민족 또는 한민족이라는 개념이다. 그런 만큼 혼혈 한국인들은 조직적 경로를 통해 해외로 입양됐고, 그렇지 않고 한국 사회에 남아 있는 사람들은, 더러 대중 음악가나 운동선수로 성공하기도 했지만 그것은 극히 드문 경우였을 뿐, 한국 사회에 통합되는 데 어려움을 겪었다. 그와 동시에 많은 한국인들이 한국의 혼란과 불안정성, 그리고 트라우마에서 벗어나고 싶다는 강렬한 심리적 욕구 아래 마음의 평화와 안정을 찾아 외국으로 이주하기 시작했다. 예를 들어 초창기의 미군과 결혼하여 이주한 여성들이나 입양인들의 뒤를 이어, 한국인들은 미국으로 이주하여 새로운 공동체를 형성하며 다양한 인종적 배경을 지닌 미국인들과 교류의 물꼬를 터 나갔다. 이와 같은 교류를 통해 혼혈 한국인들이 태어나면서, 이들은 역사적으로 서구의 노예제와 시민권을 보호했던 하위 혈통(미국 등의 다인종 사회에서 인종 간 결혼으로 인해 혼혈 자녀가 생겼을 때 인종 분류를 양친 중 더 낮은 사회적 지위의 인종 쪽으로 분류하는 것: 옮긴이) 전통으로 인해 인종적으로 지배 계층인 백인으로 인정받을 수 없었다. 하얀 피부색이 곧 문화적 시민권과 정치적 힘을 뜻하는 나라들에서 혼혈 한국인은 또 다시 본인의 것이라고 여긴 사회에서의 소속감과 온전한 편입을 배제 당한 채 영원히 국외자로 남아 있어야 했다. 한국인들은 미국과 유럽에서는 혼혈 한국인을 동양인으로 본다는 소리를 들으면 대부분 깜짝 놀라며 이렇게 반문한다: "한국인의 눈에는 그렇게나 외국인처럼 보이는 사람들이 서양인 눈에는 어떻게 동양인으로 보일 수 있단 말인가?" 그러나 이것은 사실이다. 많은 경우 혼혈 한국인은 동양에서 외국인 취급을 받고, 서구에서도 국외자 취급을 받는다.

20세기 후반 들어, 세계 곳곳의 망명자들과 이주민들이 부와 기회를 찾아 한국에 오면서 한국은 새로운 세계화 시대를 맞이하고, 상업과 노동의 최종 목적지로 각광받게 되었다. 그와 동시에 한국의 출산율 감소와 고령화를 둘러싼 논의는 어떤 가족의 형태가 한국인으로 인정되는지에 대한 정의를 다시 정립할 필요성을 느끼게 했다. 이는 정부가 단일민족이라는 공식적 화두에서 탈피해 아시아, 동유럽, 아프리카 등 배경이 각기 다른 혼혈 가족들의 동화(同化)에 집중한 다문화주의로 화두를 옮겨갔다. 이러한 분위기를 반영하듯 2006년에는 다문화 가족의 역사도 포함될 수 있도록 공교육 커리큘럼을 다시 짰으며, 2007년에는 '단일 민족'이 라는 용어가 교과서에서 사라졌다. 한국 사회를 다문화사회로 재건하려는 분주한 움직임은 많은 점에서 예전에 그토록 강조했던 단일민족 이데올로기와의 결별을 의미한다. 그러나 이 책의 이야기들을 통해서도 드러나듯이, 혼혈 한국인의 역사 대부분은 한국사에 새로 추가된 다문화 가족의 역사에서 포함되지 않았다. 다문화 가족의 경우 외국 군대의 점령이라는 아픈 역사와 무관하기 때문에 제한적으로나마 한국에 통합되고 있는 듯하다. 그들의 이야기는 한국의 세계화와 민족국가 간 위계질서 안에서의 지위 격상을 의미하기 때문에 한국인들이 좋게 여길 수 있는 이야기다. 따라서 이러한 흐름에서 일어난 다양한 교류와 친밀감은 국가적 수치를 상징하기 보다는 진보와 변화의 부산물 정도로 볼 수 있다. 그렇더라도 한국 사회가 이주민 모두를 차별 없이 동등하게 포용하려면 아직도 갈 길이 멀다. 이주 가정은 표면적 또는 이데올로기적 차원에서만 지원받고 있을 가능성이 있고, 다름과 다양성에 대한 상호 존중이 아니라 오로지 동화만 강조한다면, 많은 사람들이 인종적 다수 집단에 비해 상대적으로 높은 빈곤율과 낮은 수준의 교육 기회를 경험하는 취약계층에 머무를 수 있다.

이러한 역사를 간략히 살펴보면서 명확해지는 점은, 혼혈 한국인의 이야기가 한반도와 한국인을 규정하는 지배적인 이해에 대한 개입을 할 수 있을 뿐만 아니라, 지금의 한국이 있게 된 역사적 과정을 대변할 수 있다는 것이다. 19세기 말 이후로 한반도는 식민주의와 분단, 전쟁과 군국주의, 독재정권, 급속한 경제 발전과 세계화 등 전 세계 그 어떤 국가보다 격동적인 변화를 거쳐왔다고 해도 과언이 아니다. 이러한 순간들은 우리의 집단 역사에서 한국인의 정신을 형성해왔다. 이러한 역사적 순간들은 우리를 단결하게 한다. 따라서 혼혈 한국인들의 이야기는 종종 그 사실이 잊히긴 해도 본질적으로 한국인들의 이야기다. 누구든 한반도를 -일부든 전부든- 자기 고향이라고 주장한 적이 있는 사람이라면 이들의 이야기가 마음에 와 닿을 것이다. 그리고 이들의 이야기는 우리의 공유된 역사에 대한 교훈을 주고, 우리의 미래에 대한 희망과 방향성을 제시해줄 것이다.

유리 둘런Yuri Doolan은 브랜다이스 대학교(Brandeis University) '사학, 여성 · 젠더 · 섹슈얼리티 학과(History and Women's, Gender and Sexuality Studies)' 부교수이자 아시아아메리칸태평양섬주민연구소 소장이면서 『최초의 아메라시안: 기지촌 출신의 혼혈 한국인이 미국인이 되기까지 The First Americans : Mixed Race Koreans from Camptown to American』(옥스퍼드 대학교 출판부, 출간 예정)의 저자이기도 하다.

감사의 글

"백지장도 맞들면 낫다."

—한국 속담—

한국의 조그만 시골 마을에는 예부터 '품앗이'라는 전통이 있다. 공동체를 이롭게 할 목적으로 노동을 수집 또는 취합하는 관행이라고나 할까. 농사짓는 집에서는 마을 여성들의 품앗이를 활용해 쌀 수확과 김장처럼 손이 많이 가는 일을 해결했다. 우리 조상들이 채택한 이러한 관습, 공동의 선을 위해 서로 돕는 이러한 전통은 이 책 『인종주의의 덫을 넘어서 : 혼혈 한국인, 혼혈 입양인 이야기*Mixed Korean : Our Stories*』가 결실을 맺는 데에도 한몫 톡톡히 했다.

작가, 화가, 편집자, 디자이너, 자금 제공자, 컨설턴트, 종교인들이 각각 이 책의 탄생을 가능케 한 마을의 일부인 셈이다. 옛날에 품앗이는 서로의 가정사를 잘 아는 주민들 사이에서 이루어졌다. 기고가들 대다수가 서로 만난 적은 없어도 우리는 한때 슬픔과 고난에 젖어 있었지만 그와 동시에 희망과 의지와 회복력도 강했던 한반도와 우리를 다시 묶어주는 유산을 함께 나누는 가족이다. 우리 중 몇몇은 한국전쟁 기간에 태어났고, 또 몇몇은 격동은 줄었지만 혼혈인을 멀리하는 분위기가 여전하던 시기에 이 세상에 왔다.

우리 중 대다수는 입양된 가정에서 자랐지만 생물학적 부모와 형제자매들과 함께 자란 경우도 더러 있다. 그런가 하면 친척들과 같이 살다가 어느 날 생면부지의 사람들과 가족으로 함께 지내야 했던 사람들도 있다. 그러나 혼혈 한국인으로서 우리는 공통점도 많다. 우리 대부분은 어렸을 때 우리 스스로를 별종으로 여겼다. 우리는 한국 사람처럼 보이지도, 그렇다고 흑인처럼 보이지도, 백인처럼 보이지도, 한마디로 어느 한 집단에 제대로 소속된 것처럼 보이지 않았다. 우리는 교실에서, 언론에서, 군중 틈에서 우리처럼 보이는 혼혈 얼굴을 찾아 나섰지만 우리와 비슷한 얼굴은 거의 없었다. 하지만 이제 우리는 서로를 찾아냈고, 저마다 독특한 개인이지만 우리 사이에는 동지애가 있다.

우리는 이 책에 활기를 불어넣기 위해 한 자리에 모인 우리 책 마을 사람들에게 정말 감사하고 있다. 무엇보다도 출판 경비 전액을 흔쾌히 부담해준 토머스 박 클레멘트에게 심심한 감사의 뜻을 전한다. 한국계 미국인 및 한국인 입양인 단체들에서 진행하는 다양한 프로젝트에 대한 그의 후한 자금 지원은 많은 사람들의 삶에 유의미한 영향을 미쳤다.

놀라운 표지 그림을 상상해내 부드러운 붓놀림으로 그 상상을 형상화한 재키 리로도 알려진 스테파니 블랜던에게도 고마운 마음을 전한다. 그녀의 뛰어난 작품은 우리가 기대했던 것 이상이다.

이 책이 출간되기까지 물심양면으로 도움을 주고 혼혈 한국인을 한국 사회의 없어서는 안 되는 한 부분으로 인정해준 KoreanAmericanStory.org의 HJ 리에게도 심심한 사의를 전한다. 이 책에 이야기를 실었을 뿐만 아니라 이 프로젝트의 중요성을 알리는 글을 써서 결과적으로 다른 사람들도 기고하도록 유도한 조엘 피터슨에게도 고마움을 전한다.

프로젝트 초기 단계에서 지원을 아끼지 않은 돈 톰린슨에게도 감사의 뜻을 전하며, 우리가 정말 필요할 때 선뜻 자원봉사자로 나서 통번역 작업을 도와주었을 뿐만 한국어와 한국 문화에 대한 지식을 아낌없이 나누어준 케이트 조와 소라 김 러셀에게도 고마운 마음을 전한다. 교열 작업을 해준 데 대해 다시 소라 김-러셀과 메리 김 아널드에게도 심심한 사의를 전한다. 소라와 메리 김은 이 책에 실린 이야기들을 하나하나 꼼꼼히 살피며 글쓴이들의 목소리는 그대로 두면서 문법, 철자, 흐름을 바로잡아주었다.

이 책의 탄생 배경과 목적을 한눈에 알 수 있게 해주는 아름다운 서평은 학자 겸 교수인 수-지 게이지 박사가 자신의 개인적 관점에 학문적 지식을 엮어 한 올 한 올 공들여 짠 결과물이다. 작가 맷 나이트는 출판 계약과 관련해 의견을 주었을 뿐만 아니라 이 책 작업을 할 때도 우리를 도와 많은 시간을 기꺼이 내주었다.

유지니아 김에게도 매우 특별한 감사를 전한다. 솔직히 그녀가 없었다면 일이 어떻게 됐을지 우리도 잘 모르겠다. 유지니아는 이 책의 중요성을 굳게 믿고선 우리 일에 뛰어들어 편집 작업을 도왔다. 그녀는 일단 배에 올라타자 새로 뭔가가 필요할 때마다 작가이자 인터뷰 진행자, 그리고 디자이너로서의 자신의 기술을 활용해 책 편집에 끝없는 시간을 투자했다. 유지니아는 여러 방면에 남다른 재주가 있지만 전문가로서의 기술은 둘째 치고 언제나 따뜻하고 친절하고 힘을 북돋워주는 사람이다. 이 프로젝트에 그녀는 진정한 선물이었다.

마지막으로 이 책에 이야기를 실은 모든 이들에게 고맙다는 인사를 전하고 싶다. 몇몇은 작가로서, 소설가로서, 시인으로서 이미 자리를 잡았고, 또 몇몇은 조만간 책을 내서 자타공인 작가가 될 꿈을 키우고 있다. 그런가 하면 처음으로 자기 이야기를 써본 초보자들도 있다. 품앗이가 그렇듯 각각의 작품은 최종 목표를 달성하는 데 똑같이 중요하다. 여러분의 너그러운 마음이 없었다면 이 책 『인종주의의 덫을 넘어서 : 혼혈 한국인, 혼혈 입양인 이야기*Mixed Korean : Our Stories*』는 불가능했을 것이다. 우리 이야기를 세상에 알리는 데에는 용기가 필요하다. 우리는 우리의 이야기를 통해 다른 사람들도 자신의 이야기를 당당히 드러낼 힘을 얻기를 희망한다.

수석 에디터 **캐서린 김**

에디터 **세리사 김**

서문

'반-한국인' 에서 '반'이라는 것은 무엇을 뜻할까? 이 질문에 답을 찾으려는 우리의 여정은 끝이 없다. 혈통은 역사적, 정치적으로 경계를 구분하는 수단의 하나, 즉 불평등과 우리 대 저들이라는 구조를 지탱하는 도구로 기능했다. 인종은 신체적 차이에 대한 피상적 인식에 기대는 권력 체계를 계속해서 유지하게 해주는 사회, 정치 구조로 출발했다. 한국 사회의 '핏줄'과 그 순수성을 둘러싼 개념은 제국주의에 대항해 사회적으로 만들어진 결과물이었다. 민족주의적 자부심은 민족적/인종적 헤게모니라는 신화에 의존하지만 거기에는 인간의 희생이 따른다. 그 대가는 대대로 언저리에 있는 사람들, '피가 섞인' 사람들과 '인종이 섞인' 사람들, 그리고 그들을 낳은 어머니들이 치렀다.

1970년대 초반 한국 이민자 출신의 홀어머니 밑에서 태어나 혼혈 한국계 미국인 여성으로 살면서 치러온 그간의 경험은, 내가 혼혈 한국인들과 함께 일을 하게 된 데 상당히 큰 영향을 미쳤다. 자라면서 우리는 전쟁으로 폐허가 됐으면서도 신비로운 한국에서 우리 어머니가 어떻게 살았는지에 대한 이야기들을 들었다. 미국에서 우리는 미국 인구 전체, 그 중에서도 특히 백인 미국인이 한국 이민자들에게 쏟아내는 인종 차별, 계급 차별, 성 차별과 부딪칠 때마다 깊은 소외감을 느꼈다. 나의 스승 가운데 한 분인 로저 자넬리 박사가 언젠가 내게 이런 질문을 던졌다. "혼혈 한국인들이 직접 한국을 찾는 걸 보면서 무슨 생각을 했나?" 나는 그의 질문에 한참을 곰곰이 생각했다. 사실 나는 나 나름의 생각을 가지고 한국에 갔었다. 나는 한국의 혼혈 한국인들 사이에서 일종의 공동체 의식을 찾을 수 있겠거니, 한국에 사는 혼혈 한국인들의 경험 중 많은 부분이 서로 비슷하겠거니 기대했다. 하지만 두 가지 추측 다 틀렸다.

특히 인종 차별 같은 차별과 관련해서는 비슷한 점이 꽤 있었지만 폭력적이고 개인적인 경험은 매우 다를 때가 많았다. 하지만 그동안 내가 들어온 이야기들과 이 책에 나오는 이야기들에는 두 가지가 특히 두드러진다. 다름 아니라 인간의 회복력이 지니는 힘과 지금의 우리를 빚어내기까지 우리가 소중하게 간직해 온 사랑의 기억이다.

나의 외할아버지와 이모들이 미국으로 이주하면서 우리는 생애 처음으로 가족을 느꼈고 그분들의 사랑을 통해 한국적인 것에 대해 많이 배웠다. 언젠가는 내 발로 직접 한국에 갈 것 같았다. 대학 졸업 후 나는 풀브라이트 영어교육 사업의 일환으로 1995년부터 1996년까지 일 년을 한국에서 생활하며 가르쳤다. 그 한 해 동안의 경험은 인종 차별은 미국에만 국한되지 않으며, 나의 신체적 차이는 그곳에서도 나를 다르고 열등한 존재로 낙인찍는다는 것을 보여주었다. 하지만 나의 부족한 한국어와 미국 시민권은 한국인들 사이에서의 나의 위치를 낮추는 동시에 높이는 역할을 하며 나를 바라보는 사람들의 시선을 어느 정도는 설명해주었다. 그때 나는 미혼모 밑에서 태어나 자란 한국의 나 같은 사람들이 궁금했고, 조금이라도 더 알기 위해 내 열정을 쏟았다. 그 첫 한 해 동안 나는 한국에 있는 미군 기지에 자주 들러, 나처럼 생긴 사람들과 나의 어머니처럼 보이는 어머니들과 내가 한 번도 보지 못한 아버지일지도 모르는 미국 군복 차림의 남자들을 훔쳐보곤 했다.

세 번째로 든 생각은 한국 사람들은 한국계 미국인의 경험에 대해 미국 사람들보다 더 많이 알 것이며, 이런 인식 때문에 한국에는 포용과 반차별을 지향하는 정책들이 상대적으로 많지 않을까 하는 것이었다. 그러나 이번에도 내가 단단히 잘못 생각했던 것으로 드러났다. 한국인 대부분은 한국의 미군 기지에 있는 한국 여성들뿐만 아니라 한국계 미국인과 그 외 혼혈 한국인에 대해 매우 무지했다. 그 점에서는 미국도 마찬가지다. 알려는 마음도 없고, 군성 복합체military-sexual complex와 그것이 인간의 삶에 미치는 영향을 바꾸기 위해 뭔가를 해야겠다는 의지 또한 없다.

2002년 혼혈 한국인에 대한 연구를 시작한 이후로 나는 이런 생각들과 내가 배운 교훈들을 곰곰이 되짚어왔고, 그 결과 내가 그런 생각을 하게 된 이유뿐만 아니라 공동체 의식이 부족한 이유에 대해 더 많은 의문이 생겼다. 이러한 경험과 그런 경험에 대한 반응들이 왜 그렇게 제각각인지, 한국인과 미국인들은 어째서 혼혈 한국인들의 사연과 삶을 인정하려고도, 1945년 이후 계속되고 있는 차별의 기나긴 역사를 해소하려고도 하지 않는 건지. 새로운 사실을 알려주고 조언해주고 있는 그대로 받아들이게 해준다는 점에서, 여기 이 이야기들을 비롯해 혼혈 한국인들의 이야기는 매우 중요하다. 그들은 자신의 이야기를 통해 저마다의 소중한 힘을, 가장 어두웠던 순간을, 삶의 시련을 창의롭게 헤쳐 나가는 지혜를 우리에게 나누어준다. 혼혈 한국인들의 이야기가 활자화된 사례는 매우 드물며, 우리가 아예 들어보지도 못한 이야기도 많다. 예를 들어 하인즈 인수 펜클의 『내 유령 형의 기억*Memories of My Ghost Brother*』(1997), 토머스 클레멘트의 『잊히지 않는 전쟁 : 거리의 먼지*The Unforgotten War : Dust of the Streets*』(1998), 마이라 스타우트의 『우리의 밤나무 천 그루*Our Thousand Chestnut Trees*』(1999)는 혼혈 한국계 미국인으로서 화해와 정체성을 추구하는 각자의 삶에 대한 기록이다. 이 책에 실린 이야기들의 화자는 '절반' 또는 '섞인' 한국인이다. 그 중에는 해외 입양을 통해 미국이나 유럽의 흑인 가정과 백인 가정에서 자란 사람들도 있고, 친부모 그러니까 한국인 어머니와 군인 또는 외교관 아버지를 따라 이민 온 사람들도 있다. 그런가 하면 미국에서 태어난 사람들도 있고, 한국 남성을 아버지로 둔 사람들도 있다. 이 중에는 특히 이미 돌아가셨거나 아주 잠깐 만났을 뿐이거나 혼란스런 관계의 매개체라 하더라도 저마다 어둠 속의 환한 빛으로 가슴 속에 간직하고 있는 어머니의 사랑에 대한 느낌을 전하는 이야기가 많다.

모든 여정은 어떤 장소나 출생지, 첫 걸음 또는 오프닝 페이지로 시작된다. 이야기마다 시간, 장소, 사건을 특정할 수 있으며, 그런 사연들을 당당하게 밝힘으로써 화자들은 반추가 필요한 장소와 이유로 우리를 데려간다. 때로 그들은 우리가 떠나왔거나 우리를 떠난 장소들로 우리를 돌려놓기도 한다. 이 책의 이야기들과 아직 아무도 듣지 못한 많은 이야기들은 인간과 우리의 집단 역사가 지니는 무게와 가치를 가늠하게 한다. 여기 이 이야기들은 이민과 소외, 인종 차별과 폭력의 경험을, 끈기의 전략을, 생존 그 이상의 무언가를 희구하는 열망을 이야기한다. 여기 이 이야기들은 그 자체로 용기이자 지혜요 상상력이자 힘이며, 현재의 우리를 빚기까지 우리가 놓치지 않고 계속 지녀온 기억이기도 하다. 여기 이 이야기들은 정말 중요하다. 그 이유를 한 가지만 꼽으라면 무엇보다도 우리는 혼자가 아니라는 인식에서 오는 동질감을 제시해준다는 점이다.

수-지 리 게이지 박사 Sue-Je Lee Gage(1973년 7월 – 2020년 5월)
이타카 대학 인류학과 부교수를 역임했다. 한국계 미국인을 주제로 여러 편의 글을 써왔다.

제1장

어머니,
나의 어머니

모국어들

소라 김-러셀

나는 늘 바이링궐이 되고 싶었다. 글자 그대로 '두 개의 혀'를 의미하는 바이링궐이란 2개 국어에 능통한 사람이라는 말이다. 그 열망은 어렸을 때부터, 그러니까 유치원 때부터 시작해 학창시절 내내, 그리고 대학을 졸업해 사회인이 된 후로도 줄곧 나를 쫓아다녔다. 그러한 열망은 지금도 여전하다. 한국 문학을 영어로 번역하는 게 내 직업이다 보니 이미 바이링궐인 게 아니냐고 생각할지도 모르겠다. 하지만 입에는 2개의 혀도 없고 반반의 혀도 없다. 2개 국어에 능통한 사람들을 보면 두 언어를 모두 물 흐르듯 매끄럽게 구사한다. 그런 이들의 혀는 이쪽 강변과 저쪽 강변을 자유롭게 이어주는 다리이자, 때로는 그들이 한복판에 당당히 서서 어느 쪽으로든 마음 편히 목청을 높일 수 있는 곳이기도 하다. 거기에 비하면 나의 혀는 나를 한 방향으로만, 즉 영어 쪽으로만 데려다주는 운동장의 미끄럼틀이다. 그 반대 방향, 즉 한국어 쪽으로 되돌아가려면 나는 좀처럼 나를 받아주려 하지 않는 미끄럽고 경사진 금속판을 어설픈 자세로 힘겹게 올라가야 한다.

처음 서울에 와서 내가 한국어를 할 줄 안다는 사실에 누군가 놀라움을 표시할 때마다 나는 서둘러 내 신분을 알렸다. "어머니가 한국인이에요!" 이 언어에 대한 나의 권리를 의심받기라도 하듯 나는 괜히 흥분하며 선언했다. 하지만 시간이 지나도 좀처럼 늘지 않는 한국말에 언젠가부터 나는 이런 혼잣말을 되뇌기 시작했다. "공부 많이 했는데." 나는 현지인도 외국인도 아닌 세 번째 범주에 속한다. 사실 나는 한국어를 공부를 통해 습득하고 싶지 않았다. 굳이 일로 느끼지 않았던 아이 때 자연스레 이미 터득했었으면 한다. 나의 한국어가 언어정복의 산물이 아닌 상속물이었으면 좋겠다. 새삼 그게 나의 현실이 아니라는 사실을 느낄 때, 말 그대로 나의 모(의)국어인 한국말이 순순히 떠오르지 않을 때, 이 언어를 더 일찍 트지 못한 탓을 나한테 돌리게 된다.

언니의 첫 언어는 한국어였다. 당시 아버지께서 공군 현역으로 근무하고 계셨기에 사실상 어머니는 혼자서 우리들을 키우고 계셨고, 자연히 집안에서 사용되는 말은 어머니의 모국어인 한국어였다. 하지만 언니는 곧 군 기지에 있는 미국 학교의 유치원에 입학하면서 영어 때문에 힘들어했다. 종종 울며 집에 오는 언니를 보며, 어머니는 언니가 유치원에서 낙오하면 평생 낙오자로 살아야 할지도 모른다는 두려움에 하루아침에 영어만 쓰기 시작하셨다. 당시 두세 살배기인 오빠도 벌써 한국말을 좀 했다. 하지만 나는 한참 뒤, 영어만 사용하게 되어버린 가정에서 태어났다.

유치원에 입학하며 나는 언니와 정반대였다. 엄마에게 한국어를 배우고 싶다고 했다. 엄마는 매일 아침 등원 전 짧은 시간을 이용해 날 앉혀 놓고, 어디서 구하셨는지 어린이용 한글 교재를 펴주셨다. 생소한 자음 모음 옆에 친근한 그림을 곁들인 책이었다. '가방,' '나비,' '달님.' 아침마다 내게 한글을 가르치려고 무지 애쓰시던 엄마 옆에 앉아 있던 기억이 난다. 그 기억이 어찌나 생생한지 아직도 그 책을 넘길 때의 종이 질감과 두께가 느껴질 정도다. 하지만 어린 나는 끝내 한글을 떼지 못했다. 당연한 결과였다. 말은 하나도 못하면서 글자만 배운다는 게 별 의미가 없었다.

시간이 흘러 어른이 된 후, 한동안 나의 마음에는 나를 2개 국어자로 키우지 않은 엄마에 대한 원망이 가득했다. 원망하는 마음이 너무 커질 때면 둘 사이에 오가는 말 한마디 한마디가 따귀를 때리는 것처럼 얼얼하게 느껴져 차라리 엄마와 거의 말을 하지 않을 때도 있었다. 그러다가도 가끔은, 한국어가 모국어인 사람이라곤 찾아보기 힘들던 곳에서 거의 혼자다시피 우리를 키우신 엄마를 생각하면 이해가 가고도 남았다. 물론 엄마에게는 한국인 친구들이 있었다—멀리 살면서도 줄곧 친분을 유지하며 지내신 다른 군인 부인들, 어느 날 옆집으로 이사와 친구가 되신 한인 아줌마—하지만 어디에도 딱히 엄마가 우리에게 한국어를 물려주는 데 꾸준한 힘을 실어줄 만한 커뮤니티는 없었다.

결국 나는 스스로 배우기 시작했다. 대학교 삼학년 여름방학 때는 최소한 다섯 시간씩 수업을 들어야 하는 집중 강좌를 신청해 들었고, 졸업한 뒤에도 일년 동안은 매주 수요일마다 하루 종일 일한 후 한 시간씩을 길에 뿌려가며 저녁 강좌를 들으러 다녔다. 그러다 결국은 한국으로 유학까지 갔다. 한국어를 비교적 쉽게 익히는 일본인 반친구들을 따라잡으려고 씨름하며 하루에 네 시간씩 일 년을 꼬박 한국어 공부에 투자했다. 그렇게 노력했는데도 엄마와 한국어로 대화하기는 여전히 쉽지 않았다. 어색함에 둘 다 쭈뼛거리다 겨우 말이 떨어져도 끝내 대화로 이어지지는 않았다. 내가 뭔가 그럴듯한 말을 하면 그때마다 엄마가 영어로 "아니 네가 그 말을 어떻게 알아?"라며 감탄하시는 바람에 김이 빠지곤 했다. 그러기를 반복하다 차츰 우리의 시도는 흐지부지해졌고 결국 엄마는 기계적으로 통역해주는 옛날 습관으로 되돌아가셨다. 이제 나는 통역이 필요 없다고 아무리 상기시켜 드려도 엄마는 웃으면서 이렇게 말씀하시곤 했다. "네가 한국말을 할 줄 안다는 걸 깜빡했지 뭐니!" 엄마의 그런 웃음은 매번 해묵은 상처를 다시 헤집어놨고, 나는 그 후 며칠 동안 그 상처를 다독여야 했다.

어쩌다 엄마가 내게 한국어로 말을 걸 때면 대화 주제가 늘 음식이었다. 밥은 먹었니? 맛이 어때? 많이 먹어. 어때, 맛있어? 그 때문에 한국 음식, 한국 어머니들, 한국 어머니들의 음식에 관해 읽었던 이야기들이 무작정 싫어졌다. 우리한테는 대화 주제가 이거밖에 없는 걸까? 어째서 우리는 늘 누가 뭘 어떻게 입에 넣는 것에 관한 얘기만 하는 걸까? 나는 중요한 것들에 대해 얘기하고 싶었다. 엄마가 살아온 이야기를 한국말로 듣고 싶었다. 그저 내가 매일 뭘 먹는지 따위가 아니라 내 삶에 대해 이야기하고 싶었다. 엄마가 읽었다는 한국 소설들에 대해, 나도 마침내 읽을 수 있게 된 그 소설들에 대해 얘기를 나누고 싶었다. 하지만 그런 기회는 결국 주어지지 않았다.

어머니는 지난 봄, 소리 없이 기어들어와 순식간에 퍼진 암으로 세상을 떠나셨다. 발병하고 돌아가시기까지 6주라는 짧은 시간 동안에도 내가 과거에 읽었던 암을 주제로 한 에세이들, 특히 암이 식욕을 어떻게 훔쳐 가는지, 먹는 걸 좋아하는 사람에게는 암이 얼마나 더 잔인한 병인지를 묘사한 글들이 자꾸만 떠올랐다. 엄마는 음식을 참 좋아하셨다. 그에 걸맞게 엄마의 음식 솜씨는 유명했다. 주로 고기를 주재료로 하는 요리를 푸짐하고 맛있게 만드셨는데, 또한 해산물도 좋아하셔서 쟁반에 수북 쌓인 해산물 요리쯤은 혼자서도 거뜬히 해치우셨다. 한국에서 지내기 시작한 나를 처음 보러 오셨을 때도 엄마는 여행의 대부분을 맛집과 지역 특산물을 찾아다니며 보내셨다. 바닷가로 떠났던 여행이 특히 기억에 남는데, 그때 엄마는 바다에서 갓 잡아 올린 멍게를 날 것으로 드셨다. 내 입에는 안 맞았지만 엄마는 따스한 가을 해를 향해 고개를 한껏 젖힌 채 날 멍게를 입 속에 한 점 한 점 끊임없이 떨어뜨리며 그 맛을 즐기셨다.

그런 엄마의 마지막 식사는 내가 먹여드린 김빠진 콜라 한 숟갈이 되고 말았다. 그 후 돌아서서 먹은 나의 햄샌드위치는 지극히 물렁하고 뻔한 맛이라 한 입 한 입이 고역이었다. 그런 걸 또 그렇게 먹고 있는 나 자신이 싫었다. 배가 고픈 것도 싫었다. 어머니의 몸은 음식을 거부하고 있는데 내 몸은 그걸 소화할 수 있다는 것도 싫었다. 어떻게 이 상황에서 배가 고프다고 느낄 수 있는지 나 자신이 도저히 이해가 되지 않았다. 그 전까지만 해도 나는 넘치는 슬픔에 아무것도 못 먹을 줄 알았다. 그런데 지금 내 몸은 배고프다고 아우성치고 있었다. 엄마가 부탁한 김빠진 콜라 외에 뭐든 더 먹여 드리고 싶어 샌드위치라도 드시겠냐고 여쭸지만 엄마는 이미 대답할 기력도 없으셨다. 좀 드실래요? 드실 수 있겠어요? 맛이 괜찮아요?

어머니가 돌아가시고 몇 달 뒤 시어머니 부엌에 앉아 김치 담그는 걸 도와드리며 한국어로 한국 음식에 대해 이야기를 나눴다. 나는 어머니가 돌아가시기 한 달 전에 결혼했는데, 시어머니와 한 시간 이상 보내기는 이때가 처음이었다. 나의 어머니와도 그런 경험을 할 수 있기를 나는 오래전부터 꿈꿨었다. 그러면서 또 한편으로는 그런 게 싫기도 했었다. 여자들의 관계는 음식을 중심으로, 부엌일을 중심으로, 우리 삶 속에 들어온 남자들을 어떻게 하면 잘 걷어 먹일까를 중심으로 돌아가는 게. 이런저런 생각들에 죄의식과 행복이 동시에 밀려왔다. 그리고 이제는 엄마한테 전화를 걸어 그런 얘기를 할 수 없다는 사실을 떠올리며 날아온 주먹에 명치를 얻어맞은 듯 가슴이 먹먹해졌다.

엄마와 마지막 시간을 보내고 있던 우리에게 호스피스 간호사가 권했다—엄마께 이야기를 많이 해드리라고. 비록 반응은 없으셔도 우리가 하는 말을 알아들으실 수 있을 거라며, 떠나시는 그 순간까지도 아마 그러실 거라는 말이었다. 간호사의 권유에 나는 병원 침대 위 엄마 옆에 웅크리고 누워 엄마 어깨에 머리를 기댔다. 하지만 아무 말도 나오지 않았다. 영어도 한국어도. 0개 국어 사용자가 되어버린 것처럼. 무슨 말이든 해야 했는데, 내가 여기 있다는 걸 엄마에게 알려야 했는데, 가능한 한 오래 엄마를 붙들고 있고 싶었는데, 정작 붙들려 떨어지지 않는 건 내 '두 개의 혀'였다. 그런 와중에 오빠가 들어와 침대 옆에 앉았다. 오빠도 아무 말이 없었다. 나는 오빠에게 간호사의 권유를 전했지만 결국 우리는 둘 다 가만히 앉아 어머니의 숨소리에만 열심히 귀 기울였다. 숨소리 사이의 적막이 점점 길어진다 싶더니 어느 순간 한없이 지속되는 듯했다. 놀란 눈을 마주치며 오빠가 옆방에 있던 언니를 소리쳐 불렀다. 언니가 부리나케 달려와 엄마를 불렀다. "엄마! 엄마!" 엄마는 마지막으로 가늘게 숨을 내쉬고는 떠나셨다.

내가 번역한 소설에서 아내의 죽음을 애통해하는 주인공이 무엇보다도 아내를 잃은 자신의 심정을 아내한테 얘기할 수 없다는 사실 때문에 슬퍼한다. 막상 어머니가 돌아가시고 나니까 그 구절이 머릿속에서 자꾸만 뱅뱅 맴돌았다. 그 후 어머니께 바치는 추도사를 내가 쓰게 되었다. 수없이 쓰고 고치기를 반복한 끝에 드디어 장례식에서 추도사를 읽으며 어머니께도 읽어드리고 싶다는 생각이 내내 간절했다. 이렇게 말로, 언어로 당신이 우리에게 얼마나 큰 의미였는지를 알게 해드렸어야 했는데.

엄마에게 바치는 나의 추도사도 결국은 음식 얘기로 시작됐다. 어느 해인가, 식구 중에 채소를 좋아하는 사람은 아무도 없다는 결론을 내린 엄마께서 마침내 추수감사절 상을 전부 고기로만 차리셨다는 일화로 추도사를 열었다. 구운 칠면조, 구운 햄, 갈비와 불고기, 갈릭 큐브 스테이크 등등. 넘치는 고기 요리에 우리는 두세 사람이 한 조로 계속 돌아가며 먹는 방법을 택했다. 당신이 차린 음식을 사람들이 맛있게 먹는 모습을 지켜보는 것이 엄마의 즐거움이었는데 이 방법은 그 즐거움을 최대한 연장시키는 동시에, 먹는 이들에게는 다음 차례가 되돌아오기 전 단 몇 분 동안이라도 기름진 음식을 소화할 기회를 제공했다.

음식에 관한 얘기를 한다는 생각만으로도 그렇게 오랜 세월 치를 떨던 나였기에 이것은 내가 바칠 수 있는 최고의 찬사였다. 그 해 추수감사절 추억을 비롯해 엄마가 우리를 위해 평생 정성스레 만들어 주셨던 한국 음식에 얽힌 추억 하나하나는 엄마가 남긴 유산인 셈이었다. 내가 기대하던 바는 아니었을지 모르지만, 엄마의 음식은 우리에게 자신의 모국어를 전하는 엄마 나름의 방식이었다. 모의 국어를 정복하지 못한 나는 이제 보인다. 엄마가 우릴 위해 정성스레 닦고 가신 엄마만의 다리가. 나는 오늘도 그 다리를 건넌다.

*본 에세이의 한국어 번역 및 감수에 도움을 주신 이정민 컴포트님께 감사를 표합니다.

소라 김-러셀 Sora Kim-Russell은 캘리포니아 출신의 한국계 미국인으로 현재는 서울에서 살고 있다. 한국 소설을 영어로 번역하는 틈틈이 문학 번역을 가르치는 일도 병행하고 있다. www.sorakimrussell.com에 접속하면 그동안 출간된 소라 김의 작품 목록을 확인할 수 있다.

머나먼 길

폴 하우

나는 아주 한참 전으로 거슬러 올라가 아기 때 일도 기억할 수 있는 사람들 중 한 명이다. 어떤 사람들은 내가 나의 과거에서 아주 세세한 것까지 기억하는 걸 보고 깜짝 놀라기도 한다. 내가 알기로 대부분의 어른들은 어린 시절을 잘 기억하지 못한다. 내가 유독 기억력이 좋은 이유를 나름대로 추론해본 결과 그동안 살면서 만난 각양각색의 사람들에게 내 이야기를 하고 또 해서 그런 게 아닐까 싶다. 하지만 그것은 순전히 나의 추론일 뿐 누가 그 이유를 알랴.

나의 가장 오래된 기억 중 하나는 어머니 등에 있을 때다. 그 당시 내 나이는 한 살에서 두 살 사이로 추정된다. 어머니와 나는 현관에 있었고 내 기억에 비가 내리고 있었다. 어머니는 조그만 담요 같은 걸로 나를 자기 등에 동여매 업고는 우두커니 서서 앞을 바라보고 있었다. 아마도 지붕이 새고 있었거나 아니면 우리가 빗줄기에 너무 바짝 붙어 있어서였을 수 있지만 위쪽으로 튀어오르며 내 발등을 간질이는 물방울의 촉감이 분명히 느껴졌다. 지금 생각해보니 어머니는 필시 키가 작았던 듯하다. 빗방울이 대롱대롱 매달린 내 두 발을 건드릴 만큼 멀리까지 튈 리 없었다.

또 다른 기억에서 나는 달리려고 기를 쓰고 있다. 두 살인가? 계속 넘어지는 바람에 무릎이 땅에 쓸려 까졌다. 포장도로는 없고 땅바닥에서 불쑥 튀어나온 돌멩이들만 많았던 기억이 난다. 양쪽 무릎에서 피가 났다. 언제고 다른 아이들처럼 넘어지지 않고 달리겠다고 다짐하던 기억이 난다. 확신하건대 나는 울면서 집에 가고 있었다. 어머니는 다친 곳에 연고를 발라주고는 번갈아가며 나를 달래고, 꾸짖고, 벌주었다.

나는 안다, 어머니가 나를 사랑하셨다는 것을. 한국에서 내게 일어난 그 모든 어처구니없는 일에도 불구하고 어머니의 사랑은 나의 숨구멍이었다. 내가 지니고 있는 가장 좋은 기억 중 하나는 어머니와 함께 개구리를 잡으러 갔을 때다. 나에게는 그 불쌍한 개구리들을 고문할 갖가지 '무기'가 있었지만 그중에서도 나는 나의 부모님이 사준 작은 활과 화살을 제일 좋아했다. 내가 도랑으로 떨어지기라도 할까 봐 어머니가 내 옆에 바싹 붙어 걷던 모습이 기억난다. 개구리를 잡으면 우리는 집으로 가져가곤 했다. 손질과 요리는 물론 어머니 몫이었고 우리는 주로 다리를 먹었다. 나는 지금까지도 개구리 다리를 좋아한다.

얼마나 말도 안 되는 기억인지. 지금도 나는 불신과 슬픔으로 가득 차 있다. 내게도 어머니가 있었다는 게 믿기지 않는다. 너무 오래 전 일이다.

나의 아버지는 남한에 주둔하고 있던 흑인 미군 병사였다. 젊은 사람들이 다 그렇듯이 그 또한 즐겁게 지내고 싶어했다. 그의 즐거운 시간은 나의 어머니가 임신하면서 끝이 났다. 나는 1967년에 태어났다. 짐작하고도 남겠지만 나와 어머니는 그의 얼굴을 보기가 힘들었다. 어쨌든 가족을 부양하러 한국에 온 게 아니었으니까. 자신의 조국과 나의 조국에 이바지하려고 온 것이었으니까. 그는 가끔, 아마도 일주일에 한 번꼴로 우리집에 들렀던 것 같다. 물론 이상적인 가족은 아니었지만 그래도 나름대로 리듬이 있었다.

어머니는 아침이면 일하러 나갔다. 어쩔 수 없다는 걸 알면서도 나는 받아들이기가 여전히 힘들었다. 하루는 아침에 잠에서 깨보니 어머니가 보이지 않았다. 가슴이 철렁 내려앉으면서 버려졌다는 느낌이 들었다. 나는 침대를 박차고 벌떡 일어났다. 어머니를 찾아 소리를 질렀던 기억이 난다. 집에서 나가려고 했지만 어머니가 문을 잠가 놓고 가서 그럴 수가 없었다. 전통적인 한국 주택의 문들은 나무와 종이로 만든다. 나는 종이에 구멍을 몇 곳 뚫고는 소리를 지르고, 울고, 악을 써댔다. 이웃들이 더는 못 참겠는지 그 가운데 누가 와서 나를 꺼내주었다. 마침내 어머니가 집에 왔다. 누가 어머니에게 알려서 온 건지, 아니면 어머니 일과가 끝나서 온 건지는 나도 모른다. 이제 와서 생각하니 당시 이웃들이 무슨 생각을 했을지 궁금하다. 우리 주변에는 마음씨 좋은 사람들도 더러 있었지만 당시 한국은 사회 곳곳에 인종 차별이 스며들어 있었다. 게다가 미혼모 역시 환영받지 못했다. 나의 어머니는 두 가지 거대한 난관에 봉착했던 셈이다. 불쌍한 엄마. 그 세월을 어떻게 견뎌냈을까? 어머니는 나를 사랑했고 나를 아무에게도 양보하지 않았다.

그래서 가슴이 찢어질 듯 아프다. 내가 뭘 어떻게 하면 엄마를 다시 만나 그 사랑을 느낄 수 있단 말인가?

별 일이 없는 날이면 엄마는 일하러 나가면서 내게 10센트에 해당하는 한국 동전을 하나씩 쥐여주었다. 그게 그날의 내 용돈이었다. 나는 이제 어느 정도 나이를 먹은 건가? 밖에 나가서 놀다가 무슨 끔찍한 일이라도 당하는 건 아닌지 걱정하지 않아도 될 만큼? 아니면 엄마는 내 울음소리와 이웃들 불평을 더는 참을 수 없었던 걸까? 내가 받은 돈으로 나는 꽤 많은 일을 할 수 있었다. 일단 풀을 사서 이것저것 붙이며 놀았다. 또 종종 달달한 맛이 나는 얼음과자를 사기도 했다. 이름이 '멜로바'였는데 맛있었다. 동네 아이들과 함께 놀던 기억이 난다. 우리는 이기기 위해선 창의력과 기술이 필요한 온갖 종류의 놀이를 섭렵했다. 나는 동네 여자아이들과 소꿉놀이를 하기도 했다. 소꿉놀이는 내가 제일 좋아하는 놀이 중 하나였다.

그날 아침도 나는 동전을 기대하며 엄마에게 손을 내밀었다. 그런데 엄마는 땡전 한 푼도 없다고 말했다. "네? 매일 한 개씩 주는 거 아니었어요?" 당시에는 알아채지 못했지만 그때부터 이미 변화의 기운이 감돌고 있었다. 이 무렵 엄마는 또래 아줌마들과 만나는 횟수가 더 잦아졌는데, 만나면 다들 돈 이야기를 꺼냈다. 우리는 언제나 돈에 쪼들렸다. 우리뿐만 아니라 모두가 돈에 쪼들렸다. 우리는 당시 세계에서 가장 가난한 나라 중 한 곳에서 살고 있었다. 아줌마들의 대화는 비난처럼 들릴 때가 많았다. 비난 수위는 시간이 지날수록 높아만 갔다. 그 아줌마들 중 누가 엄마한테 싫은 소리를 해댔는지는 잘 모르겠지만 내 생각에 눈에 띄는 두 사람이 있었다. 그중 한 명은 천사, 또 한 명은 악마라고 부르기로 하자.

천사는 우리 집에 들를 때마다 도넛과 사탕을 빼먹는 법이 없었다. 지금도 나는 그 아줌마 때문에 커스터드크림이 가득 들어 있는 바바리안 도넛을 좋아한다. 아줌마는 올 때마다 내게 도넛을 챙겨다주었다. 나는 아줌마를 사랑했다. 천사와 관련해 내가 가지고 있는 달콤한 기억 하나는 그 배경이 우리집이다. 천사와 나의 어머니는 내게 얼른 밖에 나가서 콘칩을 좀 사다달라고 부탁했다. 우리 지역에서 인기 있는 미국 상품이 몇몇 있었는데, 콘칩도 그중 하나였다. 다른 인기 상품으로는 뤼글리 스피어민트 껌, 투시롤팝 막대사탕, 크리스코 식용유 등이 있었다. 하지만 콘칩corn chip은 영어였다. 'ko'는 한국어로 '코'를 의미한다. 그래서 '콘'이라는 말을 들었을 때 나는 당연히 '코'인 줄만 알았다. 내가 내 코를 가리키면서 "이거요?"라고 말하자 둘 다 웃음을 터뜨렸다. 우리 땅의 그 엄청난 혼란 가운데서도 이렇게 웃음과 사랑을 되찾을 수 있었다니 지금 생각하면 그저 놀랍기만 하다.

어느 날 저녁 나의 어머니와 천사, 나는 또 한 차례의 논의를 위해 악마네 집으로 갔다. 뭔가가 곧 불어닥칠 것만 같았다. 이번에는 큰 언쟁이 벌어졌다. 우리는 서둘러 그 집을 나왔다. 악마가 우리를 공격할 목적으로 코카콜라 병을 깨뜨리려고 했기 때문이다. 미쳤지. 안전거리가 충분히 확보되자 나는 뒤돌아서서 악마를 쳐다보았다. 현관을 통해 불 켜진 방에서 새어나오는 불빛에 악마가 아직도 미친 사람처럼 병을 깨려고 발광하는 모습이 보였다. 그 집에는 나무와 종이밖에 없었기 때문에 뭘로 내려쳐도 병은 깨질 기미를 보이지 않았다. 악마는 그 작은 병 하나 때문에 온 집안을 난장판으로 만들고도 남을 듯했다. 그렇게나 증오가 깊다니.

또 다른 날 아침 어머니는 일하러 가면서 투시팝 막내사탕 하나를 까서 입에 물고는 문 밖으로 나섰다. 우리 둘 다 그 사탕을 무지 좋아했다. 어머니는 현관문을 잠그다가 등뒤에서 인기척을 감지했다. 악마였다. 나의 어머니를 만나려고 일부러 온 것이었다. 아마도 그 미친 병 사건 바로 다음날이었던 것 같다. 그 순간들은 섬광등 불빛처럼 내 기억 속에서 줄줄이 연결돼 있다. 첫 번째 섬광은 땅바닥에서 다시 일어나려고 안간힘을 쓰는 어머니의 모습이다. 악마가 어머니가 물고 있던 막대사탕을 물고 어머니 앞에 놓인 의자에 앉아 있다. 아마도 어머니를 땅바닥에 패대기친 것만으로는 성이 차지 않은 듯하다. 아마도 어머니의 막대사탕을 빼앗아 자신의 우위를 완성하고 싶었나 보다. 악마는 어머니가 일어나려고 애쓰는 모습을 물끄러미 지켜본다. 그 다음 섬광은 그 장면에서 벗어나 있는 내 모습이다. 그 폭력을 보지 못하도록 누가 나를 멀리 떼어 놓기라도 한 것일까? 그 다음에는 땅바닥에 치아 조각들이 널려 있고, 누군가가 그걸 줍고 있다. 구급차 뒤쪽 차창을 통해 어머니 머리가 보인다. 먼지 낀 도로를 따라 멀어져 가는 구급차 뒤로 한쪽으로 기울어진 어머니 머리가 보인다. 지금도 나는 악마가 왜 그랬는지 그 이유를 모르겠다. 어머니가 죽을 때까지 상해를 입힌 그 이유를. 한 가지 확실한 점은 돈과 관계가 있었다는 것이다. 사람들은 돈이 온갖 악의 근원이라고 말한다. 하지만 나는 '돈의 부족이 온갖 악의 근원'이라고 생각한다. 내가 볼 때는 그쪽이 더 말이 된다. 우리는 확실히 돈이 부족했다.

나는 악은 우리 모두의 안에 자리하고 있으며, 조건만 맞아떨어지면 그것은 언제든 세상에 풀려날 수 있다고 굳게 믿는다. 내가 자라난 그 증오와 두려움으로 가득 찬 세상은 사람들이 저마다의 어두운 면을 보여주기에 더없이 좋은 온상이었다. 아이들조차 매일 주변에서 보고 듣는 온갖 부정적인 기운에 푹 절어 있었다. 인종 차별에 대해 생각할 때면 나는 한 인종이 다른 인종을 어떻게 생각하고 느낄지에 대해 생각한다. 내가 아는 한 나는 내 주변에서 유일한 혼혈아였다. 물론 한국에서 유일한 혼혈아였던 것은 아니지만 그 다음 혼혈아와 동네 단위로, 도시 단위로 한참 떨어져 있었다. 문제는 한국 사람들이 내가 속한 인종에 대해 어떻게 생각하느냐가 아니라 나에 대해 어떻게 생각하느냐는 것이었다. 나는 다른 나라에서 온 사람이 아니라 다른 행성에서 온 외계인 같았다. 그들은 내가 누군지 알지 못했다. 나는 처음부터 그들과 달랐다. 예를 들어 내가 베트남계 한국인이었다면 그들은 그럭저럭 받아들였을 것이다. 그리고 동네 사람 모두에게 이 사실을 이야기했을 것이다. 그렇게 모두가 알게 되고, 그러다 어느 날 사람들은 실은 다 알고 있다고 귀띔했을 것이다. 이런 경우였다면 나는 들키지 않고 무사히 지나갔을지도 모른다. 그러나 나는 도저히 숨길 수 없는 흑인의 외모를 지니고 있었다. 또래 아이들 옆에 있으면 나는 동물원에서 도망쳐 나온 동물처럼 보였다. 아이들은 나를 졸졸 따라다니며 말과 때로는 손가락으로 콕콕 찔러대곤 했다. 그리고 때론 나도 되찌르곤 했다.

그 다음 기억으로 나는 장례식에 와 있다. 조그만 방에 어머니의 시신을 안치한 관이 있다. 관은 누구든 어머니를 볼 수 있도록 열려 있다. 죽은 어머니 시신 위로 생전에 행복했을 때의 모습을 찍은 어머니 사진이 놓여 있다. 촛불과 꽃들. 하지만 방에는 아무도 없다. 방 바로 밖에 한복 차림의 여자들이 우르르 몰려와 더러운 흙바닥에 주저앉거나 무릎을 꿇고 있다. 그들은 손으로 땅을 치거나 주먹을 꽉 쥔 채 눈물을 흘리며 울부짖고 있다. 나는 어머니에게 마음을 쓰는 사람들이 많다고 생각한다. 여자들은 한국 전통에 따라 나를 어머니의 관이 놓인 방으로 안내한다. 나는 그들이 내가 어머니의 영혼 일부를 흡수하기를 바라고 있다는 인상을 받는다. 나는 소스라치게 놀란다. 어린 시절 내내 나는 괴물이 나를 잡으러 올지도 모른다며 두려워했다. 지금 나는 어머니가 다시 살아나 나를 잡으러 올까 봐 죽을 만큼 무섭다. 그래서 여자들이 다가오자 나는 몸부림치고, 울고, 통곡하며 그들을 밀어내고 할퀴어 쫓아 보낼 수만 있다면 나의 작은 몸 안에 있는 물리적 힘은 뭐든 사용하려고 든다. 결국 그들은 나를 내보내고 혼자 있도록 내버려둔다.

그날 밤 또는 그 직후 천사와 나는 집으로 걸어가고 있다. 가로등이라고 할 만한 것이 별로 없어 밤이 유난히 어둡다. 가는 시간 대부분을 오로지 달빛과 별빛만이 우리 길을 안내해준다. 이런 상황에서 우리는 가로등 하나를 옆에 끼고 걷고 있다. 천사가 울음을 터뜨리며 내 옆에 무릎을 꿇는다. 그러고는 나를 감싸 안더니 내가 어머니의 죽음에 복수해야 한다고 말한다. 좀 더 철이 들면 어머니를 죽인 사람이 바로 이 여자구나 알게 될 거라며.

제길, 압박감 같은 건 전혀 없었다. 누군가를 죽이고 싶은 마음이 들려면 엄청난 분노가 필요하다. 나는 정서적으로 꽉 닫혀 있었다. 나는 천사의 요구를 당연히 받아들일 만큼의 분노를 느끼지 못했다. 나는 그래서 오히려 다행이었다고 생각한다.

드디어 아버지가 나를 보러 왔다. 그는 질서를 지키기 위해, 그게 뭐가 됐든 자기 수중에 있는 반창고로 이 깊은 상처들을 조금이라도 아물게 하려고 늘 최선을 다했고, 그러다 어쩔 수 없이 자신의 다른 삶으로 다시 돌아가야 했을 것이다. 그 다른 삶이 그에게는 현실이었다. 내게 주어진 삶은 그가 진행하고 있는 일종의 프로젝트에 가까웠다. 그의 다른 삶에는 아마 부인과 아이들이 있었을 것이다. 그렇다 해도 내게는 아버지에 대해 좋은 기억도 있다. 이를 닦고 나서 이가 얼마나 하얘졌는지 보여주려고 여전히 침대에 누워 있는 부모님에게 달려갔던 기억이 난다. 나는 부모님이 나를 자랑스럽게 여기기를 바랐다. 나는 부모님이 나를 사랑해주기를 바랐다. 하지만 아버지의 방문 횟수는 어머니의 사망 이후 점점 뜸해졌다는 것 또한 나는 기억한다. 어떤 날 밤에는 너무 허전하고 외로워서 하염없이 아버지를 기다리기도 했다. 하지만 아버지를 보려면 하룻밤보다 훨씬 더 많이 기다려야 했다. 어머니가 돌아가시고 나서 아버지가 나를 보러 올 때면 좋으면서도 씁쓸했다. 그리고 이번에 그는 나를 프라이팬에서 꺼내 불구덩이 속에 집어넣었다. 불구덩이는 어떤 여자였다. 그 여자는 아버지의 새 애인일 수도 있었지만 곧이어 나는 그 여자가 내 인생의 또 다른 악마라는 걸 알게 됐다. 나의 과거를 돌아보면 내가 여자들하고의 관계를 왜 그토록 풀기 어려워했는지 그 이유가 명확해진다.

불구덩이와의 첫 대면은 기차 안에서 이루어졌다. 그 자리에는 그 여자, 아버지, 나 이렇게 셋이 있었다. 그 둘은 즐겁게 대화를 나누었다. 나는 우리가 어디로 가고 있는지 알지 못한다. 다만 지금 나의 옛날 삶을 떠나 그 여자와 새로운 뭔가를 시작하고 있다는 것만 알고 있을 뿐이다. 나는 늘 이 동네에서 저 동네로 이사 다녔다. 어디에서도 뿌리를 내릴 시간이 없었다. 학교에도 가지 못했고 제대로 된 친구를 사귀지도 못했다. 나는 한국의 이곳저곳에서 사람들을 사귀었다. 이제와 생각하니 이 모든 이사가 군인이었던 나의 아버지의 근무지 재배치와 관계가 있었던 것 같다. 어쨌든 우리는 그와 가까이 있어야 했으니까. 또 불구덩이는 일이 있는 곳마다 옮겨 다녔는데, 그것도 이유가 됐던 것 같다. 나는 슬펐다. 나는 울었다……많이.

하지만 내 눈물을 모조리 짜낸다 해도 어머니와 나의 옛날 삶은 다시 돌아오지 않을 터였다. 옛날 삶이라고 해봐야 몇 달도 채 지나지 않았을 때지만. 여섯 살 인생에서 옛날 삶이라고 해야 얼마나 옛날이겠는가?

불꽃에 관한 확실한 한 가지는 그것을 존중해야 한다는 점이다. 너무 가까이 다가가면 데기 십상이다. 또 너무 멀리 떨어져 있으면 춥기 십상이다. 그러나 적당한 거리를 유지하면 불꽃은 따스하고 안락하게 해준다. 불구덩이, 그러니까 이 여자는 그런 식으로 친절했다. 단, 벌로 나를 데게 만들거나 얼게 만들지 않는다면. 나는 늘 그 절묘한 지점을, 그 여자와의 적당한 거리를 모색해야 했지만 대개는 실패했다. "늦게 다니지 마라!" 그 여자는 내게 그렇게 명령했다. 나는 거의 늘 늦은 시간에 귀가했다.

하루는 쓰레기 하치장에서 아는 애들과 놀고 있었다. 그곳 쓰레기더미는 크기가 각각 조그만 언덕만 했다. 병원 쓰레기에 빈 콜라 병, 종이, 반쯤 남은 화장품 용기 등이 뒤섞여 있었다. 다시 말해 뒤지는 수고가 아깝지 않을 만큼 '쓸 만한' 게 꽤 많았다. 한번은 아이들과 어떤 맛이 나나 보려고 로션 병 내용물을 돌아가며 한 모금씩 마셔보기도 했다. 그러고 나서 로션 병이 깨끗하게 비워졌을 시간에는 나는 집에 있어야 했다. 물론 그때쯤엔 너무 늦은 뒤였다. 나는 집에 가면서 이미 벌을 직감했다. 그 여자가 나를 기다리고 있을 게 뻔했다. 나는 고통이 어떤 식으로 올지를 놓고 이리저리 온갖 상상을 했다. 어쩌면 그 여자도 내게 고통을 주는 방법을 놓고 온갖 상상을 하고 있었을지도 모른다. 그 여자는 자기 손바닥, 막대기, 널빤지를 비롯해 뭐든 손에 잡히는 대로 사용했다. 한번은 지나가는 사람들이 다 쳐다보는데도 나를 집밖 쓰레기통에 처넣은 적도 있었다.

그 여자는 술고래이기도 했다. 그것만이 불구덩이를 계속 타오르게 했다. 내가 어느새 또 실수를 저지른 것은 그 여자가 술을 마셔대던 여느 밤 중 하나였다. 이웃집 여자 애 하나가 플라스틱 칼을 가지고 있었다. 아이는 내게 칼을 보여주었고, 나는 면도날로 그 칼을 면도하면 되겠다는 신묘한 생각이 떠올랐다. 나는 칼의 조각을 벗겨내기 시작했고, 그러다 느닷없이 위로 홱 긋다가 왼쪽 손바닥을 베고 말았다. 상처가 깊어서 피가 뚝뚝 떨어졌다. 깜짝 놀라 나도 모르게 오른손으로 상처를 꽉 눌렀다. 여자아이는 두려움과 충격에 휩싸인 채 그길로 뛰쳐나가 어른들에게 무슨 일이 일어났는지 이야기했다. 불구덩이가 자초지종을 듣고 술기운과 분노로 얼굴이 시뻘게져선 방으로 들어왔다. 그러고는 내게 손바닥을 펴보라고 말했다. 나는 그 다음에 무엇이 올지 두려워 안 된다고 대답했다. 그러자 불구덩이는 내 손을 억지로 벌렸고, 그 피범벅을 보더니 내 뺨을 후려쳤다. 나는 다친 손과 다친 얼굴과 다친 마음을 하고 밖으로 뛰쳐나왔다. 그리고 어느 집 담벼락에 기대 앉아 다친 손을 붙잡고 울기 시작했다. 내 울음소리를 들은 이웃 하나가 창밖으로 고개를 내밀고 벽에 등을 기댄 채 울고 있는 나를 쳐다보았다. "폴이니?" 그 아줌마는 나를 알아보았다. 잠시 뒤 아줌마는 연고를 가지고 나와 내 손에 발라주었다. 시원한 느낌이 들었다. 그러고 나서 붕대도 감아주었다. 이렇게 친절할 수가.

하지만 이 불구덩이, 더는 그 여자를 참을 수가 없었다. 나는 도망치기로 결심했다. 이웃에 내가 정말 좋아하고 또 나를 정말 좋아하는 아이가 하나 있었다. 난 그 애한테 나의 가출 계획을 이야기했다. 그 애는 자기 집으로 도망쳐 와서 자기랑 같이 살자고 말했다. 너무 설렜다. 그리하여 나는 어느 날 밤 집에서 몰래 빠져 나와 어두운 골목에서 내 친구를 만났다. 우리는 그 애 집으로 가서 그 애 부모님을 만났다. 그 애는 자기 부모님에게 내가 놀러 왔다고 말했다. 그 애 부모님은 그 말을 그대로 믿는 눈치였다. 정말 그렇게 될 것 같았다. 마침내 감옥에서 도망쳐 나와 내 친구와 함께 살게 될 것 같았다. 이튿날 잠에서 깨어나 지붕에서 그 친구와 함께 놀았던 기억이 난다. 아름다운 날이었다. 눈이 시리도록 파란 하늘에서 태양이 빛나고 있었다. 완벽한 하루. 새로운 삶, 새로운 집. 하지만 구름이 몰려왔다. 늘 그렇다. 뇌우와 비를 동반한 크고 시커먼 구름. 구름은 내 마음속 해를 가렸고, 내 마음은 다시 고뇌로 가득 찼다. 당연히 불구덩이가 나를 찾고 있었다. 누가 내 위치를 누설했고, 그 바람에 내 비밀 은신처가 드러나고 말았던 것이다. 불구덩이가 지붕에 모습을 드러냈다. 나는 그 여자에게로 갔고, 그 여자는 집으로 가는 내내 내 뒤에서 걸어갔다. 철대문이 닫히는 순간 등에 퍽 하는 느낌이 왔다. 그 여자가 몽둥이로 나를 내리쳤던 것이다.

그 여자에게 당한 가장 의외이면서 흥미로웠던 매질은 어느 날 아침 일찍 벌어졌다. 그 전날 밤 나는 다시 곤경에 빠졌다. 그 여자가 집에 가서 기다리고 있으라고 말했기 때문이다. 그리고 집에 가는 길에 나뭇가지를 좀 주워가라는 지시도 내렸다. 아무래도 나는 발가벗긴 채 나뭇가지로 맞아야 할 모양이었다. 물론 지금은 잔인한 농담처럼 들리지만 그때는 안 그랬다. 나는 나뭇가지를 살피면서 그걸로 맞으면 어떨지, 참을 만할지 가늠해야 했다. 얼마나 때려야 부러지려나? 나는 나뭇가지를 잡고 파리를 잡기라도 하듯 공중에서 이리저리 휘둘렀다. 어쨌든 나는 나뭇가지를 몇 개 주워 침실 바닥에 놔두었다. 나는 나뭇가지 옆에 쪼그리고 앉아 부들부들 떨었다. 내 옆에는 한국 전통 인형이 들어 있는 유리 상자가 있었다. 한국의 전통 의상인 '한복' 차림의 남녀 한 쌍이었다. 스프링 목이 머리와 어깨와 연결돼 있었다. 캐비닛 근처에서 뭔가 떨림이라도 있으면 머리가 흔들릴 터였다. 내가 어찌나 떨어댔던지 그 진동으로 인형들 머리가 까딱였다. 인형들은 살아 움직이는 것처럼 보였다. 아니면 원래 살아 있었고, 나를 잡으러 온 괴물들이거나. 나는 이미 바짝 겁먹은 상태였다. 진짜 살아 있는 괴물이 나를 때리러 오고 있었기 때문이다. 나는 한 시간을 기다려야 했다. 이 무렵 나는 막 시계 보는 법을 배우기 시작해 편의상 분침을 시침처럼 읽고 있었다. 5분이 지났다. 그 5분이 마치 영원처럼 느껴졌다. 불구덩이는 집에 없었다. 좋아, 잘 시간이다.

누가 철썩 때려대는 바람에 잠에서 깼다. 이른 시간이었다. 잠을 깨우는 데 이보다 더 짜증나는 방법도 찾기 힘들 것이다. 나는 얼른 눈을 떴다. 깜짝 놀랐다는 표현만으로는 한참 부족하다. 내 얼굴 위로 화를 주체하지 못해 빨개진 그 여자 얼굴이 보였다. 내 오른쪽으로 그 여자가 주워온 나뭇가지 한 다발이 눈에 들어왔다. 대부분 그날 꺾은 것들이었다. 죽어도 잊지 못할 매질. 하지만 이 괴물도 한때는 순진무구한 아이였다. 그 나라에서의 고된 삶이 그 여자를 독하고 무디게 만들었던 것이다. 화는 그 여자를 움직이는 힘의 주된 원천이었다. 내가 보기엔 사람이 절망에 겨울 때 그게 무엇이든 가장 가깝고 약한 대상에게 화를 풀어대는 것 같다. 양아치들이 그렇다. 그들은 자기들한테 맞서 싸울 것 같은 사람은 절대 건드리지 않는다. 남자는 여자들을 두들겨 패고, 여자는 아이들을 두들겨 패고, 아이가 크면 그런 악순환이 또 되풀이된다. 불구덩이를 때리고 벌준 사람은 누구이며, 그 여린 살갗 위에서 부러져 나간 나뭇가지는 또 얼마나 많았을까?

'나쁜 짓'을 해서 얻어맞는 주기가 어느새 내 몸 깊숙이 배어 있었다. 하루는 저녁 늦게 집에 들어갔다가 나는 깜짝 놀라고 말았다. 불구덩이가 집에 없었던 것이다. 만약 그 여자가 집에 있었다면 나는 또 얻어맞았을 것이다. 이론상으로 나는 안전해야 맞았다. 밖은 이미 컴컴

했고 나는 텅 빈 방으로 들어갔다. 침대 옆 탁자 위에 등이 하나 있었다. 방은 조용했지만 내 심장 박동과 머릿속 폭풍우 소리를 더욱 도드라지게 할 뿐이었다. 나는 죄의식을 느꼈다. 그렇다고 스스로의 잘못을 깨달았다는 뜻은 아니다. 그보다 나 자신을 미워하기 시작했다는 뜻이다. 죄책감은 급기야 불구덩이가 나를 때릴 때 종종 사용하던 나뭇가지에 손을 대게 만들고야 말았다. 나는 나뭇가지를 집어 내 무릎을 때렸다. 약간 따끔거리긴 했지만 많이 아프지는 않았다. 나는 그 주기를 완성하고 싶었다. 나는 나빴고 그래서 벌을 받아 마땅했다. 나는 몇 번 더 나를 때렸다. 이번에는 불구덩이가 나를 때릴 때처럼 똑같이 아프게 때렸다. 그제야 만족스러운 느낌이 들었다. 나는 침대에 드러누워 잠이 들었다. 그날 밤 꿈속에서 그 나뭇가지가 되살아나 나를 때렸다.

내가 얌전히 굴 때면 불구덩이는 상을 주었다. 아무래도 나는 뭐든 하라고 하면 반항하는 기질을 타고난 듯했지만 가끔은 고분고분할 때도 있었다. 예를 들어 하루는 영어 알파벳을 두 장이나 쓴 적도 있었다. 그게 다였다. ABC를 쓴 것. 지금은 간단하지만 그때는 그렇지가 않았다. 나는 학교에 가본 적도 없었고 제대로 된 교육이라는 걸 받아본 적도 없었다. 게다가 나는 외국어인 영어 알파벳을 쓰고 있었다. 따라서 진득하니 앉아서 '숙제'를 하기가 쉽지 않았다. 어쩌면 그 여자는 언젠가 내가 미국에 가게 될 것이라는 걸 알고서 자기 나름대로 나를 준비시키고 있었던 건지도 모르겠다. 그럴 때면 불구덩이는 내게 장난감이며 사탕을 아낌없이 안겨주었다. 어쩌면 그 여자는 순전히 나쁘지만은 않았는지도 모른다.

어찌 된 영문인지 이 찢어지게 가난한 나라에서 불구덩이는 돈이 꽤 있어서 식당을 하나 열었다. 그리고 내 이름을 따서 식당 이름을 'Paul's Restaurant'라고 지었다. 왜 그랬을까? 어쩌면 내게 해댄 그 모든 매질을 보상하려고 그랬는지도. 나는 그 여자 또한 죄책감을 느끼고 있다는 걸 알 수 있었다. 식당 부엌과 홀, 불구덩이가 너무 취해서 집에 올 수 없을 때면 잠자곤 했던 뒷방이 지금도 눈에 선하다. 아침에 가보면 그 작은 방 침대 발치에 그 여자의 토사물이 작은 웅덩이를 이루고 있을 때도 더러 있었다.

어느 아름다운 여름날 오누이가 우리 동네를 지나가고 있었다. 오누이는 일자리와 머물 곳이 필요했다. 오누이는 우리 식당에 들러 일자리가 있는지 물어보았다. 불구덩이는 오누이에게 일자리를 주었다. 내게 오누이는 마치 즉석 동기간들 같았다. 나는 오누이와 많은 시간을 보냈고, 우리는 아주 재밌게 지냈다. '형'이 늘 말썽 피울 거리를 찾아내면 '누나'는 문제를 해결할 방도를 찾곤 했다. 누나는 착한 아이였고, 형은 나쁜 아이였다. 그러던 어느 날 둘이 싸우다가 누나가 형을 뒤쫓기 시작했다. 누나는 형을 개울가로 몰아붙였고, 형은 펄쩍 뛰어서 개울을 건너는 수밖에 달리 선택의 여지가 없었다. 개울은 폭이 그리 넓지 않은 데다 형이 있는 곳은 또 주변보다 높았다. 성공할 수 있을 것 같았다. 누나가 점점 가까이 다가오자 형은 뛰어넘기로 결심했다. 형은 태권도 구령을 힘껏 내지르며 뛰어올랐다. 한국에서는 누구나 태권도를 했다. 그때도 지금도 태권도는 국기(國技)다. 형은 아래쪽으로 날아서 건넜다. 발이 맞은편에 닿으려는 찰나 형은 균형을 잃고 물속으로 벌렁 나자빠지고 말았다. 누나와 나는 웃고 또 웃었다.

그러고 나서 또 어느 날 불구덩이가 나를 보며 말했다. "미국에 가게 될 테니 그리 알아." 미국? 그게 어디 있지? 나는 정말 몰랐다. 하지만 눈치를 보아하니 불구덩이는 가지 않을 것이 확실했고 그것만으로도 나는 충분히 좋았다. 어쩌면 미국에서는 상황이 다를지도 몰랐다. 나는 모든 걸 뒤로하고 새롭게 시작할 생각이었다. 불구덩이는 나를 학대하긴 했어도 내게 소중한 교훈 몇 가지를 가르쳐주었다. 하나는 영어 알파벳 학습의 중요성이었다. 또 하나는 도둑질은 나쁘다는 거였다. 한번은 그 여자 돈을 훔친 적이 있었다. 그 여자 돈을 훔치기는 아주 쉬웠다. 그 여자는 나무를 때서 따뜻하게 덥힌 바닥에 깔아둔 요 위에서 자고 있었다. 아주 편안한지 깊이 잠들어 있었다. 돈은 그 여자 얼굴 바로 옆에 있었다. 꼬깃꼬깃 구겨진 지폐들이었다. 내가 돈을 가져가는데도 불구덩이는 미동도 하지 않았고 의식의 징후도 전혀 보이지 않았다. 때는 한겨울이라 근처 연못이 꽁꽁 얼어 있었다. 온 동네 아이들이 거기서 놀았다. 그중 몇몇은 얼음을 지쳤고, 또 몇몇은 팽이를 돌렸다. 그런가 하면 간단한 놀이를 하는 아이들도 있었다. 나도 연못가로 가서 축제에 합류했다. 나는 사탕과 장난감을 샀다. 심지어는 이웃 아이 몇 명에게 선심을 쓰기까지 했다. 물론 불구덩이가 그 사실을 모를 리 없었고, 내가 집에 들어가자 개 패듯이 나를 팼다. 나는 속으로 동네 아이들하고 같이 맞았으면 했다. 그랬으면 덜 아팠을지도 몰랐다. 우습게도 당시 나는 마법처럼 그 상황을 벗어나게 될 거라고 생각했다.

비록 직접은 아니었지만 불구덩이가 내게 가르쳐준 또 하나의 교훈은 돈을 아껴야 한다는 거였다. 하루는 한 이웃의 부탁으로 심부름을 갔다. 달걀을 사오는 심부름이었다. 그 대가로 이웃은 내게 약간의 돈을 주었다. 그 돈을 보여주자 불구덩이는 자기한테서 훔쳐갔다며 나를 때렸다. 나는 이길 수가 없었다. 그 일로 나는 저금통을 사서 심부름

값으로 받는 돈을 모두 거기 저금하기로 마음먹었다. 불구덩이가 내가 돈을 모으고 있다는 것을 알면 나를 대견하게 여길지도 모른다고 생각했다. 그 해결책은 당면한 문제와 아무런 상관관계가 없었지만 어쨌든 효과는 있었다. 적어도 사람들에게 돈을 받았다는 이유로 더는 맞지 않아도 됐으니까. 내 저금통은 평평한 받침대 위에 얹어 놓은 노란색 공 모양으로 앞쪽에는 요즘 우리가 휴대폰 문자를 보낼 때 종종 곁들이는 웃는 얼굴이 그려져 있었다.

곧 미국에 가게 됐다는 소식을 들었을 때 내 저금통은 동전으로 가득 차 있었다. 나는 그 돈을 다 쓰기로 결심했다. 외국에서는 그 돈이 쓸모없어질 터였기 때문이다. 내가 곧 떠난다는 소식을 듣고 천사가 마지막으로 나를 한 번 보려고 찾아왔다. 천사의 방문에 나의 반응이 어땠는지 기억할 수 있으면 좋으련만. 보나마나 나는 몹시 흥분했을 것이다. 나는 천사를 거의 내 어머니만큼이나 사랑했다. 그리고 어머니가 돌아가시고 천사는 내가 사랑하는 유일한 여자였다. 나는 온갖 종류의 사탕과 과자를 샀다. 그리고 불구덩이와 천사에게도 몇 가지 대접했다. 행복한 작별이었다.

그 이튿날 또는 그 직후 나는 차를 타고 해외로 나갈 아이들이 임시로 생활하는 어느 집으로 갔다. 아이들 한 명 한 명에 대한 서류 작업이 다 끝날 때까지 우리는 거기 머물러야 했다. 그곳은 일종의 트럭 정류장인 셈이었다. 배를 채우며 휴식도 취하고, 길을 확인하고, 그런 다음 목적지를 향해 계속 이동한다는 점에서 그랬다. 내가 그 집에 도착했을 때는 저녁이었다. 나는 건물 2층의 커다란 방으로 걸어 들어갔다. 방은 온통 아이들 천지였다. 앉아 있는 아이들, 서 있는 아이들, 드러누워 있는 아이들, 몇몇은 앉아 있었고, 몇몇은 서 있었다. 한시도 쉬지 않고 웅웅대며 들려오는 대화 소리 때문에 마치 벌집 안에 있는 듯했다. 시끄럽거나 짜증스럽다기보다 그저 계속 웅웅거렸다. 아이들 모두 나와 똑같은 이유로 그곳에 와 있었다.

나는 우리 모두 그 다음 날 각자의 목적지로 보내질 것 같다는 느낌을 받았다. 그 방은 거대한 자동차고, 우리가 자는 사이에도 차가 계속 움직여 이튿날 아침 잠에서 깨어나면 우리 모두 미국에 가 있을 것만 같았다. 그러고 나서 차 문을 열고 나가면 우리 모두 낯선 땅에 있게 될 터였다. 실제로 그 이튿날 아침 잠에서 깨어나 이 낯선 나라를 보고 흥분했던 기억이 난다. 나는 다른 아이들과 우리를 인솔하는 어른들보다 일찍 일어났다. 오리엔테이션 중에는 밖에 나갈 수 없었지만 나는 봐야 했다.

나는 조용히 현관을 빠져나가 이 신세계를 탐험하기 시작했다. 그런데 이상하게도 모든 게 낯익어 보였다. 알고 보니 우리는 밤새 아무 데도 가지 않았던 것이다. 우리가 몇 시간 전에 도착한 곳에 그대로 있었다. 나는 상상력이 꽤 있는 편이었고, 내가 상상한 대로 믿을 때가 많았다. 내 머릿속 세상은 곧잘 변했다. 그러나 현실 세계는 나름대로의 구조를 가지고 있었고, 나는 서서히, 그리고 고통스럽게 그 사실을 인식하기 시작했다. 나의 상상 속 세계로 도망쳐 숨으려고도 해봤지만 결국은 내가 도망치려고 안간힘을 쓰고 있는 현실 세계로 다시 돌아올 뿐이었다. 그것은 얼굴에 구멍을 뚫는 것과도 비슷하다. 분명히 아픈데도 어찌 된 일인지 나는 계속해서 나를 학대한 사람에게로 되돌아갔다. 나는 그 집으로 다시 슬그머니 들어갔다. 알고 보니 우리는 고아원으로 불리는 곳에 있었다.

왼쪽이 풀 하우

고아원 건물은 대학 캠퍼스와 비슷했다. 작은 언덕 꼭대기에 학교 겸 교회 기능을 하는 건물이 하나 있었다. 그 옆으로 깡통에 들어 있는 식료품과 물건들을 보관하는 창고가 있었다. 그 작은 언덕에서 내려다보면 아이들이 수용돼 있는 다른 집들이 눈에 들어왔다. 한 집에는 여자 애들이, 또 다른 집에는 세 살 미만의 아기들이, 또 어떤 집에는 정신적/신체적으로 장애가 있는 아이들이 살았다. 우리가 다니는 이발소도 보였다. 내 생각에 그런 시설을 갖추고 있다고 자랑할 수 있는 고아원이 많았을 것 같지는 않다. 불만이 있었다면 이발사가 흑인 머리를 자르는 법은 잘 몰랐다는 것이다. 이 건물들은 모두 끝이라곤 없어 보이는 소나무 숲에 둘러싸여 있었다. 여름철이면 간간이 매미들이 윙윙거리며 날아다니던 기억이 아직도 난다. 나는 소나무 냄새가 좋았다.

햇빛도 많았던 것 같다. 드디어 조용하고 평화로운 순간이 찾아왔다.

내가 생활하던 집에는 아이들이 열두 명 남짓 있었다. 다들 적응을 잘하는 편이었다. 우리 모두 분노와 상처가 있었지만 신체적으로 건강했고 그만하면 정상이었다. 그만하면. 우리는 방 두 곳에서 한 침대에 둘씩 잠을 잤다. 살림은 수녀님 둘이서 맡아서 했다. 그 고아원에서 아이들을 돌보는 여자들은 '보모들'로 불렸다. 그중 한 명은 젊고 싹싹했고, 또 한 명은 상대적으로 늙고 약간 심술궂었다. 교사들도, 보모들도, 이발사도 모두 사제와 수녀들이었다. 일요일이면 교회에 가서 천사와 악마와 지옥불과 천당에 대해 배웠다. 이처럼 상황은 심각했지만 나는 좋은 곳에 있었다. 하루에 세 끼를 먹을 수 있고 또 잘 곳도 있었다. 한국의 많은 사람들이 집도 없이 굶기를 밥 먹듯이 하던 시절에 우리는 운이 좋은 편이었다. 보모들이 그 집의 관리인이자 책임자였지만 비공식적으로 우리를 이끄는 지도자가 몇몇 있었다. 그중 한 명은 우리 중에서 제일 나이가 많은 아이였다. 나이는 열세 살이었고 뇌성마비를 앓고 있었다. 당시 여섯 살이었던 나는 그가 엄청 나이가 많은 것처럼 생각됐다. 그의 별난 동작과 어눌한 말투는 그의 신비로움을 더했다. 우리 모두 그를 두려워했다. 어느 해 크리스마스에 그는 바비처럼 생긴 인형을 손에 넣었다. 그는 그 인형을 무척 아꼈다. 나는 그가 인형을 안고서 몸매와 이목구비를 하나하나 찬찬히 뜯어보는 모습을 가끔 목격하곤 했다. 어쨌거나 그는 십대였고, 그곳에는 수녀님들 말고는 말을 걸 여자가 아무도 없었다. 그것이 그가 여자 꽁무니를 쫓아다니고픈 욕구를 해소하는 가장 그럴싸한 방법이었다. 우리는 사람들이 버렸거나 기증한 중고 장난감들을 아무렇지도 않게 가지고 놀았다. 장난감이 커다란 자루에 담겨 도착하면 이를 운반해온 사람이 아이들이 보는 앞에서 바닥에 쏟아놓곤 했다. 그러면 우리는 갓 사냥한 짐승을 향해 달려드는 늑대 떼처럼 그 위로 덮쳐들었다.

하루는 비밀 정보망을 통해 뇌성마비가 인형을 잃어버리고는 우리 중 한 명이 훔쳐갔다고 의심한다는 소식이 돌았다. 그는 회의를 소집했고 다들 참석해야 했다. 그는 우리를 일렬로 세워 놓고는 무슨 일이 일어났고 자기가 무엇을 의심하고 있는지 이야기했다. 그는 줄 한쪽 끝에서부터 한 사람씩 붙잡고 "네가 내 인형 훔쳐갔냐?"라고 물었다. 첫 번째 아이가 아니라고 말했다. 그 말이 끝나기가 무섭게 그는 무슨 무릎반사 작용이라도 하듯 1번 아이의 배에 주먹을 날렸다. 그는 절망에 빠져 있었고, 그런 식으로 그 절망을 표출하고 있었다. 하지만 그 과정에서 그는 진짜 도둑을 때릴 수도 있었다. 그는 줄 반대편으로 옮겨가면서 모두의 배에 한 방씩 먹였다. 우리 모두 아니라고 말했기 때문이다. 그렇다고 말해, 그럼 하느님이 도와주실 테니까. 그 난리를 피우고 나서 그는 어찌 된 노릇인지 인형과 재회했다. 누가 고백했거나 아니면 그가 인형을 어디다 잘못 뒀는지 비로소 깨달았을 것이다. 그가 그 소중한 인형을 안고서 마냥 행복한 듯 헤벌쭉 웃으며 고개를 심하게 주억거리던 모습이 아직도 눈에 선하다.

또 한 명의 비공식 지도자는 '김태경'이라는 이름의 악동이었다. 어떤 이유 때문에 나는 그 이름을 영원히 잊을 수 없다. 그는 나쁜 아이였다. 그는 뇌성마비보다 한두 살 어렸는데 우리는 그 또한 무서워했다. 그는 흑인과 한국인 사이에서 태어난 혼혈아였다. 그에게는 그 어떤 권위도 통하지 않았다. 그는 늘 문제를 일으켰지만 벌 받는 걸 두려워하는 것 같지 않았다. 그는 늘 분노에 차 있었고, 아무것도 아닌 일에도 벌컥벌컥 화를 냈다. 그에게 밉보이기라도 하는 날엔 매가 사정

없이 날아왔다.

어느 해엔가는 신체 건강한 아이들은 모두 고아원에 딸린 밭에 나가 감자 수확을 도우라는 임무가 떨어졌다. 우리는 수확이 끝난 뒤에도 잘 찾아보면 감자가 또 나온다는 걸 경험을 통해 알고 있었다. 땅을 계속 파다 보면 감자는 나오게 돼 있었다. 나는 다른 고아 아이 한 명과 감자를 서리하러 밭으로 내려갔다. 우리는 감자 구워 먹는 걸 좋아했다. 아무도 몰래. 적어도 우리는 그렇게 생각했다. 하지만 태경에게 딱 걸리고 말았다. 그는 우리더러 왜 거기 있냐고 물었다. 물론 우리는 오면 안 되는 곳에 있는 이유를 대지 못했다. 벌로 그는 끝이 뾰족한 신발로 우리 배를 걷어찼다. 그는 말수는 적어도 행동은 빨랐다. 나는 울면서 그에게 그만하라고 사정했다. 나 자신이 너무 무력하게 느껴졌다. 그 아이는 안에 악마를 품고 있었다. 입만 열었다 하면 하느님과 지옥불 얘기를 하는 신부님과 수녀님들 중 그 누구도 그 아이를 괴롭혀대는 것을 쫓아낼 수가 없었다. 나는 그를 증오했지만 그가 걸핏하면 화를 냈던 것에 대해 그를 탓할 수는 없다. 그도 부당한 대우를 받아서 그랬던 거였으므로.

알고 보니 입양되기까지 우리는 약 1년 반에서 2년을 기다려야 했다. 서류가 모두 준비되면 저녁 식사 시간에 원장 보모 옆자리에 앉아 마지막 식사를 했다. 그곳 분위기는 그 정도로 기독교적이었다. 그보다 고역스런 순간도 드물었다. 보모는 입양을 앞둔 아이 쪽으로 허리를 굽히며 이렇게 묻곤 했다. "하느님을 믿니?" 그러면 아이들 모두가 "네"라고 대답했다. 정말로 믿거나 아니면 믿는 척했거나 둘 중 하나였을 것이다. 아이들은 착했고 규칙을 잘 따랐다. 물론 나는 그런 아이들과 거리가 멀었지만. 나는 하느님을 믿지 않았고 보모 옆에 앉게 될 날을 무서워했다.

드디어 내 서류가 모두 준비된 날이 왔다. 행복하면서도 슬픈 시간이었다. 나는 저울에 행복을 올려 놓았는데 슬픔과 눈금 높이가 똑같으면 슬픔의 무게가 더 많이 나가는 것처럼 느껴진다. 무엇보다도 나의 양부모가 보내온 사진들이 마음에 들지 않았다. 다른 아이들이 받은 사진에는 더 크고 더 좋은 집에 더 예쁜 사람들과 더 많은 장난감이 있었다. 그리고 나는 마침내 축구부를 만들었다. 고아원 대표로 뛰는 것은 누구에게나 영예였다. 물론 축구부원들은 내가 떠나기로 돼 있는 주에 경기 일정을 잡아야 했다. 만약 내 도움이 있었다면 축구부가 더 좋은 성적을 거뒀을지 어땠을지는 영원히 알 길이 없게 됐다. 어쩌면 나는 축구부 영웅으로 떠올랐을지도 모른다. 하지만 고아원을 떠나는 것과 관련해 나를 가장 괴롭혔던 두려움은 그 끔찍한 '마지막 만찬'이었다. 보모에게 믿는다고 거짓말을 할까? 나는 대책을 마련하느라 부심하고 있었다. 그런데 뜻밖에도 마지막 만찬 때 나는 하느님을 믿느냐는 질문을 받지 않았다. 어쩌면 그 사람들은 내가 지옥에 갈 거라는 걸 이미 알고 있었는지도 모른다. 그렇다면 굳이 성가시게 뭐하러 묻겠는가?

나는 그 고아원과 한국과 나의 과거를 뒤로하고 떠나왔지만 그 모두가 내 안에 여전히 살아 있다. 두엄 더미에서도 아름다운 것들이 자라난다. 과거에 경험한 잠깐 동안의 기쁨이 내겐 그 아름다운 것들과도 비슷하다. 다른 아이들은 이렇게 세월이 흐른 지금 어떻게 지내고 있는지 궁금하다. 김태경, 뇌성마비, 그리고 나머지 나의 형제들. 우리는 서로 독특한 경험을 나누었고, 그래서 나는 그들을 사랑한다. 나는 공상 속에서 그들을 만난다. 그들에게 말을 걸고, 때로 웃으며 미소 짓기도 한다.

폴 하우 Paul Howe의 어머니는 한국인이고 아버지는 미국 흑인이었다. 아홉 살 때 미국으로 이주해 뉴욕 로체스터에서 입양 가족과 함께 살았다. 음악을 좋아해 피아노와 그 외 다양한 악기를 공부하기 시작했다. 대학 졸업 후 뉴욕 시로 옮겨와 지금도 그곳에 살면서 로큰롤 스타라는 꿈을 목표로 열심히 달리고 있다. 맨해튼과 브루클린 지역의 클럽에 가보면 그가 공연하는 모습을 볼 수 있다.

응답받은 기도

대니 코스모

한국에 대한 기억 중에서 내가 가장 좋아하는 기억은 친어머니에 대한 것이다. 나는 되게 큰 집에서 살았고, 엄마는 여왕처럼 굉장히 아름다웠다. 엄마는 내게 아주 많은 사랑과 관심을 쏟았다. 사실 엄마와 나는 식료품 겸 빵집 뒤켠의 방 한 칸에 세 들어 살았다. 그 집엔 세 들어 사는 사람들이 함께 쓰는 공동 거실이 있었다. 주인 아줌마는 빵을 구워 건물 앞쪽에 있는 가게에서 팔았다.

우리만 쓰는 부엌이 따로 없었는데도 어머니는 우리 방으로 음식을 가져오곤 했다. 누가 요리를 했는지는 기억나지 않는다. 아마도 주인아줌마가 만들었거나, 아니면 길거리 음식이었을 것이다. 나는 먹는 시간이 행복했다. 엄마가 내게 제일 맛있는 음식만 먹였기 때문이다. 때로 엄마는 젓가락이나 숟가락, 심지어는 손으로 먹여주기도 했다. 엄마가 갖다 주는 음식 중에는 국도 있었고, 밥과 고기와 죽도 있었다. 음식은 언제나 맛있었고, 국이 너무 뜨거우면 엄마는 입으로 후후 불어 식혀주셨다.

하루는 엄마가 내게 밥을 먹이고 있는데 밖에 나가 친구들과 놀고 싶었다. 나는 입에 한 가득 물고는 밖으로 뛰어나갔다. 그러고 나서 다

먹으면 다시 뛰어와서 엄마한테 입을 쏙 내밀고 밥을 받아먹었다. 그렇게 몇 번 받아먹다가 내가 친구들을 우르르 몰고 가면 엄마는 그 애들도 몽땅 먹여주셨다. 그럴 때면 엄마는 제비 새끼들을 먹이는 것 같다며 웃으셨다. 나는 거칠 것 없으면서도 든든하게 보호받고 있다는 느낌에 아주 행복해하면서 다른 꼬맹이들과 여기저기 마음껏 휘젓고 다녔다. 나는 안전하게 놀 수 있는 곳이 어디인지 알고 있었고, 그런 곳을 찾아 친구들과 하루 종일 시간을 보냈다. 우리는 놀이도 하고 함께 어울려 뛰어놀기도 했다. 해질녘에 시끄럽게 왱왱 울려대는 사이렌 소리가 들려오면 집에 갈 시간이라는 신호였다. 이웃들은 다들 인정이 많아 나에게 먹을 것도 주고 잘 대해주었다. 동네 아줌마들은 나를 보면 대부분 빙그레 웃어 주었다.

엄마가 예사롭지 않은 눈길로 나를 쳐다볼 때면 나는 엄마의 속내를 알 수 있었다. 엄마의 눈은 표정이 풍부해서 기분이 어떤지 굳이 말하지 않아도 얼굴만으로 많은 말을 쏟아냈다. 하지만 대체로 엄마는 내게 사랑을 보여주었다. 내 기억에 엄마는 내가 말썽을 피워도 고함을 지른 적이 없었다. 대신 엄마는 간지럼을 태웠다. 엄마는 내가 너무 심하게 웃느라 숨도 거의 못 쉴 지경이 돼서 웃다가 죽을 것 같다는 생각이 들 때까지 나를 간지럽혔다. 맹세컨대 그때는 꼭 죽을 것만 같았다. 엄마는 늘 그런 일이 일어나기 전에 멈췄다. 죽음에 대한 두려움이 벌이었지만 동시에 나는 엄마가 나를 사랑해서 간지럼을 태우는 거라고 생각했다. 엄마는 멈춰야 할 때를 정확히 알고 있었기 때문이다.

한번은 조립 장난감 자동차가 갖고 싶었다. 한국 돈으로 100원이었다. 그게 정확히 무엇을 의미하는지는 알지 못했지만 동전마다 어떤 그림이 있는지는 알고 있었다. 장난감 장수가 내게 모자를 쓰고 수염을 길게 기른 남자 그림이 있는 동전이라고 말했다. 돈은 방에 있었고, 나는 그 장소가 어딘지 알고 있었다. 바로 엄마의 주머니였다. 나는 엄마한테 그 동전을 달라고 했다. 엄마는 "안 돼."라고 말했고, 내가 있는 대로 성질을 부리자 엄마는 그제야 나를 향해 100원짜리 동전을 내던졌다. 엄마는 나한테 단단히 화가 나 있었다. 내가 그 자동차를 샀는지는 기억나지 않지만 이 생각을 하면 지금도 눈물이 난다. 동전은 거기 있었고 나는 그 장난감을 사고 싶었다. 나는 우리가 가난한 줄 모르고 있었다. 이 일로 나는 오랫동안 죄책감에 시달렸다.

나는 쿵푸 영화 보는 걸 좋아했다. 한번은 그런 영화를 보고 있는데 엄마가 화장을 하기 시작했다. 엄마가 거울을 통해 나를 보고 있다는 게 느껴졌다. 엄마는 빈 분유 깡통을 침대 옆에 두고 밤새 요강으로 사용했다. 나는 침대 위에서 펄쩍펄쩍 뛰며 쿵푸 동작을 흉내 내기 시작했다. 그런데 날아오르며 발차기를 하다가 나는 그만 침대에서 굴러 떨어졌고, 그 바람에 깡통의 날카로운 모서리에 얼굴을 부딪치고 말았다. 얼굴에서 피가 뚝뚝 떨어지기 시작했다. 엄마는 혼비백산해선 제정신이 아니었다. 밖은 비가 내리고 있었고 추웠다. 우리는 지프차를 타고 병원으로 향했다. 내가 말을 알아들을 수 없었던 걸로 미루어 십중팔구 미군 병원이었지 싶다. 온통 미국 사람들 천지였다. 너무 당혹스러웠다. 나는 울면서 엄마를 소리쳐 불렀다. 어디로 갔는지 엄마가 보이지 않았기 때문이다. 의사와 간호사들이 나를 빙 둘러싸고 있었고, 마지막으로 기억나는 건 어떤 아줌마가 말하는 소리였다. "엄마 여기 있어." 하지만 그 아줌마는 엄마가 아니었다. 그래도 상관없었다. 그게 누구든 나를 안아줄 사람만 있으면 됐으니까. 그러고 나서 나는 정신을 잃었다.

그 사건이 있고 나서 동두천에서 엄마와 함께 살았던 기억이 난다. 밖에서 놀다가 귀가 시간을 알리는 사이렌 소리에 집으로 갔다. 계단에서 엄마를 기다렸지만 엄마는 돌아오지 않았다. 어떤 직감이, 엄마는 돌아오지 않을 거라는 두려움이 점점 커지기 시작했다. 그럼 나는 어떻게 될까? 나는 울면서도 계단을 떠나지 못했다. 며칠 뒤에도 나는 여전히 거기 있었다. 어찌나 서럽게 엉엉 울어댔던지 동네 아줌마들까지 나와서 나를 달랠 정도였다. 하지만 나는 화가 났다. 어째서 저 사람들은 우리 엄마를 찾지 않는 거지? 아줌마들은 내게 음식과 물도 갖다 주고, 안에 들어와서 TV라도 보라며 나를 손짓해 불렀지만 나는 들은 척도 하지 않았다. 나는 점점 큰 소리로 울면서 말했다. "난 우리 엄마만 있으면 돼요. 다른 건 다 필요 없어요." 나는 그 계단 위에서 죽을 작정이었다. 음식도 제대로 먹지 않은 채 며칠을 울어대느라 약해져 있던 데다 무척 피곤하기도 했다. 그러던 차에 미스터 잭슨이라는 미국 군인이 다가와 내게 말을 걸었다. 그 군인은 자기를 우리 엄마아빠 친구라고 소개하면서 나를 부모님이 있는 미국으로 데려가려고 왔다고 말했다. 그렇게 해서 나는 한동안 그 사람과 함께 살았다. 그 사람은 옷과 신발도 사주었다. 그런데 나는 자꾸만 신발을 잃어버렸다. 비싼 신발이라는 걸 알면서도 어찌 된 일인지 자꾸만 잃어버렸다. 그 사람은 벌을 주면서 자기가 나를 위해 해주는 일에 도무지 감사한 줄을 모른다고 나무랐다. 그 사람은 여전히 내 엄마아빠를 찾아주겠다고 말했지만 시간이 지나면서 나는 나를 내 부모님께 데려다주겠다는 그 사람 말을 믿지 않게 됐다.

미스터 잭슨은 미스터 조라는 자신의 한국인 친구한테 나를 데리고 갔다. 미스터 조는 체구는 왜소했지만 머리가 크고 눈빛이 강렬했다.

그는 고등학교 축구 코치였다. 그 학교에는 학생 기숙사 말고도 미끄럼틀이 딸린 커다란 풀장과 규모가 작긴 해도 동물원까지 있었다. 나는 그 동물원에 홀딱 빠지고 말았다. 칠면조, 오리, 닭, 백조, 거위들도 좋았지만 그중에서도 벌집에 제일 끌렸다. 나는 벌집 구석구석을 살피며 만져보기도 하고 위치를 이리저리 옮겨놓기도 했다. 정말 즐거운 시간이었다. 그런데 나한테 질릴 대로 질린 칠면조에게 쫓기는 등 더러 곤경에 처하기도 했다. 다행히 부엌에서 일하는 아줌마가 벽까지 내몰린 내가 내지르는 비명 소리를 들었다. 그런가 하면 오래된 분재 하나를 태워먹기도 했다. 그 밖에도 계속 만지작거리다 결국엔 벌집을 부서뜨리고 말았다.

학교에서 나는 축구를 했고 더러 축구부와 연습을 같이하기도 했지만 대개는 다른 학생들과 멀찍이 떨어져 지냈다. 미스터 조는 다른 학생들로부터 나를 온종일 지켜줬지만 밤에 기숙사에는 없었다. 나는 불안했다. 다들 한국인들인 데다 나보다 나이가 많은 아이들은 나를 놀리고 조롱하려 들 터였다. 미스터 잭슨은 가끔 나를 만나러 왔지만 어느 날부터 발길이 뚝 끊겼다. 나는 두 번 다시 미스터 잭슨을 보지 못했다. 나중에 알고 보니 내 비자가 나오지 않아 혼자 미국으로 돌아갈 수밖에 없었던 모양이었다.

그 뒤로 미스터 조가 나를 '입양했다.' 그 사람은 내가 학교에 가야 그나마 말썽을 덜 피울 거라고 생각했던 것 같다. 그 사람과 그 사람 부인은 가톨릭 신자였고 옳은 일을 하고 싶어했다. 그 사람들은 내게 조응철이라는 한국 이름도 지어줬지만 한집에서 같이 살지는 않았다. 가끔 나는 그 집에 초대받아 식사를 함께 하거나 오후 시간을 함께 보내곤 했다. 미스터 조 부부에게는 아들과 딸이 각각 한 명씩 있었다.

그 집 아들이 정말 힘들게 발톱을 깎던 모습이 기억난다. 그 형은 갈수록 짜증을 부리다가(그게 내 탓이기라도 한 듯) 나한테 성질을 냈다. 나는 계속 고등학교 기숙사에서 생활했지만 학교는 동두천의 초등학교를 다녔다. 나는 기숙사가 싫었다. 보호받지도 못한 채 매일 밤 다른 아이들과 그곳에서 같이 지내야 한다는 게 싫었다. 아이들은 나를 육체적으로 괴롭히진 않았다. 내가 미스터 조의 '아들'이라는 걸 알고 있었기 때문이다. 그래도 나는 아이들이 무서웠다. 하루는 미스터 조 부부가 나를 부르더니 아무래도 고아원에 가는 게 최선일 것 같다고 말했다. 부부는 나를 미스터 조가 축구를 가르치는 학교 뒤에 있는 고아원으로 보냈다. 경기도에 위치한 안흥 고아원이었다. 거처를 옮긴 뒤 부부는 두 번 다시 나를 찾지 않았다.

나는 정말 외로웠다. 부모님을 찾겠다는 나의 바람은 어림도 없어 보였다.

고아원에서 생활할 때 정말 행복했던 기억이 하나 있다. 다들 내 생일을 축하하고 있었다. 생일이라고 축하받기는 그때가 처음이었다. 5월 5일 그 날은 한국의 어린이날이기도 했다. 장기 자랑이 있었고, 우리 팀은 춤 공연을 펼쳤다. 어떻게 하다 보니 독무는 내 차지가 됐다. 나는 친구들과 길거리를 쏘다니며 놀 때 로봇 춤을 배운 적이 있어 그때 배운 동작 몇 가지를 선보였다. 우리 팀은 3등을 했다! 다들 무척 행복해했고, 아이들은 나를 향해 빙그레 미소 지었다. 나보다 나이 많은 아이들도 그날만은 나를 인정해주었다. 그것이 고아원에서 보낸 시간 중 가장 좋은 기억이다.

한 번은 크리스마스를 맞아 선교사 일행이 고아원을 방문했을 때였다. 그들은 우리에게 예수님에 대해 이야기했다. 하지만 우리 중 대부분은 오로지 사탕을 받는 데에만 관심이 있었다. 그들이 우리에게 줄 사탕이나 장난감, 옷가지 같은 걸 가지고 왔다는 걸 알고 있었기 때문이다. 한 선교사가 혼자 앉아 있는 내 옆으로 다가와 기도하는 법을 알려주었다. 그 전까지 일부러 시간을 내서 기도하는 게 뭔지, 어떤 말을 사용해야 하며 그게 무슨 뜻인지를 가르쳐준 사람은 아무도 없었다. 그 여자 선교사는 무척 위안이 됐고, 나는 흥분에 들떠 그 선교사와 예수님에 대해 이야기했다. 그 뒤로 예수님은 내 삶에서 매우 중요해졌다. 누군가 말을 건넬 수 있는 사람을, 내 생각을 모두 들어주고 내 삶을 이해해줄 사람을 찾은 듯했다. 그 선교사와 다른 것들에 대해서도 이야기를 나누었다. 나는 그 선교사에게 나의 부모님이 계시는 미국으로 가고 싶다고 말했다. 이제 예수님이 내 곁에 있어서 전처럼 외롭지 않았다. 예수님이 마치 나와 이야기하면서 언젠가 미국에 가게 될 거라고 말씀하시는 것 같았다. 그래서 사람들에게 나는 꼭 미국에 갈 거라고 당당하게 말했다. 물론 그중에는 나를 비웃는 눈길로 쳐다보는 이들도 더러 있었지만 나는 개의치 않았다. 또 어떤 사람들은 이렇게 묻기도 했다. "네가 미국에 가게 될 거라고 누가 그래?" 그때마다 내가 예수님이 그랬다고 대답하면 사람들은 고개를 절레절레 흔들거나 나를 향해 손사래를 치며 "꺼져."라거나 "여기 이 과일이나 하나 먹고 내 손님들은 이제 그만 괴롭혀라."라고 말했다. 그러면 나는 슬그머니 자리를 떴지만 상관없었다. 거기다 달고 맛있는 한국산 배까지 덤으로 얻지 않았던가.

곧이어 벤 즈웨버 신부님이 내 삶에 들어왔다. 누군가가 신부님에게 고아원에 혼혈아가 하나 있다고 말한 모양이었다. 고아원을 방문한 날 신부님은 내 모습을 보더니 버럭 화를 냈다. 나는 피골이 상접할 만큼 바싹 마른 데다 온 몸에 이가 들끓고 있었다. 신부님은 나를 데리고 가야겠다고 잘라 말했다. 내가 혼혈아라 입양 보내는 게 최선이라며. 물론 행정실에선 안 된다고 말했다. 그러자 벤 신부님은 코리아타임스 기자로 있는 친구에게 전화해 고아원이 얼마나 엉망으로 운영되고 있는지 폭로하겠다고 소리치며 사무실 문을 박차고 나갔다. "뉴스마다 온통 당신들 이야기를 떠들어댈걸. 당신들은 지금 한국 얼굴에 먹칠을 하고 있단 말이오!" 신부님은 이렇게 계속 소리 질렀다. 전화기로 다가가면서 신부님은 행정실 직원들이 자신의 허풍에 속아 넘어가기를 기도하고 있었다. 신부님은 인천에 사는 친구 미스터 서에게 전화를 걸었지만 행정실 직원들은 신부님이 신문사와 통화하는 줄 알고는 부리나케 복도를 내달려와 신부님을 뜯어말렸다. 이런 일이 있고 나서 몇 달 뒤 나는 성격이 불 같고 고집이 무척 센 독일인 아내를 둔 어느 점잖은 노르웨이계 루터파 교회 목사님에게 입양됐다. 당시 내 나이는 아홉 살이었다. 그렇게 해서 나는 노스다코타의 라무르라는 조그만 농업 도시로 거처를 옮겨 나처럼 한국에서 입양된 남동생과 함께 살기 시작했다. 그 후 미네소타에 있는 대학에 진학할 때까지 거기서 살았고, 지금은 캘리포니아 남부에서 아내와 아이들과 함께 살고 있다.

작년에 나는 나를 낳아준 어머니, '엄마'를 다시 만났다. 무려 37년 만의 일이었다! DNA 검사를 통해 나는 말레이시아에 사는 6촌과 연락이 닿았다. 이메일을 몇 차례 주고받으며 나는 그에게 내 사연도 말하고 빵집 아줌마가 내게 준 어머니 사진(1998년 처음으로 한국에 다시 갔을 때 받은 사진이었는데, 다행히 내가 살던 집을 찾을 수 있었다)도 보냈다. 나의 6촌은 나머지 한국 가족들과 연결해주었다. 나는 이제 이모들도 있다! 엄마한테는 자매가 다섯 있는데, 그중 두 분이 이곳 서부 해안에 살고 계신다. 또 한 이모는 베이 에어리어 근처에 살고 있고, 또 다른 이모는 엄마와 미국으로 왔다. 우리는 2017년 어머니날이 낀 주말에 만났다. 우리 모두 한참 울었지만 그와 동시에 사랑과 웃음도 있었다. 그 날 밤 나는 거의 잠을 자지 못했다. 내가 떠난 뒤 엄마가 정신적, 육체적으로 완전히 무너져 내렸다는 걸 알게 됐다. 이모들 얘기에 따르면 엄마는 친정에서 지내며 오빠의 보살핌을 받았던 모양이다. 이런 식으로 십여 년을 생활하다가 서서히 상태가 호전돼서 결국 지금의 남편과 결혼했던 것 같다.

엄마는 내가 기억하지 못하는 이야기도 들려주었다. 얘기를 들어보니 학교 기숙사에서 생활할 때였는데, 하루는 내가 집으로 뛰쳐갔던 모양이다. 그때 엄마는 집에 있었고, 내가 혼자서 집을 찾아온 걸 보고 깜짝 놀랐다. 나는 울면서 엄마와 같이 살고 싶다고 말했다. 엄마도 울었지만 내게 돌아가라고 소리쳤다. "싫어, 장난감이나 신발 같은 거 없어도 돼. 옷도 필요 없어. 엄마랑 같이 살기만 하면 돼." 엄마는 그 긴 세월 내내 엄마의 가슴을 먹먹하게 짓눌러왔던 이 이야기를 비로소 내게 풀어놓았다. 알고 보니 나는 그 시절의 아픈 기억들을 자신도 모르게 많이 틀어막고 있었다.

그 이후로 우리는 카카오톡으로 계속 연락을 주고받고 있다. 다행히 엄마는 우리 둘이 기본적인 의사소통은 가능할 만큼 영어를 할 줄 안다. 모든 게 순조롭게 잘 돌아가고 있다. 엄마가 남편에게 내 존재에 대해 이야기하기까지 몇 달이 걸렸다는 것만 빼면. 엄마 남편은 물론 충격을 받았지만 엄마는 점점 나아지고 있다고 말한다. 엄마는 나 말고는 또 자식을 낳지 않았지만 대신 지금의 결혼을 통해 얻은 자식 둘이 있다.

문화와 언어 차이가 다시 이어진 우리의 모자 관계에 여러 가지 어려운 문제를 가져오기도 하지만 나는 엄마를 찾아 기쁘고, 그동안 나한테 일어났던 일을 이제는 엄마가 알게 돼서 기쁘다. 또 엄마가 잘 지내서 기쁘고, 우리가 서로 의사소통을 할 수 있어서 기쁘고, 사진과 영상을 주고받을 수 있어서 기쁘다. 나의 일부는 한국에서 겪었던 일을 용서하기 싫어하지만 나는 엄마와 나의 삶이 그렇게까지 힘들었던 건 문화와 사회 탓이라고 생각한다. 나는 엄마를 영영 만나지 못할 줄 알았다. 그동안 가슴 한구석이 뻥 뚫려 있어 힘들었지만 이제는 어떤 아픔이든 담담하게 받아들이기로 했다. 내 상처들이 비로소 나아가고 있다는 게 느껴진다. 어렸을 때 복음과 희망을 접할 수 있어 얼마나 다행인지 모른다. 엄마를 다시 만난다는 건 가망 없는 기도 같았지만 이젠 응답받은 기도가 됐다.

대니 코스모 Danny Korsmo는 1975년 대한민국 경기도 동두천에서 태어났다. 태어나서 처음 몇 년 동안은 어머니와 살다가 아홉 살 때 노스다코타의 루터교 목사 부부에게 입양됐다. 한국에서 입양된 남동생과 함께 그곳에서 계속 살다가 미니애폴리스에 있는 오그스버그 대학에 입학했다. 대니는 십 년 넘게 재무 상담사로 일하고 있으며, 결혼해서 세 아이를 두고 있다. 현재 캘리포니아 남부에서 살고 있다.

끊을 수 없는

폴 리 캐넌

인간으로서 우리는 뭔가 유산을 남기고 싶어하는 것 같다. 의식하든 못하든 우리는 그게 무언지 알기 위한 탐색에 나선다. 그러나 우리의 존재에 가장 의미 있는 것이 무엇인지 깨닫기 위해 너무 멀리까지 볼 필요는 없을 듯하다. 우리 코 바로 밑, 우리 가족들 바로 옆에 있을 수 있으니까. 우리 모두는 어떤 식으로든 세계사를 형성해온 세대들과 연결돼 있으며, 미래 세대를 위해 우리 이야기를 들려주는 게 맞다고 생각하는 현재 세대에 속해 있다. 이것은 나의 이야기이자, 나의 유산이다.

한국전쟁 기간에 많은 한국인은 성별과 상관없이 미군 기지에서 일했다. 나의 어머니 이종선도 그중 한 명이었다. 1951년 스물한 살이었던 어머니는 서울에서 남쪽으로 40마일쯤 떨어진 오산 공군기지에서 일했다. 그 당시 수도는 중국과 소련의 지원을 받는 북한군에게 침공당한 상태였다. 어머니는 병사들에게 급료를 지급하는 일을 하고 있었는데, 한 병장이 자기 애인이라며 어머니를 괴롭히는 바람에 그 일을 오래 하진 못했다. 더 이상은 견딜 수 없어 어머니는 자신의 군복과 신분증을 반납했다. 일을 그만둔 바로 그날 어머니는 영국과 아일랜드 혈통에 아이오와 시골에서 태어나고 자란 건장한 청년, 바로 나의 아버지 아널드 배리 캐넌을 만났다.

엄마는 군 기지 근처에 살던 어느 나이 지긋한 부부네 집에서 묵고 있었다. 당시의 수많은 남한 사람들이 그랬듯이 엄마의 어머니와 두 동생도 피난처를 찾아 저 남쪽에 있는 항구 도시 부산으로 가고 없었기 때문이다.

그 집 밖에는 동네 어르신들이 낮잠을 즐기러 자주 들리는, 짚더미로 얼기설기 만든 굉장히 허름한 원두막이 있었다. 뭐든 닥치는 대로 읽어댔던 엄마는 그 공간에서 일본어로 쓰인 책이나 잡지를 보면서 따스한 오후 시간을 즐겼다. 1929년 김포에서 태어난 엄마는 일제 강점기를 지내며 일본어로 교육받았다. 그런데 놀랍게도 나는 어머니가 자기 나라를 식민지화한 일본을 향해 적의를 드러내는 걸 한 번도 들어본 적이 없다. 사실 엄마는 외할머니를 가정부로 고용했던 어느 일본 은행원의 집에서 식구들과 함께 살던 때의 기억을 소중하게 간직하고 있다. 나의 외할아버지는 '시골 의사'였다. 어느 집에서 부르면 자전거를 타고 왕진을 가서 진료비로 닭과 귤을 받아오곤 했는데, 어머니가 아홉 살 때 심장 발작으로 돌아가셨다. 어머니는 맏이라 집안일을 도와야 했다.

원두막 주변에는 1피트 높이의 울타리가 둘러쳐져 있어 맞은편에서 누가 걸어오고 있는지 볼 수 있었다. 엄마는 엉겁결에 일을 그만둔 뒤 이곳에서 위안을 찾았다. 하지만 평화와 안정은 그날 오후 엄마를 기다리고 있던 운명이 아니었다. 커다란 군인 장화 두 짝이 모습을 드러내더니 울타리를 따라 느릿느릿 입구로 다가왔다. 엄마는 당황했다. 온몸이 뻣뻣하게 굳으면서 책장을 넘기는 건 고사하고 눈도 깜빡거릴 수 없었다. 장화는 불길한 소식을 전하고 있었다. 엄마는 그 장화가 자기가 도망쳐온 군인의 것이라는 걸 확신했다.

엄마는 소문을 통해 미군들이 현지 여자들에게 입에 담을 수 없는 짓을 한다는 소리를 들어 알고 있었다. 다음은 내 차례일까? 그 순간 엄마가 할 수 있는 일은 가만히 앉아 있는 것밖에 없었다. 가슴은 두방망이질 치고 몸은 온통 얼어붙었다. 마침내 입구가 열리고, 칙칙한 초록색 군복 차림의 거대한 '미국 사람'이 떡하니 서 있었다. 엄마는 고개를 돌리고 싶었지만 그러면 그 군인이 자기한테 무슨 해코지라도 할까 봐 그럴 수가 없었다. 하지만 그때까지 그 남자가 한 행동이라고는 그 괴물 같은 장화를 신고 몇 발자국 걸어온 것밖에 없었다. 엄마는 바투 깎은 그 남자의 갈색 머리와 침착하면서 날카로운, 그리고 자신이 아끼는 옥 목걸이보다 더 푸르른 그 남자의 두 눈을 몰래 훔쳐봤다.

너무 오래 쳐다보지 않도록 주의하면서 그 군인이 자기를 향해 천천히 다가오는 동안 엄마는 새 근거지를 조심스레 살피는 고양이처럼 책 뒤에 숨어 주변 동정을 탐색했다. 군인은 엄마와 겨우 몇 발자국 거리를 두고 멈춰 서서는 몇 마디 내뱉었다. 군인은 책 표지를 가리키면서 (일본어로!) 정말 일본 책이 맞는지 확인했다. 나의 아버지는 군사 훈련차 1949년 사이판에 주둔할 때 그곳 국수 가게 주인에게 일본어를 꽤 많이 배웠다. 장담컨대 아버지는 그렇게 배운 일본어가 오랜만에 이처럼 유용하게 쓰일 줄은 상상도 하지 못했을 것이다. 그래도 나의 양친이 각자의 모국어가 아니라 다른 나라 말로 첫 대화를 나눴다는 사실이 나로선 정말 놀라웠다.

여전히 경계를 늦추지 않는 가운데 엄마는 나의 아버지가 불쑥 묻는 말에 간신히 몇 마디 대답했다. 이 군인은 말로 표현할 수는 없었지만 엄마가 기지에서 일할 때 마주쳤던 다른 군인들과는 확실히 뭔가 달랐다. 6피트 2인치나 되는 그의 훤칠한 체격이 어머니의 5피트를 남김없이 집어삼켰다. 어머니의 두려움과 상상했던 위험이 서서히 가라앉았다. 엄마로 하여금 자꾸만 아버지를 보게 만든 것은 아마도 부드러운 목소리 때문이었거나, 진중하고 깍듯한 태도 때문이었거나, 따스한 미소 때문이었거나, 아니면 그 모든 것 때문이었지 싶다.

아빠는 일주일 내내 '짚더미'로 엄마를 만나러 왔다. 그리고 올 때마다 엄마에게 오렌지와 초콜릿, 그리고 껌을 몇 상자씩 가져다주었다. 엄마는 껌은 나중에 거리로 가지고 나가 팔거나 다른 물건과 바꿔 가족의 생계에 보탰다.

훗날 엄마는 내게 이렇게 말했다. "처음에는 놀라고 무서웠지, 미국 사람이라면 그저 겁부터 났으니까. 네 아빠는 한쪽 어깨에 소총을 메고 있었고, 윗도리가 아주 깨끗하고 단정했단다. 네 아빤 내 손조차 잡은 적이 없었고, 그저 내 맞은편에 앉아 이야기만 했지. 아주 신사였고, 또 얼마나 잘생겼던지!"

나의 아버지는 엄마와의 만남을 이렇게 기억하고 있었다. "거기, 건초더미 위에 앉아 있는 네 엄말 보지 않았겠니. 네 엄만 어딘지 달라 보이더구나, 기품이 있달까. 어리고 순수해 보였단다."

나의 양친이 처음 만난 세계사의 이 장에서 한국 여성과 미군 GI의 친밀한 관계는 양쪽 사회 모두에서 환영받지 못했다. 한국 여성이 군인과 붙어 다니면 수치요, 밑바닥 인생 중에서도 최고 밑바닥이었다. 이는 기독교 원칙이 만들어 놓은 관점이자 당시 한국에서 매춘을 바라보는 관점이기도 했다. 한국인은 당연히 한국인과 결혼해야 했다. 여기에는 의문도, 예외도 없었다. 한국인들은 한민족으로서의 정체성을 유지하기 위해 긴긴 세월을 너무 힘들게 싸우느라 다른 민족의 피가 섞여들게 놔둘 여유가 없었다.

나의 양친은 이런 오명을 혹독하게 치렀다. 당시 한국에서는 두 사람이 함께 있는 모습이 눈에 띄면 지역 주민들이 어머니에게 '양갈보'(양키 창녀) 같은 심한 욕을 퍼부어대곤 했다. 아빠 얘기로는 미군 또한 서로 다른 인종끼리의 관계를 별로 달가워하지 않았다. 아빠는 전쟁 전에 파다하게 퍼졌던 소문 하나를 기억하고 있었다. 다름 아니라 미군이 한국인 여성과 뒹굴다 들키면 군에서 그 군인을 거세해 잘린 고환을 입에 처넣는다는 소문이었다. 사실 아빠는 엄마를 지프에 태워 군 기지로 몰래 데려가려다 불심 검문에 걸린 적이 있었다. 육군 대령이 차 뒤쪽의 방수포를 들추고 그 밑에 웅크리고 있는 엄마를 발견하고는 당시 병장이었던 나의 아버지를 군사 재판에 넘기겠다고 협박했다. 그런데 천만다행이게도 그 장교는 내 엄마의 친구들 중 한 명과 알고 지내는 사이라 그 둘을 풀어주었다.

사랑은 결국 모든 걸 이겨냈다. 두 분은 드디어 결혼했고, 죽을 때까지 함께 지냈다. 2004년 아버지가 돌아가시기 전까지 내 아버지와 어머니는 전쟁에 짓밟힌 한국에서 시작해 햇빛 따사로운 캘리포니아와 미국 중서부에 이르기까지 53년에 걸친 매혹적이고도 존경할 만한 개인사를 엮어나가며 자녀 여섯과 많은 손주들을 두었다. 이제 이 손주들 중 몇몇은 벌써 자기네 아이들을 두기도 했다.

어린 시절(애정이 넘치는 나의 어머니가 그 음식의 특징인 양념을 씻어 건넨) 김치를 처음 맛본 이후로 나는 어머니와 함께 한국으로 여행하는 꿈을 꿨다. 나의 어린 마음은 다들 내 엄마처럼 동글동글한 얼굴에 표정은 나의 '할머니'처럼 따스하고 푸근해 보이는 미지의 곳을 상상하며 즐거이 춤을 췄다. 철이 들면서 나는 한국은 내게 그보다 훨씬 더 많은 것을 의미한다는 걸 깨달았다. 한국은 나의 부모님이 운명적으로 만나 사랑에 빠졌고 이른바 잊힌 전쟁에서 살아남아 서로 다른 인종끼리의 결혼이라는 쉽지 않은 오명을 견뎌낸 곳이었다.

내가 자라난 인디애나 시골 마을을 감싸 안으며 제멋대로 뻗어나간 옥수수 밭처럼 내 어머니의 모국 문화는 자연스럽게 내 어린 시절을 에워쌌다. 여덟 살일 때 어느 날 학교에서 집에 와보니 할머니뿐만 아니라 처음 보는 삼촌과 숙모, 사촌 둘을 비롯해 집 안 가득 한국 사람들로 넘쳐났다. 당시 나의 부모님은 미국 시민이 되려는 외가 친척들의 수고로운 노력을 지원하고 있었다. 아홉 살이 되던 무렵 나는 이미 이민이 무슨 뜻인지를 이해했다. 그리고 당시 그 의미를 완전히 이해하기에는 철이 덜 들었을 수도 있었지만 한국의 아름다운 의식과 문화 때문에 나는 내가 절반은 한국인이라는 사실이 좋았다. 그것은 내게 '보통'이자 '정상'이었고 나를 특별하게 만들어주었다. 그것은 늘 영예롭고 자랑스러운 그 무엇처럼 느껴졌다.

돌이켜보면 인종적 다양성을 거의 찾아볼 수 없는 지역사회에서 반쪽 한국인으로 산다는 것이 늘 쉽지만은 않았다. 내가 다니던 초등학교에서부터 고등학교에 이르기까지 아시아계 미국인 학생들의 수는 손가락으로 꼽을 수 있을 정도였다. 게다가 흑인이나 라틴계 학생들은 아예 없었던 것으로 기억한다. 친구들이 집으로 전화를 걸어오면 엄마가 받곤 했는데, 그때마다 친구들은 엄마 억양 때문에 알아들을 수가 없다는 말을 하곤 했다. 나는 친구들이 내게 무슨 해를 입힐 의도에서 그런 게 아니라는 것을 알았기에 그런 말들을 무시하는 법을 터득했다. 그렇지만 저 안의 반항적이고 방어적인 나의 일부는 이렇게 생각하곤 했다. '뭐라는 거야? 나는 잘만 알아듣겠는데!'

내 생각에 엄마는 우리 아이들에 비해 차별과 더 많이 씨름해야 하지 않았을까 싶다. 깔끔하게 손질된 이웃의 다른 어머니들과 어울리려는 내 어머니의 노력이 늘 성공을 거둔 것은 아니었다. 엄마가 해준 이야기 중에 내가 제일 좋아하는 이야기가 있다. 엄마가 어떤 집 포틀럭 파티에 '김밥'을 싸가지고 갔다가 그 집 안주인이 부엌 쓰레기통을 끼고 김을 골라내는 모습을 포착하면서 전개되는 이야기다. "뭐하고 계세요?" 엄마가 안주인에게 정중하게 물었다. "후추 이파리를 빼내고 있어요." 안주인이 대답했다. "그건 후추 이파리가 아니고 해초예요." 안주인은 나의 어머니가 정성스레 준비한 김밥을 한 줄 통째로 쓰레기통에 떨어뜨리는 것으로 대답을 대신했다.

조그만 우리 마을에 다른 한국인은 한 명도 없었다. 하지만 인근 교외에는 꽤 있었고, 그 분들과 내 어머니는 용케도 서로 알고 지냈다. 엄마의 한국인 친구들은 자주 우리 집에 들렀다. 그분들은 나와 내 남동생을 보고는 기쁨에 겨워 거의 비명 같은 소릴 지르며 우리가 도망갈 기회를 잡기 전에 우리 뺨에다 뽀뽀를 해대기도 하고 꼬집기도 했다. 그리고 그런 가운데서도 엄마에게 큰 소리로 '요'나 '니다'로 끝나는 표현력이 풍부한 문장을 주절주절 잘도 쏟아냈다. 음력 새해에 김이 솔솔 나는 떡국을 먹고 할머니에게 절하던 기억은 사과 파이와 리틀 리그 못지않게 나의 발달기를 형성했다. 맙소사, 내가 그 미끄덩거리는 타원형의 쌀떡은 좋아하고 야구하는 건 끔찍이도 싫어할 줄이야!

내 몸에 흐르는 한국 사람의 핏줄에 대해 알면 알수록 어머니가 내게 한국어를 가르치지 않은 이유가 궁금했다. 궁금하다 못해 약간 억울하기까지 했다. 거기에 대해 물을 때마다 나는 매번 같은 대답을 들었다. "너희 아버지가 너희 모두를 미국인으로 키우고 싶어하셨거든." (한쪽이나 양쪽 다 한국 이민자 출신인) 다른 많은 부모들과 다르지 않게 아마도 나의 어머니 역시 한국어를 말할 줄 알면 우리를 미국인으로 키우고 가르치는 데 방해만 될 뿐이라고 생각했던 듯하다. 그런 생각에는 일리가 있었다. 미국 중부의 옥수수 밭과 아이스크림 가게들 틈바구니에서 내가 한글을 알았다 한들 무슨 소용이 있었겠는가? 내게 도사리고 있던 억울함은 세월이 지나 우리 여섯 모두를 반듯하게 키워내느라 엄마는 영어를 배울 시간도 기력도 거의 없었다는 걸 알게 되면서 결국 없어졌다. 나는 엄마를 용서할 수밖에 없었다.

어머니의 일흔한 번째 생일이다. 가족들에게 둘러싸인 채 나는 두툼한 분홍색 봉투를 들고 엄마에게 몸을 기댄다. 봉투 겉에다 나는 약간 삐뚤빼뚤한 한글로 '엄마'라고 미리 써왔다. 봉투 안, 나와 내 동기간들의 애정 어린 글귀로 가득 넘쳐나는 카드 사이에는 엄마의 고향 서울에 갔다 오는 싱가포르 에어라인 왕복 티켓이 끼워져 있다.

생일 모임 겨우 몇 주 전 나는 내 컴퓨터 모니터를 불신에 찬 눈으로 뚫어지게 쳐다보고 있었다. 사실 그 전에 나는 입양인 출신으로 한국에 살면서 오래 전에 헤어진 가족을 찾도록 도와주는 분에게 도움을 청해둔 상태였다. 그 여성분이 내 이모가 사는 곳을 알아냈다.

안녕하세요, 폴. 지금 또 한국에 있는데 경찰서에서 미국에 있는 선생님한테 연락하려고 했다는 전활 받았어요. 지금 어디 계신가요? 한국에 계신가요? 그렇다면 제가 선생님 친척을 찾았는데…….

엄마는 코끝에 걸친 돋보기 너머로 비행기 표를 한참 골똘히 쳐다봤다. 어떤 생각들이 엄마의 머릿속을 스쳐 지나가고 있는지 나로서는 짐작할 수도 없다. 공교롭게도 엄마가 '고요한 아침의 나라'를 처음으로 다시 찾게 되는 때가 새 천년의 새벽 2000년이다. 그러고 보니 엄마가 자기 동생 복순 이모를 마지막으로 본 지가 40년이 훌쩍 넘어 있었다. "나 간다! 나 가!" 엄마는 조그만 승리의 깃발처럼 비행기 표를 신나게 흔들어댔다.

엄마와 복순 이모는 어머니가 미군 GI(G.I.는 원래 미군 병사들에게 지급되는 군용일급품에 프린트된 Governent Issued의 약자였으나, 미국 육군 병사를 일컫는 별칭으로 전용되고 있다 : 옮긴이)였던 아버지와 서울에서 태어난 내 위로 세 아이들과 미국행 배를 타던 해인 1959년에 헤어졌다. 나의 가족은 약간의 소지품과 엄청난 양의 감정적 짐을 들고 한국을 떠났다. 엄마가 자기 어머니와 가족과 나라에 작별을 고해야 했기 때문이다. 배는 샌프란시스코 프레시디오에 도착했고 나의 가족은 스타인벡의 고향 살리나스에 정착했다. 나의 아버지는 내가 포트 오드 군 기지 병원에서 태어나던 해인 1968년에 전역했다. 1973년 아버지는 나와 엄마, 나의 세 형들을 데리고 자기 형제들이 사는 인디애나로 터전을 옮겼다. 여섯 중 첫째와 둘째로 태어난 나의 두 누나들은 당시 이미 성인이라 캘리포니아에 남기로 했다.

나의 부모님 표현대로 '다른 인종과의 결혼'이라는 오명은 내 어머니와 그 동생 사이를 태평양보다도 더 멀리 떼어놓았다. 복순 이모는 내 부모님의 결혼을 계속 비밀에 부쳤다. 그랬던 데에는 친언니의 망신스런 선택이 자기 결혼에 재를 뿌릴지도 모른다고 생각했던 게 제일 큰 이유였던 듯하다. 할머니는 여전히 한국에 살면서 복순 이모가 남편과 함께 친정에 들를 때마다 내 부모님의 사진을 숨기곤 했다. 공연히 안 좋은 감정을 들쑤시게 될까 봐 사진을 안 보이게 잘 넣어뒀던 할머니의 행동 때문에 나의 어머니는 여동생 남편이 미국을 싫어한다고 결론 내렸다. 심지어 어머니는 여동생 집에서는 자신의 결혼 사실이 여전히 비밀이며, 복순 이모는 남편과 시댁 식구들이 알면 자기 언니를 창녀로 여길까 봐 불안해한다고 생각하기까지 했다. 어쨌든 엄마는 이모가 그런 생각을 가지고 있다고 단정지었다. 여동생의 결혼 생활을 존중하는 차원에서 엄마는 안전거리를 유지해야 한다고 생각했고, 그 거리는 결국 말하지 못한 슬픔과 회한의 기나긴 세월로 이어졌다.

내가 생전 보지도 못한 이모를 찾기로 마음먹은 이유는 나의 어머니가 미국에서의 새 삶을 찾아 한국을 떠나며 느꼈을 고통이 조금은 짐작됐기 때문이다. 나는 이별의 그 수많은 세월에서 오는 고통을 조금이라도 덜어드리고 싶었다. 엄마와 엄마의 가족이 내가 그 사람들에 대해 그런 것만큼 나와 내 가족들 안부를 궁금해할지 알 수가 없었다. 나는 언젠가는 우리가 다 함께 만나게 될 거라는 희망에 매달렸다.

기대로 가득 찬 여행을 앞두고 여자친구(지금은 내 아내가 돼 있는) 휴고와 나는 한국어와 한국 문화를 가르치는 강좌에 등록해 친척들과 대화하는 데 필요한 기술을 열심히 배웠다. 나는 그 사람들을 처음 만나게 되는 데다 서울과 강릉의 북적이는 거리와 뒷길을 알아서 찾아 다녀야 했다. 나는 엄마에게 전화를 걸어 의기양양한 목소리로 "엄마, 이모를 찾았어요!"라고 말할 수 있는 날이 어서 오기를 고대했다.

그리고 그날은 왔다.

대한민국 서울. 우리는 짐을 푼 호텔 로비에서 복순 이모를 만나기로 했다. 그 전날 밤 나는 임박한 상봉을 두고 이런저런 생각을 하느라 한숨도 자지 못했다. 흥분과 불안이 들끓고 있었다. 목구멍이 바짝바짝 타들어갔다. 가만히 앉아 있을 수가 없었다. 이모는 어떻게 생겼을까? 엄마와 이모는 서로를 알아볼까? 만나면 서로 무슨 말을 할까?

휴고와 루시(1952년 수원에서 태어난) 누나는 카메라를 가지러 위층으로 올라가 몇 분이 지나도록 오지 않고 있다. 그 사이 나는 뽀글뽀글한 머리를 하고 콧등에 커다란 점이 있는 비쩍 마른 웬 늙은 여성을 한쪽 곁눈으로 훔쳐봤다. 그 분이 가까이 다가오자 나의 할머니와 너무 닮아 나는 깜짝 놀란다.

시간이 멈췄나 싶더니 이모가 소리친다. "언니! 언니!" 이모가 엄마 쪽으로 곧장 걸어오자 엄마는 의자에서 벌떡 일어나 소리친다. "아이고! 아이고! 복순아! 아이고!"

바다를, 국적을, 엄청난 삶의 결정을 사이에 두고 떨어져 지내던 자매가 거의 반세기가 지난 뒤에 흩어져 있던 조각들을 어떻게 끼워 맞출까? 재회의 눈물이 마르자 이모가 엄마한테 언니가 백인 남자와 결혼한 것만으로는 아무 문제가 되지 않았다고 말했다. 그 얘기를 듣고 나니 엄마의 오해가 그 많은 세월을 속절없이 앗아가버렸다는 생각이

들지 않을 수 없었다. 서로의 자식들 얘기를 하면서, 오빠들 얘기를 하면서, 딸들이 훌륭한 여인으로 활짝 피어나는 모습을 못 보고 돌아가신 어머니 아버지 얘기를 하면서 훨씬 더 재밌고 알차게 보냈을 그 시간을. 그랬으면 좋았을 텐데 하는 생각에 잠시 마음이 착잡했지만 희망차고 위안을 주는 어머니의 말에 나는 곧 기분이 풀렸다. 어머니는 복순 이모와 함께 관계를 다시 쌓는 데 집중하겠다고 말했다. 둘이 함께 과거가 아니라 현재에 살겠다고. 사실 허비할 시간이 없었다.

나의 한국 핏줄을 받아들인다는 것은 내게 늘 중요했지만 오랫동안 떨어져 있던 가족의 끈을 다시 잇는 여정에 오르게 될 줄은 꿈에도 생각지 못했다. 2000년 9월 아침, 나의 어머니와 이모가 41년 만에 처음 얼싸안던 그날 나는 그것이 한국 사람들에게 어떤 의미인지 잘 알고 있었다. 복순 이모를 찾기 시작했을 때만 해도 나는 어린 시절의 공상도 이룰 겸 어머니를 대신해 마무리를 짓고 있다고만 생각했다. 이쯤이면 착하고 효심 깊은 한국계 미국인 아들로서 내 몫을 다한 듯하다. 엄마가 가끔 담담한 목소리로 "이제 죽어도 여한이 없다"고 말씀하시기 때문이다.

이모와 이모의 자녀들(그 이후 카카오톡으로 계속 연락하고 지내고 있는 사촌 네 명)을 만나 새롭게 관계를 맺고 나서 나는 한국의 외가 식구들과 유대를 이어나가려는 나의 노력이 다른 많은 사람들의 삶에 깊은 영향을 미쳤다는 것을 깨달았다. 이제 이 특별하고 새로운 관계가, 그 무엇으로도 끊을 수 없는 질긴 끈이 있다. 그 '대망의 여행' 이후로 또 한국에 가지는 못했지만 곧 다시 가게 될 거라는 걸 나는 안다. 그곳에서 처음 만난 사촌 중 한 명은 캘리포니아로 우리를 어느새 두 번이나 보러 왔다. 그리고 2014년, 1950년대 후반 이후로 서로 헤어져 지내던 나의 어머니와 어머니의 오빠, 여동생은 오클랜드의 우리 집 거실에서 다시 만났다. 나는 고마워할 일이 참 많다.

폴 리 캐넌 Paul Lee Cannon은 프리랜서 작가로 캘리포니아 오클랜드에서 살고 있다. 그의 어머니는 대한민국 경기도 김포 출신이며, 아버지는 아이오와 남부 출신이다. 둘은 한국전쟁 때 만났다. 당시 폴의 아버지는 미 육군 병장 신분으로 오산에 주둔하고 있었다. 수상 경력이 있는 저널리스트이기도 한 폴은 한국계 미국인들의 이야기를 다루는 「살롱 *Salon*」과 「샌프란시스코 크로니클*San Francisco Chronicle*」에 기고하고 있다.

호랑이 엄마 vs. 구두쇠 엄마

페기 로즈 웹스터

에이미 추아의 『타이거 마더*Battle Hymn of the Tiger Mother*』라는 책이 인기를 얻으면서 최근 몇 년 사이에 '호랑이 엄마'라는 말이 아시아 어머니들을 가리키는 말로 굳어졌다. 이는 몇몇 중국 엄마들이 아이가 최고를 목표로 남들과 경쟁하면서 열심히 공부하도록 억지로 밀어붙이는 교육 방식을 두고 하는 말이다.

우리 가족 안에서도 똑같이 무서우면서 훨씬 더 강력한 표현이 있었다. 바로 '구두쇠 엄마'라는 말이었다. 나를 입양한 엄마는 한국 국적이었다. 엄마는 일제 강점기에 살아간다는 게 어떤 기분인지, 모국어인 한국말은 마음 저 뒤쪽에 묻어두고 오로지 일본어만 사용해야 한다는 게 어떤 의미인지를 뼈저리게 실감하면서 자랐다. 엄마는 38선을 따라 국토가 양분된 뒤 북한에 속하게 되는 개성 시의 자기 집에서 쫓겨나듯 나와야 한다는 것이 무엇을 뜻하는지도 잘 알았다. 엄마의 가족은 하루아침에 모든 것을 잃고 남쪽으로 내려갔다. (엄마 말에 따르면) 엄마의 아버지는 공장을 운영했고, 엄마의 어머니는 아편 중독자였다. 엄마에게는 아버지가 다른 데서 얻은 남동생이 하나 있었다. 엄마는 자기 아버지가 전에 결혼을 한 적이 있는지, 아니면 부인을 동시에 두 명 이상 거느리던 남자였는지를 두고 평생 헷갈려했다. 엄마는 부모님이 아들이었으면 하는 바람에 자기 이름을 박홍옥으로 지었다고 말했다. 홍옥은 보통 남자 이름이다. 아기였을 때부터 엄마는 보모 손에서 컸다. 한국전쟁이 발발하자 엄마는 보모와 함께 도망쳐 나왔다.

박홍옥은 1931년에 태어났다. 한국전쟁은 공식적으로는 1950년에 개시됐지만 1945년 일본의 지배가 끝나고 미군과 소련군이 한국을 점령했다. 1950년 홍옥은 열아홉 살이었다. 홍옥은 약 5년 동안 보모와 함께 살았는데, 요리를 하거나 스스로를 돌보는 법을 한 번도 배운 적이 없었다는 본인 얘기 말고는 이 시기의 홍옥에 대해 우리가 아는 것은 거의 없다. 홍옥은 서울 한남동에서 살았는데, 근처에 용산 미군기지가 있었다. 홍옥이 살던 한남동 일대는 유엔촌으로 불리기도 했는데, 그 정도로 그곳은 외국인들로 북적였다. 홍옥은 미군기지에서 교환원으로 일했다. 홍옥은 춤추는 걸 좋아했고 파티에 가는 것도 좋아했던 것 같다.

나의 출생은 수수께끼에 싸여 있었다. 양아버지와 어머니는 1954년경 아버지가 한국에 주둔할 때 만났다. 아버지는 춤추는 걸 좋아했는데, 그건 어머니도 마찬가지였다. 둘은 한 클럽에서 만났다. 아버지는 열아홉 살이었고 어머니는 스물세 살이었다. 어머니는 아버지가 자기한테 미쳐 있었지만 자기는 아버지를 그저 어린 남자로만 생각했다고 말했다. 아버지는 어머니와 결혼하길 원했지만 아버지의 가족은 그 소식을 듣고 반대했다. 특히 아버지의 아버지는 지역구 의원에게 상속자가 아들 하나밖에 없다며 가업을 물려줄 수 있도록 아들을 집으로 돌려보내달라는 내용의 탄원서까지 보냈다. 탄원서에 이 밖에 어떤 내용이 더 있었는지, 또 누가 내 아버지의 군 경력 경로를 바꾸는 결정을 내렸는지에 대해서는 알 수 없지만 아버지의 사령관은 아버지에게 전화를 걸어 다음 비행기 편으로 집에 가게 돼 있으니 그렇게 알라고 말했다. 사병에게 이는 매우 이례적인 일이었지만 어찌 됐든 워커 할아버지는 그런 일이 실제로 일어나게 만들었다.

아들이 '망할 놈의 검둥이 여편네(할아버지는 나의 어머니를 이렇게 불렀다)'에게서 벗어나 집에 오자 노부부는 그것으로 모든 게 끝났다고 생각했다. 하지만 그렇지 않았다. 아버지는 사랑에 푹 빠져 있었다. 어머니는 내 아버지의 첫사랑이었고, 아버지는 그 첫사랑을 놓칠 생각이 추호도 없었다.

아버지는 1956년 5월에 집으로 돌아갔다. 그때 나이가 스무 살이었다. 스물한 살이 되던 무렵 아버지는 어머니와 결혼할 결심을 단단히 하고서 다시 한국행을 택했다. 아버지는 어머니를 얻을 수만 있다면 물불 가리지 않을 작정이었다.

나의 반쪽 한국인 이야기는 사랑과 두려움과 헌신과, 궁극적으로 입양에 관한 이야기다. 나의 한국 양엄마는 아이를 가질 수 없는 몸이었는데, 본인의 설명에 따르면 그 전에 유산을 여러 차례 하는 바람에 그렇게 된 듯하다. 언젠가 엄마는 전에 미국인 조종사와 결혼했는데(내가 아는 한 그 사실을 뒷받침하는 서류를 본 적이 없는 걸로 미루어 아마도 한국 관습법상의 결혼이었지 싶다) 전사했다고 말했다. 남편의 죽음으로 엄마의 속은 까맣게 문드러졌다. 엄마는 얻을 수만 있다면 무슨 짓이든 할 각오가 돼 있을 만큼 아기를 무척이나 원했다.

엄마에게는 음주 문제가 있었다. 엄마는 종종 스스로를 무턱대고 알코올 중독자로 부르곤 했다. 한국에서부터 알고 지낸 엄마의 제일 친한 친구 얘기에 따르면 엄마는 '현명한 사람'이었다. 그 얘기는 술 마시고 흥청망청 놀면서도 자기 잇속을 챙겼다는 뜻이다. 엄마는 자신이 원하는 걸 줄 수 있을 것 같은 사람을 만났다. 엄마는 그 남자에게 말했다. "내게 아기를 하나 안겨주면 당신과 결혼할게요." 엄마 눈에는 사랑의 열병에 걸린 이 강아지가 자기와 결혼하고 싶어할 거라는 전망이 답처럼 보였던 것이다. 하지만 엄마는 한 번도 그 남자를 사랑한 적이 없다고 말했다. 그 남자는 점잖으면서 매우 다정했고, 만날 때마다 매번 엄마에게 선물을 안겼다. 실제로 엄마는 그 남자에게 미안한 생각이 들었다고 말했다. 그 남자는 엄마에게 완전히 푹 빠져 있었다.

둘은 서울 용산 북한남동 외국인 지구에 있는 조그만 아파트에서 살림을 차렸다. 엄마는 혈혈단신이라고 주장했지만 가족의 보모하고는 계속 연락하고 지냈다.

한국전쟁이 끝나고 민간인 신분으로 군대에서 일했거나 '댄스 바'에서 종업원으로 일했던 여성들 상당수가 미군과 인연을 맺었다. 많은 GI가 이들 여성과 소꿉놀이를 하다가 한국을 떠나 두 번 다시 돌아오지 않았다. 많은 한국 여성들은 '기념품'으로 아기와 함께 남겨진 채 사회적으로 상처받기 쉬운 처지에 놓였다. 이 여성들은 미군과의 사이에서 낳은 아이들을 위해 힘든 결정을 내려야 했다. 혼혈아는 인간보다 못한, 한국 사회에서는 마땅히 설 자리가 없는 하찮은 잡종견 취급을 받았기 때문이다. 혼혈아들은 호적이 없어서 학교에 갈 수도 없었다.

나는 1957년 1월 6일 주님공현대축일 날 한국에서 태어났다. 가톨릭 신앙에서는 예수가 태어난 지 12일째 되는 날인 이 날 동방박사들이 예수의 부모에게 선물을 가져온 것으로 알려져 있다. 하지만 불행히도 나는 예수가 아니었고, 부모님은 나의 출생을 반기지 않았다. 나의 생물학적 아버지에게는 미국에 그가 돌아오기를 기다리는 가족이 있었기 때문에 도움을 주거나 할 형편이 못 되었다. 나는 당장 처리해야 할 골칫거리였다.

내 입장에서는 다행히도 기꺼이 그렇게 해줄 사람들이 있었다. 지금의 나의 양아버지와 양어머니가 바로 그들이었다. 지금까지도 나는 양어머니나 양아버지라는 말을 사용해야 할 때면 괜히 움츠러든다. 왠지 배은망덕하거나 가치를 폄하하는 것처럼 느껴지기 때문이다.

자라면서 나는 "있잖아, 쟤들 입양됐다네"라거나 "착하게 굴지 않으면 쫓겨날지도 몰라" 또는 "너희 부모님은 친자식이 없어서 얼마나 안됐니 그래" 등과 같은 소리를 많이 들었다. 사람들은 대개 입양은 선택 사항 중 하나일 뿐 최선의 선택은 아니라고 생각하는 듯했다. 나의 양부모님은 내가 입양됐다는 사실을 내게 말하지 않기로 결정했다. 두 분 생각에는 굳이 그럴 필요가 없었기 때문이다. 모든 서류가 내가 두 분 사이에서 태어났다고 말하고 있었다. 양어머니는 사실이 그렇다고 굳게 믿었다. 양어머니는 내가 태어날 때 그 자리에 있었다. 통역을 하면서 나의 출생을 도왔던 것이다. 그런데 내가 청색아로 태어나는 바람에 양어머니는 아연실색했다! 양어머니는 내 생모의 어깨를 흔들며 "아기 아빠가 백인이라고 하지 않았나요!"라고 말했다.

그러자 나의 생모는 이렇게 말했다. "맞아요, 백인! 아일랜드인이에요. 빨간 머리의!"

처음부터 양어머니는 혼혈아를 입양할 생각이었다. 그래야 한국인 어머니와 영국계 미국인 아버지의 친자로 여겨질 테니까. 나의 경우 한국인과 백인의 피를 반반 물려받았다는 게 주효했고, 시기 또한 맞아야 했는데 다행히도 나는 아버지가 한국에 주둔해 있는 동안 태어났다. 나의 한국인 양어머니는 키가 겨우 4피트 9인치로 체구는 작았지만 본인한테 딱 맞는 '호랑이 엄마'라는 신조어에 걸맞게 사셨다.

나의 엄마는 전동 재봉틀을 생산하는 공장에서 일했지만 그 전에는 한 농장에서 일했다. 내가 여덟 살 무렵 엄마는 나를 자기 친구와 함께 그 농장으로 보내 일하게 했다. 엄마는 돈 버는 법을 배워두는 게 나한테도 좋을 거라고 생각했다. 그때 엄마는 이렇게 말했다. "언젠가 나를 고마워하게 될 날이 있을 거다. 구두쇠 엄마가 일하는 법과 돈을 절약하는 법을 가르쳐줬다면서." 월급날이 돌아오면 엄마는 그 돈을 통장에 넣게 했다. 나는 너무 화가 났다. 엄마가 내게 거짓말을 하면서 그 돈을 가로채고 있다고 믿었기 때문이다. 엄마는 언제 돈이 필요할지 모르기 때문에 항상 돈을 저축해둬야 한다고 말했다. 그러면서 나한테는 몇 달러만 쥐여주고 나머지는 은행에 넣었다.

그 뒤 나는 농장에서 해고됐다. 나의 일은 밭에서 무를 뽑아 푸른 잎사귀를 비틀어 제거한 다음 상자 가득 채우는 것이었다. 상자 하나당 임금이 50센트였다. 나는 지시받은 대로 일하지 않고 상자 바닥을 먼저 진흙덩이로 아무렇게나 채운 다음 무를 던져 넣었다. 진흙은 무게가 나가게 해주고 상자도 빠르게 채워줄 터였다. 적어도 무를 씻기 전까지는. 농장 사람들은 내가 너무 어려서 무밭 일을 하기에는 무리라고 판단하고 나를 파밭으로 보냈다. 거기서 내가 할 일은 파 다발을 가져다 노란 잎들은 모조리 뜯어내고 철사 줄로 묶은 다음 세척용 상자에 집어넣는 것이었다. 나는 노란 이파리를 말끔히 뜯지 않았다. 그렇게 하면 작업 속도가 너무 느려졌기 때문이다.

두말할 것도 없이 나는 이런 통고를 받았다. "넌 해고야."

당연히 엄마는 노발대발했다!

ADHD(주의력 결핍 과잉행동 장애)라는 말이 나오기 훨씬 전 내가 그랬다. 엄마는 내가 자기를 닮은 구석이 하나도 없어 무척 속상해했다. 나는 말하자면 여자 허클베리 핀이었다. 나는 늘 말썽을 일으키면서 그걸 즐겼다. 허리띠가 출현하기 전까지는! 열 살 때 엄마는 암으로 많이 아팠다. 그 전에 엄마는 내게 이미 집안일을 모두 익히도록 해놓은 상태였다. 그때부터 나는 가족을 위해 요리를 하기 시작했다. 새아빠(엄마는 내가 두 살 때 재혼했다) 때문에 우리는 늘 미국식으로 먹었고 한국식은 원하는 사람에 한해서만 먹었다. 미국식 요리는 내 담당이었다.

엄마는 몸이 너무 안 좋아서 며칠씩 침대 밖으로 나오지 못할 때가 많았다. 요리 말고 청소도 내 일이었다. 나는 무엇보다도 그 시간이 제일 싫었다. 너무 단조롭고 지루했기 때문이다. 어쩔 수 없이 하긴 했지만 엄청 툴툴거리면서 했다. 그러면 엄마는 이렇게 말하곤 했다. "넌 날 구두쇠 엄마라고 생각하지? 하지만 안 그래. 난 널 강하게 단련시키는 거란다. 널 도와주는 거야. 언젠가 이 엄마를 고마워하게 될 날이 올 거다. 구두쇠 엄마가 널 잘 살게 해줬다고, 그 덕에 좋은 남편을 만났다고 말이지."

엄마가 옳았다. 내게 생각하는 법과 일하는 법, 그리고 내가 원하는 것과 원하지 않는 것을 스스로 가려내는 법을 가르쳐준 엄마에게 고마워하고 있다. 내가 한 일이 마음에 들지 않으면 엄마는 내게 그 일을 다시 하게 할 거라는 걸 터득했다. 나는 하고 싶지 않지만 그 일을 해서 돈을 벌 수 있다면 그 돈으로 내가 원하는 걸 할 수 있다는 것도 터득했다. 또한 엄마가 인색한 것 같아도 내가 농장에서 본 다른 '구두쇠 엄마들'과는 다르다는 것도 터득했다.

냰시네 엄마가 그런 엄마였다. 낸시는 열 살이었는데 두 동생을 돌보는 게 그 애 일이었다. 그런데 낸시는 그 집 '친'딸이 아니었다. 쉽게 말해 한국에서 데려와 집안일을 시키는 아이였다. 낸시가 하는 일은 주로 애보기였다. 낸시는 아기들을 업고 이리저리 다니곤 했다. 이는 한국에서의 풍경과 별반 다를 게 없었다. 곧이어 요리와 청소도 그 애 차지가 되었다. '구두쇠 엄마'가 농장에서 일했고 집에 오면 밥을 차려줘야 했기 때문이다. 낸시는 한마디로 하인이었다. 뭐든 잘못하면 낸시는 얻어맞았다. 너무 끔찍했다. 엄마는 그러면 안 된다는 얘기를 종종 하곤 했다. 거기서 그치지 않고 낸시 엄마한테까지 그렇게 말하기도 했다. 낸시는 결국 가출하고 말았다.

물론 낸시의 어머니는 자기는 낸시한테 호의를 베풀었다고 생각했다. 무엇보다 한국에서의 삶보다 훨씬 더 나은 미국에서의 삶을 주었고, 먹을 것과 집을 주었으므로. 그 집 부부가 발견했을 때 낸시는 분명히 고아였고, 그래서 미국으로 데려올 수 있었다.

나의 엄마는 누가 봐도 자기 아이가 최고이길, 엄마 표현대로라면 '일등!'이길 바라는 호랑이 엄마였다. 내 여동생(나중에 알게 된 사실인데 엄마의 친자식이었다)은 정말 재능을 타고난 아이였다. 한마디로 천재였다. 하지만 수줍음이 너무 많았다. 그 애의 생물학적 할머니(새아빠의 어머니)도 똑같은 단점을 가지고 있었다. 할머니는 사람들에게 아예 말도 걸지 못했다. 지금은 이를 '선택적 돌연변이'라고 부른다. 내 동생은 네 살 때 학교에 갔는데 그때 벌써 읽고 쓸 줄 알았다. 우리 가족의 주치의는 엄마한테 동생이 세상에서 자기 길을 찾으려면 책임감이 필요하다고 말했다. 동생은 아주 예뻤고, 그래서 끊임없이 관심을 받았지만 동생은 관심 받는 걸 죽도록 싫어했다. 자기한테 관심이 쏟아질 때마다 동생은 엄마 다리 뒤에 숨곤 했다.

동생은 매사에 완벽했고 학교 성적도 매우 뛰어났다. 엄마는 그런 동생을 무척 자랑스러워했다. 그 전부터 엄마는 내게 세상에서 가장 똑똑하고 예쁘고 재능 있는 딸과 잘생긴 사위를 갖고 싶다고 입버릇처럼 말하곤 했다. 엄마는 그 소원을 이뤄서 정말 행복해했다. 하지만 엄마가 동생 자랑을 할 때면 나는 마음이 좋지 않았다. 나도 엄마한테 그런 딸이 되고 싶었기 때문이다. 그러면 엄마는 이렇게 말하곤 했다. "하지만 넌 세상에서 제일 친절하잖니, 로지. 좀 덜렁대긴 해도 얼마나 착한데."

동생이 그렇게 탁월한데도 우리 '구두쇠 엄마'는 동생을 가만히 내버려두지 않고 달달 볶아댔다. "넌 똑똑만 했지 개성이 없어. 꼭 네 아빠 같아. 걷는 것도 곰 같고. 넌 너무 이기적이야." 그러고 나면 동생을 끌어안고 애정 공세를 펴곤 했다. 엄마는 동생을 정말 많이 사랑했다.

'와! 이게 언어 차이 때문일까, 아니면 아시아 엄마들은 다 이렇기 때문일까?' 나는 그것이 진실이라는 걸 알 만큼 충분히 봤다. 호랑이 엄마 이야기가 책으로 나오고 나서 나는 생존이 품위나 점잖은 행동보다 더 중요하다는 것을 깨달았다. 최고가 되면 출세하는 데 필요한 것을 손에 넣을 수 있을 테니까.

나의 구두쇠 엄마는 내게 이런 말을 입버릇처럼 하곤 했다. "언젠가 이해하게 될 날이 올 거다."

나의 어머니는 방사능 치료로 인한 부작용 때문에 한바탕 길게 앓다가 스스로 목숨을 거두었다. 고통이 너무 컸다. 엄마는 전에도 여러 차례 자살 시도를 했었다. 엄마의 가슴통증과 고통은 나의 상상을 뛰어넘는 수준이었다. 한번은 자살 시도 직후 위세척을 받고 나서 자기를

페기 로즈와 그녀의 어머니, 1975년.

우리 곁에 묶어두려고 하는 우리가 너무 이기적이라는 말을 하기도 했다. 엄마는 고통이 너무 끔찍해서 그걸 끝내고 싶어했다. 생명을 유지하려면 하루에 1백 알씩 약을 먹어야 했기 때문에 엄마는 약물성 조울증(나중에 나는 이렇게 결론 내렸다) 상태였다. 잠을 자지 못할 때면 엄마는 수면제를 복용했다. 또 낮에 기능을 못할 때면 각성제를 복용했다. 한마디로 엉망진창인 상태였다.

엄마는 좋은 엄마가 되기를 원했고, 악착같이 일해서 우리에게 집과 장난감과 예쁜 옷들을 안겨주었다. 엄마는 자신을 위해서는 뭘 사본 적이 없었다. 엄마는 이제 다 늙어서 그런 게 필요 없지만 우리는 한창 피어날 때라 필요한 게 많다는 말을 자주 했다.

평생 동안 엄마는 한국, 중국, 일본 등지에서 이주해온 아시아 여성들을 도왔다. 엄마는 외국 땅에 와서 낯선 음식으로 배를 채우며 친구 하나 없이 홀로 지내는 게 얼마나 고역인지 잘 알고 있었다. 나중에 엄마는 '아픈 페기'로 통했다. 정말 많은 사람들이 엄마를 사랑했다. 나도 그중 하나였다.

나는 엄마가 나를 사랑했다는 걸 잘 안다. 엄마는 언젠가 이런 말을 했다. "실라를 낳았을 때 너를 돌려보낼 수도 있었지만 그냥 데리고 있었다. 왜냐하면 널 사랑했으니까. 난 낸시 엄마처럼 널 대하진 않았다." 열네 살 때 '넌 입양됐다'는 소리를 들으면 많은 의문들이 떠오르지만 모든 아이가 답을 알고 싶어하는 가장 큰 의문은 "난 사랑받고 있을까?"이다.

나의 엄마는 자기가 아는 한 최선의 방법으로 나를 사랑했다. 나에게 필요한 것은 '구두쇠 엄마'였다. 나는 경험을 통해 배우는 사람이며, 변화의 대가가 신통치 않으면 여간해선 잘 바꾸지 않는다. 엄마는 나의 그런 점을 파악하고 있었다. 나는 영원히 구두쇠 엄마한테 감사한다. 돌아가신 뒤로 엄마가 그립지 않은 날이 하루도 없었다. 엄마가 세상을 떠날 때 나는 스물두 살이었다. 스물두 살에 나는 벌써 결혼해 아이를 하나 낳고 집도 한 채 사고 다시 학교로 돌아가 공부한 후 미용사가 되어 있었다. 나의 구두쇠 엄마가 부모로서 대가를 치르며 하기 싫은 일도 하도록 나를 가르친 덕분에, 그래서 지금 내가 가지고 있는 것들을 가질 수 있게 해준 덕분에 나의 삶은 어느 때보다 풍요롭고 사랑으로 가득 차 있다.

"사랑해요 엄마. 엄마가 내 구두쇠 엄마라서 고마워요."

페기 로즈 엡스터 Peggy Rose Webster는 태어나자마자 입양돼 여러 가지 형태로 제기되는 자존감 문제에 대처하는 법을 배웠고, 출퇴근 시간이 자유롭고 가족과 화합할 수 있는 일을 창안했다. 페기 로즈와 그녀의 남편 마이클 웹스터는 생물학적 자녀 둘과 한국에서 입양한 자녀 둘의 부모이자 손주 여섯을 두고 있다. 2015년 이복형제자매 넷과 만났다. 1975년 미용 사업을 시작한 이래로 그녀는 지금까지 계속 성장하며 배우고 있다.

과거는 늘 현재다

냅시 조 오빌

나의 이야기는 1961년 11월 6일에 시작된다. 나는 오스트레일리아에서 한국에 파견된 선교사 부부의 두 딸 헬렌 펄 매켄지 박사와 간호사였던 그 여동생 캐서린 매켄지가 세운 부산 일신여성병원(지금의 일신기독병원의 전신 : 옮긴이)에서 태어났다. 나의 한국인 생모 조금옥이 나의 아버지 아서 H. 오빌을 만난 것은 1960년이었다. 아버지의 말에 따르면 어머니는 평양 출신이었다. 한국전쟁이 터지자 어머니는 여동생 둘과 막내인 남동생을 데리고 북한을 탈출했다. 어머니 형제자매들은 평양에서 서울까지 육로를 따라 걸어왔다. 그때 어머니는 열네 살이었다. 이 과정에서 어머니 남동생은 지뢰를 밟아 사망했다. 그래도 어머니와 여동생 둘은 DMZ를 넘어 계속 걷는 수밖에 달리 선택의 여지가 없었다.

아버지는 미 해병대 대위로 복무하다가 1957년 전역했다. 그 뒤에도 아버지는 캘리포니아 남부의 민간 군사기업 비넬에서 일했다. 어머니를 만날 당시 나의 아버지는 전후 한국 사회 재건을 지원하는 계약직 직원으로 미 육군 공병대에서 일하고 있었다. 아버지는 미국에 가정도 있었다.

열다섯 살 때 나는 아빠로부터 어머니 조금옥이 나를 임신한 지 6개월째 됐을 때 차에 치였다는 얘기를 들었다. 당시 어머니는 스물네 살쯤 됐던 것 같다. 어머니는 조산기가 있어 일신여성병원에 입원했고, 그곳 헬렌 펄 매켄지 박사가 나를 받았다. 아빠는 내가 예정보다 3개월 일찍 2.5파운드(약 1.14킬로그램 : 옮긴이)의 몸무게로 태어났다고 말했지만 최근에 알아본 결과 나는 실은 4주 일찍 3파운드(약 1.36킬로그램 : 옮긴이)가 넘는 몸무게로 태어났다. 나는 이런 사실들을 일신기독병원에 연락해 확인할 수 있었는데, 그곳에선 아직도 내 출생 기록을 보관하고 있었다.

아버지에 따르면 나는 정오에 태어났고, 아버지는 그날 오후 8시에 어머니와 나를 만나러 왔다. 아버지는 어머니에게 나는 어디 있냐고 물었다. 그러자 어머니는 엉터리 영어로 이렇게 말했다. "나 몰라. 사람들이 아기 데려갔어. 나한테 안 데려왔어." 아버지는 분개했다. 아버지는 내가 태어날 때 그 자리에 있었던 직원들과의 면담을 요청했다. 그들은 아버지에게 핑계만 댔다. 그 뒤 아버지는 병원 당국과의 면담을 요청했지만 더 어이없는 변명과 거짓말에 직면했을 뿐이다. 아버지는 병원 당국에 만약 나를 찾아오지 못하면 "제기랄, 그 아이는 미국 시민이고 따라서 그에 걸맞게 대우를 받아야 마땅"하기 때문에 나를 찾아서 자기 앞에 데려올 때까지 벽돌을 한 장씩 깨부수겠다고 으름장을 놓았다. 병원 행정직원들과 담당의들은 아버지가 내 소재를 알기 전에는 병원을 떠나지 않을 거라는 걸 알고 있었다. 그들은 아버지를 아래층 병원 영안실로 데려갔고, 거기서 아버지는 처음으로 나를 봤다. 나는 벌거벗은 채 추위에 떨며 방금 태어나 지저분한 모습으로 시멘트 바닥에 누워 있었지만 아직 살아 있었다. 아버지는 내가 너무 일찍 태어나는 바람에 피부가 덜 여물어서 그 밑의 장기들이 훤히 보일 정도로 얇았다고 말했다. 아버지는 왜 나를 인큐베이터에 넣지 않느냐고 강력하게 따지면서 내가 미국 시민권자라는 점을 또다시 강조했다. 병원 관계자들은 인큐베이터는 부산 시를 통틀어 딱 두 대밖에 없다고 둘러대면서 또다시 아버지를 속이려 들었다. 아버지는 나의 시민권을 재차 부각하며 미국 대사관에 알리겠다고 말했다. 또한 내일 아침에 다시 오겠다고 통고했다.

아버지는 다음 날 아침에 다시 왔다. 그때 나는 인큐베이터 안에 있었다. 아직 소화 능력이 없어 양쪽 손목에 링거 바늘을 꽂은 채(그때 생긴 상처가 아직도 남아 있다). 아버지는 외할머니도 거기 있었다고 말했다. 할머니는 사려 깊게도 내가 바로 옆 아기를 보지 못하게 인큐베이터 한쪽 옆면에 담요를 씌웠다. 왜냐하면 밤사이 그 아기가 죽었기 때문이다.

나는 일 년 가까이 나를 낳아준 어머니와 함께 살았다. 아버지는 매달 어머니를 찾아와 내 양육비로 일정액을 주었다. 그리고 나를 어머니 친정 호적에 올리게 했다. 하지만 나를 어떻게 하면 좋을지에 대해서는 아무 대책이 없었다. 아버지는 나를 고아원에 보낼까도 생각했다. 생모가 내가 두 살만 되면 길바닥에 풀어 놓겠다고 말했기 때문이다.

이 시기에 아버지는 이중생활을 하고 있었다. 아버지는 이미 아내와 세 아들이 있었는데, 다들 어머니와 나의 존재에 대해 아무것도 모르고 있었다. 아버지의 막내아들은 공군으로 당시 도쿄에 주둔하고 있었다. 그는 휴가를 얻어 한국으로 날아왔다. 그의 어머니가 내 아버지를 보러 오고 있었기 때문이다. 한국에 머무는 동안 그의 어머니는 쓰레기통에서 기차표를 한 장 발견했다. 아빠와 엄마, 내 몫으로 끊은 기차표였다. 아빠는 엄마와의 관계뿐만 아니라 내가 자기 아이라는 것을 인정했다. 한바탕 난리를 치른 뒤 아버지 부인은 다음의 두 가지 중 하나를 선택하라고 요구했다.

1. 이혼해주겠다. 나의 아버지는 간통죄로 책임을 져야 할 테지만 나의 한국인 어머니와 결혼하든 말든 상관하지 않겠다.

2. 나를 입양해 자기 자식으로 키우게 한다.

아버지는 2안을 선택했다(똑똑한 남자).

우리가 한국을 떠날 때 한국 어머니는 내게 미국에 가져갈 선물을 잔뜩 안겨주었다. 나한테 주려고 미리 사둔 누빔 포대기, 목걸이, 팔찌였다. 어머니는 또 호적을 비롯해 내게 필요한 서류들을 영어, 한국어, 중국어로 빠짐없이 작성해 아버지한테 건넸다.

미국과 외국에서의 삶

미국 생활에서 가장 오래전 기억은 세 살쯤부터 시작된다. 당시 아빠는 비넬이라는 회사의 직원으로 콜롬비아 보고타에서 파견 근무를 하고 있었다. 그 임무가 끝나고 내가 네 살 때 우리는 워싱턴 주 시애틀로 이사했다. 나의 이복 오빠 둘을 만난 것도 이때였다.

나의 유년기와 학창 시절은 힘들었다. 절반이든 아니든 나는 유일한 동양인 아이였던 데다 심각한 청각 장애를 안고 있었다. 인종차별이 만연하던 1960년대 후반의 백인 중심 사회에서 자라며 극복해야 했던 장애물이 한 가지 더 있었던 것이다. 엄마는 '호랑이 엄마'의 전형이었다. 아무도, 그야말로 아무도 엄마를 말리지 못했다. 엄마는 나를 철통같이 보호했다. 정확히 말하면 엄마는 나를 과잉보호했는데, 나중에는 그게 나한테 오히려 독이 됐다. 과잉보호에 길들여져 사람들을 대할 때의 본능을 잃어버렸기 때문이다.

다행히 엄마는 아주 어렸을 때부터 내게 읽기를 가르쳤다. 청각 장애를 안고 있었기 때문에 내게 읽기는 바깥세상과 소통하는 통로와도 같았다. 나는 일곱 살 때 이미 의학 백과사전을 읽기 시작해 5학년 때는 독서 능력이 대학교 수준에 이르러 있었다. 엄마는 또 언어 치료도 받게 했다. 여름 방학을 포함해 3년이라는 긴 시간 동안 나는 강도 높은 언어 치료를 받았다. 그 시간이 정말 싫었지만 놀림받는 건 그보다 훨씬 더 싫었다. 강해져야 한다고, 자신의 내면을 들여다보라고, 오롯이 나의 의지와 결심만으로 사회의 무지를 이겨내라고 가르쳐준 사람 또한 어머니였다. 엄마는 내가 아버지의 투지를 물려받았다는 말도 했다. 엄마는 내가 배 속에 불을 품고 있어서 삶에 성공할 거라는 말을 자주 했다. 아빠도 곁에서 그 모든 일이 일어나는 모습을 지켜보았다.

1992년 아빠가 돌아가시고 엄마가 생각지도 못했던 질문을 불쑥 던졌다. “내가 널 입양하면 어떻겠니?” 그때 나는 서른네 살에 딸 둘을 둔 엄마였다. 나의 대답이 궁금하다고? “네, 당연히 좋죠.” 사실 그동안 나는 과연 누가 상대방의 외도를 눈감아주고 밖에서 낳은 아이까지 데려다 기를 수 있는지 궁금할 때가 많았다. 한번은 엄마한테 그 비슷하게 물었더니 엄마는 나의 아빠를 정말 많이 사랑해서 아빠의 일부인 나 또한 사랑할 수밖에 없었다고 말했다. 그래서 나는 엄마를 존경한다. 그래서 나는 엄마를 영원히 사랑할 것이다. 그것만으로도 엄마는 천국의 천사가 될 자격이 충분히 있다. 그와 별개로 그동안 나는 한국 어머니 행방을 계속 수소문했지만 아직까지 확인이 안 되고 있다.

내가 생모에게 하고픈 이야기는 이렇다. 나는 엄마를 사랑하며 지금까지 엄마를 사랑하지 않은 적이 한 번도 없었어요. 잘 지내시기를 바래요. 아빠한테도 고맙고 두 분 어머니한테도 감사해요. 아빠, 나를 살려줘서 고마워요. 조금옥 어머니, 나를 낳아줘서 고마워요. 그리고 엄마, 내가 이렇게 당당히 살게 해줘서 고마워요.

낸시 조 오빌 Nancy Cho Auvil은 대한민국 부산에서 태어나 생후 12개월까지 한국 어머니 조금옥과 함께 살았다. 생물학적 아버지와 그 부인 낸시 손에서 크면서 어린 시절을 아프리카와 미국에서 보냈다. 현재 어머니이자 할머니이기도 하다.

엄마에게

유리 둘런

엄마에게,

나는 엄마한테 물어볼 게 참 많아요. 평생을 곱씹어온 질문들이에요. 그동안 직접 또는 간접적으로 엄마한테 수없이 물어보려고 했지만, 그때마다 엄마는 무시하거나 중요하지도 않은 그런 것들을 왜 알려고 하냐며 화를 벌컥 내곤 하셨지요. 엄마가 이제는 역사에 대한 나의 관심, 그리고 내가 과거를 이해하려고 그토록 노력하는 이유를 알 수도, 모를 수도 있겠지만, 사실 이런 관심과 노력은 엄마를 더 알고 싶다는 내 욕심에서 비롯됐답니다. 하지만 그렇게 노력을 하고도, 심지어 그 분야에서 박사 학위까지 받고도 엄마 삶의 빈틈과 공백을 메우는 데에는 여전히 실패했다는 생각이 드는 건 왜일까요? 한국 어머니들은 아들들에게 늘 그처럼 미스터리 같은 존재인가요, 아니면 엄마와 나의 경우에만 그런 건가요? 다른 한국 아들들도 자기 어머니를 알기 위해 나처럼 노력해야 하나요? 엄마가 진짜로 누구이며, 엄마의 진짜 고향이 어디인지 내가 알게 될 날이 과연 올까요? 아니면 엄마 이야기 속의 침묵, 빈틈, 의문점 그리고 단절이 영원히 저를 시달리게 할까요? 엄마, 정말이지 나는 엄마에 대해 알고 싶은 게 너무너무 많아요. 그래서 이렇게 엄마한테 편지를 쓰고 있답니다.

대구의 군 기지 근처에서 자란다는 것이 무얼 의미했을 것 같아요? 매일 학교를 오갈 때마다 군인들이 엄마 옆을 지나는 모습을 본 적이 있나요? 훤칠한 키에 금발의 잘생긴 미군들이 엄마와 엄마 친구들에게 초콜릿을 준 적은요? 엄마 세대의 수많은 한국인들이 향수에 젖어 기억하는 것처럼 그들이 내밀던 풍선껌과 사탕을 통해 아메리칸 드림을 맛본 적은요? 혹시 그 남자들 중 한 명이 언젠가 엄마 남편이 될지도 모른다는 꿈을 꾼 적은 없었나요? 이 모두가 그래서 시작된 거 아닌가요?

나의 아버지를 만났을 때 엄마는 정말 그 사람을 사랑했나요? 엄마는 아버지와 결혼한 건 순전히 먼저 미국에 이민 간 엄마 가족과 합류하기 위해서였다는 말을 종종 하셨지요. 한국에서 사생아였던 엄마는 같은 집에서 자랐어도 법적으로 그 집 자식으로 인정받지 못했지요. 그래서 내 생각에는 미군 말고는 아무도 엄마를 지원해주지 못했을 것 같아요. 이모와 삼촌이 늘 엄마를 차별하는 것 같던데, 맞나요? 그 이유가 혹시 아버지가 달라서인가요? 아니면 엄마가 기품 있는 한국 여성으로서의 사회적 지위를 포기하고 미군과 결혼했기 때문인가요?

대학 때 한번은 한국인 친구가 우리의 옛날 한국 고향인 송탄에 관해 얘기하는 걸 들은 기억이 있어요. 송탄은 오산 공군 기지 바로 옆 도시이면서 엄마가 나의 아버지를 만난 곳이기도 하지요. 그 친구 말이 자기 부모님이 거긴 좋은 한국인은 갈 데가 못 되는 위험한 곳이니 가지 말라고 했다더군요. 아마도 보통의 한국인들이 기지촌을 바라보는 시각이 그렇지 않을까 싶어요. 저는 늘 '나의 엄마는 어쩌다 그런 곳까지 흘러 들어가서 나의 아버지 같은 미국 남자를 만나게 됐을까?'

가 궁금했어요.

눈을 감고 기억을 더듬어보면 기억 저 뒤편에 그곳이 보여요. 그렇게 나빠 보이지는 않아요. 한국 시장도 하나 보이네요. 다른 여성들과 그들의 아이들도 보여요. 아마도 나 같은 아이들이거나 우리 가족 같은 가족들일 거예요. 엄마 손이 보여요, 북적이는 군중 사이로 나를 잡아 끌고 있는 손이요. 나는 짤막한 다리로 최선을 다해 빨리 걸으려고 애쓰며 엄마 뒤를 힘겹게 따라가고 있어요. 양동이에 들어 있는 조그만 거북이들도 보여요. 사람들로 붐비는 골목의 한 상인이 팔고 있는 그 거북이들은 등껍질이 딱 25센트짜리 동전 크기만 해요. 내가 아주 어려서 저 거북이들과 놀고 있을 때, 머지않아 엄마의 결혼이 깨질 줄 상상이나 했었나요? 나의 아버지가 엄마를 떠날 줄 상상이나 했었나요? 멀리 한국 산간 지방의 레이더 기지에서 근무하는 아버지를 만나러 갔을 때, 설마 내가, 엄마의 세 살짜리 아들이, 그날 밤에 아버지가 다른 한국 여자와 있더라고 엄마에게 얘기할 줄 상상이나 했나요? 그 둘은 빨갛게 불타는 듯해 보이는 텐트에서 나와 함께 잤답니다. 그 여자가 정말 나를 돌보는 보모에 지나지 않았다면 어째서 우리와 한방에서 같이 잤을까요? 나는 고작 세 살이었지만 그때의 장면은 내 머리에서 떠난 적이 한 번도 없었답니다.

한번은 엄마가 아버지와 싸우는 소리에 내가 한밤중에 깼던 것 기억하세요? 그때 엄마는 십중팔구 나한테 들은 말, 그러니까 다른 한국 여자 때문에 아버지와 다투고 있었을 거예요. 두 분은 어쩌면 이혼에 관해 이야기하고 있었을지도 몰라요. 누가 누구를 먼저 때렸는지, 나는 누구를 도우러 그렇게 급히 서둘렀는지는 기억나지 않지만, 바닥에서 곤히 잠들어 있던 형을 밟고 방으로 들어갔던 기억은 나요. 그리고 나도 같이 때리기 시작하면서 두 분에게 그만 싸우라고 말했던 기억도 나요. "안 돼!" 내가 말했어요. 나는 그때 겨우 세 살이었지만 무슨 일이 일어날지 알고 있었답니다.

이혼이 명확해졌을 때 엄마는 형과 나를 데리고 아버지는 절대 찾을 수 없는 한국의 어딘가로 달아날 계획을 세웠나요? 아버지는 어느 날 밤 엄마가 집에 없을 때 몰래 들어온 이유가 그 때문이라고 주장하세요. 자라면서 엄마는 아버지가 우리를 '납치했다'는 말을 자주 했던 기억이 나요. 사실 아버지는 우리를 미국으로 데려가려고 그랬던 건데 엄마는 아버지의 그런 계획을 전혀 몰랐으니 그럴 만도 했을 거예요. 만약 내가 한국에 그대로 있었다면, 지금 나는 어떻게 되어 있을까요? 엄마는 내가 이런 생각을 자주 한다는 사실을 아세요? 만약 엄마가 우리를 데리고 한국의 시골로 도망쳤더라면, 아버지가 봤다고 주장하는 대로 우리도 다른 혼혈아들처럼 다른 한국인들에게 경멸과 무시를 당했을까요? 아버지 말로는 자기는 우리가 그렇게 사는 것을 원치 않았다고, 미국에서 미국인으로 살아가는 삶이 우리에겐 더 나을 거라는 확신이 있었다고 하세요. 아버지와 아버지의 노력에 대해 내가 할 수 있는 말은 언젠가 한국에서 자란 내 나이 또래의 한국 남성이 내게 했던 말이 맞다고, 아버지의 마음을 대변한다고 생각된다는 거예요. 그 남자는 이렇게 말했어요. "당신 아버지가 당신을 미국으로 데려올 만큼 사랑해서 다행입니다." 하지만 아이러니하게도 오하이오 주에서 아시아인은 거의 없이 흑인과 백인에 둘러싸여 자라는 동안 우리가 미국인으로 받아들여진다고 느꼈던 적은 단 한 번도 없었어요. 밤이면 한국으로 도망치는 꿈을 꾸곤 했어요. 한국은 나와 같은 사람들을 찾을 수 있는 곳이고, 내 얼굴이 문제가 되지는 않을 곳이라고 생각했거든요. 하지만 너무 순진한 생각이었어요. 스물두 살에 가족 중에서 처음으로 한국에 다시 갔을 때, 내 꿈이 순진했다는 걸 깨달았어요. 그때 나는 어울리고 싶은, 한국 사람들 눈에 한국 사람처럼 보이고 싶다는 마음, 어딘가에 속한다는 느낌이 어떤지 알고 싶은 마음이 정말 간절했어요. 하지만 나는 미국에서와 마찬가지로 외국인으로 보일 뿐이었어요. 그해 여름, 여태 한국인처럼 보일 거라고 믿은 내 얼굴에 배신당한 듯한 느낌이 들 때가 한두 번이 아니었어요.

미국으로 가는 비행기를 탔을 때가 기억나요. 이혼이 확정되고 아버지가 한국에서의 복무 기간을 마치자 엄마와 아버지 품을 떠나 멀리 오하이오 주에 있는 친할머니댁에서 일 년을 지냈던 기억이 나요. 일 년 뒤 처음으로 엄마를 봤던 기억이 나요. 그때 내가 엄마를 알아보긴 하던가요? 잘 모르겠어요, 그 당시 난 너무 어렸으니까요. 드디어 우리가 다시 만났을 때 엄마가 나더러, 와서 옆에 앉으라고 했던 게 기억나요. 나는 너무 부끄럽기도 하고 무섭기도 해서 그러지 못했어요. 그 일 년 사이에 우린 멀어진 듯했어요. 나는 할머니의 손길에 더 익숙해져 있었어요. 엄마가 모르는 사람처럼 느껴졌어요. 지금 생각해보면 나의 어머니가 누군지 혼란스러워했던 것 같아요. 제가 잘 모르긴 했어도, 그때 나 때문에 정말 많이 속상하셨을 거예요. 진심으로 죄송해요. 그 때 일로 엄마는 할머니를 한 번도 진심으로 용서하지 않았다는 생각이 들어요. 하지만 맹세컨대, 할머니는 좋은 분이셨어요.

떨어져 있는 그 일 년 동안 엄마는 많은 걸 생각했더군요. 엄마는 미국 법정으로부터 양육권을 인정받아 엄마가 형과 나를 키울 수 있으려면 유능한 어머니가 돼야 한다는 걸 알고 있었어요. 영어도 짧은 데다 미국에서 정식 교육을 받은 적도 없는 탓에 그해 엄마는 보잘것없는 일들을 전전하면서 낯선 곳에서 지내야 했어요. 나는 그때 엄마가 얼마나 힘들었을지 짐작조차 못 하겠어요. 내가 언제 물어봤던가요? 마침내 엄마는 진공청소기 회사에서 안정적인 일자리를 구했지요. 구체적으로 말하면 최저 임금을 받고 조립 라인에서 펀치 프레스를 다루는 일이었어요. 엄마는 한 달에 천 달러쯤 벌었어요. 엄마는 5백 달러짜리 아파트를 하나 구했어요. 그걸로 충분했지요. 엄마는 결연했고, 법정에서는 나의 아버지를 제치고 엄마에게 형과 나의 양육권을 인정해줬어요. 아버지에게는 청천벽력 같은 일이었지만, 한국에서 그 멀리까지 왔는데 우리를 잃고 말았다면 엄마한테는 더 청천벽력 같은 일이었을 테지요.

하지만 그럴 가치가 있었나요, 엄마? 엄마 같은 여성들, 그러니까 내가 아는 사람들의 어머니들은 대부분 좀 더 쉬운 삶이나 새 출발의 기회를 위해 양육권을 포기하고 한국으로 돌아갔거든요. 그 우중충한 공장에서 엄마를 이해하지도 못하는 사람들과 일하면서 나날이 쇠약해지고 있다는 생각이 들진 않았나요? 언젠가 거기 갔을 때 엄마가 아주 자랑스러운 표정으로 그 오랜 세월을 다뤄온 펀치 프레스를 우리에게 보여주던 게 기억나요. 우리를 키우려고 그렇게 아등바등했던 걸 후회한 적은 없었나요? 엄마가 얼마나 예뻤는지, 그런데도 재미란 걸 도무지 모르고 살아온 것에 대해 가끔 생각해봐요. 엄마는 외출이라는 것도, 친구라는 것도 모르고 사셨어요. 그 끔찍한 공장에서 하루하루 야위어가기만 했지요…… 야위어가기만. 지금은 가끔 엄마가 한국어로 다른 사람들에게 얘기하는 걸 어깨너머로 듣곤 해요. 이제야 엄마는 사람들에게 그때 얼마나 무섭고 외로웠는지, 미국이 얼마나 무서웠고,

미국인들이 얼마나 무서웠는지에 대해 이야기하지요. 하지만 우리는 몰랐어요. 엄마가 전혀 내색하지 않았으니까요. 엄마는 우리 앞에선 늘 강했으니까.

우리는 가난했어요. 찢어지게 가난했어요. 우리는 방 하나짜리 아파트에서 살았고, 엄마는 보모를 고용할 돈조차 없었어요. 엄마는 3교대로 일했어요. 그건 엄마가 오후에 일하러 나가서 한밤중이나 돼야 돌아온다는 뜻이었어요. 이건 내가 유치원에 들어가기 전까지 아침에는 엄마와 함께 지내다 엄마가 일하러 가면 혼자 남아 형이 학교에서 돌아와 그날의 남은 시간 동안 나를 돌볼 때까지 기다려야 했다는 뜻이기도 해요. 엄마가 집에 올 때쯤이면 우리는 대개 둘 다 잠들어 있었지만, 다음 날 학교에 가지 않아도 될 때면 나는 가끔 엄마를 기다리곤 했어요. 때로 엄마는 밤에 퇴근해 들어와서는 우리를 깨워 길 건너 식당으로 우리를 데리고 가 샐러드바에서 저녁을 먹곤 했어요. 온종일 힘들게 일한 엄마 자신에게 보상도 해주고 엄마가 그토록 열심히 일하는 이유인 엄마의 두 아들과 함께 시간을 보내는 엄마 나름의 방법이었던 거지요. 그런데 엄마, 정선 프랜스 얘기 들어본 적 있으세요? 군인과 결혼했다가 이혼하고 어린 두 아들을 키웠는데, 엄마처럼 보모를 둘 형편이 안 됐나 봐요. 하루는 일하러 갔다가 집에 돌아와 보니 아이 하나가 비극적인 사고로 죽어 있었대요. 미국 법정은 아들 살해 혐의로 그 여자에게 유죄를 선고했고, 그 여자는 몇 년 동안 감옥에서 지냈대요. 나는 엄마가 어떻게 우리만 집에 놔뒀는지, 그리고 그 여자 이야기가 여차하면 우리 이야기가 될 수도 있었다는 생각을 자주 해요.

엄마는 우리를 한국 아이들처럼 키웠어요. 우리는 끼니때마다 밥과 국, 김치를 먹었어요. 엄마는 내가 수제비를 너무 좋아한다고 나무랐어요. 수제비는 '가난한 사람들 음식'인데 아마도 "너는 거지새끼 입맛을 지녔나 보다" 하면서요. 그런데 아이러니하게도, 실은 우리는 가난했고, 우리를 위해 그 음식을 만든 사람이 바로 엄마였다는 거였어요. 아마 수제비가 만들기 쉽고 값이 싸서 만들었을 테지만 말이에요. 엄마는 또 내가 된장찌개를 좋아한다고 대견해하셨어요. 톡 쏘는 콩 페이스트 스튜. 내가 엄마의 한국적인 면과 입맛의 일부를 물려받았다는 증거라면서요. 또, 엄마가 우리에게 정성스러우면서 영양가 높은 소꼬리 수프, 곰탕을 만들어준다며 주말 내내 소뼈를 끓이던 것도 기억나요. 우리는 밥상이라는 조그만 좌식 식탁에 둘러앉아 먹었어요. 우리는 밥 먹을 때마다 포크가 아닌 숟가락과 젓가락을 사용했어요. 내가 제일 좋아하는 사이드디시, 즉 반찬은 언제나 팬에 볶은 앤초비, 즉 멸치였어요. 내가 왜 멸치를 그렇게 좋아했는지 아직도 그 이유를 모르겠지만 엄마는 내가 엄마네 집안 사람들을 닮아서 그렇다고 말씀하셨지요.

하지만 엄마는 우리를 정말 한국 아이들로 여겼나요? 서류 양식에서 인종 확인을 요구할 때면 우리가 아는 부모는 엄마밖에 없는데도 엄마는 '백인'에 표시하곤 했지요. 왜 그랬나요? 우리의 피는 우리 아버지의 피여야 한다는 한국의 가부장 원리를 따르고 있었기 때문인가요? 아니면 '동양인'에 표시하면 우리가 차별받을 것 같아서 두려웠기 때문인가요?

내가 학교에 처음 들어갔을 때를 기억하세요? 유치원에 들어가서 내가 어떤 말이 한국어고, 어떤 말이 영어인지 묻기 시작했던 거 기억하세요? 나는 창피했어요. 선생님과 반 아이들 앞에서 콩글리시를 사용하는 수모를 당하지 않으려면 알아야 했어요. 그때 굉장히 헷갈려하면서 어떤 말은 미국인들 앞에서 사용해도 되고 어떤 말은 사용하면 안 되는지 배우려고 애썼던 기억이 나요. 또 한 번은 온통 고친 자국투성이인 과제물을 집으로 가져온 적이 있었어요. 선생님은 잘했다고 칭찬했지만 엄마는 내가 영어에서 저지른 실수를 금세 알아챘지요. 이번에는 엄마가 창피해했어요. 그래서 우리가 더는 집에서 한국말을 쓰지 못하게 금지하신 건가요? 그래서 우리가 우리 모국어를 잃어버리게 됐던 건가요? 엄마가 우리 어머니라서 우리 삶에 행여 걸림돌이라도 될까 봐 무서워서요? 그래서 지금까지 우리는 한국인이 아니라 미국인이고 백인이라고 주장해온 건가요? 그래야 우리가 어디에도 속하지 못했던 걸 엄마 탓으로 돌리지 않을 테니까요?

그러나, 나는 엄마를 탓했어요. 엄마가 미국 사회에서 온전히 기능하는 구성원이 되기에는 부족해 보이는 이런저런 부분들 때문에 엄마한테 화가 났어요. 나는 사람들 앞에서 엄마 대신 말해줘야 하거나, 엄마 대신 중요한 전화를 처리해야 하는 게 싫었어요. 나는 그저 아이이고 싶었어요. 하지만 금전 문제를 처리하고 우리 삶의 어려운 현실과 대면하는 횟수가 잦다 보니 내가 부모를 책임지고 있다는 느낌이 들 때가 많았어요. 나이가 들면서 엄마한테 엄마의 한국 음식도, 엄마의 관습도, 엄마의 방식도 싫다고 대들었지요. 한인 교회에서 형과 나는 왜 그렇게 다르다는 느낌이, 왜 그렇게 겉도는 듯한 느낌이 들었을까요? 어째서 형은 형보다 나이 많은 아이들에게 얻어맞았을까요? 엄마는 일요일마다 예배에 참석했는데도 늘 혼자인 것처럼 보였던 이유는 뭘까요? 엄마가 이혼녀라서요? 남편이 없어서요? 아니면 한국 사람들은 외국인과 살과 피를 섞은 사람하고는 상종하기 싫어해서 그랬던 걸까요? 할머니가 돌아가셨을 때 나는 고등학교 1학년밖에 안 됐는데 엄마가 나를 붙잡고 그날 엄마 형제들이 한 행동 때문에 가슴이 아프다고 털어놓았던 게 기억나요. 할머니 장례식에서 엄마는 왜 할머니 딸로 거명되지 않았던 건가요? 이유가 뭐예요? 엄마는 왜 엄마 친어머니와 아무 관계도 없는 척해야 했던 건가요? 엄마가 사생아라서요? 아니면 미군과 결혼했다가 이혼하고 이제는 혼혈아들까지 키우고 있어서요? 하지만 그게 뭐 어때서요? 장례식에는 직계 가족 말고 다른 사람은 아무도 없었잖아요. 때로 나는 한국 사람들이 싫어요. 잔인한 것도 싫고 엄마를 대하는 방식도 싫어요.

하지만 나의 한국적인 면을 거부했던 이유는 또 있었어요. 사실 나는 백인이고 싶었거든요. 친구들 무리에 어울리면서 또래들에게 정상으로 보여야 한다는 강박이 백인이 되고 싶은 욕구를 더욱 부채질했어요. 엄마는 몰랐을 수도 있지만, 그때 학교에서 나는 칭크, 찢어진 눈, 중국인, 도그-이터(개고기 먹는 사람) 등으로 불리고 있었거든요. 엄마가 내 어머니라서, 엄마가 한국인이고 엉터리 영어를 써서, 엄마 목소리가 커서, 엄마 말투가 세련되지 못해서, 내 친구들의 부모님에 비해 엄마는 너무 외국인 같고 달라서 당황했던 기억이 나요. 하지만 백인이라는 것 말고는 아무것도 한 게 없는데도 아빠는 자랑스러웠어요. 나는 전부 엄마 탓으로 돌렸어요. 이혼도, 가난한 것도, 내가 인종 차별과 편견을 겪는 것도 전부 다.

우리가 그 아파트, 엄마가 그토록 자랑스러워하던 그 집…… 엄마가 우리를 위해 오하이오 주 클리블랜드에 마련한 한국의 축소판에서 산다는 것도 무지 창피했어요. 그래서 친구들에게 호숫가의 고급 주택가에 산다고 거짓말을 하곤 했어요. 하지만 우리의 가난은 그저 창피한 수준을 뛰어넘었어요. 가난 때문에 학교에서 기회를 놓친 적이 한

두 번이 아니었어요. 비싸거나 차가 필요한 현장 학습과 방과 후 활동은 그림의 떡이었지요. 그때 엄마한테 말하지 않았던 게 또 있어요. 나는 학교에서 끼니를 굶을 때가 많았어요. 1학년은 따로 점심시간이 없었어요. 그건 다시 말해 내가 저소득층 학생들이 받는 무료 식사 쿠폰을 받을 권리를 잃었다는 뜻이기도 했어요. 며칠을 아무것도 못 먹고 다닌 적도 있어요. 그런데 얼마 안 가, 같은 반 친구들 어머니 중 한 분이 내가 굶고 다닌다는 걸 눈치채시고, 영어 시간에 나눠 먹을 수 있게 딸의 점심 도시락에 뭐든 두 개씩 싸주시기 시작했어요. 그때 왜 엄마한테 아무 얘기도 하지 않았는지 잘 모르겠어요. 아마도 친구 엄마가 (엄마보다 더 많이)날 챙겨주고 있다는 걸 알면 엄마가 화를 낼지도 모른다고 생각했던 것 같아요. 방과 후 활동 때문에 수업이 끝나고도 학교에 남아 있어야 할 때면 간식이나 저녁을 사 먹을 돈이 없었어요. 몇 시간 뒤 집에 갈 때까지 쫄쫄 굶는 수밖에 없었어요. 집에서도 냉장고가 가득 찼던 적은 한 번도 없었던 것 같아요. 하지만 돌이켜보면 먹을 게 아예 없었던 건 아니고, 주로 한국 음식이 있었던 것 같아요. 한국과 관련된 거라면 뭐든 치를 떨고 싫어하던 때라 아무리 배가 고파도 먹지 않았어요.

지금은 내가 힘들었던 것보다 엄마가 훨씬 더 힘들었다는 거 알아요. 나는 영어도 잘했고, 남자고, 미국 시민이고, 인종적으로 백인으로 통할 수 있고, 교육도 받을 만큼 받았으니까요. 엄마도 어찌할 수 없었던 그 모든 일을 엄마 탓으로 돌려서 죄송해요. 그렇다고 엄마가 한 일에 전부 동의하는 건 아니에요. 특히, 삶에 대한 절망을 표출하던 방식과 우리가 엄마의 아들이기 전에 엄마의 샌드백 같다는 느낌이 들게 했던 방식은 정말 싫었어요. 살아남기 위해 오랜 세월 억척스럽게 살다 보니 엄마는 점점 무심하고, 인색하고, 무뚝뚝하게 변해가면서 아주 사소한 일로도 걸핏하면 우리를 때렸어요. 어때요, 다른 한국 이민 가정의 사정과 그렇게 많이 다르지 않지요? 다르지 않을 거라고 확신해요. 엄마는 지금까지도 엄마는 강해져야 했고, 우리한테는 아무도 없었기 때문에 엄마가 양쪽 부모 노릇을 해야 했다고 말하면서 엄마의 행동을 합리화하고 계시지요. 상처를 받았지만, 나는 이제 더는 엄마를 탓하지 않으며, 이미 일어난 일은 있는 그대로 받아들이고, 이를 통해 내가 더 강한 사람이 됐다고 믿는다는 걸 아셨으면 좋겠어요.

운이 좋아서 나는 전액 장학금에 생활비까지 받으며 대학을 무사히 마쳤어요. 내가 특별히 머리가 좋거나 열심히 공부했다고는 생각지 않지만 엄마 눈에는 그렇게 보였을 거예요. 그렇게 생각하시도록 지금까지 엄마를 속여왔으니까요. 하지만 나는 그저 운이 좋았던 것뿐이에요. 일단 오하이오주립대학교의 소수자 장학제도의 심사위원들이 엄마가 그해 얼마나 돈을 적게 벌었는지를 보여주는 재정 증명서에 주목했던 게 틀림없고, 그 다음으로 나의 고등학교 기록도 그만하면 괜찮았던 편이라 내게 기회가 왔던 거예요. 그 기회에 무척 감사하고 있어요. 안 그랬으면 대학을 다닐 형편이 안 됐을 테니까요. 우리가 자란 교육구는 재원이 너무 부족해서 내가 고등학교 졸업 후 교육을 제대로 받을 수 있도록 지원해줄 처지가 못 됐어요. 오하이오주립대학교에서의 처음 일이년은 따라잡느라 힘들었어요. 물론 엄마는 미국 사회가 얼마나 불평등한지에 대해, 가난한 아이들이 불안정한 환경에 놓인 가난한 학교에 다니면서도 주어진 환경에서 열심히 노력하면서 자신과 가족을 빈곤에서 구출해야 한다는 기대를 받는다는 것을 알 리가 없었을 거에요. 내가 그걸 해낸 사람 중 한 명이긴 하지만, 그건 내 실력보다는 운과 더 관련이 있었던 것 같아요.

대학에서 나는 나의 내면화된 인종 차별과 한국에 대한 무조건적 혐오를 인지한 지도 교수의 꼬임에 넘어가 한국어 강좌를 듣기 시작했어요. 그리고 이는 결국 아시아계 미국학 수업으로 이어졌지요. 그런 강의에서 내가 만난 교수님들과 습득하기 시작한 지식은 나를 미국에서 겪은 우리의 경험을 비판적으로 해체할 수 있는 사람으로 바꿔 놓았어요. 나는 엄마와 나의 관계를 지배했던 인종 차별을 잊기 시작했어요. 강의를 들으며 읽은 책들을 통해 나는 우리 이야기가 나한테 다시 투영되는 걸 봤어요. 엄마도 그 차이를 눈치 채셨을 거예요. 나는 엄마를 부르기 시작했어요. 다시 한국어를 사용하기 시작했어요. 다시 엄마의 과거와 엄마가 어떤 사람인지에 대해 묻기 시작했어요. 나는 아시아계 미국학 역사가가 되기로 결심했어요. 내가 겪은 일 대부분이 실은 엄마 탓이 아니며, 엄마는 최선을 다했고, 다른 어느 누구라도 엄마와 같은 처지에 있었다면 똑같은 실수를 저질렀거나 엄마가 했던 방식과 똑같이 일을 처리했을 거라는 걸 깨달았어요. 우리 관계는 몰라보게 좋아졌고, 마침내 그렇게 오랜 세월 내 마음속 저 깊은 곳에 묻어두었던 그 모든 반감과 절망과 증오를 남김없이 내려놓을 수 있었어요.

하지만 그때 엄마한테 내가 게이라는 사실을 얘기했어요. 내가 나를 있는 그대로 이해하고 받아들여달라고 애원했을 때 엄마 기분은 어땠어요? 미국 남자와 결혼했다는 이유로 그토록 오랫동안 엄마를 판단했던 그 모든 사람들이 생각나지 않으셨나요? 엄마가 홀어머니라는 사실을 탓하지는 않으셨나요? 엄마한테 말하기가 너무 겁이 났어요. 사실 엄마의 반응이 두려웠다기보다는 이 일로 인해 다른 사람들이 엄마를 실패한 어머니로 보거나, 우리를 더는 가족으로 여기지 않을까 봐 두려웠어요. 나는 엄마의 그 모든 희생이 물거품이 되는 걸 원치 않았어요. 그게 지금 이 순간에도 내 분야에서 성공하려고 그렇게 열심히 노력하는 이유 중 하나예요. 엄마에게 최고의 반응을 얻지는 못했지만 그렇다고 최악의 반응도 아니었어요. 엄마가 미국에서 마주한 외로움과 어려움에 적응하려고 기독교에 매달리다시피 하며 지낸 그 세월이 엄마가 나의 성 정체성을, 그리고 낙인 찍힌 자들로서 엄마와 나의 삶이 평행선을 달리고 있다는 것을 이해하는 데에 걸림돌이 되는 것 같아요. 이해는커녕 엄마는 내가 악귀 같은 것에 씌었다고 생각했어요. 가슴이 찢어질 듯 아팠고, 지금도 가끔 그래요. 왜냐하면, 나는 엄마를 이해하려고 엄청나게 노력해왔으니까요. 나는 엄마를, 엄마의 행동을, 있는 그대로의 엄마를 지켜드리고 싶어요. 평생에 걸친 나의 학문적, 창의적 성취는 엄마는 어떤 사람이며 어디로부터 왔는지 이해하려는 탐색의 결과랍니다. 그런데 엄마는 나를 이해하려고 노력하는 게 왜 그렇게 어려울까요? 하지만 엄마는 노력하고 있을지도 모르고, 어쩌면 그동안 내가 엄마한테 신뢰를 드리지 못했을 수도 있지요. 내가 아는 퀴어들 중에는 이민자 부모로부터 나보다도 훨씬 심한 거부반응을 경험하는 사람들이 많아요. 벌써 몇 년이 지났지만 계속 참으면서 엄마가 나의 이런 부분도 온전히 받아들여주기를 기다려야겠지요.

엄마, 마지막으로 몇 가지만 물어볼게요. 어쩌면 대답을 듣고 싶지 않은 질문들일 수도 있어요. 나는 엄마 영혼 깊숙이 얼마나 많은 한(恨)과, 슬픔이 자리하고 있는지 알고 싶지 않으니까요. 하지만 이게 엄마가 어렸을 때 꿈꿨던 삶인가요? 이게 엄마가 목표했던 삶인가요? 이게 엄마가 예상했던 미국인가요? 우리는 엄마가 기대했던 아들들인가요? 지금 이곳이 엄마의 예순 번째 생일, 환갑이 지나고 일할 거라고 생각했던 그곳이 맞나요? 고용주들이 너무 쥐어짜서 (엄마 표현에 따르면)탈북자나 조선족, 불법체류자, 아니면 엄마처럼 미군과 결혼했다가 이혼한 여자들만 어쩔 수 없이 발을 들이는 한국계 미국인 사업체에서 일하는 거 말이에요. 엄마가 시간당 겨우 10달러를 받고 뼈빠지게 일한다는 거 알아요. 엄마는 예순두 살인데도 저축한 것도 없고, 집도 없고, 엄마 이름으로 된 게 하나도 없고, 아직도 그날 벌어 그날 쓰기 바쁘게 살고 있어요. 몇 년만 더 버티면, 내가 학교를 마칠 때까지만 기다리면 우리 생활이 좀 더 나아질 거예요. 그때는 돈 걱정, 생계 걱정 없이 여생을 즐기길 수 있을 거예요. 그때는 일을 하지 않아도 될 테니까 이번 생에서 한 번 더 엄마 고국 땅을 밟을 수 있게 내가 엄마를 한국에 모시고 갈게요.

엄마, 내가 단 한번이라도 이 편지 내용을 읽어드리는 날이 올까요? 이 모든 걸 엄마한테 물어볼 용기가 과연 생길까요? 아니면 내가 엄마에 대해 알 수 없는 것들에 영원히 시달리게 될까요? 우리가 서로의 생각과 마음을 진정으로 알게 될 날이 있을까요? 아니면 우리 둘 다 서로에게 이방인인 채로 죽게 될까요?

사랑을 담아,

엄마 아들로부터

유리 둘런 Yuri Doolan은 브랜다이스 대학교(Brandeis University) '사학, 여성 · 젠더 · 섹슈얼리티 학과(History and Women's, Gender and Sexuality Studies)' 부교수이자 아시아아메리칸태평양섬주민연구소 소장이면서 『최초의 아메라시안: 기지촌 출신의 혼혈 한국인이 미국인이 되기까지 The First Americans : Mixed Race Koreans from Camptown to American』(옥스퍼드 대학교 출판부, 출간 예정)의 저자이기도 하다.

제2장

내 안의 한국

아름다운 셔츠

하인즈 인수 펜클

미클로스와 폴리, 그리고 나는 ASCOM(예전 인천, 부평 지역의 미군 기지들을 말함 : 옮긴이) 볼링장에서 만나 문을 닫을 때까지 볼링을 몇 게임 쳤다. 그러고 나서 우리는 '요새' 그러니까 GI 샤워장 지붕 밑에 있는 우리의 비밀 아지트로 갔다. 개인 사물함이 있어 더욱 편리한 기지 체육관에도 샤워 시설이 있었고, 태권도 수업이 끝나면 우리는 보통 거기서 샤워를 했지만 요새는 특별했다. 미클로스는 여름에 야구장과 장애물 훈련장 근처 막사에서 생활하는 군인들의 목욕 시설인 샤워장 뒷방 화장실 중 한 곳에 앉아 있다가 우연히 그곳을 발견했다. 남쪽과 북쪽 두 곳에 출입구가 있는 건물 중앙에는 세면대가 네 줄로 나란히 늘어서 있었고, 서쪽의 공동 샤워실로 통하는 문과 동쪽의 화장실로 통하는 문이 있었다.

미클로스는 화장실에 있을 때면 도무지 뭘 읽는 법이 없었다. 적어도 활자화된 형태는 아예 쳐다보지도 않았다. 변기를 앉힌 칸마다 남근처럼 생긴 코를 벽 너머로 들이밀고 있는 대머리 남자 그림과 '킬로이 다녀감'(2차 세계대전 때 유행한 미국 대중문화로 그래피티의 일종 : 옮긴이)이라는 글씨가 낙서돼 있었다. 양식에 약간씩 차이가 있었고 어떤 킬로이는 곱슬머리를 한 가닥 늘어뜨렸거나 눈이 좀 더 컸지만 하나같이 손마다 손가락이 세 개밖에 없었다. 이 밖에 최소한 'FTA'(Fuck the Army) 하나와 '얼마 안 남았다!'는 선언 몇 개에 이어 한국에서의 남은 복무 기한이나 때로 전역일자도 낙서돼 있었다. 유성 펜으로 그린 사정 중인 남녀의 성기와 그 사이에 섞여 있는 철모 밑으로 삐죽 나온 장화 그림도 많았다.

때로 '어떤 사람들은 앉아서 생각하는 걸 좋아하지만, 나는 그저 똥을 누면서 냄새를 피우고 싶을 뿐이다'와 같이 반추가 필요하거나 '내 무기가 보고 싶거든 네 에미한테 물어봐!'처럼 쓸데없이 감정을 돋우는 글귀도 있었다. 그런가 하면 '첼리 힐 샐리는 임질에 걸렸대요!'처럼 성병 감염의 위험성을 경고하는 글귀도 있었다. 그 밖에 랑데부 시간과 함께 불가사의한 메시지도 있었다. '금요일 21:30. 세 번째 칸으로 와서 보이고 세 번 흔들라.' 또는 좀 더 간단하게 '그거 하게 꺼내.' 등. 구석 칸 두 곳의 휴지 걸이 근처 칸막이벽에 구멍이 크게 뚫려 있었다. 폴리와 나는 이 구멍이 휴지가 다 떨어져서 이웃에게 빌려야 할 경우에 휴지를 전달하는 용도이겠거니 생각했지만 미클로스가 그 구멍은 '글로리 홀'로 불리며 구강 섹스를 원하면 거기로 성기를 집어넣는다고 설명했다. 우리가 믿지 않자 미클로스는 한쪽 구멍에 축 늘어진 자기 성기를 집어넣어 자기 말이 맞는다는 걸 직접 증명해 보였고, 우리는 그 옆 칸에서 한바탕 신나게 웃었다.

미클로스는 천장에 나 있는 창을 살피다가 우연히 화장실 문에서 털북숭이 질 그림을 보게 됐다. 그는 변기 옆 칸막이벽을 타고 위로 기어올랐고, 막상 올라가보니 창은 구멍 위에 걸쳐 놓은 정사각형 베니어판 한 장에 지나지 않았다. 그는 베니어판을 옆으로 밀쳐 놓고 그 공간을 발견한 사람은 자신이 처음일 거라고 생각하며 서까래 안쪽으로 기어 올라갔다. 그런데 그곳이 한때 사람들이 뻔질나게 드나들던 곳이라는 증거가 곳곳에서 눈에 띄었다.

미클로스가 우리를 처음 그리로 데려갔을 때 우리는 GI들이 그곳까지 기어오르는 수고를 마다하지 않았을 이유를 알 수 있었다. 동쪽 면에 누가 판지 몇 장을 이용해 드러난 널빤지 사이사이에 마루를 깔아놓았고, 알고 보니 건물 남동쪽 끄트머리의 일인용 객실, 그러니까 여자 화장실 천장에도 창이 또 하나 나 있었다. 그 방은 대개 잠겨 있었고, 우리가 아는 한 샤워기도 없었지만 위에서 창을 열고 내려다보니 세면대와 변기뿐만 아니라 바닥에 배수구가 붙박이로 설치돼 있어 한국인들 같으면 목욕도 거뜬히 할 수 있었다.

볼링장 '아저씨들' 중 한 명에게 여자 화장실에 대해 물었더니 여군 GI들이 ASCOM에서 임시로 근무할 때 화장실로 사용했지만 새 건물이 생기면서 지금은 기지에서 일하는 한국 여성들이 사용하고 있다고 알려주었다. "가끔 우리도 목욕탕으로 사용하는걸." 아저씨가 말했다. 우리가 거긴 샤워기도 없고 욕조도 없지 않느냐고 지적하자 아저씨는 '한국식'이라고 대답했다. 이는 세면대에 물을 가득 받아놓고 바닥에 쭈그리고 앉아 조그만 플라스틱 바가지로 물을 퍼서 몸에 끼얹는다는 뜻이었다.

서까래 출입구 주변 판지 마루 위에는 천창을 통해 거기 올라와 앉거나 누운 채로, 여자 화장실에서 무슨 일이 일어나고 있는지 몰래 내려다보던 사람들이 남긴 쓰레기가 널려 있었다. 담배꽁초와 껌 포장지는 아주 오래돼 보였고, 무더기로 쌓여 있는 「플레이보이*Playboy*」와 「펜트하우스*Penthouse*」는 나온 지 최소한 일 년은 된 듯했다. 그곳에 드나들던 사람들이 계속 주워 나른 모양이었다. 벌거벗은 실물 여자를 보면서 처음으로 우리의 말뚝을 꺼내 세우는 데에는 그거면 충분했다. 적어도 우리가 생각하기에는 그러면 더 흥분될 것 같았다. 사실 우리 모두 어렸을 때 집에는 더운 물은 둘째 치고 샤워기나 욕조가 없었기 때문에 어머니를 따라 대중목욕탕에 가서 벌거벗은 여자들을 수도 없이 봤다. 하지만 꼬마 때 목욕탕에서 솜털이 뽀송뽀송하게 난 계집애들과 치모까지 허옇게 센 할머니들의 벗은 몸을 보는 것과, 머리가 커져서 누가 보나 뭔가 바르지 못한 짓을 하는 것은 큰 차이가 있었다. 더러 몇 장씩 서로 들러붙어 있는 서까래의 잡지들이 그 점을 증명해주고 있었다. 그러나 벌거벗은 여성의 몸을 몰래 훔쳐보는 일은, 여성에게 수치심과 위협감을 주는 행위지만, 우리는 그게 해서는 안 될 몹쓸 짓이라는 사실을 알지 못했다.

그 해 여름 폴리와 나는 미클로스를 일주일이나 보지 못했다. 우리는 그가 한국인 친척들과 함께 지내러 며칠 동안 서울에 올라갔다고 생각했지만 다시 만났을 때 그는 으스대며 우리를 요새로 데려가서는 그곳을 우리의 '제2의 고향'으로 만들기 위해 어디 어디를 어떻게 손봤는지 보여주었다. "서비스 클럽이나 빌어먹을 USO(미군위문협회를 말함, 군인들을 위한 프로그램이나 쇼 등을 주최함 : 옮긴이)처럼 말이지." 그가 말했다. 하지만 그곳은 곧 우리의 모든 것이, 벽 속의 구멍이자 고독한 요새가 될 터였고, 바로 그날 우리는 그곳의 이름을 요새로 지었다.

천창을 닫아 놓으면 그곳은 어두웠다. 빛은 각각 건물 맨 끝에 있는 미늘창 두 곳을 통해 들어오는 게 전부였다. 미클로스가 초 한 상자와 빨간색 필터를 끼운 군용 손전등 두 개를 가져다 놓았다. 그는 여자 화장실 천창 바로 위 널빤지 틈새 한 곳에다가도 출입 기록표를 압정으로 붙여 놓았다.

"그동안 누가 저 화장실을 사용하는지 지켜봤거든. 저 표를 보면 빵집과 막사를 청소하는 예쁜이들이 목욕하러 오는 시간대를 알 수 있어. 있지, 여배우 김지미처럼 생긴 아가씨도 하나 있더라구!" 그가 말했다.

미클로스는 판지도 여러 장 가져다 환기구 옆 서까래 서쪽 끝에다 놔두었다. 엉겁결에 천장을 밟는 일이 없도록 주의하면서 들보를 따라 엉금엉금 기어 반대편에 이르렀을 때 우리는 깜짝 놀라고 말았다. 미클로스가 하강 훈련탑에서 버려진 낙하산 줄 수백 피트를 주워와 대각선 모양의 널빤지 틈새와 십자형으로 엇갈리게 묶어 그물 침대를 만들어놓았던 것이다. 침대는 비록 이상한 각도로 누워야 하긴 했지만 놀라울 정도로 편안했다. 거기서 그치지 않고 미클로스는 그쪽 끝부분의 마루를 보강했을 뿐만 아니라 빛이 밖으로 새어나가지 못하게 하는 용도라며 환기구 덮개까지 만들어 붙였다.

"이제 여기서 밤을 보낼 수도 있어. 재미있게 놀다가 통금 전에 집에 가야 하는 게 지겨웠는데, 이제 여기서 밤을 지내면 돼. 너네 엄마들한테 나랑 같이 있다고 말해. 난 우리 엄마한테 너희 둘 중 한 명과 같이 있다고 말할 테니까. 절대 우릴 못 찾아낼걸." 그가 말했다.

"셋이 한꺼번에 만나면 어쩌려고?" 폴리는 일단 이렇게 물었지만 잠시 생각하고 나서 방금 자기가 한 질문에 대답했다. "하긴 어떻게 된 일인지 알아보려고 할 만큼 신경 쓸 엄마들이 아니지."

그 뒤로 우리는 주말이나 학교를 땡땡이 칠 때면 그 요새에서 수많은 밤을 보냈다. 미군은 샤워장을 어찌나 뜨겁게 달구는지 겨울에도 서까래 안이 뜨끈뜨끈할 정도였고, 미클로스의 출근표(결국 그다지 정확하지는 않은 것으로 드러났지만)를 토대로 우리는 벌거벗은 여자들의 실제 몸을 두루 구경했지만 잡지에 나오는 모델들과는 완전히 딴판으로 보였다. 어쩌면 우리가 높은 데서 봐서 그런 거였을 수도 있었다. 높은 데서 내려다보면 뭐든 작아 보이니까. 아니면 폴리의 얘기가 맞았을 수도 있었다. 그는 「플레이보이」에 나오는 여자들은 실제가 아니라고 생각했다. 결국 우리를 흥분하게 만든 것은 여자들의 알몸이 아니라 못된 짓, 즉 몰래 여자들을 훔쳐보고 있다는 사실이었다. 한번은 폴리의 사촌 팻시와 그 애 친구 하나가 여자 화장실을 찾았을 때였다. 우리는 몰래 서까래로 기어 들어가 그 애들을 훔쳐봤지만 막상 우리 바로 밑에서 깡마른 여자 애들이 알몸으로 있는 걸 보니 별다른 감흥이 없었다. 미클로스는 아니었지만. 결국 폴리와 나는 반대쪽으로 가서 잡지를 뒤적였다.

천노인 할아버지의 장례식이 있기 전 요새에서 우리 셋이 만났을 때는 초저녁이었다. 날이 더 어두워지기 전에 우리는 메인 스낵 바로 가서 햄버거, 감자튀김, 도넛, 초콜릿 바, 콜라 캔을 왕창 사 왔다. 요새에서 보내는 밤은 늘 길게 느껴졌다. 촛불을 켜 놓고 밤늦게까지 시시덕거리며 카드를 쳐서 그런 모양이었다. 그날 밤에는 먹을 게 또 있었다. 포테이토 칩, 오레오, 트윙키, 딩동 등. 거기다 진하게 내려 말똥말똥 깨어 있게 해주는 커피까지 각자 큰 컵으로 하나씩. 우리는 손잡이가 달린 쇼핑백에 전부 다 집어넣고는 그물 침대를 만들고 남은 낙하산 줄을 이용해 천창 틈으로 끌어올렸다. 시간은 22:30, 민간 시간으로는 저녁 10시 30분이었다. 우리는 시커먼 플라스틱 덮개로 환기구를 가리고 긴긴 밤을 밝혀줄 촛불을 켰다.

우리는 아는 사람들 중 죽은 사람들에 대해 이야기했다. 어떻게 죽었는지. 병. 노환. 사고. 전쟁. 살해. 자살. 해마다 죽어가는 사람들은 많았고, 우리 셋만 해도 공공장소에서 비극의 증거를 가릴 때마다 등장하는 거적때기 밑으로 팔다리가 삐죽 비어져 나온 시체를 실제로 본 적이 있었다. 우리 셋 다 콜레라로 죽었거나 베트남전에서 전사했거나 그저 삶에 지쳐 죽은 친척이나 가족의 지인들이 있었다. 나는 GI의 아이를 임신했다가 목을 매 죽은 나의 사촌 간난이에 대해 이야기했고, 미클로스는 밤중에 캠프 케이시 근처 한 육군기지 뒤쪽 울타리를 지나다 보초병 총에 맞아 죽은 자기 이모 이야기를 들려주었다. 폴리는 인근 미군 부대 식당에서 나오는 음식물 찌꺼기를 55갤런들이 드럼통에 넣고 요리해서 파는 일명 '꿀꿀이죽'을 한 그릇 먹고 죽은 사촌에 대해 이야기했다. 그것은 내가 가장 좋아하는 음식 중 하나이기도 했다. 이 음식은 먹다 보면 이따금 스테이크나 햄버거가 얻어걸릴 때도 있지만 담배꽁초나 GI가 코를 푼 냅킨을 골라내야 할 수도 있었다.

"있지, 똥지게꾼들처럼 철모로 찌개를 펐다니까." 폴리가 말했다.

철모 하나 분량이면 질척거리는 빵이나 햄버거용 빵이 없어도 온 가족이 먹기에 충분했다.

"아직도 그 쓰레기를 먹는 사람이 있어? 어렸을 때 말고는 이 주변에서는 본 적이 없는데." 미클로스가 말했다.

"저 위 북쪽엔 아직도 있어. 우리 다른 이야기하자. 내 트윙키 맛을 망치고 싶지 않아. 세븐, 너는 어떻게 생각해?" 폴리가 말했다. 여기서 세븐은 57을 뜻하는 말로 그 당시 내 별명이었다.

"온통 죽은 사람들 이야기뿐이네. 혹시 칼라가 어떻게 됐는지 아냐?"

“칼라? 이런.” 미클로스가 말했다. 그는 칼라의 셔츠 중 하나를 입고 있었다.

칼라는 원래 용수 친구였는데, 칼라가 제비꼬리처럼 생긴 셔츠를 입고 다녀서 별명이 ‘칼라’였다. 그와 용수는 장발, 즉 긴 머리 때문에 경찰에 붙잡혀 구류를 살다가 만났다. 칼라네 집은 잘살았다. 그의 아버지가 독일 회사 훽스트Hoechst와 관계있는 한국 제약회사에 다녔고, 심지어 기사가 딸린 자가용까지 있었다. 그의 가족은 한때 일본인들이 살던 저택에서 살았는데, 현대식으로 개조해 온수 시설과 수세식 변기까지 갖춘 집이었다. 경찰은 대개 칼라 같은 아이들을 그렇게 오래 가두지 않았다. 그 무렵 칼라는 대학 시험도 안 보겠다고 어깃장을 놓고 입대 영장이 나오기 전에 도망가버리겠다며 대들고 있었다. 그의 아버지는 그를 집에서 내쫓고 부자지간의 연도 끊고 싶어했다. 벌로 그를 한동안 유치장에서 지내게 하는 게 마땅할 듯했다.

내 기억에 용수에게 맨 처음 기타를 준 사람은 칼라였다. 둘은 마당에 나란히 앉아 팝송을 부르다가 나더러 ‘피터, 폴, 앤 메리’의 노래들에 나오는 가사를 어떻게 발음하는지 묻곤 했다. 둘은 법에 저촉되기에 충분할 만큼 머리가 길었지만 핑계를 대면서 머리를 자르겠다고 약속하면 빠져나갈 수 있는 여지가 있었다. 칼라와 용수는 언젠가 서울대학교 의대생인 칼라의 형을 만나러 서울에 올라간 적이 있었다. 칼라의 형은 그 둘을 보더니 다짜고짜 두들겨 팬 다음 다른 의대생들과 합세해 용수와 칼라를 묶어 놓고는 머리를 빡빡 밀어버렸다. 둘은 싸구려 야구 모자를 쓰고 부평으로 돌아왔는데, 거기다 칼라가 직접 디자인해서 맞춘 화려하기 이를 데 없는 셔츠도 입고 있어서 더 우스꽝스러워 보였다.

"마지막으로 본 게 언제야?" 폴리가 물었다.

"두세 달 전일걸. 걔 죽었어." 내가 말했다.

칼라의 어머니는 아들을 응석받이로 키웠다. 그 많은 셔츠 값을 댄 사람이 바로 그녀였다. 그는 음악가가 되고 싶어했지만 그의 아버지 생각에 음악가는 창녀나 다름없었다. 칼라가 고등학교를 졸업하고 대학 진학을 거부하자 그의 아버지는 아들에게 최후통첩을 제시했다. 끝까지 교육을 마치고 군대도 갔다 와서 명예로운 가족의 일원이 되든가, 아니면 부자지간의 연을 끊고 호적에서도 이름을 파 가라고. 이에 질세라 칼라도 할 테면 해보라고 큰소리 치고는 그 뒤로 2년 동안 경찰대학 근처의 일본식 저택 뒷방에서 기타를 치거나 셔츠를 디자인하며 지냈다. 칼라가 셔츠를 디자인하면 엄마의 재단사가 샘플로 만들어주곤 했다. 칼라는 디자이너로서 실패자였다. 그가 디자인한 셔츠는 목칼라가 모두 똑같았는데, 60년대 후반에 유행했던 스타일에서 크기는 좀 더 늘리고 끝은 더 뾰족하게 바꾼 형태를 띠고 있었다. 그의 어머니와의 관계에도 불구하고 의류업계에 있는 사람들 중 누구도 그를 눈여겨보지 않았고, 그 결과 유별나기 짝이 없는 그 셔츠들은 모두 칼라의 친구들 차지가 됐다. 용수, 미클로스, 폴리, 나한테도 페이즐리와 물방울무늬가 찍힌 면, 실크, 폴리에스터 재질의 밝은 파스텔 색 '제비 칼라' 셔츠가 각각 몇 장씩 돌아왔다. 이 셔츠들은 칼라를 알리는 일종의 광고판 역할을 했지만 사업 전반을 틀어쥐고 관리하는 사람은 그 재단사였다.

칼라가 머리 자르는 걸 거부해서 두 번째로 구류를 살고 풀려난 뒤 아버지는 그에게 가는 돈줄을 다 끊어놓았고 어머니도 더는 셔츠 제작을 지원하지 못하게 막았다. 이번에 최후통첩을 제시한 쪽은 칼라였다. 음악가가 되게 놔두든가 아니면 자살할 테니 그렇게 바라던 대로 자기 이름을 호적에서 지워 없애라고. 그의 아버지는 어디 마음대로 해보라고 엄포를 놓았다.

다다구미 근처든 삼능(두 곳 다 일제 때 군수 시설이 있던 조병창, 이후 미군 기지가 들어섰음 : 옮긴이) 근처든 부평에서 자란 머슴애들에게는 한 가지 엄격한 규칙이 있었다. 뭐냐면 그 정도가 아무리 작아도 위협을 받으면 그냥 넘어가선 안 된다는 것이었다. 돌팔매 싸움을 하면서 돌멩이를 집어 던지는 시늉을 했으면 집어 던지든가 곤봉처럼 사용해 누군가의 머리통을 박살내야 했다. 안 그랬다간 겁쟁이로 낙인찍혀 그 누구한테도 존경받지 못했다. 우리는 실제로 하지도 못하면서 덤비는 시늉을 하는 놈들은 아주 박살 내버리는 방식을 고수했다. 아예 작은 시늉조차도 못하게 만들어버리는 것이다. 칼라의 아버지는 인천에서 자랐다. 그래서 그런 사정을 알 리가 없었다.

그런 일이 있고 나서 칼라는 아버지한테 돈을 달라고 했고, 아버지는 4,000원을 내밀어 칼라를 모욕했다. 4라는 숫자는 죽음의 숫자다. 칼라는 그 넉 장의 지폐를 갈기갈기 찢어 아버지 발치에 집어던졌다. 그러고는 바로 부엌으로 가 찬장에 있던 쥐약 한 포를 입안에 털어 넣고 보리차를 한 잔 마신 뒤 드러누워 죽으려고 자기 방으로 갔다. 이튿날 아침 가정부가 똥과 토사물로 뒤범벅이 된 채 누워 있는 그를 발견했다. 가정부는 그가 죽은 줄 알았지만 그는 아직 숨이 붙어 있었고, 식구들은 그를 조그만 의원보다 특별히 더 나을 것도 없는 그 지역 사설 종합병원으로 데려갔다. 그는 죽지 않았고, 가족들은 그를 서울의 세브란스 병원으로 이송할 여력이 없었다. 거기 갔더라면 그는 당시 한국에서 최고로 좋은 치료를 받았을 테지만 메모지에 글로 써서 질문에 답할 수 있을 만큼 상태가 좋아지자 그는 아버지 회사에서 파는 비타민을 먹었다고 말했다. 물론 거짓말이었지만 칼라의 아버지는 소문이 날까 무서워 아들을 부평 병원에 그대로 두었고, 칼라는 그 지역 사람들이 '서부 죽음의 병원'이라고 부르는 그 병원에서 지냈다.

그를 기운 나게 하려고 우리 셋 다 그가 디자인한 셔츠를 입고 갔더니 그는 우중충한 방에서 때가 꼬질꼬질한 시트를 덮고 있었다. 병원 전체에 간호사가 한 명밖에 없었기 때문에 가족들이 환자를 먹이고 씻겨야 했다. 며칠 동안 용수가 칼라의 기저귀를 갈았고, 그 뒤 칼라는 자기 변기는 스스로 비울 수 있을 만큼 상태가 조금 좋아졌다. 하지만 칼라는 말을 하지 못했다. 미소를 짓는답시고 얼굴 한쪽은 일그러뜨리고 두 눈은 반대쪽을 향한 채 베개에 기대고 앉아 우리를 보며 울었다. 용수는 그가 하려는 말을 대충은 알아맞혔다. "행복하대." 용수가 우리를 향해 말했다. "너희가 이렇게 입은 모습을 보기 전에는 자기 셔츠들이 이렇게 아름다운 줄 몰랐대. 바보같이 제대로 죽지도 못해서 이렇게 너희가 보러 오게 만들어 미안하대."

"괜찮아." 우리가 그에게 말했다. 우리는 그의 셔츠를 매우 좋아하고, 셔츠를 입고 나가면 처음 보는 사람들한테서도 매번 칭찬을 듣는다고 말했다. 칼라가 용수에게 몇 가지 동작을 취해 보이자 용수는 기타를 가져다 칼라와 함께 한국어로 번역한 노래를 불렀다. 트로그스의 「Love Is All Around」라는 노래였는데, 뇌성마비에 걸린 사람처럼 손발이 뒤틀린 채 침대에 찌그러져 있는 칼라를 보고 결국 우리 모두 눈물을 흘리고 말았다.

나중에 용수한테 칼라가 그 비극에서 제발 자기를 좀 꺼내달라고 사정했다는 말을 들었다. 그는 자신이 저지른 잘못 중에서 제대로 죽지

조차 못한 걸 가장 절망스럽게 여겼고, 누군가 자기를 죽여주기를 바랐다. 그가 어찌나 사정을 하고 울어대는지 어느 날 용수는 화를 참지 못하고 그의 목을 조르기 시작했다. 그런데 놀랍게도 그 일로 칼라는 자기가 죽는 걸 두려워한다는 사실을 알게 됐다. 그는 완전히 정신이 나갔고, 보다 못한 용수가 그의 뺨을 때리면서 그에게 겁쟁이라고 부르는 것도 아깝다고 말했다. 다음 날 칼라는 달라져 있었다. 그는 메모지에 대고 용수에게 드디어 삶의 목적을 찾았다고, 그건 바로 복수라고 말했다. 그는 어떻게든 살아서 아버지를 벌주고 집안을 풍비박산 내기로 단단히 다짐했다. "나는 실패를 만들어내는 데 능력이 있고, 제대로 성공할 거야. 하나가 무너지면 다른 것들도 덩달아 무너져 내리게 돼 있어. 형부터 시작해서 이 집안을 무너뜨릴 거야."

칼라는 어머니가 애지중지하는 자식이었고, 중요한 일일수록 어머니는 비밀을 지키지 못한다는 걸 잘 알았기에 자기가 왜 자살을 하려고 했는지에 대한 이유를 거짓으로 꾸며내 고백했다. 그는 어머니에게 아버지한테 분노를 쏟아낸 건 그저 핑계일 뿐이며, 진짜 이유는 형의 약혼녀를 강간한 것에 대한 죄책감 때문이라고 말했다. 그는 어머니에게 무슨 일이 있어도 비밀을 지키겠다는 맹세를 수차례 받아낸 뒤 자기가 남자 팬티 대신 늘 여자들 실크 팬티를 입는 이유는 강간했을 때의 짜릿한 기분을 떠올리기 위해서라고 말했다. 그는 미리 용수를 시켜 형 약혼녀의 서울 집 빨랫줄에서 팬티를 한 장 훔쳐 오게 해 중요한 증표를 만들어내며 연기하기까지 했다. 칼라의 어머니는 대경실색했지만 곧이어 어찌어찌 팬티의 진품 여부를 확인하고는 그 사실을 큰아들에게 알렸다. 그리고 나서 칼라의 형은 약혼녀와 싸우다가 메스로 그녀를 베어서 서울 경찰대에 붙잡혔고, 경찰서에서 너무 심하게 맞는 바람에 한쪽 눈을 실명하고 말았다. 당연히 결혼은 깨졌고, 칼라의 형은 서울대학교에서 쫓겨났으며, 그의 아버지는 직장을 잃고 스트레스에 시달리다 뇌졸중으로 쓰러졌다. 이 모든 불행에 책임이 있는 어머니는 큰아들 약혼녀네 집 대문 앞에서 목을 매 자살했다. 칼라의 복수는 그의 꿈을 훌쩍 뛰어넘어 크게 성공했다. 그는 스스로 목숨을 끊을 필요조차 없었다. 그의 형이 베개로 그를 눌러 죽였기 때문이다. 이제 칼라의 형은 감옥에서 아마도 사형을 기다리고 있기 십상이었다.

나는 이 모두를 용수에게 들었다. 내가 왜 여자 팬티를 입기 시작했냐고 물었더니 용수는 그 사연을 이렇게 설명해주었다.

"일이 꼬여도 더럽게 꼬이네. 하긴 우리 같은 사람들이 늘 그렇지 뭐." 내가 이야기를 끝내자 미클로스가 말했다.

"우리 같은? 난 칼라와 달라, 짜샤!" 폴리가 말했다.

"무슨 말인지 알잖아."

"몰라, 난." 폴리가 말했다.

"그건 네가 계집애라서 그래." 미클로스가 말했다.

"아니. 그건 내가 착해지려고 해서 그래." 폴리의 말에는 꼭 그렇게 되겠다는 결연한 의지 같은 게 담겨 있었다. 바로 떠오르는 일들이 수십 가지는 넘었지만 나는 그중 어느 하나라도 굳이 입 밖으로 꺼내 그를 반박할 생각이 없었다. 예를 들면 그날 밤도 우리는 요새에서 지새우고 있다는 사실이나 우리 셋 다 아버지들을 군사 법정에 세워 자칫 군 교도소로 보낼 수도 있는 어머니들의 암거래 행각을 도왔다는 사실 같은 거.

"그래 실컷 착해라, 폴리." 미클로스가 말했다. "넌 어때, 57? 너도 착하기로 했냐?"

"폴리는 그러려고 한다고 말했잖아. 그건 그렇고 어쨌든 우리한테 선택이라는 게 있기나 해?" 내가 말했다. 미클로스는 쇼핑백 하나를 이리저리 뒤적이다 딩동(초콜릿 케이크 브랜드 이름 : 옮긴이) 한 봉지를 꺼내더니 봉지를 찢고 나한테 그중 하나를 내밀었다. 그리고 내가 싫다고 고개를 흔들자 그 다음엔 폴리에게 내밀었다.

"한 개 다는 너무 많은데." 폴리가 이렇게 말하며 촛불에 환해진 눈빛으로 나를 흘깃 쳐다보기에 나를 고개를 끄덕였다. 그는 딩동을 받아 가운데의 하얀 크림이 보이도록 반으로 쪼개 내게 반을 건넸다. 우리 모두 잠시 아무 말도 없이 그저 먹기만 했다. 밖에선 야구장과 하강 훈련장을 지나는 순찰차 소리가 들려왔다.

"네가 칼라였다면 어떻게 했을 것 같아?" 미클로스가 물었다. 그는 두 손으로 머리를 받치고 그물에 몸을 기댔다. 그물 사이로 머리가 쑥 빠질 것 같았다.

"나 같으면 절대 자살 안 해. 그랬다간 바로 지옥행일 텐데. 나 같으면 어디 딴 데로 도망쳤을 거야."

"어디로 갈 건데? 여긴 한국이야. 칼라는 한국인이고."

"나는 무서워서 자살 같은 건 못해. 너희는?" 내가 말했다.

"나 같으면 일단 그 쥐약을 웬만치 먹었을 거야. 친구들이 내 똥꼬를 닦아주고 애기처럼 떠먹여줘야 한다면 어떻게 살아, 난 못 살아. 혹시라도 내가 그렇게 되면 약속해, 내 똥꼬를 쏴주겠다고, 알았지?"

폴리와 나는 대답하지 않았다.

"알았냐고?" 미클로스가 촛불로 얼굴을 갖다 대며 재차 말했다.

"알았어." 우리가 말했다.

"야, 57. 칼라는 뭣 땜에 여자 팬티를 입고 다녔대?"

"용수 말이 그게 더 편해서 그랬대. 그래서 요새는 자기도 여자 팬티를 입는대. 너도 한 번 입어봐."

"무슨? 됐네요."

우리는 통금 해제를 알리는 사이렌이 울릴 때까지 깨어 있었다. 밖이 점점 밝아오고 있었다. 초록색 군용 담요에 폭 파묻힌 채 십자형 그물 침대에 대롱대롱 매달려 있으려니 낡은 목선에 탄 뱃사람 같다는 느낌이 들었다. 미클로스가 촛불을 훅 불어 껐다. 그 냄새는 쉽게 가시지 않았지만 시커먼 플라스틱 덮개 밑에서 새어나오는 한 줄기 파리한 빛 가지고는 연기를 감지하지 못했고, 나는 까무룩 잠이 들었다.

하인즈 인수 펜클Heinz Insu Fenkl은 1960년 대한민국 인천광역시 부평에서 태어났다. 현재 그는 소설가이자 번역가, 편집자로 일하고 있다. 그의 자전적 소설 『내 유령 형의 기억』은 1996년 반즈 & 노블의 'Discover Great New Writers'에 선정된 데 이어 1997년 PEN/Hemingway Award 최종 후보작에 오르기도 했다. 그의 가장 최근 번역작인 이문열의 『익명의 섬*An Anonymous Island*』은 「뉴요커*New Yorker*」에서 출간됐다. 그의 두 번째 소설 『해골 물*Skull Water*』(Graywolf)과 김만중이 쓴 17세기 한국의 불교 소설 『구운몽*The Nine Cloud Dream*』 번역작이 2019년에 발간됐다. 그는 뉴욕 대학교 뉴팔츠 캠퍼스에서 글짓기와 동양학을 가르치고 있다.

〈아름다운 셔츠〉는 소설 『해골 물』에 실려있다.

한국에서의 성장기

릴리 리 루

나는 1962년 2월 27일 대한민국 경기도 송탄에서 태어났다. 돌이켜 보면 지금까지 살면서 내게 일어난 그 모든 일이 정말 축복인 것만 같다. 나의 출생과 문화, 미국행, 그리고 무엇보다도 아름답고 건강한 나의 세 자녀들. 게다가 나에게는 믿음직스럽고 신실한 사위와 말할 수 없이 사랑스러운 쌍둥이 손녀딸들도 있다. 그 모든 것을 하나님께 감사드린다. 나는 반쪽짜리 한국인이지만 입양인 출신은 아니다. 19년 가까이 한국에서 나의 어머니 손에 자라다 미국 예수회 사제 앨프레드 킨 신부님의 주선으로 학생 비자를 받고 미국에 왔다. 나는 이민자와 비슷하지만 미국으로 오는 다른 한국인 이민자들과는 또 다르다. 미국행만이 비록 혼혈인으로 태어났더라도 존엄성과 자존감을 지키며 살 수 있는 유일한 길이라고 여겼다는 점에서 그렇다. 정치적 이유 때문은 아니었지만 개인적 자유를 위해 미국으로 망명했다고나 할까.

나는 오랫동안 나의 배경을 그다 자랑스러워하지 않았다. 그 정도로 어린 시절 기억은 고통스러웠다. 하지만 이제 나이도 먹을 만큼 먹었고 어느 정도 혜안도 생기고 보니 내 삶이 그렇게 나쁘지만은 않았다는 생각이 든다. 아무래도 눈에 보이지는 않지만 나를 지켜보며 보호해준 어떤 힘이 있었던 것 같다. 마치 어미 잃은 조그만 강아지를 봤을 때처럼. 그 경우 사람들은 대개 두 손으로 조심스럽게 강아지를 안아 올려 자기 가슴팍에 내려놓고 셔츠로 폭 감싼다. 그리고 집으로 데려오자마자 제일 부드러운 스웨터를 찾아 임시로 집을 만들어주고는 부리나케 우유를 데운다. 졸음이 잔뜩 온 강아지의 동그란 머리를 살살 쓰다듬는 순간 조건 없는 사랑이, 세상에서 가장 따스한 사랑이 우리 안에서 흘러나온다. 그리고 속으로 '강아지야, 내가 끝까지 돌봐줄게.'라고 다짐한다. 나는 그런 사랑을 나의 어머니에게, 박 선생님에게, 킨 신부님에게, 캐럴 신부님에게, 아빠에게, 미국 어머니에게, 처음 미국에 갔을 때 나를 살뜰히도 챙겨주시던 후원자 어머니 오브라이언 여사님에게, 그리고 궁극적으로 사랑하는 하나님께 빚졌다.

희미하긴 하지만 네 살인가 다섯 살 때의 기억이 몇 개 있다. 기억 속의 나는 다른 아이들 틈에 섞여 어느 키 큰 군인의 뒤를 졸졸 쫓아가며 손을 한껏 내밀고는 "헬로 징검(당시 한국 꼬마들은 '추잉 검'을 이런 식으로 발음했다), 헬로 징검!"이라고 계속 소리친다. 잠시 뒤 키 큰 군인은 뒤돌아서서 아이들에게 껌을 하나씩 나눠준다. 내 차례가 되자 군인은 무릎을 꿇은 채 내 얼굴을 유심히 쳐다본다. 그러는 동안에도 나는 계속해서 "헬로 징검, 헬로 징검"이라고 목이 터져라 외쳐댄다. 군인은 껌을 하나 꺼내 내게 내민다. 그러고 나서 어머니가 나를 부르는 소리가 들린다. "아가!" 그 아이들은 실은 거지였다. 다 해진 옷과 지저분한 얼굴이 그렇다고 말하고 있었다. 그렇게 어린 나이일 때는 남을 쉽게 따라하고 흉내 내기 마련이다.

또 다른 기억 속에서는 우리집 밖 골목에서 귀에 익은 소리가 들려온다. 웬 할아버지가 엿을 가득 실은 리어카와 함께 나타나선 거대한 가위를 허공에 대고 흔들며 쨍강쨍강 요란하게 소리를 내고 있다. 손님을 부르는 소리다. 마치 나를 부르는 것만 같다! 나는 어머니가 깨끗이 씻어 말리려고 툇마루에 엎어놓은 고무신을 얼른 집어 들었다. 그러고는 냉큼 달려가 할아버지한테 고무신을 내민다. 말은 전혀 필요하지 않다. 할아버지는 그 거대한 가위로 엿을 한 조각 잘라 내게 건넨다. 뒤돌아서는 순간 어머니가 또다시 나를 부르고 있다. "아가!" 어머니는 자기 신발이 없어진 걸 알고는 할아버지한테 동전 몇 닢을 주고 신발을 찾아왔다. 이 일이 있기 전 나는 어머니가 할아버지한테 빈 병과 낡은 솥단지 같은 걸 주고 엿이나 강냉이로 바꿔오는 모습을 여러 번 본 적이 있었다.

그 시절 우리는 가난하지 않았다. 아버지가 우리 생계를 책임지고 있었기 때문이다. 아버지가 돈을 보내줘서 어머니는 일을 하지 않아도 됐지만 그렇다고 우리가 부자인 것은 아니었다. 그래도 어쨌든 우리는 편하게 살았다. 아버지는 어머니에게 집을 장만해줬다. 이 집은 초가지붕에 방이 일곱 개였고, 마당에는 지하수를 끌어올리는 펌프가 있었다. 그리고 마당 한 귀퉁이에 옥외 변소가 있었다. 어머니는 방 하나를 제외하고는 모두 세를 놓아 가욋돈을 벌었다. 아버지가 어쩌다 한국에 주둔할 때면 어머니는 우리 가족 몫으로 방 두 개를 따로 남겨놓곤 했다. 하나는 부모님이 썼고, 또 하나는 나의 이부 언니와 내가 썼다. 나의 어머니에게는 먼젓번 결혼에서 낳은, 나보다 다섯 살 많은 딸이 하나 있었다. 아버지는 우리를 사랑했을 뿐 아니라 아주 살뜰히 챙겨줬지만 이부 언니와 나는 아버지를 무서워했다.

우리는 영어가 서툴러서 아버지의 말을 알아들을 수도, 같이 대화를 나눌 수도 없었다. 우리는 아버지가 군대 매점에서 사오는 간식거리를 받는 것만으로도 그저 행복했다. 아버지는 늘 M&M도 두 봉지, 허시 초콜릿바도 두 개, 아이스크림도 두 통 사와선 우리 둘에게 똑같이 나눠주셨다. 한번은 또 아버지가 천으로 된 신발주머니를 두 개 가져온 적도 있었다. 당시 한국 학생들은 너나 할 것 없이 학교에서 실내화를 신어야 해서 신발주머니가 필요했다. 아버지는 이렇게 언니와 나를 공평하게 대하려고 애쓰셨다. 생활비 대부분은 아버지가 책임졌다. 하지만 어머니는 우리가 쪼들릴 때를 대비해 늘 돈을 알뜰히 썼다. 아버지가 다른 곳에 주둔하게 되면 제때 돈을 못 부칠 수도 있다면서. 하지만 어머니한테는 따뜻한 구석도 있었다. 거지 아이들이 깡통을 들고 동냥하러 오면 어머니는 갓 만든 따뜻한 음식을 내주곤 했다.

국민학교(현 초등학교 : 옮긴이) 1학년에 입학하면서 나는 완전히 새로운 세상과 맞닥뜨렸다. 학교에 가면 남자 애들이 매일같이 나를 놀려댔다. 아이들은 나를 '튀기'('혼혈아'의 속어)니 '빵코'('큰 코'라는 뜻으로 미국인을 낮춰 부르는 말)니 하며 놀려댔고, 사람들은 나의 서구적 이목구비 때문에 늘 나를 빤히 쳐다봤다. 나는 당시 어렸고, 그런 불편한 시선을 받을 때마다 내가 한참 작아지는 것 같은 느낌이 들었다. 말문이 트이기 전이라 나는 학대받은 강아지처럼 그저 속수무책으로 있을 수밖에 없었다. 그러고는 집에 와서 어머니한테 남자 애들이 나를 놀려댔다고 이야기하며 엉엉 울었다. 같은 일이 며칠째 계속 반복되자 어머니는 내게 강해지라고, 남자 애들이 나를 놀리면 쫓아가 두들겨 패주라며 이렇게 말했다. "아가, 너는 걔들보다 크니끼니, 고놈들이 또 까불믄 아주 두드려 갈겨!" 알다시피 당시 한국에서 누굴 때린다는 건 특별히 큰일도 아니었다. 때리고 맞는 것은 일상생활의 일부였다. 부모가 자식을 매로 다스리고, 형제자매가 주먹을 날리며 서로 싸우고, 심지어

학교 선생님마저 아무렇지 않게 학생을 체벌할 수 있었다. 하지만 여자애가 남자애를 때렸다면 얘기는 달라졌다. 다들 놀라고도 남을 일이었다. 어머니는 무슨 무술이라도 가르치듯 내게 주먹을 최대한 넓게 말아 쥐는 법을 가르쳐주셨다. 그래야 한 번에 더 많이 때릴 수 있다면서. 아니나 다를까, 남학생들이 나를 다시 빵코라고 놀리기 시작했다. 나는 아이들 뒤를 쫓았다. 나는 반에서 제일 키가 컸다. 남학생들도 다리가 나보다 길지 않았다. 아이들을 쫓아 몇 번 맴을 돌다가 얼굴이 딱 메뚜기처럼 생긴 남자애 하나를 붙잡아 바닥에 내리누른 다음 왼손으로 목덜미를 잡고 오른손으로 등을 몇 차례 때렸다. 그래봐야 내 주먹이 센 것도 아니었는데 그 아이는 있는 대로 비명을 내지르며 내 다리 밑에서 꿈틀꿈틀 빠져나갔다. 그 와중에 담임선생님이 교실에 들어와 나를 보더니 "너는 깡패냐!"라며 나무랐다. 아니, 내가 왜 깡패야? 그때 나는 겨우 일곱 살이었다. 내가 왜 그런 행동을 할 수밖에 없었는지를 설명하기엔 나는 너무 어렸다.

한번은 또 어머니가 나를 학교에 가지 못하게 한 적이 있었다. 나는 마당 수돗가에서 머리를 감으며 빨래를 하고 있었다. 윗옷을 입고 있지 않았던 것으로 보아 아마도 늦은 봄이었던 듯하다. 담임선생님이 내 이름을 부르며 우리집으로 들어왔다. 그날은 중요한 미술 대회가 있는 날이라 담임선생님이 나를 데리러 왔던 것이다. 선생님은 어머니에게 내가 학교에 오지 않은 이유를 물었다. 어머니는 제대로 된 대답을 하지 못한 채 마지못해 내게 옷을 입히고 선생님에게 돈을 약간 건넸다. 나는 그 미술 대회가 그렇게 큰 규모일 줄은 몰랐다. 알고 보니 나는 몇몇 학생들과 함께 우리 학교를 대표해 그 대회에 참가하러 가고 있는 중이었다. 가는 길에 선생님은 문구점에 들러 열두 개가 든 크레용 한 상자를 사서 내게 내밀었다. 이 특별한 대회에 참석하려면 이렇게 준비물과 경비가 필요했는데, 어머니는 그걸 부담하고 싶지 않았던 것이다.

내가 사는 곳보다 더 큰 도시의 학교에 갔더니 많은 학생들이 운동장에 앉아 그림을 그리고 있었다. 나는 1학년이라 대회 참가자들 중 제일 어린 축에 속했다. 내가 그린 그림 제목은 '비오는 날'이었다. 많은 아이들이 형형색색의 우비를 입고 등교하는 그림이었다. 아마도 나는 내게는 없는 우비를 입고 다니는 아이들이 내심 부러웠던 모양이다. 집으로 돌아오는 길에, 아마도 늦은 오후였지 싶은데, 선생님이 우리 학교 대표들을 한 식당으로 데리고 가 학부모들에게서 받은 돈으로 음식을 주문했다. 내가 왜 이 상황을 기억하냐면 나중에 선생님이 거스름돈을 흰 봉투에 담아 어머니한테 갖다드리라며 내게 주었기 때문이다. 다른 아이들은 군만두나 볶음밥을 골랐지만 나는 갈비탕을 골랐다. 선생님은 나의 메뉴 선택에 꽤나 놀랐다. 다른 아이들의 선택은 아이들다웠지만 내 선택은 어른 취향이었기 때문이다. 참고로 나의 어머니는 다른 사람들과 밖에서 식사할 일이 있을 때마다 늘 갈비탕을 시키곤 했다. 며칠 뒤 나는 평택군 미술 대회에서 2등에 속하는 우수상을 받았다.

내가 2학년 때 언니는 중학생이었는데, 우리 가족은 충청남도 서천군 비인면이라는 조그만 군 주둔지 근처 마을로 이사했다. 아버지가 한국으로 다시 발령받아 그곳에서 일 년 동안 근무하게 됐던 것이다. 어머니는 언니를 학교에 보내지 않고 집에서 허드렛일을 하게 했다.

비인에서의 생활은 사뭇 달랐다. 그곳은 정말 시골이었고, 전기나 수도 시설이 돼 있는 집이 거의 없었다. 옥외 변소 하나를 놓고 여러 가구가 나눠 썼다. 우리가 세 들어 살던 집에도 따로 화장실이 없긴 마찬가지였다. 그 때문에 아버지는 집에서 지내는 시간이 그리 많지 않았다. 하지만 나는 비인에서의 시골 생활이 정말 좋았다. 나에게는 학교도 같이 가고 들판과 바닷가와 산을 함께 마음껏 뛰어다니는 멋진 동성 친구들이 있었다.

그 친구들은 내게 밭에서 어린 무를 뽑아 이빨로 껍질을 벗기는 법을 알려주었다. 또 논에서 메뚜기를 잡아 노란색 양은 주전자에 집어넣고 뜨거운 숯불 위에서 원을 그리듯 주전자를 흔들며 구워 먹는 법도 가르쳐줬다. 아, 나는 그 노란 양은 주전자가 정말 마음에 들었다. 무게도 가볍고 꼭 맞는 뚜껑도 있었기 때문이다. 따뜻하게 달궈진 바닷가로 달려가 발끝으로 고운 모래를 헤집으며 조개를 잡아 주전자에 가득 담고 집에 돌아오면 어머니가 조개를 해감한 후 곧바로 그 주전자에 다시 넣고 삶아주시곤 했다. 그렇게 갓 삶은 조개는 맛있었다. 빨래하는 날이면 나는 동네 여자아이들과 보리차가 든 주전자와 삶은 고구마가 든 바구니와 빨랫감이 든 커다란 세숫대야를 들고 산속 개울에 가서 빨래를 했다. 빨래를 다하고 나면 우리는 머리를 감고 멱을 감으며 물속에서 마냥 놀곤 했다. 그러고 나서 집으로 돌아오는 길엔 시금치와 맛이 비슷한 아욱을 뜯어와 된장국을 끓여 먹곤 했다.

하지만 학교에선 또다시 안 좋은 일들이 나를 기다리고 있었다. 이 시골 오지 학교에서 혼혈아는 나밖에 없었고 나는 종종 놀림을 받았다. 하루는 고학년 남학생 셋이 나를 구석으로 끌고 가선 주먹으로 내 배를 때려댔다. 그 애들은 나보다 키도 약간 더 크고 힘도 더 센 데다 수적으로도 앞서 있었다. 정확히 명치를 파고드는 두 번의 주먹질은 숨이 떡 멎을 만큼 고통스러웠다. 어찌나 아픈지 죽을 것만 같았다. 그 아이들은 이 이상하게 생긴 애도 자기들과 똑같이 고통을 느끼는지 확인해보고 싶었던 것이다. 내가 땅바닥에 쓰러지자 남학생들은 줄행랑을 쳤다. 고통에 겨운 나머지 그 애들 얼굴조차 기억나지 않았다.

나의 어머니는 북한의 대가족 출신이었다. 1951년 1·4 후퇴 때 북한에서 피난 나온 뒤로 남한에는 친척이 한 명도 없었다. 전쟁이 터지고 민간인들은 대부분 피난 갈 시간이 없었다. 전쟁 발발 6개월 만에 연합군과 국군은 남쪽으로 후퇴하기 시작했다. 북한 주민들 상당수가 피난처를 찾아 남쪽으로 내려왔고 나의 어머니도 그중 한 명이었다.

나의 외할머니는 아들을 낳지 못했고, 나의 어머니가 셋째 딸로 태어날 무렵 할아버지는 집에 둘째 부인을 들였다. 두 부인 사이에서 할아버지는 아들 몇 명과 쌍둥이를 포함해 총 열두 명의 자녀를 두었다. 나의 어머니는 자기 아버지의 사랑을 받지 못했고, 그래서 외할머니가 남몰래 어머니를 챙겨주고 보듬어주셨던 모양이다.

어머니는 일제 강점기에 유년기를 보냈다. 어머니는 공부에 취미가 없어 교육을 거의 받지 못했다. 사실 어머니는 말썽만 피우다가 학교에서 쫓겨났다. 외할아버지가 불같이 화를 내며 손에 잡히기만 하면 죽여버리겠다고 하도 을러대는 바람에 나의 증조할머니가 평양에서 멀리 떨어진 이모 집에 어머니를 보냈다. 어머니가 그 집에 있을 때 전쟁이 일어났고, 얼마 있다가 어머니는 자기 이모로부터 친척들도 곧 뒤따라 내려갈 테니 먼저 남쪽에 가 있으란 얘기를 들었다.

그렇게 어머니는 달랑 옷 보따리 하나만 들고 수만 명의 피난민들 틈에 섞여 남쪽으로 밀려 내려왔다. 그때 어머니 나이는 겨우 열여덟 살이었고, 그 뒤로 친척은 영원히 찾지 못했다.

어머니 얘기로 미루어 어머니네 집은 식구가 많고 큰 부자였던 듯하다. 내 생각에 어머니 가족은 아마 부자라서 살던 집을 쉽게 떠나지 못했던 것 같다. 그들은 모두 북한에 발이 묶이고 말았다. 나의 어머니는 홀로 남한에서 지내다 당시 국군이었던 첫 번째 남편을 만났다. 둘은 전라도에 정착했다. 전쟁 때라 다들 가난하고 삶도 혼란스러웠지만 어머니 남편은 군대에서 꼬박꼬박 월급을 타왔다. 전쟁이 끝나고 그 남편은 도박에 빠져들었다. 시집 식구들은 음식을 잘 못한다며 어머니를 구박했고, 도박에 빠진 남편은 끊임없이 손찌검을 해댔다. 어느 새벽 어머니는 당시 갓난아기였던 나의 이부 언니를 들춰 업고 그 집에서 도망쳐 나왔다. 그 시절 혼자 아기를 키우며 살아간다는 게 여간 어려운 일이 아니었지만 어머니는 용케도 일을 구했다. 송탄 미군 부대에서 웨이트리스로 일하게 된 것이다. 나한테 언니를 돌봐주러 오던 보모 얘기를 종종 했던 걸로 보아 그 시절 어머니는 벌이가 꽤 괜찮았던 듯하다. 젊었을 때 어머니는 미인이었다. 그 무렵 어머니는 나의 아버지를 만났고 나머지는 역사다. 아버지를 만난 뒤로 나의 어머니는 굳이 일을 하지 않아도 됐다. 아버지는 어머니 생계를 책임졌지만 이미 미국에서 결혼한 몸이라 어머니와 결혼할 수는 없었다.

내 부모님의 연애담은 십 년 넘게 이어졌다. 그 시기 동안 아버지는 미국에 있는 부인과 이혼하려고 무던히도 애썼지만 끝내 그러지 못했다. 세월이 한참 지나 미국에서 이복 언니를 만났을 때 언니는 내게 아버지가 자기와 자기 어머니보다 나와 내 어머니를 더 사랑했다고 말했다. 아버지는 미국 부인 사이에서 내 밑으로 두 명을 더 낳아 총 네 명의 자식을 두었다. 그래서 아버지는 결국 미국 가족을 선택했다. 나의 아버지와 아버지의 미국 부인은 나를 입양하고 싶어했지만 어머니는 나를 보내지 않았다.

나의 어머니는 무척 검소해서 아버지가 보내는 제한된 생활비로 요령껏 살림을 꾸려나갔다. 어머니는 따로 일을 해 돈을 벌지는 않았지만 식비 말고는 돈을 전혀 쓰지 않았다. 어머니는 교육이 중요하다고 생각하지 않았다. 어머니는 전쟁통에서 살아남았고, 노름꾼에게서 벗어났으며, 교육을 많이 받지 않았어도 스스로와 딸을 먹여 살렸다. 따라서 교육이 뭐 필요하냐고 생각할 만도 했다. 전쟁통에 배운 사람이나 못 배운 사람이나 똑같이 가난에 허덕이던 모습을 목격하고 보니 교육이 그저 사치처럼 보였을 것이다. 그래서 어머니는 나의 이부 언니를 끝내 학교에 보내지 않았다. 이 문제로 부모님은 더러 다투기도 했지만 어머니의 고집이 언제나 승리했다.

3학년 때인가 아버지가 잠시 다시 미국으로 발령받자 우리는 부모님이 처음 만난 송탄으로 다시 이사 갔다. 한국을 떠나기 전 아버지는 어머니에게 전보다 더 크고 근사한 집을 사주셨다. 그 집은 기차역과도 가까웠고 국민학교와도 가까웠다. 너른 마당 한쪽 가장자리에는 아름다운 측백나무들이 줄 지어 빼곡히 들어서 있었다. 크지는 않았지만 기와지붕에 방도 세 개나 되는 단독 주택이었다. 아버지는 손수 페인트칠까지 해주셨는데, 벽은 밝은 노란색이고 창틀은 짙은 초록색이었다. 현대식 상수도 시설까지 있었는데 다른 사람들도 사용할 수 있도록 바깥에 설치돼 있었다. 널따란 마당에는 지하수를 펴 올리는 옛날식 펌프도 하나 있었다. 그리고 들장미와 애호박, 또 그 맞은편에는 포도나무도 두 그루 있었다. 두 그루 포도나무에는 달고 큼직한 포도송이가 주렁주렁 열렸다. 하도 많이 열려서 이웃들한테 나눠주기까지 했지만 그러고도 계속해서 더 많이 열렸다. 어머니는 남아도는 포도를 김장용 항아리에 쓸어 넣고 설탕을 쏟아 부었다. 한 달쯤 뒤 항아리는 언니와 내가 폭 빠진 '기적의 주스'로 가득 찼다! 하지만 정작 어머니는 마시지 않았다.

아버지가 미국으로 떠나기가 무섭게 나의 어머니는 언청이(입술갈림증, 구순구개열을 칭하는 말 : 옮긴이) 목수 아저씨를 불러 집 서쪽 끝에 방을 네 개 더 들여놓았다. 방들이 들어선 후로 포도나무는 햇볕이 모자라 더는 열매를 맺지 못했다. 그래도 동쪽 마당은 여전히 너른 편이었다. 목수 아저씨는 나한테 아주 친절하고 잘해주었다. 아저씨는 그 뒤로도 오랫동안 우리집 일을 했다. 나는 가족이 없는 그 아저씨가 딱하게 느껴졌다. 아저씨는 고아였다. 아저씨도 나를 딱하게 여겼을 것 같다. 내가 남들과 달라서. 어쨌거나 아저씨는 나한테 잘해줬다.

예전 학교에 다시 갔더니 나는 여전히 놀림감이었지만 선생님들은 어머니한테 늘 뭔가를 부탁했다. 나를 깡패라고 부르고 미술 대회에도 데려갔던 선생님이 나의 3학년 담임선생님이 됐다. 그 선생님은 어머니에게 '미국산' 가발을 부탁했다. 또 한 선생님은 미국산 냉장고를 부탁했다. 그 사람들은 대체 무슨 생각을 하고 있었을까? 우리도 냉장고가 없었는데! 하물며 전화는커녕 다른 가전제품도 없었는데. 어머니는 가발을 부탁한 선생님에게 가발을 구해주셨다. 그리고 냉장고를 부탁한 선생님에게는 맥심 커피 한 병을 건넸다. 집도 있고 미국인 아버지도 있고 하니 다들 우리가 엄청 잘사는 줄 알았던 모양이다.

지금 생각해보니 아버지가 전기 프라이팬, 토스트기, 면도기, 아이보리 비누, 깡통 식품 등 사치품을 집에 가져온 적이 꽤 있었지만 어머니는 몽땅 암시장에 내다 팔았다. 아버지는 어머니가 그런 식으로 물건을 내다파는 게 싫어서 점점 집에 가져오지 않았다. 다만 이부 언니와 내가 먹을 간식은 늘 똑같이 챙겨 왔다. 우리는 외국인이라고 호화롭게 살진 않았어도 그럭저럭 괜찮게 살았다.

하지만 그 뒤로 사정은 달라졌다. 내가 4학년 때 아버지가 한국을 떠나 다시는 돌아오지 않았기 때문이다. 어머니는 아버지가 영영 돌아오지 않을 줄은 생각도 못했다. 어머니는 아버지에게 수도 없이 편지를 보냈고, 아버지는 우리한테 2년동안 더 돈을 부쳤다.

중학교에 들어갈 무렵 아버지에게서 오는 지원이 완전히 끊겼다. 어머니는 방 네 개를 세 줘 빠듯이 생계를 유지했지만 우리는 갈수록 쪼들렸다. 나는 지금으로 치면 3달러밖에 안 하는 한국 돈 3천 원이 없어서 학교 수학여행도 가지 못했다. 나의 점심 도시락은 밥과 채소 일색이었다. 고기반찬은 없었다. 어쩌다 밥 위에 계란프라이라도 하나 얹혀 있으면 그 날은 억세게 운 좋은 날이었다.

어머니는 아직 어린 나의 이부 언니에게 일하러 나가라고 다그쳤다. 어머니가 학교에 못 가게 막지만 않았더라면 그 즈음 언니는 고등학교를 졸업했을 것이다. 하지만 어머니는 살아가는 데 교육은 그다지 중요하다고 생각하지 않았다. 특히 여자에게는 더더욱. 중학교 2학년 열네 살 때 어머니는 나를 시내 이곳저곳의 영어 사무실로 데리고 갔다. 영어 사무실이란 각종 서류와 편지를 영어로, 또는 한국어로 번역해주는 곳이었다. 아버지에게 편지를 보낼 일이 있을 때마다 어머니는 그곳에 들렀고, 아버지한테서 편지가 왔을 때도 그곳에 들러 읽어달라고 부탁했다. 그런데 이번에는 나를 데려가 사무실 사람들에게 보여주면서 나를 미국에 입양 보낼 방법을 묻는 것이었다. 나는 깜짝 놀랐다. 어머니가 그런 생각을 가지고 있을 줄은 꿈에도 몰랐다. 사무실에서는 입양 가기에는 내 나이가 너무 많다고 말했다. 내 어머니가 나를 입양

보내길 원한다는 사실도 당황스러웠지만 계속 안 된다고 거절당하니 두 배로 당황스러웠다. 할 수만 있다면 지구상에서 딱 사라지고 싶은 심정이었다.

중학교 3학년이 되자 진학할 고등학교를 선택해 입학시험을 치러야 했다. 나는 전통 있고 학업 수준이 높기로 이름난 평택여상(지금 평택여고의 전신 : 옮긴이)에 가고 싶었지만 그 학교에 다니려면 매일 교통비를 들여야 했다. 한참 고민한 끝에 내가 다니던 중학교와 재단이 같은 고등학교를 선택했다. 중학교를 기반으로 생긴 지 얼마 안 되는 학교로 명문고와는 거리가 멀었다. 더러 다른 학교에 지원했다가 떨어진 아이들이 기부금을 두둑이 내고 그 학교에 들어오기도 했다. 중학교 선생님은 내가 우리 학교를 선택해 매우 행복해했다. 그리고 내 입장에서도 최소한 어머니에게 버스비를 달라고 하지 않아도 됐다. 나는 버스비까지 달라고 하면 어머니가 학교를 그만두라고 할까 봐 두려웠다. 다행히 이 학교는 올 때 갈 때 각각 40분씩 걸어가면 됐다. 하지만 입학시험 바로 전날 어머니가 불같이 화를 냈다. 나는 왜 그런지 영문을 알지 못했다. 어머니는 미친 사람처럼 나한테 고래고래 소리치며 더는 학비를 대줄 수 없으니 학교를 때려치우라고 말했다. 그러면서 내 책가방을 옆집 마당으로 집어 던졌다. 나는 그저 우는 수밖에 없었다. 나는 어머니보다 머리 하나가 더 컸지만 어머니는 땅딸막해도 힘이 무척 셌고, 한번 발광하면 아무도 말리지 못했다.

따스하고 푸근하고 다정했던 어머니는 이제 없었다. 경제적 궁핍이 무지와 더해지면서 어머니는 더 고집스럽고 사나워졌다. 나는 고등학교에 진학하지 못할까 봐 전전긍긍하며 밤새 기도했다. 이튿날 아침 나는 집을 몰래 빠져나와 학교에 가서 입학시험을 치렀다. 며칠 뒤 게 시판에 붙은 시험 결과를 알아보러 갔는데, 친구들이 성적이 잘 나와서 좋겠다며 나를 축하해주었다. 나는 최고 성적은 아니었지만 부분 장학금을 받았다. 그렇다고 마냥 즐겁지만도 않았다. 어머니 뜻을 거스르고 몰래 집을 빠져나와 시험을 쳤다는 얘기를 어떻게 꺼낼지 생각하고 또 생각했다. 그런데 어머니는 그날 기분이 괜찮았고, 이웃들에게 내가 장학금을 받게 됐다고 자랑하고 다니기까지 했다.

나는 학교 갈 때, 교회 갈 때, 영어를 배우러 미군 부대에 갈 때를 빼고는 여간해선 밖에 다니질 않았다. 하루는 학교에서 집으로 가는데 불량배 몇 명이 길가에 앉아 있다가 나를 보더니 놀리기 시작했다. 나는 너무 속상해서 집에 오자마자 엉엉 울었다. 처음으로 나는 어머니에게 나를 왜 낳았냐고, 국민학교에 들어간 후로 뭐 잘해준 게 있냐며 대들었다. 어머니는 아무 말도 하지 못했다. 가난이 계속 우리를 따라다니면서 어머니의 성격은 갈수록 불안정하고 괴팍해졌다. 어머니는 내 힘으로 어떻게 할 수 없는 일들조차 내 탓으로 돌리곤 했다. 예를 들어 내가 어쩌다 학교에서 늦게 돌아오면 불같이 화를 내며 나를 때리기도 했다. 그러면서 늦으면 늦는다고 전화라도 해야 할 거 아니냐고 잔소리를 해댔다. 우리집엔 전화도 없었는데. 저 아래 복덕방에 전화가 있긴 했지만 내가 그 집 전화번호를 알 리가 없었다.

인종 차별을 참는 것도 힘들었지만 어머니의 급변하는 성격을 대하자니 지옥이 따로 없었다. 그만 살았으면 싶을 때가 한두 번이 아니었지만 그럴 용기가 없었다. 나는 고등학교에 들어가면서 나의 미래에 대해 심각하게 고민하기 시작했다. 주변에 좋은 친구들이 많았지만 나의 미래는 깜깜하기만 했다. 텔레비전에서 아직 유명세를 타기 전의 혼혈인 가수 인순이를 봤다. 나도 노래하는 걸 좋아했지만 저렇게 대중 앞에서 따가운 시선을 받으며 노래할 생각은 감히 하지 못했다. 나는 그렇게 강하지도 못했고 용기도 없었다. 인순이는 이제 아주 유명해졌고, 나는 그녀의 노력과 성공, 옛날 자기와 비슷한 처지의 혼혈아들을 돕는 선행을 높이 산다.

아침마다 좀 더 한국 사람처럼 보이려고 구식 고데기를 연탄불에 달궈 내 곱슬머리를 펴곤 했지만 사람들은 이내 내가 혼혈인이라는 걸 알아챘다. 당시 한국 사회에서는 취직을 하거나 상급 학교로 진학할 때면 호적등본을 제출해야 했다. 호적등본을 보면 그 사람이 어떤 가정 출신이며, 또 가족 구성원은 누구누구인지 한눈에 알 수 있었다. 보나마나 나는 홀어머니 밑에 기재돼 있었을 것이다. 그것은 곧 내가 사생아라는 걸 의미했다. 웬만한 회사 면접에서 사생아라면 합격 대상에서 밀려나게 돼 있었다. 따라서 어머니가 그랬던 것처럼 서비스 일 말고는 달리 선택의 여지가 없었고, 그러느니 차라리 죽는 게 나았다.

그러던 어느 날 나의 삶은 180도 바뀌었다. 그건 축복이었다. 박 선생님이라고 미국계 혼혈인들을 위해 일하는 사회복지사가 소문으로 사정이 딱하다는 내 얘기를 듣고는 나를 찾아온 것이었다. 정말 뜻밖이었다. 당시 나는 모르는 사람들과는 웬만하면 마주치지 않으려고 밖에 잘 나다니지 않았기 때문이다. 박 선생님은 여러모로 나 같은 혼혈아들의 든든한 울타리가 돼주고 있었다. 내가 무사히 고등학교를 마칠 수 있게 송탄 미군 부대와 한미재단에서 장학금을 받게 해준 분도 바로 박 선생님이었다. 그 밖에도 혼혈 청소년들이 영어를 배울 수 있도록 미군 중에서 자원 봉사자들을 모집해 무료 강좌를 개설하기도 했다. 박 선생님은 또 나를 앨프레드 킨 신부님과 연결해주기도 했다. 당시 신부님은 부평에서 주로 미국으로 입양 가길 원하는 혼혈아들을 맡아 돌보는 고아원을 운영하고 계셨다.

그 무렵 킨 신부님은 나처럼 나이가 많아 입양이 힘든 혼혈아들을 수소문해 미국으로 갈 수 있게 돕고 있었다. 킨 신부님과 박 선생님은 한국에서 혼혈인으로 살아간다는 게 얼마나 팍팍하고 고단한지 잘 알고 있었다. 고등학교 3학년 2학기 때부터 나는 킨 신부님이 운영하는 고아원으로 아예 거처를 옮겨 일손을 거들며 그곳에서 생활했다. 그 사이 킨 신부님의 절친한 친구인 앨프레드 캐럴 신부님이 앞장서서 힘써준 덕분에 워싱턴 곤차가 대학교에 미국계 혼혈인 출신 학생들이 지낼 곳을 찾고, 학교 수업에 적응하고, 심지어 아르바이트 일자리까지 구할 수 있도록 도움을 주는 프로그램이 새로 생겼다. 그때 인연을 맺게 된 나의 후원자 엄마 크리스틴 오브라이언 여사님은 미국 생활이 낯선 나를 알뜰살뜰 챙겨준 천사였다.

미국에 도착하고 친아버지 근황이 알고 싶어 일단 전화국에 알아봤다. 그랬더니 아주 쉽게 아버지를 찾을 수 있었다. 아버지의 미국 부인은 그 해 크리스마스에 나를 집으로 초대했고, 그 자리에서 배가 다른 네 명의 형제자매를 만났다. 다들 나를 반겨주었다. 아버지는 눈물을 흘리며 내게 깊이 사과했다. 사실 아버지가 당신이 나의 친부임을 입증하는 서류를 빠짐없이 작성해준 덕분에 나는 쉽게 미국 시민권을 얻을 수 있었다.

부모님 두 분, 킨 신부님, 캐럴 신부님은 이제 돌아가시고 안 계시다. 나는 그 분들을 사랑하며 늘 고맙게 생각한다. 미국 엄마(내 아버지의 부인)와 후원자 어머니, 그리고 박 선생님과는 지금도 자주 연락하며 지낸다. 나는 이 세 천사들이 사는 그 날까지 늘 평안하고 건강하기를 기도한다. 나는 자라면서 한국과 미국 두 나라 문화를 모두 경험했다. 덕분에 다행히도 "여기서 살았으면 어땠을까?" 또는 "저기서 살았으면 어땠을까?" 하는 궁금증이나 미련 같은 게 없다. 많은 혼혈인들이 아마 나보다 훨씬 더 끔찍한 일들을 겪었다는 거 잘 알고 있다. 그리고 아버지가 있어 내가 얼마나 운이 좋은지도 잘 알고 있다. 어린 시절은 물론 행복하지 않았다. 하지만 그때 겪은 아픔은 내게 오만과 교만을 삼가고 다른 사람들을 배려하라고 가르쳐주었다. 내 주변에는 보석과도 같이 소중한 사람들이 정말 많다.

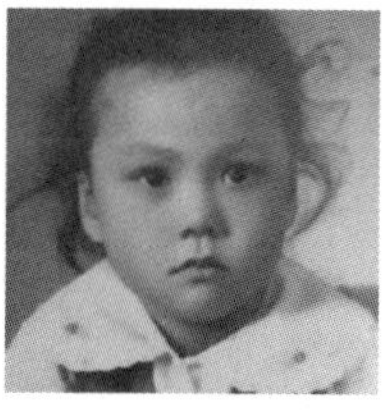

릴리 리 루 Lily Lee Lu는 1962년 대한민국에서 한국인 어머니와 미군 아버지 사이에서 태어났다. 그녀는 미국인 아버지의 부양을 받으며 어머니 손에서 자랐다. 현재 캘리포니아 샌프란시스코에서 살고 있으며, 손주들을 두고 있다.

서울의 모습 : 어제와 오늘

리 램버트

1974년 5월 우리는 내가 태어난 나라 한국을 다시 찾았다. 나는 1962년 12월 서울에서 태어났다. 노스캐롤라이나 출신의 미군 병사였던 아버지는 1960년대 초반 한국에서 근무했고, 그때 광주 출신의 어머니를 만났다. 다음에 소개하는 그 뒷이야기는 1974년~1977년 한국에서 생활하며 보낸 나의 십대 초반과 십대 시절의 기억에서 불러낸 것이다.

내 기억은 김포 공항에 착륙하고 있는 비행기 창문으로 바깥을 바라보는 데서 시작된다. 저 밑으로 드넓게 펼쳐진 논을 보며 놀랐던 기억이 난다. 처음에 나는 짙푸른 들판을 보고 있다고 생각했다. 그러다 비행기가 지상에 가까워지고 나서야 물속에서 완벽하게 줄 맞춰 서 있는 벼들이라는 걸 알 수 있었다. 처음 보는 광경이었다. 나의 부모님은 서울에서 약 한 시간 반 거리에 있는 시골 마을에서 살기로 결정한 상태였다. 당시 그 작은 마을로 통하는 길은 신작로 하나밖에 없었다. 그곳에다 우리 가족은 미리 멋진 집을 한 채 지어 놓았다. 그러나 사회기반시설이 제한돼 있다 보니 실내 화장실이나 욕실에 온수 시설을 들이지 못했고, 집 안에 중앙난방 시스템도 갖추지 못했다. 우리는 밖에 있는 화장실을 사용하는 데 익숙해져야 했다. 그러려면 추운 겨울철에는 특히 도전 의식이 필요했다. 안타깝게도 겨울철로 접어들면 밤에 '연탄'을 때다가 일산화탄소에 중독돼 유명을 달리한 사람들 소식이 심심찮게 들려왔다. 그래서 우리는 밤마다 반드시 연탄불이 꺼졌는지 확인하고 나서야 잠자리에 들었다.

이 작은 마을에 사는 사람들은 대부분 가난했다. 나는 미국인이라 참 다행이다 싶을 때가 한두 번이 아니었다. 대부분의 마을 사람들과 달리 우리는 기초 생필품이 부족한 적이 한 번도 없었다. 얼마 안 가 나와 같이 노는 아이들이 그래도 걸칠 옷이 있고, 하루에 세 끼는 고사하고 한 끼라도 어쩌다 먹을 수 있으면 운이 좋은 편에 속한다는 것을 알게 되었다. 한국전쟁 직후 한국은 세계 최빈국 중 하나였다. 70년대에 우리가 다시 돌아갔을 무렵 1인당 국민소득이 눈에 띄게 증가했지만 전국적으로 골고루 배분되지 않았다. 그리고 나아졌다고는 해도 한국은 여전히 가난한 나라였다.

이 시기에 한국은 엄청난 변화를 겪고 있었다. 논란이 많은 당시 대통령 박정희는 일련의 개혁을 주도했다. 그는 지지자들이 많았던 만큼 반대자도 많았다. 1974년 8월 그를 암살하려는 시도가 있었다. 그는 무사했지만 대신 그의 아내가 목숨을 잃었다. 이 비극적인 사건은 심대한 변화를 많이 가져왔다. 그중 하나가 대통령 딸인 박근혜가 스물두 살의 나이에 공식 영부인 자격으로 자기 어머니의 빈자리를 채우기 시작한 것이었다. 그녀는 그 여세를 몰아 2013년 대한민국 최초의 여자 대통령이 되었다.

내 동생과 나는 매일 최소 왕복 두 시간씩 버스를 타고 미군 기지에 있는 미국인 학교에 다녔다. 당시 나는 그게 그렇게 특이한 일도 아니라고 생각했다. 학교에 다닐 수 있다는 것만으로도 그저 감사했다. 나는 그래야 하는 걸 오히려 즐겼다. 그 점에서는 미국, 한국, 그 외 다른 나라에서 온 친구들도 마찬가지였다. 나는 인터넷의 도움으로 그 시절에 사귀었던 친구들과 다시 연결될 수 있었다. 그 또래 아이들이 대개 그렇듯이 나도 축구와 농구, 야구를 좋아했다. 사실 나는 그 셋 다 잘했다. 체육 특기생으로 대통령 표창장을 받은 것도 이 시절이었다.

매일 이루어지는 버스 탑승은 삶의 균형은 언제든 깨질 수 있다는 것을 일깨워주었다. 우리는 버스를 타고 가난에 찌든 마을과 의식주를 걱정할 필요 없는 서울 심장부의 대규모 군사시설을 오갔다. 그렇게 버스를 타고 다니면서 내 머릿속을 사로잡았던 것 중 하나는 전쟁 위협이었다. 우리가 매일 두 번씩 건너는 한강 다리는 북한의 침공에 대비해 폭발물이 부착되어 있었다. 높은 건물들 꼭대기에는 대부분 대공화기가 설치되어 있었다. 게다가 한국 군인들이 기관총을 들고 도시를 누비는 모습을 보는 게 특별히 이상할 것도 없었다. 전쟁 위협은 그렇게 곳곳에서 도사리고 있었다. 아니나 다를까, 이러한 위협은 1976년 8월 DMZ에서 발생한 도끼만행사건으로 그 모습을 드러냈다. 긴장감이 고조되면서 한동안 삼엄한 경계 상태가 이어졌던 게 아직도 기억난다. 그때 내 몸과 마음을 온통 헤집으며 질주하던 두려움과 불안은 그 어떤 말로도 설명할 수 없다. 촉박한 통고에 아이들을 데리고 허둥지둥 그 나라를 떠나야 할 처지에 놓였던 나의 부모님과 다른 어른들의 심정이 어땠을지는 그저 짐작만 할 뿐이다. 나는 한국 사람들도 심히 걱정스러웠다.

우리는 그 마을에서 서울을 둘로 나누며 흐르는 한강 이남의 반포 아파트로 이사했다. 내 기억에 반포는 고층 아파트 건물들을 거느린 굉장히 너른 지역이었다. 우리가 살았던 아파트는 서울 이남의 스카이라인에서 사라진 지 오래다. 그곳은 이제 전 세계에서 가장 비싼 부동산 축에 들어간다. 오늘날 그 지역에는 현대자동차 본사가 들어서 있다. 그러나 우리가 반포에서 살 때만 해도 서울 한복판으로 들어가려면 다리를 건너기까지 한참을 여행해야 했다. 그렇지만 시골 마을에서 살 때와 반포에서 살 때의 가장 큰 차이는 도로, 급배수 설비, 편의 시설 등 우리가 미국에 있을 때 익숙했던 양질의 기반시설에 비교적 쉽게 접근할 수 있었다는 점이다.

반포에서의 일상생활은 매우 달랐다. 나는 주로 이웃에 사는 다른 미국 아이들과 놀았다. 즉석에서 꾸린 축구나 농구 경기에는 동네 한국 아이들이 낄 때도 많았다. 그 애들이 얼마나 악착같이 우리 미국 아이들을 이기려고 했는지 지금도 눈에 선하다. 이때만 해도 나는 한국이 세계적인 경제 강국으로 부상할 줄은 상상조차 하지 못했다. 물론 내 나이 또래의 한국 아이들이 패기만만하고 뭐든 하려는 의욕으로 넘쳤던 것은 사실이지만 이런 특징들이 한국을 세계적인 경쟁 무대에서 강자의 반열에 올려놓을 것이라는 생각은 하지 못했다. 우리가 미국으로 돌아가기 몇 달 전 잠수교가 완공되었다. 그 덕분에 시내로 들어가기가 훨씬 쉬워졌다. 굳이 이 사실을 언급하는 이유는 당시 서울은 중요한 이행기에 있었기 때문이다. 교량, 도로, 지하철 시스템 등 사회기반시설에 대한 대규모 투자가 이때 막 시작되고 있었다. 나는 한국이 아시아의 네 마리 용 중 하나로 변신하는 과정에 있다는 사실을 당시에는 까맣게 모르고 있었다.

운 좋게도 나는 2007년 대한민국 서울에 다시 갈 기회가 있었다. 나는 달라진 서울의 모습에 깜짝 놀랐다. 김포에 도착하는 대신 나는 새로 지은 인천국제공항에 도착했다. 그 공항은 세계 최고의 공항 중 한

곳으로 꼽히고 있다. 반포는 교외 지역에서 북적거리는 21세기 도심 지역으로 변모한 탓에 알아보기가 어려웠다. 이제는 고층 건물들이 빼곡하게 들어서 있어 예전의 스카이라인은 아예 찾아볼 수 없었다. 알고 보니 반포 아파트는 넘쳐나는 풍요로움 뒤에 꽁꽁 숨어 있었다. 이 무렵 서울은 전 세계에서 전산화 수준이 가장 높은 나라로 꼽혔다. 내가 알기로 70년대 중반까지만 해도 다리 두 개가 전부였을 뿐인데 지금은 스물일곱 개의 다리가 서울의 북쪽 절반과 남쪽 절반을 연결하고 있다. 건물 옥상 위의 대공화기도, 다리에 부착한 폭발물도, 기관총을 메고 거리를 활보하는 군인들도 이제는 보이지 않았다. 대한민국, 그중에서도 특히 서울은 전 세계 어떤 도시와 견주어도 손색없는 세계적인 수준의 도시로 탈바꿈해 있었다.

나의 십대 초반 시절의 경험은 계속해서 나의 생각과 믿음을 형성해 나가고 있다. 나는 내가 태어난 곳의 문화를 직접 체험할 수 있어 참으로 운이 좋았다고 생각한다. 나의 뿌리와의 이러한 연결 고리는 불확실성의 시대에 내게 큰 위안을 줄 뿐만 아니라 삶의 소중함 또한 일깨워준다. 더욱이 그 고리는 나의 경험들을 지금 세대와 미래 세대와 나눠야 한다고 가르치기도 한다. 나는 미국인인 동시에 한국인이라는 사실이 무척 자랑스럽다.

미 육군 장병 출신의 **리 램버트**Lee Lambert는 대한민국 서울에서 태어나 3개 대륙에서 자랐다. 워싱턴 올림피아에서 고등학교를 졸업하고 시애틀 대학교 법학대학원에서 법학 박사 학위를 받았다. 다양한 자원 봉사 활동과 전문직을 두루 거쳐왔으며, 2003년부터 피마 커뮤니티 칼리지 학장으로 재직하고 있다. 최근에는 미국 커뮤니티 칼리지 협회 이사회로부터 미국 최고의 커뮤니티 칼리지로 꼽히는 이 대학 CEO로 지명되기도 했다.

눈 먼 소녀

블레어 킹

자세한 건 잘 기억이 나지 않는다. 연도조차 정확하지 않지만 이 이야기의 본질적인 요소들은 명확히 기억한다. 감정은 유리알처럼 투명하다. 1976년 여름이었던 것 같다. '모국' 방문 여행에서 나는 사랑과 관계에 관한 신비스럽고 불가해한 진실을 하나 발견했다.

그 해 여름 나는 열아홉 살이었고, 혼혈 한국인 입양인 신분으로 한국에 다시 갈 수 있는 기회를 얻었다. 내가 태어난 나라에 대해 조금 궁금하기도 했고, 여행 일정이 빡빡하긴 해도 경비는 매우 합리적이었다. 비행기 삯은 미국으로 돌아올 때 새로 입양되는 아이들을 인솔해 새 가족에게 인계해주는 조건으로 충당할 수 있었다. 아이들과 동행한다는 것은 태평양을 횡단하는 비행에서 내가 그 애들의 안전과 안녕을 책임진다는 뜻이었다. 입양인들에게 인솔자를 붙인다는 것은 비행기 승무원들이 그 애들한테 들일 시간을 최대한으로 줄여 마음 편히 고객 업무에 임하도록 하겠다는 뜻이었다. 나는 한 시간 남짓 주의사항을 들은 것 말고는 특별히 어떤 훈련을 받지는 않았다.

우리는 베개를 버팀대처럼 사용해 아이들을 좌석에 고정시키는 법, 아이들의 외투를 벗겨 잘 보관하고 있다가 자기 아이를 처음 보게 될 부모들한테 단정하게 보이도록 착륙 전에 다시 입히는 법을 배웠다. 기내에서는 아이들에게 서양 음식을 절대 주지 말라는 지시 사항도 있었다. 아이들의 소화기관이 기름진 음식에 익숙하지 않아 긴 비행 중에 설사로 이어질 수도 있었기 때문이다. 무슨 일이 있어도 그것만은 반드시 피해야 했다!

모국 방문 기간 중에 우리는 2주 가까이 한국을 누비며 다녔다. 그중 며칠은 가정집에서 머물렀고, 또 며칠 밤은 내가 어렸을 때 살던 보육원(당시 고아원 : 옮긴이)에서도 묵었다. 홀트에서 운영하는 일산의 한 보육원에 다시 간 것은 내 과거의 일부였다. 다른 아이들과 함께 뛰어놀던 기억이 되살아나면서 50년대 후반이 어땠을지 쉽게 상상이 갔다. 하지만 그것은 내 현재의 일부는 아니었다. 낭만적인 감정 따위는 전혀 없었고, 다만 어렸을 적 나를 대하고 있자니 설명할 수 없이 묘한 느낌이 들었다. 나는 입양되지 않았거나 다른 가족에게 입양됐거나 다른 나라에 살고 있었다면 내 삶은 어떻게 됐을지 생각해봤다.

남은 여행 기간에는 주로 명승지를 돌아봤다. 우리는 맛있는 음식도 먹고 전국의 명소와 관광지도 구경했다. 우리는 커다란 관광버스를 타고 다시 전쟁이 벌어지면 비상 활주로로 사용할 수 있게 설계된 널찍한 고속도로 위를 달리며 여행했다. 도중에 우리는 산 중턱의 종교 시설에도 몇 번 올라가봤고, 잠시 건강한 한국 역사 강의를 들으며 한국인들이 어떻게 유럽인보다 먼저 이동식 인쇄술을 갖게 됐는지에 대해서도 배웠다. 부채춤이나 살풀이춤은 최소한 열두 번은 봤다. 2주가 끝나고 우리는 입양 갈 아동의 인솔자로서 지켜야 할 지시사항에 대해 교육받았다.

그러고 나서 위탁모들이 홀트아동복지회 사무실로 입양 보낼 아이들을 데려왔다. 아이들은 대개 영아 아니면 유아였고, 그 중 나이 많은 아이가 한둘 섞여 있었다. 사회복지사들이 이해할 만한 나이의 아이들과 새 가족의 사진 앨범을 재차 복습했다. 몇 분 뒤면 아이들의 세계가 통째로 바뀔 터였다. 이러한 변화 중 일부는 비행기에 타는 순간 일어날 테고, 또 일부는 그들이 살아갈 새로운 나라에 도착한 뒤에 일어날 터였다. 아이들이 듣게 될 언어는 이제 곧 한국어에서 영어로 바뀔 터였다. 쪼그리고 앉아 볼일을 보는 변기 대신 서구식 변기를 사용하게 될 터였다. 젓가락 대신 포크와 나이프를 사용하게 될 터였고, 바닥 대신 침대 매트리스에서 잠자게 될 터였다.

나는 세 아이를 맡게 됐다. 약 두 살 반짜리 남자아이 둘에 다섯 살이나 여섯 살쯤 된 여자아이 하나였다. 남자아이들은 흥분돼 있었다. 여자아이는 기가 죽은 채 겁에 질려 울고 있었다. 그 애는 앞을 보지 못했다.

여행의 첫 단계는 출국장을 빠져나와 비행기에 탑승하는 것이었다. 그 과정에서 사회복지사들이 우리와 동행했지만 그들이 더는 따라 들어오지 못하는 어느 지점부터는 나 혼자 아이 셋과 그 애들 가방과 서류를 챙기며 비행기까지 가야 했다. 남자아이들은 눈을 휘둥그렇게 뜬 채 신이 나 있었다. 앞 못 보는 여자 애는 겁에 질려 바르르 떨면서 계속 울었다. 내가 할 수 있는 일이 아무것도 없었다. 마침내 비행기에 오른 뒤 나는 영어로 그 여자 애한테 말을 걸려고 애썼지만 내 목소리가 커질수록 그 애는 울기만 했다. 내가 달래려고 손을 내밀면 그 애는 흠칫 놀라며 다시 크게 울어댔다. 하지만 혼자 놔두자 울음소리가 조금 약해지는 듯했다.

서울에서 이륙한 비행기는 알래스카 앵커리지로 날아갔다. 거기까지 가는 데 약 여덟 시간이 걸렸다. 비행기가 이륙하는 순간 남자아이들은 겁을 먹은 듯했지만 공중에 뜨고 나서는 곧 조용히 잠들었다. 하지만 시각장애가 있는 여자아이는 계속 울면서 칭얼댔다. 나는 걱정이 돼서 아이를 달래려고 애썼지만 아무 효과도 없었다. 저러다 지치면 잠이 들겠지 생각했지만 내 기억에 그 애가 비행 중에 잤던 적은 없는 것 같다. 그 애는 비행 내내 울다가 훌쩍이기를 반복한 듯하다.

밤하늘을 가르는 비행기에 몸을 싣고 가만히 앉아 있으려니 누구일까 궁금하지 않을 수 없었다. 이 앞 못 보는 여자아이를 입양하려는 사람은 누구일까? 다들 '완벽한' 아기, 발달이 정상이고 아름다운 아이를 원한다. 보지도 못하는 불완전한 여자애를 입양해 영원히 가족의 일원으로 받아들이려는 사람은 과연 누구일까? 그 동기가 무엇일까? 나는 내 눈의 렌즈를 통해, 나의 인생 경험을 통해 이 꼬마 아가씨를 보고 있었다. 울고 있는 이 시각장애가 있는 꼬마가 미국의 가족에게 가고 있다는 사실이 잘 믿기지 않았다. 그 사람들은 정확히 어떤 사람들일까?

우리의 미국 통관장은 알래스카 앵커리지였다. 아이들을 데려갈 자원 봉사자들이 마중 나와 세관 통과를 도왔다. 봉사자들은 아이들에게 음식을 먹이고 놀아주면서 내가 잠시 짬을 내서 나의 통관 수속도 할 수 있게 해주었다. 극도로 피곤했다. 남자아이 둘은 또 다른 인솔자가 미국의 다른 곳으로 데려가기로 했고 나는 계속해서 시각장애인 여자애를 뉴욕 시까지 데려다줘야 했다. 그 아이도 지친 기색이 역력했고 겁에 질려 계속 훌쩍이기만 했다. 여행 중에 자긴 했을 테지만 나는 그 애가 자는 모습을 본 기억이 없다. 비행 내내 훌쩍이고 있었던 것 같다.

뉴욕에 도착할 즈음 나는 완전히 녹초가 되고 말았다. 아이들과 함께 있는 것에 익숙지 않았던 데다 다른 사람의 아이를 책임져야 한다는 압박감이 컸기 때문이었다. 비행기의 다른 승객들에게도 책임감이 느껴졌다. 아이를 울려서 그 사람들을 방해하고 싶지 않았고, 그 사람들 시선과 표정이 자꾸만 신경 쓰였다. 인솔은 깜깜한 벽장 안에서 애를 보는 것과 비슷했다. 그것도 몇 시간째 쉬지 않고! 출국장에서부터 앵커리지의 세관을 거쳐 뉴욕까지 거의 24시간이 걸렸다.

뉴욕에 도착하니 홀트에서 나온 자원 봉사자들이 다시 우리를 기다리고 있었다. 그 사람들 일은 이 아이를 새 가족에게 데려다주는 것이었다. 마지막 몇 시간의 질문들이 무겁게 짓누르면서 겁에 질린 채 발발 떠는 시각장애인 여자아이를 입양하려는 사람이 누군지 보고 싶다는 생각이 들었다. 누가 이 아이의 새 가족이 될까? 자원 봉사자 한 명이 비행기에 올라 아이가 내리는 걸 도왔다. 내 소지품을 챙겨 비행기에서 내리는 데 몇 분이 걸렸다. 나는 서둘러 아이와 자원 봉사자를 뒤따라갔지만 그때 쯤 두 사람은 이미 뉴욕 JFK 공항의 모퉁이 어딘가로 사라지고 없었다. 모퉁이를 돌자 자원 봉사자가 여자아이를 앞이 보이는 여성과 앞 못 보는 남성에게 인계하는 모습이 보였다. 그 셋이 서로 꽉 부둥켜안는 순간 세상이 멈추고 사방이 조용해졌다. 그 시각장애인 남성은 한쪽 손을 뻗어 새로 얻은 딸의 얼굴을 만졌고, 여자아이도 한쪽 손을 들어 그 남성의 얼굴을 만졌다. 둘이 하나로 이어지는 순간 아이는 흐느낌을 멈추고 거의 24시간 만에 처음으로 차분해졌다. 관계는 순식간에 이루어졌고 사랑은 기적 같았다.

블레어 킹 Blair King은 대한민국 DMZ 근처 의정부에서 태어났다. 세 살 때 입양돼 캘리포니아 마리포사의 한 농가에서 자랐다. 그동안 블레어는 줄곧 지방 정부에서 일하다가 현재는 캘리포니아 코로나도 시정 담당관으로 근무하고 있다. 자신과 같은 한국 출신 입양인과 결혼해 딸 셋을 뒀다. 그중 첫째아이와 둘째아이는 대학원에, 막내는 대학에 다니고 있다.

이 글 〈눈 먼 소녀The Blind Girl〉는 Vance Twins가 발간하는 「The Unknown Culture Club」 2015년 6월 18일자에 맨 처음 실렸다.

엄마의 이루어진 꿈

잰 김

여기에는 김미강이라는 이름으로 한국에서 살 때의 어린 시절 기억 중 일부와 나중에 잰 김이라는 한국계 입양인으로 살아온 세월의 경험이 담겨 있다. 나는 1952년 또는 1953년 대한민국 부산 근처에서 태어났다. 일곱 살 무렵 미국으로 떠날 때까지 나는 조그만 마을에서 한국 어머니와 함께 살았다. 나는 늘 어머니가 아름답다고 생각했다. 어머니는 머리를 단정히 손질하고 예쁜 빨간색 립스틱을 바르고 있을 때가 많았다. 어머니는 집에 잘 있지 않았다. 일자리를 구할 수 있는 곳이라면 어디든 갔기 때문이다. 군복 차림의 백인 남자 사진들을 볼 때면 그 사람이 내 아버지라는 얘길 듣긴 했지만 나는 아버지에 대한 기억이 하나도 없다.

나는 어린 시절의 기억들을 고맙게 생각한다. 지금의 나를 형성하는 데 많은 도움을 주었기 때문이다. 어머니가 자주 집을 비웠기 때문에 내가 원하기만 하면 낮이든 밤이든 시간을 마음껏 쓸 수 있었다. 때로 딴 동네 아이들과 근처 산들을 뛰어다니며 탐험을 하기도 했다. 산이라고 해야 실은 작은 언덕에 지나지 않았지만 아이 눈에는 훨씬 더 커 보이기 마련이다. 우리는 기차역 가까이에 살았기 때문에 가끔씩 서행하는 기차에 훌쩍 뛰어올라 딴 마을로 갔다가 되돌아오기도 했다. 기차역에서 놀다가 죄수들이 유개화차(덮개가 있는 철도화물 차량 : 옮긴이)에서 나와 거리를 따라 줄줄이 걸어가는 모습을 본 적도 더러 있었다. 죄수들의 두 팔과 허리에는 밧줄이 감겨 있었다. 주변에 마을 사람들이 있으면 죄수들을 조롱하고 비웃어대곤 했지만 나는 늘 그 사람들이 딱하고 안됐다고 느꼈다.

당시는 힘든 시절이었고, 나 역시 외롭고 배고플 때가 많았다. 우리는 방들이 서로 다닥다닥 붙어 있는 조그만 건물의 단칸방에서 살았다. 양철 지붕과 목재 바닥에 창문은 아예 없었고 한쪽 구석에 담요가 몇 장 있었다. 그리고 벽장이 하나 있었는데 우리는 가끔 거기다 쌀 포대를 보관했다. 나는 대개 밖에서 불을 피워 내 손으로 밥을 해먹었다. 산야를 돌아다니는 데 이골이 나면서 나는 먹을 수 있는 나물과 식물도 곧잘 구분했다. 또 메뚜기를 잡아서 뒤통수를 기다란 억새풀에 나란히 꿰어 집으로 가져가선 불을 피우고 구워먹기도 했다! 나는 메뚜기 구이를 정말 좋아했다. 어쩌다 바닷가 근처에 갈 일이 있을 때면 바위 틈새 조그만 웅덩이에서 조개와 홍합을 잡기도 했다.

아주아주 가끔 우리는 달걀도 먹었다. 그 시절 달걀은 사치였다. 나는 달걀을 반으로 깨뜨려 껍질째 뜨거운 숯불 가장자리에 올려놓고 익히곤 했다. 집에 있는 날엔 어머니가 밥을 했다. 나는 밥 중에서도 솥 바닥과 옆구리에 눌러 붙은 누룽지를 제일 좋아했다. 누룽지가 노릇노릇 먹음직스럽게 구워지면 어머니는 솥에서 그 부분을 박박 긁어내 공처럼 뭉쳐서 내게 건넸다. 또 하나의 맛있는 간식! 누룽지 말고 수박도 내가 좋아하는 음식 중 하나였다. 나는 엄마와 시장에 가는 걸 좋아했다. 시장에 가면 수박 장수 아저씨가 잘 익었는지 보라며 수박 껍질을 조그만 삼각형 모양으로 도려내곤 했는데, 때로 맛보기용으로 우리에게 주기도 했다. 한번은 엄마가 작은 수박을 한 통 사오라며 나 혼자 시장에 보낸 적이 있었다. 나는 수박을 사서 집으로 오다가 그만 떨어뜨렸고, 그래서 길가에 앉아 다 먹어치웠다. 그런 다음 수박 장수 아저씨한테 다시 가서 자초지종을 이야기했더니, 아저씨는 집에 가져가라며 수박을 한 통 더 내주었다.

나는 배고플 때가 너무 많아서 마을에 장례식이 있으면 그렇게 반가울 수가 없었다. 장례식장에는 늘 음식이 넘쳐났던 데다 내가 먹으러 그곳에 나타나도 아무도 신경 쓰는 것 같지 않았기 때문이다. 떠돌이 장사꾼이 시커먼 뻥튀기 화로를 들고 나타날 때도 좋았다. 장사꾼이 화로 밑에 불을 피워 놓으면 마을 사람들이 뻥뻥 튀겨낼 쌀이나 보리를 자루에 담아 가져오곤 했다. 나는 뻥 하며 터지는 그 요란한 소리는 무서워했지만 화로 문이 열릴 때 땅에 떨어지는 자잘한 쌀이나 보리 뻥튀기를 주워 먹는 건 좋아했다.

나는 어머니가 일하는 섬유 공장에도 여러 번 가봤다. 재봉틀마다 선명하게 염색한 색색의 실을 감은 실패가 끼워져 있었다. 커다란 통에서 폐기 처분하는 염료가 쏟아져 나와 산자락을 물들였다. 그 시절에는 신발도 사치였다. 신발은 신고 다니는 용도이기도 했지만 재질이 말랑말랑한 고무라 훌륭한 장난감이 돼주기도 했다. 나는 신발을 한 짝 구부려 다른 짝 신발에 끼워 넣고는 작은 배라고 생각하며 조그만 개울을 찾아 물 위에 동동 띄워보곤 했다. 대개 나는 양말은 신었지만 신발은 잘 신지 않았다. 양말이 해져 못 쓰게 되면 손에다 끼웠다. 그러면 손이 따뜻해졌다. 입으로 호호 불어도 손이 따뜻해졌다.

군 기지에서 노는 것도 재미있었다. 그곳 방은 담배 연기로 늘 뿌옜고, 나는 군인들 무릎에 앉아 단 음료와 사탕과 껌을 받아먹었다. '혼혈아'라는 사실은 가족의 순수한 혈통을 자랑스럽게 여기는 문화에서 나를 왕따로 만들었다. 마을 아이들은 평소에는 나를 받아들였지만 분쟁이 있을 때면 뭐든 다 내 탓으로 돌렸고, 결국 나는 놀림감이 되고 말았다.

한번은 밤에 이상한 소리 때문에 잠에서 깼다. 나는 어머니 옆에서 자고 있었는데, 알고 보니 어머니 옆에 웬 남자가 있었다. 우리 모두 같은 담요를 덮고 있었기 때문에 나는 몇 번 그 둘을 훔쳐보았다. 물론 나는 그 둘이 무엇을 하고 있는지 알지 못했지만 호기심이 채워지자 돌아누워 다시 잠을 잤다.

또 하나의 선명한 기억에서는 어머니가 내게 고래고래 고함을 지르며 빗자루로 나를 때리려 하고 있었다. 나는 얼른 뛰어나가 아줌마 몇 명을 데려왔다. 그리고 구석에 앉아 어머니가 그 아줌마들의 도움을 받아 아기를 낳는 모습을 지켜보았다. 아기는 투명한 막 또는 자루 같은 걸로 뒤덮여 있었다. 그 날 저녁 이후로 그 아기에 대한 기억은 전혀 없지만 어머니를 종종 간호해주던 기억은 분명히 난다. 내가 학교 갈 나이가 됐을 때 우리는 내가 한국 아버지 호적에 올라 있지 않아서 입학이 불가능하다는 사실을 알게 됐다. 어머니는 내가 나이가 들어서도 내 삶은 계속 어려워질 거라는 걸 잘 알았기에 나를 입양 보내기로 결심했다. 어머니는 내가 교육도 받을 만큼 받고 잘 살았으면 좋겠다고 말했다.

어느 날 지프 한 대가 우리 마을에 모습을 드러냈다. 부산아동병원에서 근무하던 미국인 간호사 얼라인 짐머맨과 또 한 명의 미국인 간호사 몰리 홀트, 그리고 클립보드를 들고 있는 남자 한 명이 나를 서울로 데려가기 위해 온 것이었다. 모두 우리가 세 들어 살던 건물의 어느 큰 방 바닥에 앉았다. 동네 아줌마 몇 명, 나의 어머니, 그리고 간호사 둘이서 미국에서 펼쳐질 나의 앞날에 대해, 내가 다니게 될 학교와 내가 입고 먹게 될 예쁜 옷과 음식에 대해 이야기를 나누었다. 동네 아줌마들은 울고 있었지만 나는 몹시 흥분됐다. 지프가 몰리와 나를 또 다른 마을로 데려갔고, 거기서 우리는 내 나이 또래의 흑인 혼혈 여자아이와 세 살짜리 백인 혼혈 사내애를 차에 태웠다. 사내아이 어머니는 내 어머니의 친한 친구였고, 그 아이는 나중에 내 양동생이 됐다. 몇 년 뒤 나는 얼라인에게서 우리 어머니들이 우리 둘을 같이 지내게 해 달라고 요청했다는 얘기를 들었다. 우리는 몰리와 함께 기차를 탔다. 몰리는 바나나를 내밀어 우리를 기쁘게 했다.

나는 1959년 6월 홀트 고아원에 도착해 8월까지 거기 있었다. 두 달이면 미국으로 입양 가는 데 필요한 서류를 준비하기에 충분히 긴 시간이었다. 매트리스에서 나는 고약한 오줌 냄새 말고는(그래서 나는 거기서 자지 않았다) 고아원에서 지낸 시간은 행복했다. 하루 세 끼씩 푸짐한 식사와 깨끗한 옷과 그네와 회전목마까지 갖춘 운동장이 다 내 차지였다. 나는 흰색 끈 손잡이가 달린 조그만 콘플레이크 상자를 좋아했다. 그리고 나중에 지갑으로 사용할 수 있게 그 상자를 아주 조심스럽게 여는 법을 배웠다. 우리는 「Twinkle Twinkle Little Star」와 「This Old Man」 같은 노래도 배웠다. 내가 고아원에 있을 때 해리 홀트도 그곳에 있었다. 그분 침대에 걸터앉아 그분이 삼각형 모양의 토스트를 먹는 모습을 지켜봤던 기억이 난다.

나의 어머니는 아예 서울로 이사와 자주 나를 만나러 왔다. 어머니는 내가 학교도 갈 수 있고 먹을 것도 많이 먹을 수 있는 곳에서 잘살기를 바란다고 말했다. 미국으로 떠날 준비가 끝나자 우리는 보관용으로 손톱과 발톱을 깎은 뒤 입고 갈 새 옷을 지급받았다. 그리고 신발은 한국 고무신으로 가득한 커다란 상자에서 하나씩 골랐다. 그런데 나에게는 어찌 된 일인지 왼쪽 신발만 두 짝 떨어졌다. 어머니와 나는 버스를 타고 공항으로 향했다. 어머니는 나 주려고 선물을 몇 가지 샀지만 나한테 주지는 못했다. 홀트 직원들은 어머니에게 미련 없이 깔끔하게 헤어지는 것이 좋다고 말했다. 우리 여자아이들은 앙증맞은 은팔찌를 하나씩 받아 착용했다. 비행기에 탑승할 시간이 되자 어머니는 조금이라도 나랑 더 있으려고 했지만 직원들이 막았다. 어머니는 비행기 안이 어떻게 생겼는지 보고 싶으니 제발 가게 해달라고 사정했다. 그런 핑계가 통하지 않자 어머니는 그 위치에 맞춰 손을 흔들 수 있게 내가 어디에 앉는지 알고 싶어했다. 어머니는 갈수록 히스테리 상태가 돼서 다들 뜯어말리느라 고생했다. 누가 내 손을 붙잡고 비행기까지 그 먼 거리를 질질 끌고 가다시피 했다. 나는 비행기에 타긴 했지만 너무 심하게 우는 바람에 비행기가 이륙하기도 전에 토하고 말았다. 우리를 데려가는 임무를 맡은 직원이 토악질이 나면 거기다 뱉으라며 작은 봉지를 몇 장 주고 수건으로 나를 닦아줬다. 그리고 내가 아기들을 좋아한다는 걸 알고는 아기들이 있는 비행기 앞쪽으로 나를 데리고 가서 아기들을 돌보게 했다. 기분 전환에 좋은 처방전이었다.

1959년 8월 11일 우리는 오리건 포틀랜드에 착륙했다. 비행기가 착륙하기 전 우리는 깨끗이 닦으라는 지시와 함께 물수건을 지급받았다. 또 갈아입을 새 옷도 받았다. 내가 받은 옷은 예쁜 라벤더색 드레스였다. 비행기에서 내리자 우리는 어느 큰 방으로 안내받았다. 거기서 또 크레용과 조그만 색칠하기 그림책이 들어 있는 작은 가방을 하나씩 받왔다. 오로지 내 것! 새 어머니를 만날 시간이 되자 나의 새 남동생과 나는 대기실에서 나와 커다란 유리창이 있는 또 다른 방으로 안내받았다. 방은 우리를 쳐다보는 사람들로 가득했다. 나의 양어머니가 방에서 걸어 나와 우리를 '넘겨받았다.' 어머니는 우리를 보고 웃으면서 내 남동생의 손을 잡았다. 나는 그 뒤를 따라갔다.

나의 새 부모님은 '나이 든' 아이들을 원한 '나이 든' 부부였다. 나의 어머니는 내게 그분들은 아이를 가질 수가 없어서 세 살짜리 내 남동생과 함께 나를 입양한 거라고 말했다. 한국의 미국인 간호사 얼라인 짐머맨은 내 양부모와 잘 알고 지내는 사이였다. 얼라인과 나의 부모님은 평화, 타인에 대한 봉사, 사회 정의를 중시하는 것으로 이름난 메노파 교도였다. 얼라인은 메노파 구호 단체를 통해 한국에서 간호사로 일하고 있었다. 나의 부모님도 1950년대 초반 스위스의 메노파 구호 단체에서 2차 세계대전 때 생긴 유럽 난민들을 돕는 일을 했다. 1959년경 얼라인이 한국에 갈 예정이라는 소식을 듣고 나의 부모님은 그녀에게 나이가 좀 있는 아이 둘을 입양하고 싶으니 좀 알아봐달라고 부탁했다. 몇 년 뒤 얼라인은 박사학위를 받은 데 이어 한국에서의 보육 경험에 대한 책 『나이팅게일 너싱 크로니클*Nightingale Nursing Chronicles*』을 출간하기도 했다. 그 책에는 내 이야기도 들어 있다. 나의 어머니는 대학을 나온 전문직 여성이었지만 우리가 온 뒤로 전업 주부의 삶을 선택했다. 나의 아버지는 회계사였다. 우리는 모범적인 가족이었다.

내가 새로운 생활에 어찌나 잘 적응했는지 다들 혀를 내두를 지경이었다. 사실 나는 그게 그렇게 어려울 줄은 몰랐다. 밤마다 나는 엉엉 울었고, 잠잘 때면 한국에 있는 어머니를 위해 기도하면서 어머니와 내가 그곳에 계속 있었으면 내 삶이 어땠을지에 대해 온갖 공상을 펼치곤 했다. 한국 음식이 그리워서 엄마에게 이것저것 만들어달라고 부탁도 해봤지만 당연히 엄마는 내가 무슨 말을 하는지 하나도 이해하지 못했다. 어머니는 적어도 일주일에 한 번씩은 밥을 했는데, 밥에다 우리는 우유와 설탕을 곁들여 먹었다. 토요일 오후면 나는 메뚜기가 가득 들어 있는 유리 단지를 들고 나타나 엄마에게 구워달라고 부탁했다. 그러면 엄마는 그러지 말고 밖에 나가서 햄버거를 사 먹으라고 말했다. 미국 엄마와 나는 사이가 좋은 편이었지만 썩 친하지는 않았다. 엄마는 가까이 다가가지 못하게 나를 붙잡아 앉히는 뭔가가 있다는 걸 직감으로 알고 있었다. 나의 부모님은 입양한 아이들을 사랑했고 가깝게 지냈다. 부모님은 우리에게 많은 기회를 주셨다. 피아노 레슨, 미술수업, 테니스·골프·수영 레슨, 여름 캠프 등등.

나는 다른 인종을 거의 찾아볼 수 없는 캔자스 중부의 조그만 농촌에서 자랐다. 나는 푸른 눈과 적갈색 머리에 코 주변에 주근깨가 나 있는 내 외모로 미루어 볼 때 거기 사는 다른 사람들과 달라 보인다고는 생각하지 않았다. 하지만 반 친구들은 내 눈이 '동양적'이라는 얘기를 자주 했다. 그것만으로도 도드라져 보이기에 충분했다. 나는 또다시 겉도는 듯한 기분을 느끼며 나의 존재를 정당화하거나 설명해야 했다. 친구들은 묻곤 했다. "일본 사람이니?" "중국인이야?" "필리핀에서 왔어?" 그때마다 나의 대답은 늘 "아니."였다. 물론 다들 내가 거짓말을 하고 있다고 생각했지만 나더러 한국에서 왔냐고 묻는 아이는 단 한 명도 없었다. 캔자스 중부 시골의 어떤 아이가 한국이 있다는 걸 알았겠는가? 내가 친구들에게 한국에서 왔다고 말하면 그중 몇몇은 자기 눈꼬리를 쭉 잡아 늘이며 나를 '쿠-쿠 코리언'이라고 부르곤 했다. 내가 입양됐다는 걸 아는 아이들도 더러 있었고 그렇게 생각하지 않는 아이들도 있었다. 때로 나는 내 남동생은 입양된 게 맞지만 나는 아니라고 거짓말을 하기도 했다. 그러면 더는 질문이 날아오지 않았다.

외부 관찰자의 눈에는 내 남동생이 적응을 잘하는 것처럼 보였다. 그 애는 세 살이었고 단추처럼 귀여웠다. 다들 그 애한테 쏙 빠졌다. 그 애는 얼굴도 잘생기고 체격도 다부지고 머리도 좋고 매력도 있고 사람을 다룰 줄도 알았다. 설령 그 애가 자신의 인종적 배경 때문에 적응하는 데 애를 먹었다 해도 나는 몰랐을 게 틀림없다. 하지만 그 애는 어른이 되어서 뿐만 아니라 사춘기 초반에도 많은 문제를 안고 있었다.

나의 고등학교 시절은 그만하면 좋았다. 초등학교 때 이후로 반 친구들이 전부 그대로라 그 무렵에는 우정이 어느 정도 형성돼 있었기 때문이다. 가끔 가다 누군가가 내가 '정말 다르게' 보이지 않아 다행이라고 말하곤 했다. 그렇지 않았다면 남자들이 나랑 데이트하거나 결혼하는 데 고민깨나 했을 거라며. 그 말이 나는 아팠다.

나는 인종적 다양성이라고 해야 외국 학생 약간과 이웃 지역사회 출신의 흑인 학생 몇 명이 다인 고향의 아주 작은 기독교 대학에 입학했다. 그런데 몇몇 학생은 눈치가 어찌나 빠른지 내가 '동양인처럼 보인다'는 걸 금세 알아챘다. 나의 외모와 과거를 둘러싼 질문이 다시 수면 위로 떠올랐다. 물론 나의 배경을 아는 학생들도 더러 있었다. 나의 대학 친구 대부분은 나와 같은 고등학교를 나왔다. 대학 시절을 재미있고 행복하게 보냈다. 2학년 때 나는 지금의 남편을 만났다. 이 사람과 미래를 함께할 수도 있겠다는 생각이 들자 나는 입양이라는 주제를 꺼냈다. 그는 거기에 대해 한 번도 생각해본 적이 없었지만 나를 잃고 싶은 생각도 없었다.

어른이 된 뒤로 나의 아시아 쪽 외모를 알아보는 사람들은 계속 있었다. 나는 상대에 따라 내가 누구이며 나의 과거에 대해 무슨 말을 할지를 놓고 선택하게 됐다. 나의 역사를 모르는 사람들이 물으면 나는 그저 나의 아버지는 한국 파병 군인이었고, 나의 어머니는 한국인이었으며, 나는 캔자스에서 자랐다고만 말했다.

마이크와 나는 1974년 결혼했다. 첫째 딸이 1977년에, 둘째 딸이 1980년에 태어났다. 그 뒤 우리는 입양을 통해 우리 가족 수를 늘리기로 결심했다. 사실 나는 늘 한국 아이를 입양하고 싶었다. 우리는 홀트아동복지회에 의뢰해 입양 절차를 밟았다. 1982년 우리 양아들과 추가로 아이 다섯을 미국으로 데려오기 위해 한국에 가는 것이 확정되자 우리는 서울에서 머물 거처를 마련해야 했다. 홀트 측은 서구식 호텔을 준비하고자 했지만 우리는 양아들과 연결해준 사회복지사에게 일반 가정집에서 지내고 싶다고 말했다. 그러자 사회복지사는 자기 집에서 지내라고 말했다. 그녀는 셋 중 맏이였는데, 장성한 자녀들이 모두 집에서 부모님과 함께 살고 있었다. 가족 모두가 따스하고 다정다감하고 허물없는 사람들로 한국 음식을 만들어 먹는 법도 배우고, 한국 문화에 대해서도 배우며 그 집에서 정말 값진 시간을 보냈다.

1982년 이 여행 때 한 한국인 친구가 나의 어머니를 찾는 걸 도와주었다. 우리는 입양 전 내가 살던 마을을 찾았다. 마을은 부산 외곽으로 편입돼 있었다. 거리를 이리저리 걸어 다니자니 어린 시절 기억을 일깨우는 냄새와 장소가 어찌나 많은지 깜짝 놀랐다. 한 박물관을 방문했을 때는 설명 없이도 전시물을 이해하는 나 자신이 스스로도 놀라웠다.

더욱이 마을에서 나를 기억하는 여자 분을 몇 명 만나기도 했다! 그

분들은 나의 어머니가 평생 결혼하지 않고 혼자 살면서 나의 영국인 아버지 데이비스 병장이 돌아오기를 기다렸다고 말했다. 그리고 내가 떠난 뒤 한 2년 동안 감정적으로 매우 아파했다는 말도 했다. 나에게는 성이 다른 남동생이 두 명 있었다. 그 애들에게는 호적상의 아버지가 없었기 때문에 나의 어머니는 마을의 한 남자한테 부탁하고 또 부탁해 그 애들을 그 남자 이름 밑에 올렸다. 그래야 학교에 갈 수 있었기 때문이다. 그 뒤 병이 들면서 그 남자가 내 남동생들을 자기 호적에서 지워버리는 바람에 그 애들은 더는 학교를 다닐 수 없었다. 나는 어머니를 찾기를 바랐지만 마을 여자 분들이 어머니가 오래 전에 그곳을 떠나 다른 도시로 이사 가면서 연락이 끊겼다고 말했다.

일 년 전 나는 DNA 검사를 받고 생물학적 아버지가 내가 생각했던 것과 달리 영국인이 아니었다는 사실을 알게 됐다. 그의 조상이 잉글랜드 출신이든, 아일랜드 출신이든, 유럽 북부 출신이든 그의 가족은 버지니아 남서부와 노스캐롤라이나 북서부에 정착해 살고 있었다.

2001년 우리는 홀트 일산 고아원에서 아홉 살 반 된 남자아이를 한 명 더 입양했다. 우리는 다시 한국에 가서 우리 한국 '가족'과 함께 지냈다. 그동안 그 가족은 우리를 보러 미국을 수도 없이 다녀갔다. 우리도 아이들 중고등학교 때까지는 일 년에 3주씩 휴가를 내서 그 집에서 지냈다.

'한국인 기준'에서 보면 나는 '한국인'처럼 보이지 않는다. 하지만 나는 스스로를 늘 한국인이자 미국인으로 여기면서 순진하게도 양쪽 문화권 모두에서 받아들여질 거라고 믿었다. 1999년 9월 워싱턴 DC에서 열린 제1차 한국 입양인 모임에 참석하면서 나는 이번에는 겉도는 일이 없겠지 생각했다. 하지만 나는 실망하고 말았다. 거기서도 나는 누구이며 왜 그 자리에 있는지 설명해야 했기 때문이다. 나도 어린 시절 사진과 한국 이름이 적힌 이름표를 목에 걸고 있었지만 대부분 못 보고 지나쳤다. 쏟아지는 질문 공세에 설명하고 나서야 나는 비로소 '그 중 한 명'으로서 소속감을 느꼈다.

어린 시절을 되돌아볼 때면 내가 한국의 작은 여자아이였다는 게 잘 믿기지 않는다! 지금까지 나의 인생은 굉장한 여정이었고, 한국 문화와 미국 문화의 멋진 조합 속에 있었다. 나는 믿을 수 없을 만큼 행복하고 또 감사한다! 나에게는 나의 한국 문화를 늘 수용해주고 언제나 내게 힘이 돼주는 멋진 남편이 있고 또 우리 둘에게는 훌륭한 자식들과 사랑스러운 손주들이 있다. 사는 게 정말 좋다!

잰 김 Jan Kim은 대한민국에서 태어나 일곱 살 때 미국으로 입양될 때까지 어머니와 함께 살았다. 그녀는 1952년 한국전쟁 때 해병대로 복무했던 아버지를 한 번도 본 적이 없었다. DNA 검사를 통해 그녀는 부계 쪽 생물학적 형제자매 세 명 중 두 명을 찾았다. 43년을 해로한 남편과 함께 은퇴해서 자식들, 손주들과 즐거운 시간을 보내고 있다. 부부는 'DIY 프로젝트'와 여행도 즐긴다.

낯선 새 한 마리

베르 베눔

제일 먼저 떠오르는 기억은 촛불 연기와 뒤섞인 향긋하면서 쌉싸름한 가문비나무 잎사귀 냄새와 번쩍이는 금속 꽃장식이다. 나는 공처럼 잔뜩 웅크린 채 크리스마스트리 밑에 깔아 놓은 깔개에 누워 있다. 나의 가족들은 크리스마스 캐럴을 부르며 나무 주위를 천천히 돌고 있다. 나의 상상 속에서 나는 아기 예수고 식구들은 내가 태어나서 너무 기쁜 나머지 노래를 부르고 있다.

내게는 갓 태어난 남동생이 하나 있다. 그 애도 꼭 예수처럼 태어났다. 나의 어머니는 병원에 가서 그 애를 낳은 뒤 집으로 데려왔다. 나는 세 살이다. 하지만 나는 병원에서 태어나지 않았다. 나는 한국에서 나보다 두 달 먼저 태어난 오빠와 같이 입양됐다. 우리는 엄마 배속에서가 아니라 비행기를 타고 왔다.

동네에서 내 언니 또래의 여자아이들은 모두 나와 놀고 싶어한다. 그 애들은 내가 귀엽다며 나를 번쩍 안아 올려선 여기저기 데리고 다닌다. 그 정도로 나는 아주 조그맣다. 그 애들은 나를 조그만 마분지 상자에 넣고는 그 상자가 나를 노르웨이에서 한국으로 데려다주는 비행기인 척한다. 나는 다섯 살이다. 나는 내가 특별하다는 걸 알고 있다.

나와 함께 입양된 오빠 말고 한국 사람을 한 번도 본 적이 없다. 사실을 말하면 백 퍼센트 노르웨이인이 아닌 사람은 아예 본 적이 없다. 나는 여섯 살이다. 나는 주노르웨이한국인협회에서 여는 크리스마스 파티에 갈 기대에 부풀어 있다. 정말이지 나는 소속감을 느끼고 싶고 나와 비슷하게 생긴 사람들을 만나보고 싶다! 그런데 다른 '한국 아이들'이 다 나와 달라서 나는 크게 실망한다. 그 애들은 나의 오빠를 훨씬 많이 닮았다. 쭉 곧은 검은색 머리카락과 쭉 째진 눈. 나의 눈은 둥글고 내 머리카락은 곱슬곱슬한 데다 검은색보다 갈색에 가까웠다. 여자아이들은 모두 한복 차림의 아름다운 인형들 같아서 보고 있으면 마치 로또 1등에 당첨된 듯한 기분이다. 어른들은 모두 노르웨이 사람들이다. 나는 내가 다르다는 걸 알고 있다.

부모님은 조그만 녹색 폴크스바겐 비틀을 몰고 다닌다. 오빠와 남동생, 나는 어머니가 장을 보는 동안 열어놓은 차 트렁크에 거꾸로 앉아 뒷창으로 여기저기 구경하는 걸 좋아한다. 오늘은 어느 두 여성이 차 밖에 나란히 서서 무슨 동물원의 원숭이라도 구경하듯 우리를 쳐다보며 손가락질한다. 그들은 그 자리에서 꼼짝도 않고 있다가 어머니가 오고서야 겨우 돌아서지만 그 와중에도 천천히 걸음을 떼면서 계속 쳐다본다. 나의 형제들은 눈치 채지 못한 것 같지만 나는 아니다. 나는 일곱 살이고, 나는 특이하다.

나는 우리 집 뒤 숲을 어슬렁거린다. 나는 버드나무 가지로 지팡이를 만든다. 먼저 가지에서 껍질을 남김없이 벗긴다. 가느다란 막대에서 꿀 같은 냄새가 난다. 그 막대가 순금으로 만들어졌다고 상상한다. 어쩌면 이건 우리 왕의 기다란 홀일지도 몰라. 이걸 갖다 줬을 때 왕이 나한테 어떤 상을 내릴지를 두고 이리저리 공상에 잠긴다. 이건 내가 두 번째로 좋아하는 공상이다. 첫 번째는 나의 미국인 아버지가 숲 속에 있는 내 앞에 떡 나타나는 것이다. 아버지는 눈이 부시도록 하얀 군복 차림에 키가 멀쑥하니 크지만 무섭지는 않다. 아버지는 내 쪽으로 허리를 구부리고 미소 짓는다. 그러고는 나를 찾아 온 세상을 뒤졌고, 마침내 나를 찾아 얼마나 기쁜지 모르겠다고 말한다! 나는 집으로 걸어간다, 저녁 식사 시간에 늦어 어머니한테 한소리 들을 각오를 하며. 어머니한테는 얘기하지 못한다, 이해하지 못할 테니까. 나는 열 살이고, 길을 잃었다.

나는 1963년 한국에서 태어나 1964년 한 노르웨이 가정에 입양됐다. 노르웨이에 입양된 한국인 아이들 중 최초인 축에 들어갔다. 그 가운데 나처럼 혼혈아인 경우는 거의 찾기 어려웠다. 1960년대의 노르웨이는 다른 민족 출신 사람들은 거의 존재하지 않는 단일 민족 사회였다. 1967년 파키스탄에서 노르웨이 최초의 취업 이민자들이 왔다. 2000년에 와서도 노르웨이의 이민 인구는 전체의 6.3퍼센트에 지나지 않았고, 지금도 유럽에서 온 사람들이 가장 많다. 1970년 나와 함께 한국에서 입양된 오빠와 나는 우리집 인근에서 유일한 외국인이었다. 학생이 6백 명이 넘는 초등학교에서도 마찬가지였다. 나는 열여덟 살 때까지 아시아 출신 또래를 만난 적이 없었고, 한국 출신 입양인을 만난 것은 20대 후반에 와서였다. 솔직히 부모님의 일본인 친구 한 사람을 제외하고 아시아 출신 어른을 본 적이 없었다.

내가 기억하는 한 아주 오래 전부터 환경이 바뀔 때마다 처음 보는 사람들에게 어김없이 어디 출신이냐는 질문을 받아왔다.

어렸을 때 아주 예의바르게 한국에서 입양됐다고 설명하면 사람들은 내가 한국인처럼 보이지 않는다고 말했다. 그러면 나는 또 훨씬 더 예의바르고 참을성 있게 아마 아버지가 미군이었던 것 같다고 설명했다. 어렸을 때는 그래도 괜찮았다. 그런 게 나에 대한 관심이라고 생각했으니까. 내가 정말 싫었던 건 사람들이 내가 노르웨이로 입양된 게 얼마나 다행스런 일인지, 그러니까 나는 거기에 대해 정말 감사해야 된다고 말할 때였다.

나이가 들면서 그런 말을 들을 때마다 당신들도 노르웨이에서 태어나서 정말 운이 좋지 않으냐고 대답하고 싶었다. 물론 한 번도 그러지 못했지만 사람들이 어디서 왔냐고 물으면 나는 늘 '아스케르'(내가 자란 오슬로 근처 작은 도시) 출신이라고 대답했다. 그러면 대부분의 사람들은 짜증을 내거나 심지어 화를 내기까지 했다. 부모님, 선생님, 심리 치료사, 주노르웨이한국인협회 어른들도 나만 다른 것 같다고 말하면 내가 너무 예민하고, 그래서 일을 더 어렵게 만든다고 말했다. 어느 모로 보나 나는 확실히 백 퍼센트 노르웨이인은 아니었고, 조금씩 겉돌았다.

나는 늘 내가 버려진 아이라서 관계 당국도 양부모님도 나의 배경에 대해 아무것도 아는 게 없다는 얘기만 들었다. 어머니가 어떻게 자기 아이를 버릴 수 있는지 이해가 되지 않았고, 그 때문에 한국 어머니를 찾을 생각은 꿈에도 하지 않았다. 그런데 나의 생물학적 아버지는 그래도 용서할 수 있을 것 같았다. 나의 존재에 대해 아예 몰랐을 수도 있으므로. 하지만 자기 아이를 버린 어머니는 용서하기가 어려웠다. 이러한 나의 태도는 내가 스무 살 때 나의 입양을 주선한 노르웨이 의사가 나의 부모님에게 보낸 편지들을 보게 되면서 180도 바뀌었다. 나의 생모가 9개월 동안 나를 돌보다 내가 병도 나고 굶주리게 되자 나를 성육원(서울위생병원이 운영하던 고아원 Seoul Sanitarium and Hospital

Orphanage : 옮긴이)으로 데려갔다는 것을 알게 됐기 때문이다. 의사는 내게 당시 한국의 혼혈아들이 처한 절망적인 상황을 설명하면서 그날 어머니가 나를 병원에 데려오지 않았다면 나는 살지 못했을 거라고 말했다. 그리고 고마워는 하되 생모를 찾을 생각은 말라고 당부했다. 자칫 생모의 인생도 망가질 수 있고 양부모님도 마음을 다치게 될 거라면서.

1989년은 내가 스물여섯 살이 되던 해였다. 그때 나는 한국 정부와 서울대학교에서 처음으로 마련한 '재외 한인들을 위한 고국 방문 프로그램'에 노르웨이를 대표하는 두 명의 한국계 입양인 출신 중 한 명으로 참가했다. 참가자들은 유럽 국가들과 미국에서 온 청년들이 주를 이루었다. 나는 두 가지 사실에 무척 놀랐다. 첫째 덴마크, 스웨덴, 네덜란드에서 온 입양인 출신들은 영락없는 덴마크인, 스웨덴인, 네덜란드인이었고, 나는 누가 봐도 노르웨이인이었다. 둘째 각기 다른 문화적 환경에서 자랐음에도 불구하고 분리불안, 정체성 부족, 소속감 부재라는 문제에 관한 한 우리는 공통점이 많았다. 참가자 대부분은 한국인들이었고, 우리 같은 혼혈인은 그리 많지 않았다. 교수들의 인종차별, 그중에서도 특히 아프리카계 미국인을 아버지로 둔 덴마크 청년을 대하는 태도는 정말 뜻밖이었다. 주최 측은 그가 한국인이 아니라서 프로그램에 참여할 수 없다고 말했다. 나는 그런 일까지는 당하지 않았지만 가게와 거리에서 만난 몇몇 여성들은 내게 아버지가 미국인이라 나는 참으로 불행하며, 나의 어머니 또한 마음고생이 컸겠다고 말했다. 한국에서 한 달을 머무는 동안 나는 특별히 더 노르웨이인처럼 느낀 적도, 특별히 덜 한국인처럼 느낀 적도 없다. 노르웨이에 돌아와서도 나는 여전히 썩 좋은 의미에서는 아닌 괴짜에 속했다. 이 새로운 경험을 바탕으로 나와 함께 여행했던 다그 한센과 나는 노르웨이에 거주하는 입양인 출신들을 위한 단체를 만들기로 의기투합했다.

나는 평생 유전적으로 소속감을 느끼고 싶었다. 겉으로 드러나는 외모뿐만 아니라 내면의 영혼에서도 나와 닮은 누군가를 만나고 싶었다. 1995년 아들이 태어나면서 그 꿈은 마침내 이루어졌지만 아들의 출생은 더 큰 전체에 소속되고 싶다는 나의 열망에 불을 지폈다. 아들은 한국인이라는 우리의 뿌리를 늘 자랑스럽게 여기며 나더러 자신의 생물학적 할머니를 찾아달라고 늘 졸랐다. 하지만 젊은 시절 의사와 그런 대화를 나눈 후로 나는 한 번도 그런 시도를 한 적이 없었다. 내 생모의 삶에 더 많은 고통을 안겨줄까 봐 두려워서 그랬던 것 같다. 그리고 또다시 거절당할까 봐 두렵기도 했다.

그런데 올해 봄 우연히 페이스북을 통해 입양인들에게 DNA 검사를 무료로 해주는 '325KAMRA'라는 웹사이트를 알게 됐다. 나는 DNA를 통해 생물학적 친척들을 찾을 수 있다는 생각은 거의 해본 적이 없었고, 설령 있더라도 모래밭에서 바늘을 찾는 격이라고 생각했다. 나는 몇 주 넘게 그 사이트를 애써 무시했다. 하지만 그 사이트가 또다시 눈에 띈 순간 나는 운에 맡겨보기로 했다. 누군가를 상처받게 하는 것도 아니고 적어도 내 유전자 출처에 대해서는 알 수 있지 않느냐는 생각이 들었다.

이때까지만 해도 나는 나의 생물학적 아버지를 찾을 수 있다고는 정말 생각지도 못했다. 오로지 한국과 생모만 생각하고 있었다. 따라서 DNA 검사를 받고 나서 두 달 뒤 나와 유전자가 일치하는 육촌 두 명을 찾았으니 나의 생물학적 아버지를 찾을 가능성이 아주 크다는 연락을 받았을 때 내가 받은 충격은 훨씬 더 클 수밖에 없었다.

작년 여름 궁금하지만 열려 있는 마음으로 내 아버지일 수도 있는 세 사람의 사진을 봤지만 특별히 무슨 감정이 일지는 않았다. 그런데 네 번째 사진을 보는 순간 나는 심장이 얼어붙는 것 같았다. 한 달쯤 뒤 노르웨이에 오고 나서 52년 만에 DNA 검사를 통해 비록 돌아가시긴 했어도 내 친부의 존재를 확인했다. 살면서 그 전에 딱 한 번 무한한 기쁨을 느낀 적이 있었다. 내 아들이 태어났을 때. 이번에는 조상이 생긴 것 같았다.

베르 베눔Vår Benum은 1963년 대한민국에서 태어나 생후 9개월 때 친어머니를 통해 성육원에 입소했고, 그러고 나서 4개월 뒤 노르웨이 가정에 입양돼 양부모 밑에서 네 명의 형제자매와 함께 자랐다. 그 중 두 명은 한국에서 입양됐고, 두 명은 친자녀들이었다. 베르는 1990년 오슬로 대학교 임상심리학과를 졸업한 뒤 1999년 트롬쇠 대학교 공중보건학 석사학위를 받았으며 2005년부터 중독 치료 전문가로 일하고 있다. 현재 노르웨이 북부 트롬쇠에서 살고 있으며 27년 전에 결혼해 스물다섯 살 난 아들이 있다. DNA 검사를 통해 생물학적 아버지의 존재를 확인했고 2016년 부계 쪽 사촌 한 명과 이복 남동생과 연락이 닿았다.

제3장

지독한 편견에 맞서다

(배제와 소속의) 아홉 가지 계보[1]

패티 던컨

먼 곳으로부터 온
어떤 국적
혹은 어떤 인척과 친족관계
어떤 혈연
어떤 피와 피의 연결
어떤 조상
어떤 인종 세대
어떤 가문 종친 부족 가계 부류
어떤 혈통 계통
어떤 종(種) 분파 성별 종파 카스트
마구 튀어나와 잘못 놓여진 어떤 것
이것도 저것도 아닌 제3의 부류
비참한 귀화의 무덤
버려져야 할 어떤 이주(移住)

테레사 학경 차Theresa Hak Kyung Cha, 딕테Dictée

i. '유배'[2]

"어디 출신이에요?" 사람들은 늘 묻는다. "아니, 원래 출신지 말이에요?" 그리고 다시, "그런데 부모님은 어떻게 만나셨대요?"

당신은 어떻게 있게 됐는데요? 어떻게 존재하게 됐는데요? 당신은 어떻게 여기 존재하게 됐는데요? 당신은 어째서 여기 있는 건데요? 왜요? 왜?

ii. 사랑하는 챈스에게

먼저 내가 널 얼마나 사랑하는지, 그 얘기부터 할게. 네가 태어난 날은 아마도 내 인생에서 가장 행복한 날이었을 거야. 너 때문에 매일매일이 경이롭고 내가 네 엄마라는 게 그렇게 뿌듯할 수가 없구나.

너에게 물려주고 싶은 게 정말 많단다. 네게 가르쳐주고 함께 나누고 싶은 것들 말이야. 벌써 짐작은 하고 있지만 넌 내 성격을 더러 물려받은 것 같아. 네가 나처럼 음악과 예술과 책을 무척 사랑해서 난 얼마나 기쁜지 모른단다. 그리고 다른 사람들과 이 지구와 모든 존재를 깊이 배려하는 너의 그 예쁜 마음씨도 나는 사랑하고 또 감사하고 있단다. 정의와 평등에 헌신하는 태도 또한 나와 닮았고, 그것도 내게서 물려받았다고 생각하면 얼마나 기분이 좋은지.

하지만 이런 연관성들을 축하하면서도 난 몇 가지 힘든 유산들을 의식하지 않을 수 없구나. 넌 복잡한 가족사를, 세대 간 트라우마가 미치는 영향을, 우리의 집단 과거의 유령들을 물려받게 될 거야. 나는 한국에서 이민 온 여성과 군인으로 복무하다 전역한 백인 미국 남성 사이에서 혼혈아로 태어나 아무도 기억하고 싶어하지 않는 전쟁의 그림자 속에서 자랐단다. 한국전쟁의 지정학적 역사는 우리 가족 안에서의 관계뿐만 아니라 미국과 한국의 불

평등한 권력 관계를 계속 고착화하고 있지. 내가 이런 얘기를 하는 이유는 네게 걱정을 안기려고 해서가 아니라 "그 아픔이 기억 속에 자리잡지 못하게 되는 걸"(차, 140) 원치 않기 때문이란다. 더 나아가 나는 한 가족의 역사로서 "우리의 여정표를 기록으로 남겨 놓고"(차, 140) 싶단다. 시간을 옮기고 싶단다. 할 수만 있다면 너를 위해 역사도 바꾸고 싶단다.

iii.

초음파 사진은 너무 흐릿해서 판독하기가 어렵다. 나는 작은 얼굴과 두 손, 두 발을 상상하며 몇 시간째 사진을 들여다본다. 나는 이 작은 존재가 과거와 미래를 한데 합쳐 우리 모두가 사이좋게 공존하게 될 현재를 만들어나가며 우리를 만나러 오고 있다고 믿는다. 물론 나는 내 아이가 우리 가족사의 무게를 짊어지고 있다는 것을 잘 안다. 그러나 그와 동시에 우리 가족이 그 역사를 함께 잘 엮어나가면서 결국엔

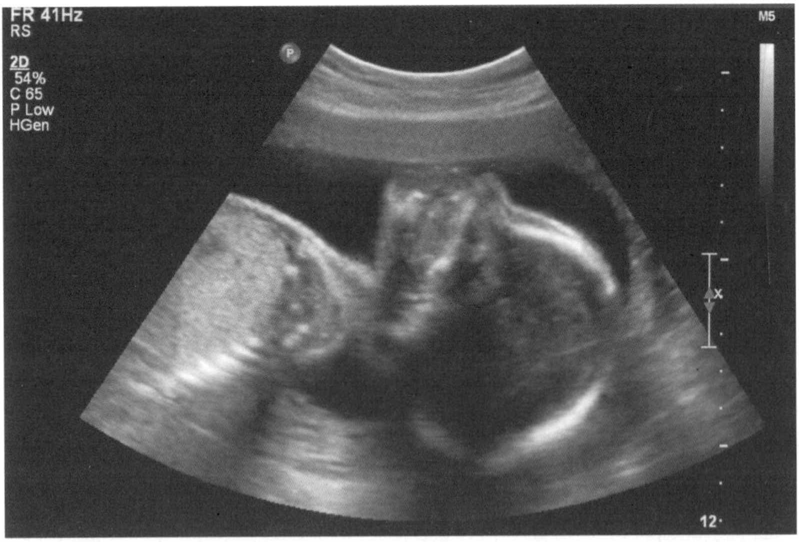

자유로워지리라는 것 또한 나는 안다.

iv. '이것도 저것도 아닌'

미국에서 혼혈아로 성장한다는 것은 내가 속한 인종과 민족의 유산에 대해 끊임없이 질문 받는다는 것을 의미했다. '어디서 왔어?' 또는 '넌 누구니?' 내 대답이 신통치 않으면 아이들의 질문은 좀 더 공격적으로 바뀌었다. '그럼 너희 부모님은 어떻게 만났어?' '국적이 어디로 돼 있어?' 또는 '내가 네 배경을 알아맞혀볼까?' 혼혈아로 성장한다는 것은 그렇지 않은 아이들의 탐색하는 듯한 시선을 견뎌야 한다는 것을 의미했다. 아이들은 '섞이려면 무지 힘들겠다'나 '두 세계 사이에 낀 것 같은 느낌이겠다' 아니면 그보다 더 느물대며 '혼혈인들은 참 이국적이야' 또는 '혼혈인들은 참 아름다워' 같은 말들을 잘도 내뱉으며 대놓고 우월감을 드러냈다. 그런 모순되는 말과 지레짐작에 자주 노출되면서 나는 애매하게 사는 법을 터득했다. 혼혈아로 성장한다는 것은 투명인간 같다고 느끼면서 나의 존재와 정체성을 늘 정당화해야 한다는 걸 의미했다. 그것은 한 번도 제대로 소속된 적이 없기 때문에 이쪽 사회와 저쪽 사회 모두에 미안한 감정을 갖게 된다는 걸 의미했다. 혼혈아로 성장한다는 것은 때로 자신들의 편의를 위해 나의 인종적 정체성을 범주화하거나 수량화해야 직성이 풀리는 사람들을 무시하거나 그 사람들에게 무시당한다는 것을 의미했다. 혼혈아로 성장한다는 것은 다르고, 타자일 뿐아니라, 틀렸다고 느끼는 것을 의미했다. 그런가 하면 양쪽에서 자기네 인종을 '팔아먹는다'고 비난받을 때도 있었다. 그것은 결국 내가 아시아인이기에도 한국인이기에도 충분치 않다는 의미였다. 내가 아주 어렸을 때 아시아인이었던 어머니는 더러 나의 보모로 오인받곤 했다. 사람들은 나의 백인 아버지가 미군 신분으로 한국에 주둔했다는 사실을 알고 나면 그럼 나의 어머니는 창녀였느냐는 질문을 자주 했다. 혼혈인으로 성장한다는 것은 나는 누구이며, 나의 부모님은 어떤 사람들인지, 또 나의 경험은 어때야 하는지를 둘러싼 추측에 시달린다는 것을 의미했다.

「이걸 불구덩이 속에서 쓸 수 있다면 그럴 텐데 If I Could Write This in Fire, I Would Write This in Fire」에서 미셸 클리프(1946~2016, 자메이카계 미국 작가, 조국 자메이카의 인종과 계급, 성 차별과 식민주의의 잔재를 문학을 통해 고발했다 : 옮긴이)는 자메이카에서 피부가 하얀 혼혈아로 자라면서 겪은 일들에 대한 기억과 그곳에서 살아가는 사람들의 삶에 여전히 지대한 영향을 미치고 있는 식민주의와 인종 차별에 대한 혹독한 비난을 씨줄과 날줄처럼 촘촘히 엮어나간다. 그녀는 이렇게 쓰고 있다. "회상 : 배경이 전경이 있는 장소들을 언제 바꿔놓았는지 알아내려는 노력. 소실점, 즉 원근법에서 선들이 만나고 사라지는 지점의 정확한 위치를 찾아내려는 시도. 피부색과 계급의 선들. 역사와 사회적 상황의 선들. 부정과 거부의 선들. 우리(하얀 피부의 중산층 자메이카인)는 언제 그들을 대신해 압제자가 됐을까? 나는 이런 일이 언제, 어떻게 일어났는지 알아야 한다."(62) 운문과 산문, 비판적 분석과 자전적 내용을 섞어 쓴 글에서 클리프는 특권과 권력, 내면화된 억압의 복잡한 작동이라는 주제를 파고든다. 고통스럽도록 솔직하게 그녀는 인종 차별과 계급 차별이라는 제도와 복잡하게 얽혀 있는 자기 자신의 문제에 뛰어든다. 그런 글은 '이 모든 이론화의 끝에 몸통이 있다'라는 마리 마츠다의 지적을 생각나게 한다. 그것은 뿌리를 둔 개인적 경험이라는 내밀한 공간에서의 권력과 특권에 관한 페미니스트 이론의 정초가 된다.

몇몇 글 가운데서 나는 나의 가족사를 통해, 특히 혼혈 여성으로서의 내 경험을 돌아봄을 통해 유사한 주제를 다룬다. 나는 혼혈인으로서의 경험과 특히 인종과 젠더가 상호 작용하면서 혼혈인들에 대한 이야기와 그들에게 유리한 경험을 제시하는 방식에 관심이 많다. 나는 우리의 삶은 언제나 이미 비극적이지만 왠지 이국적이기도 하다고 시사하는 담론에 끼어들어 그러한 구조를 가능하게 만드는 사회적, 정치적, 경제적 환경뿐만 아니라 이러한 이야기와 표현 방식을 배태하는 사회적 상황을 이해하고자 노력한다. 나는 억압의 시스템들이 서로 맞물려 돌아가는 방식을 분석하려면 먼저 혼혈인들에 대한 그러한 담론의 여성적, 인종적 표현을 이해하는 것이 중요하다고 생각한다.

내가 유년기를 보낸 아시아 태평양 미국인 사회에서 혼혈인들은 전쟁 또는 무력 갈등 기간과 그 후에 미군과의 사이에서 아이를 낳은 아시아 여성과 관련이 있었다. 예를 들어 대한민국, 베트남, 일본, 필리핀에서의 미군의 존재는 혼혈아들의 대거 출생으로 이어지는 상황을 만들었다. 현지인들 입장에서 보면 미국의 군국주의는 가난과 폭력뿐만 아니라 미군과 현지 지역사회 간의 불평등한 권력 관계, 경제적 격차, 언어와 문화 장벽으로 특징지어지는 섹스 이코노미의 창출이라는 결과를 낳았다. 아울러 그와 같은 접촉 지대에서 빈번하게 발생하는 성차별적이고 인종 차별적이면서 성애적 성격도 띠는 만남은 혼혈아를 매춘과 미군의 조국 점령에 따르는 결과물로 보고 낙인 찍기의 대상으로 전락시켰다.

한국 출신의 이민 여성과 미군의 딸로 태어난 나는 자라면서 어머니와 내가 어떻게 인식되고 있는지 아주 잘 알았다. 나는 어머니가 미국 사회 안에서 직면하는 차별을 숱하게 목격했지만 대놓고 깔보고, 비웃고, 따돌리고, 모임이나 행사에 받아주지 않는 등 다른 한국인들이 보이는 경멸은 이해하기가 훨씬 더 고통스럽고 힘들었다. 어머니의 혼혈 딸로서 나 또한 똑같은 경험을 하면서 어머니도 나도 고향의 한국인 사회에 한 번도 온전히 소속된 적이 없었다는 점을 새록새록 깨달았다.

그럼에도 나는 자라면서 한국 꿈을 꿨다. 그곳에 가면 다인종 군인 가정에서 태어나 거듭되는 어머니의 소외와 유랑을 지켜보면서 나의 안 어딘가에 켜켜이 쌓아두었던 그 모든 의문과 궁금증을 해결해줄 답을 찾을 수 있을 것 같았다. 어렸을 때 나는 한국말을 아주 조금밖에 하지 못했다. 학교와 그 외 공공장소에서 '영어로만' 말하라고 독려받았기 때문이다. 나는 어머니와 단 둘이 있을 때면 어머니가 만들어주시는 불고기와 김치를 먹었는데 나의 미국 친구 대부분은 이런 한국음식을 좋아하지 않으리란 것을 알고 있었다. 어느 날부터 나는 한국에서 가져온 한복보다 덩치가 커졌다. 지금 생각해보면 사실 한동안 나는 전형적인 (백인) 미국 청소년처럼 되려고 애썼던 것 같다. 하지만 사람들은 끊임없이 내가 속한 인종에 대해 물어봤고, 그때마다 나는 그들 가운데 소속되지 못한다는 느낌을 받았다. 나는 어머니가 미국인들의 인종 차별과 반동양인 정서와 부딪치는 모습도 봤고, 다른 한국인들이 어머니를 무시하거나 비웃는 모습도 봤다. 그때마다 내 아픔이 어머니의 아픔에 투영되곤했다. 내 기억에 어머니는 자신과 처지가 비슷한 여성들, 그러니까 미국에서 미군과 결혼해 혼혈아를 낳은 여성들과 친하게 지냈다. 하지만 어머니가 '집' 얘기를 할 때면 늘 한국을 의미했고, 나 또한 한국을 나의 집이자 생득권으로 여기기 시작했다.

v. '기억에 저항해'

"당신은 돌아가지만 그들 중의 하나가 되지 못할 것이고…… 그들은 당신이 그들의 언어를 할 수 있는지 없는지에 대해 언급합니다. 그들은 당신이 국적에 대해 진실을 말하는지 아닌지를 문제 삼습니다. 그들은 당신이 말하는 것과 달라 보인다고 말합니다. 마치 당신이 당신 스스로가 누구인지를 모른다는 것처럼 말합니다. 당신은 당신이 누구인지 말하지만 곧 자신을 의심하기 시작합니다."(차, 56-57)

기억에게, 그리고 그 밖에 내가 잃어버린 것들에게.
나의 모국어.
나의 어머니.
나의 여동생.
전쟁은 많은 것을 주장했다, 그때뿐만 아니라 지금도.

나는 어머니의 트라우마를 물려받았다. 달리 뭐라고 설명할 수 없지만 늘 존재하는 그 트라우마를.

vi.

"언제 이 나라를 떠났고 왜 이 나라를 떠났으며 왜 다시 이 나라로 돌아왔는지."(차, 57)

어쨌든 '한국인처럼 보인다'는 건 무슨 뜻일까? 내가 백인처럼 보이지 않는다면? 그렇다고 한국인처럼 보이지도 않는데? 더구나 한국에서 그렇다면? 하지만 인종은 피부색도 얼굴 생김새도 머리카락도 아니다. 인종은 사회적인 성격을 띤다. 다시 말해 인종은 역사를 통해, 즉 사회적, 경제적, 정치적 제도를 통해 만들어진다. 아울러 인종은 젠더, 계급, 섹슈얼리티, 민족, 기타 사회적 범주와 제도를 형성하기도 하고 그것들에 의해 고착되기도 한다. 한국인과 미국인 사이에서 태어난 혼혈인이라는 사실에는 식민주의, 전쟁, 군사 점령, 군사적 폭력, 기타 형태의 국가 폭력이라는 기나긴 역사가 딸려 나온다. 우리는 이 역사를 상징한다. 우리의 피에는 이 역사가 담겨 있고, 우리의 얼굴은 이 역사를 고스란히 드러낸다.

퀴어처럼 보이거나 레즈비언처럼 보이거나, 또는 양성애자처럼 보인다는 건 무슨 뜻일까? 우리가 매일 못 보고 지나치는 그 모든 길들을 어떻게 설명한단 말인가?

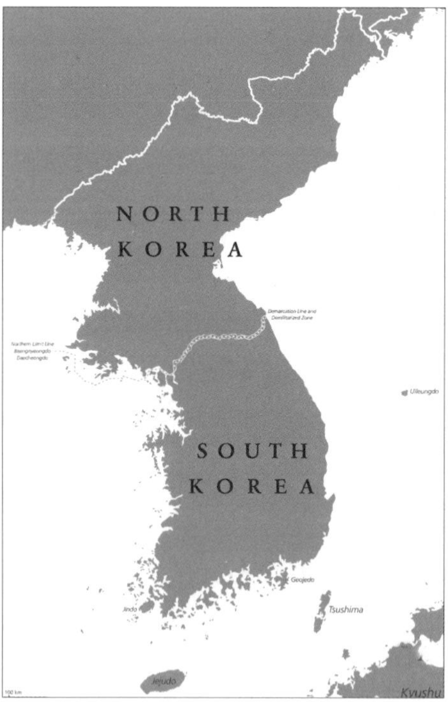

vii.

어머니께

어머니가 이 글을 읽기를 바라면서 다시 쓰고 있어요. 어머니는 과거를 부정하시죠. 그 과거를 가지고계셨음에도. 난 이제 드디어 과거를 인정하고 받아들이기 시작했지만 우리의 집단적 역사와 가족의 역사가 여전히 날 힘들게 해요.

어머니께

"아무것도 변한 것은 없고, 우

리는 정지 상태입니다. 나는 이제 다른 언어, 제2의 외국어로 말하고 있습니다. 이 모든 시간동안 우리는 떠나 있었습니다. 그러나 아무것도 변하지 않았습니다. 정지 상태일 뿐."(차, 80)

엄마에게

엄마한테 하고 싶은 말이 너무너무 많지만 "우리 사이에는 거대한 간극이 있어요."[3]

어머니께

안녕하세요. 평안하시죠?[4]

viii.

챈스, 올해로 넌 일곱 살이 되는구나. 네 그 작은, 한없이 사랑스럽고 스스럼없는 얼굴을 볼 때마다 나는 네 앞의 세상이 가능성과 희망으로 가득차 있다는 것을 상상한단다. 이걸 기억하렴. 마리아 P.P. 루트는 <혼혈인들을 위한 권리장전 Bill of Rights for Racially Mixed People>에서 이렇게 쓰고 있단다. "나에게는 이 세상의 내 존재를 꼭 정당화하지 않아도 될 권리가 있다……."(7) **나는 네가 공동체 의식과 소속감을 가지고 너 스스로를 속속들이 자랑스럽게 여기며 성장하기를, 우리는 그 자체로 온전하다는 걸 알게 되기를, 네가 혼혈인이라는 네 정체성을 정당화할 필요도, 그것 때문에 사과할 필요도 없다는 걸 너 스스로 깨닫게 되기를 바란단다.**

ix. 이 모든 것을 이제 와서 과거로부터, 역사로부터, 해묵은 상처로부터 되불러 내는 이유는 무엇인가

"알아두면 유용한 역사적 사실이 하나 있는데, 그게 뭐냐면 '양공주'

라는 인물이 정신적 충격의 영향을 통해 어떻게 생겨나게 됐는지, 그리고 그 충격은 개별적이고 일시적이라 선형 연대표에는 나와 있지 않다는 것이다.

– 그레이스 조의 『잊히지 않는 *Haunting*』, 4

나는 당신이
말하지 못한 이야기로 가득한
기억의 무게에 짓눌린 채
그런 상실의 장소에 다시 돌아가야 했던 이유를 압니다.
나 또한 뼛속으로 그걸 느낍니다.
늘 돌아가고 있다고, 늘 내려놓고 있다고, 늘 잃어버리고 있다고.
그 영상은 내 꿈에도 나타납니다.
내 피부와 심장 깊숙이 박힌 악몽 같은 기억들이.

참고 자료

차, 테레사 학경. 『딕테*Dictee*』. 버클리 : Third Woman Press, 1995.

조, 그레이스 M. 『잊히지 않는 한국 유랑민들 : 수치, 비밀, 잊힌 한국전쟁*Haunting Korean Diaspora : Shame, Secrecy, and the Forgotten Korean War*』. 미니애폴리스 : 미네소타 대학교 출판부, 2008.

클리프, 미셸. "이걸 불구덩이 속에서 쓸 수 있다면 그럴 텐데*If I Could Write This in Fire, I Would Write This in Fire*". 『회상의 땅에서 : 산문과 운문*In The Land of Look Behind : Prose and Poetry*』. 이타카 : Firebrand Books, 1985 : 157-165.

던컨, 패티. 〈질병의 역사history of disease〉. 『Q&A : Queer in Asian America』(데이비드 L. 엥, 앨리스 Y. 홈). 필라델피아 : 템플 대학교 출판부, 1998 : 157-165.

마츠다, 마리. 『당신의 몸은 어디에? 그리고 그 외 인종, 성, 법에 관한 소고 Where is Your Body? And Other Essays on Race, Gender and the Law』. 보스턴 : Beacon Press, 1996.

루트, 마리아 P.P. 「혼혈아들을 위한 권리장전 A Bill of Rights for Racially Mixed People」. 『다인종 경험 : 새로운 국경으로서의 인종 경계선 *Multiracial Experience : Racial Borders as New Frontier*』(마리아 P.P. 루트 편집). 캘리포니아 사우전드오크스 : Stage Publications, 1996 : 3-14.

글쓴이 주

여기에 싣기 전 이 글은 그윈 커크와 마고 오카자와-레이가 편집한 『*Women's Lives : Multicultural Perspectives*』(캘리포니아 마운틴뷰 : Mayfield Publishing Company, 6쇄, 2012, 145-151)에 「In Search of Other 'Others' : Exploring Representations of Mixed Race Asian Pacific Americans」라는 제목으로, 『*Borderlands 2 : Tales from Disputed Territories Between Races and Cultures*』(니아 킹 편집, 2008)에 「The Marginalization of Korean Military Wives」라는 제목으로 출간된 적이 있음을 밝혀둔다.

1. 이 제목은 테레사 학경 차의 『딕테』에 나오는 아홉 개 장을 가리키며, 여기서 이 용어는 가족사, 친척들 이야기, 역사적 기록의 의미로도 사용된다.

2. 인용 부호 안의 굵은 글씨체 제목은 차의 『딕테』에서 가져왔다.

3. 체리 모나가와 글로리아 안살두아가 편집한 『*This Bridge Called My Back : Writings by Radical Women of Color*』(뉴욕 : Kitchen Table : Women of Color Press, 1981, 1983, 140-147)에 수록된 멀 우의 유명한 글 「엄마에게 보내는 편지 Letter to Ma」에서 인용했다.

4. 한강의 소설 『*Human Acts*』(우리나라에서는 『소년이 온다』라는 제목으로 출간됐음 : 옮긴이)에 대한 나미 문의 평론을 참고했다. 그 글(Nami Mun, "The Author of 'The Vegetarian' Takes on Korea's Violent Past"/('채식주의자'의 작가, 한국의 폭력적 역사 다뤄), 『The New York Times Book Review』, January 10, 2017:https://www.nytimes.com/2017/01/10/books/review/han-kang-human-acts.html?_r=0)에서 문은 이렇게 쓰고 있다. "'Hello'(안녕하세요)는 한국어로 말 그대로 '평안하시죠?'로 번역된다. 형태만 의문문일 뿐 물론 서술문으로 통용되는 이 인사말은 특히 한반도의 폭력적 역사를 생각하면 왠지 씁쓸한 느낌이 들게 한다.

패티 던컨Patti Duncan은 오리건 주립 대학교 Women, Gender, and Sexuality Studies 부교수다. 또한 『*Tell This Silence : Asian American Women Writers and the Politics of Speech*』(아이오와 대학교 출판부, 2018)의 저자이자 다큐멘터리 영화 「Mothering in East Asian Communities : Politics and Practices」(Demeter Press, 2014)의 공동 제작자 겸 감독이기도 하며, 『*Women's Lives Around the World : A Global Encyclopedia*』(ABC-ClIO/Greenwood Press, 2018)의 공동 편집자이기도 하다. 최근에는 남반구에서의 구조, 이주, 어머니들 이야기에 관심을 두고 연구를 진행하고 있다.

소금

밀턴 워싱턴

나는 수탉이 울기 전에 일어나본 적이 거의 없었다. 하지만 그 특별한 날 아침에는 동트기 적어도 한 시간 전에 일어났다. 어머니는 우리 시골집 돌바닥 내 옆에서 곤히 잠들어 있었다. 나를 깨운 것은 나쁜 꿈도 한국의 매서운 추위도 아니라 내 두 다리 사이의 반갑지 않은 축축함이었다. 엄마가 깨면 어쩌지 하는 생각에 다섯 살이던 나는 겹겹이 덮은 솜이불 밑에서 바들바들 떨었다. 머릿속에서 얼마 전에 있었던 일에 대한 생각이 주마등처럼 떠오르면서 나도 모르게 입에서 처량하게 훌쩍이는 소리가 들릴 듯 말 듯 새어나왔다. 한쪽 팔을 붙잡힌 채 마을에서 유일하게 흑인 사내아이를 키우는 중년의 한국 여성이 쏟아내는 욕설 세례를 들으며 엉덩이를 옴팡지게 맞았을 때가.

우리가 살던 시골에서의 겨울 아침은 유난히 추웠다. 북한과 남한의 경계 너머로 뻗어나간 산맥 기슭에 오두막 40여 채가 추위를 피해 다닥다닥 붙어 있었다. 가전제품은커녕 전기 같은 기본 시설도 없었던 제3세계 삶은 우리가 때고 자는 연탄불을 중심으로 돌아갔다. 지푸라기와 잔가지와 진흙을 섞어 바른 초가집 천장을 올려다보고 있으려니 나 자신이 가여워졌다. 마을 사람들이 나에게 부적응자라는 낙인을 찍은 것도 서러웠지만 엄마조차 그렇게 여길 거라고 생각하니 참을 수가 없었다.

암담한 숨결이 차가운 공기 중에서 점점 묵직해지면서 눈물 한 방울이 뺨을 타고 또르르 흘러내렸다. 내가 저지른 축축한 사고의 정도를 가늠하려고 이불 밑을 더듬자니 심장이 두방망이질했다. 떨리는 입술로 나는 기적을 바라며 한 손을 코에 대고 냄새를 맡았다. 어쩌면 엄마가 한밤중에 내 다리 사이에 실수로 물을 엎질렀는지도 모른다. 초가집 지붕에 새는 곳이 생겨 그 틈새로 눈이 녹아 내렸을 수도 있었다. 아니면 전날 얼음과 눈밭을 구르며 하루 종일 신나게 놀고 나서 꾼 악몽에 지나지 않을 수도 있었다. 하지만 전부 아니었다. 손가락 끝에서 풍기는 익숙한 오줌 냄새에 모든 희망이 순식간에 날아가고 말았다.

귀청을 찢는 듯한 수탉 울음소리가 겨울 하늘이 이제 검정색에서 잿빛으로 바뀌어가고 있다고 알렸다. 한편으로는 양심의 가책을 느끼면서, 또 한편으로는 번지지 말고 제발 그대로 있기를 바라면서 내 옆의 그 웅어리를 노려봤다. 하지만 잠든 줄 알았던 둔덕은 싸구려 솜이불 한가운데로 빠르게 퍼져 나갔다. 잠이 깰 때면 늘 그렇듯이 엄마가 한숨을 내쉬었다. 잠시 뒤 번짐이 멎었다.

"밀턴-아아아아아!" 엄마가 고함을 내질렀다. 각오는 하고 있었지만 그래도 그 소리에 나는 화들짝 놀라고 말았다. 엄마는 한 시간 전 내가 친 사고의 냄새를 금세 알아채고는 계속 말했다. "한 번만 더 이랬다간 봐!" 그러고는 한국 사람들이 역겨움을 드러낼 때 흔히 하듯이 목구멍 깊은 곳에서 쉿소리를 냈다. 엄마는 사각형의 단단한 뼈대에 빛바랜 파란색 잠옷을 느슨하게 걸친 채 움직일 때마다 힘들어하며 천천히 일어났다. 오랫동안 땡볕아래 논에서 일하느라 피곤에 찌들 대로 찌든 얼굴은 40대 후반을 훌쩍 넘겨 보였다. 등에서 나는 우두둑 소리와 신음 소리를 끝으로 엄마는 기운을 차리고선 입술을 앙다문 채 고개를 설레설레 내저으며 나를 엄하게 쏘아보았다.

"이 노릇을 어쩌면 좋겠니, 밀턴아? 대체 왜 그 모양인 건데?" 엄마는 점점 강도 높게 묻더니 마치 내가 감히 대답할 수 있기라도 하다는 듯 끝에 가서 잠시 멈췄다. "왜 말도 안 듣고 엄마 속을 썩이는 건데? 계속 이렇게 엄마를 속상하게 만드는 이유가 대체 뭔데?" 엄마가 새까만 머리를 어깨 너머로 넘기며 우는소리를 했다.

엄마는 화난 눈으로 나를 내려다봤다. 연탄난로의 이글거리는 불꽃이 엄마의 넙데데한 얼굴을 비추자 실망스런 표정이 더욱 도드라져 보였다. 그 모습은 엄마라기보다 차라리 괴물에 가까웠다. 엄마는 다시 폭발했고, 부뚜막으로 다가가 빠른 손놀림으로 아궁이에 장작을 더 채워 넣으며 내게 욕설을 퍼부었다. "옷 입고 나가기 전에 가서 물 좀 길어와라!" 엄마가 문을 가리키며 툭 내뱉었다.

이렇게 엄마의 화와 조바심이 쓰나미처럼 나를 덮치며 내게 은신처가 돼주는 조그만 섬을 흔적도 없이 집어삼킬 때가 나는 가장 외로웠다. 마을 어른들이 나를 무시하든 말든 내게 욕을 하든 말든, 마을 아이들이 어떻게 나오든 나는 상관없었다. 마음 저 깊숙이 내게는 어머니 품이라는 영원한 안식처가 있다는 걸 알고 있었기 때문이다. 하지만 그 품이 닫힐 때면 나에게는 아무것도, 아무도 없는 듯 느껴지면서 마을이 생긴 이래 최초이자 유일한 흑인이라는 소외감이 더욱 커졌다.

나는 화난 엄마와 추위 때문에 걷잡을 수 없이 바들바들 떨며 고개를 푹 숙인 채 자리에서 일어났다. 그러고는 패잔병처럼 입을 꾹 다문 채 전날 밤 얌전히 개켜뒀던 해군 바지와 두꺼운 솜 스웨터를 집어 들었다. 나는 곧 들이닥칠 시련에 마음의 준비를 하며 묵묵히 옷을 입었다. 밤사이 약해졌던 아궁이 불이 어느새 활활 타오르는 불꽃으로 바뀌었고, 그 위에서 엄마는 평소처럼 쨍그랑거리며 솥을 다루기 시작했다. 엄마는 내게 등을 돌리고 있었지만 나한테 실망한 나머지 뺨을 실룩거리며 중얼거리는 모습이 보이는 것 같아 더 으스스한 느낌이 들었다.

"어서 가!" 엄마가 소리를 꽥 지르며 나를 재촉했다. 나는 격자무늬 스웨터 위로 덧입은 양모 외투 단추를 잠근 뒤 밑창이 고무로 된 신발 끈을 묶고 엄마가 미리 뚜껑을 열어둔 무쇠 솥을 들어올렸다. 그리고 내 가슴과 배를 합친 것보다 더 큰 솥을 두 손으로 받쳐 들고 비틀거리며 문 밖으로 나갔다. 하늘이 흔들리면서 마법이라도 일어나 나라는 가엾은 존재도 좀 마음 편히 살았으면 싶었고, 미국이라는 굉장한 나라에 산다는 아버지가 사무치게 그리웠다. 아이들이 으레 그렇듯 나 또한 어렸을 때 소속되고 싶고 사랑받고 싶었다. 엄마가 그 방정식의 절반은 풀어줬지만 소속감 문제는 영 답이 없었다. 그럴 때면 정말 외롭다는 생각이 들면서 한 번도 본 적 없는 아버지가 한없이 궁금해졌다. 하지만 그 날 나의 궁금증은 현실에 곧 자리를 내주고 말았다.

"빨리 문 닫아!" 엄마가 등 뒤에서 으르렁거리며 잊고 나온 모자를 던져주었다. 나는 문을 쾅 닫으며 모자를 푹 눌러쓰고는 모자 끝을 잡아 늘여 내가 정말 싫어하는 곱슬머리를 가렸다. 우리 마을 집들은 한쪽은 항구 도시 인천으로, 또 한쪽은 서울로 이어지는 리본 모양의 흙길을 사이에 두고 서로 연결돼 있었다. 나는 빈 솥을 들고 허연 입김을 내뿜으며 마을 중앙의 우물을 향해 터덜터덜 걸었다. 한 걸음 두 걸음 내딛다 보니 비참하기만 하던 기분이 어느새 아찔할 만큼 들뜬 상태로 바뀌었다. 나는 방금 내린 눈이 발밑에서 뽀드득거리며 밟히는 소리와 감촉을 마음껏 즐겼다. 나도 모르게 미소가 배시시 피어났다. 나는 내가 제일 좋아하는, 엄마가 가르쳐준 산토끼 노래를 흥얼거렸다.

나의 마음은 상상력이라는 안전지대 속에서 곤란한 처지도 잊은 채 행복했던 순간들을 헤매 다녔다. 산길을 신나게 내달리던 때를, 떠돌이 개들을 쫓아다니던 때를, 연못가에서 얼음을 지치던 때를. 다른 아이들과 한판 붙을 때를 대비해 놀이 실력을 단단히 갈고 닦아뒀다가 기회가 오면 보란 듯이 이겨서 나의 가치를 증명해 보이는 상상도 했다.

하지만 사실을 말하자면 마을 아이들은 자기들끼리 뛰어놀고 나는 구석으로 밀쳐둔 채 끼워주지 않았다. 내가 다르다는 이유로, 무엇보다도 내가 흑인이라는 이유로. 그래서 나는 강아지처럼 아이들 뒤를 졸졸 따라다니며 주변부에서 같이 놀자고 초대해주길 기다렸다. 입양된 뒤 모국어를 잊어버리긴 했어도 고만고만한 동네 머슴애들이 나를 놀려대며 부르던 까만 원숭이 엉덩이는 빨갛다는 내용의 노래 가사는 영원히 잊지 못할 것이다.

"원숭이 엉덩이는 빨개!"

눈이 사각사각 내리는 가운데 솥이 땅바닥에 떨어졌다. 나는 고리에서 밧줄을 풀어 까치발을 하고 서서 곧 요란한 소리가 들려올 것이라는 기대로 있는 대로 신이 나서는 두레박을 우물에 내던졌다. **아아아……저 멋진 승리의 소리!** 두레박이 저 아래 얼음을 깨고 물을 뜨는 순간 나는 속으로 이렇게 생각했다.

어쩌면 원숭이였을지도 모르지만 그래도 나는 우월했다. 우리 동네 그 어떤 아이보다 크고 강하고 뛰어났다. 그리고 그 애들은 내 상상력을 건드릴 수 없었다. 이제 또 킹 밀턴-이가 활약할 시간이었다!

북한군이 쳐들어와 마을에 불을 질렀다. 겁쟁이 어른들은 소녀 한 명만

놔둔 채 모두 도망쳤다. 하지만 나는 아니었다. 그래, 용기와 힘과 기지로 소녀를 구하고 다시 마을의 영웅으로 우뚝 서는 거야! 마을 사람들은 크게 기뻐하며 나를 사랑하겠지! 나는 얼음처럼 차가운 밧줄 매듭을 꽉 붙잡고 불을 끌 귀중한 물을 수면 위로 끌어당겼다. 솥에 물을 가득 채운 뒤 나는 마을의 구세주로서 내가 누리게 될 인기와 권력의 기대에 잔뜩 부풀어 솥을 허리께로 으라차차 들어올렸다!

그토록 기다렸던 권력을 마음껏 사용할 생각을 하니 집까지 가는 내내 나도 모르게 계속 웃음이 나왔다. 죽 끓듯 하는 내 변덕을 맞추려고 쩔쩔 매는 아이들 모습이라니. 하지만 허름하고 초라한 우리집이 시야에 들어오면서 축복은 곧 근심으로 바뀌었다. 평소에는 비바람과 위험을 막아주던 진흙 벽과 초가지붕, 나무 덧문이 그날은 나를 배신하고 깊은 근심과 두려움만 안겼다. 솥이 갑자기 무거워졌다. 대문의 녹슨 경첩이 나의 귀가를 알리며 엄마의 짜증에 다시 불을 붙였다. 도마에 대고 야채를 썰 때 나던 칼질 소리가 뚝 그쳤다. 엄마는 칼을 부뚜막 위에 올려놓고는 자리에서 일어나 나를 향해 성큼성큼 다가왔다. 나는 잔뜩 움츠린 채 엄마가 그 큰 솥을 낚아채 시골 힘으로 아궁이 위에 가뿐히 올려놓는 모습을 가만히 지켜보았다. "왜 그러고 섰어?" 엄마가 다그쳤다. 그러고는 마디마디 거칠고 투박한 손으로 나를 밀쳐내며 툭 내뱉었다. "가!" 등 뒤에서 문이 쾅 닫히는 것과 동시에 나는 다시 밖에 있었다. 내 임무를 마주하기가 싫었다.

우리 집 외벽, 빗자루와 기타 연장들 옆에 '키'라는 쌀을 고르는 커다란 체가 걸려 있었다. 길이가 거의 내 키만 한 이 농기구는 논에서 수확해 말린 쌀알을 도정하는 용도로 집집마다 하나씩 있었다. 키를 가슴에 안자 약간 뜬 공간 사이로 바람이 드나들면서 제일 가까운 이웃집을 향해 걸음을 옮길 때마다 키가 돛처럼 펄럭였다.

바로 그때 엄마가 문간에서 고개를 쑥 내밀고 소리를 질렀다. "마을 전체가 알 때까지 돌아올 생각 말거라!" 순간 엄마의 눈이 나를 미워하는 마을 사람들 눈처럼 보였다. 추위 때문에 손가락과 뺨이 빨개진 채 나는 제일 가까운 이웃집 앞에 가서 아무도 못 듣길 기도하며 대문을 조심스럽게 두드렸다. 하지만 당연히 다들 일어나 있었다. 때는 70년대 초반이었고, 그 시절 농부들은 겨울철 어른들을 기다리고 있는 일을 하려고 일찍부터 부지런을 떨었다. 끼이익 빗장을 푸는 소리가 나지막이 들리기에 나는 키를 가슴께로 끌어올렸다. 곧이어 문이 열렸다.

"또 너냐!" 웬 여자가 문간에서 서서 고함을 빽 지르며 나를 쏘아보았다. 어머니 나이 또래인 듯한 여자는 아직 속옷 차림이었고, 그 뒤로 보이는 집안에서는 갓난아기가 울고 있었다. 당황스럽기도 하고 분하기도 한 마음을 누르며 나는 준비해간 장광설을 풀어놓기 시작했다. "저는 이웃에 사는 박영자의 아들 박밀턴입니다. 전 나쁜 아들입니다. 또 요를 적셔서 어머니가 화가 아주 단단히 났습니다. 어머니 잘못이 아니니 부디 어머니한테는 화내지 마세요. 어머니가 죄송하대요." 여자는 넌더리가 난다는 듯 고개를 절레절레 흔들며 쯧쯧 혀를 찼다. 그러고는 나를 어둠 속에서 떨게 놔둔 채 문을 소리 나게 쾅 닫았다. 잠시 뒤 여자가 화난 얼굴로 돌아와 내게 바싹 기댔다. 그러더니 손바닥이 위로 향하게 주먹 쥔 손을 내 얼굴에 대고 휘두르면서 쉬이, 쉬이 소리를 질렀다. "부끄러운 줄 알아야지. 이렇게 우리집에 온 게 올 겨울에만 벌써 몇 번째냐. 너처럼 못된 아이는 보지를 못했다! 너 때문에 네 엄마 고생문이 훤하구나!" 장광설이 끝나자 여자는 주먹을 들어 올리고는 쥐고 있던 내용물을 내 얼굴에 내던졌다. 조약돌 크기만 한 왕소금이 얼굴과 가슴에 맞고 튀어나와 키 속으로 떨어졌다. "엄마한테 씻겨달라고 해!" 여자가 소리쳤다. 얼마나 따갑던지.

나는 그 여자가 나를 아무리 무시하고 경멸해도 떨지 않으려고 기를 썼지만 그 여자와 그 여자 가족, 내 이웃 한 명 한 명에 대한 증오는 한국에서 흑인으로 태어나는 걸 선택하지 않은 소년의 눈물을 터뜨리고야 말았다. "이제 가서 네가 한 실수에 대해 생각해봐." 여자가 문을 쾅 닫으며 말했다. 나는 꽥하고 비명을 내질렀다. 마치 마을 전체가 내 면전에 대고 문을 쾅 닫는 듯했다.

그 뒤 한 시간 동안 나는 추위 속에서 눈물을 글썽이며 무거운 발걸음으로 온 동네를 돌아다니며 똑같은 말을 되풀이했고, 그때마다 똑같은 반응이 돌아왔다. 키가 소금으로 무거워질수록 내 가슴은 무시와 경멸로 점점 먹먹해졌다. 우리의 단칸방으로 돌아와 보니 방바닥에 깔려 있던 이부자리가 깨끗이 치워져 있었다. 엄마의 국에서 솔솔 풍겨오는 푸근하고 따스한 냄새는 엄마의 기분이 바뀌었다는 걸 말해주고 있었다. 엄마는 차분하게 내 손에서 키를 잡아채더니 입을 떡 벌린 채 더 많은 내용물을 받아들일 태세로 앉아 있는 내 덩치만 한 크기의 마대자루 쪽으로 미끄러지듯 걸어갔다. 잠시 뒤 엄마는 익숙한 손놀림으로 소금을 한 알갱이도 남김없이 자루에 부었다. 이제 우리는 몇 마일 떨어진 시장에서 물건을 구입할 소금을, 아니면 여간해선 우리집 대문을 통과하는 법이 없는 고기를 절일 소금을, 아니면 적어도 강가에서 빨래할 때 쓸 소금을 더 많이 확보하게 됐다. 그 시절 소금은 한국 시골의 통화였다. 엄마는 소금을 조심스럽게 한 줌 집어 들더니 찬송가를 흥얼거리기 시작했다. 그러고는 그 귀한 광물을 방바닥 주위에 천천히 뿌리며 나를 위해, 우리를 위해 기도했다. 예부터 전해오는 한국 풍습에 따르면 이부자리를 적시는 아이는 감정보다 영들의 세계와 마찰을 일으킬 소지가 높다. 이 경우에는 실금의 영이다. 이 영은 인간의 내부에 거하는데, 이를 쫓아내려면 영적인 세제, 즉 귀하디귀한 소금 말고는 달리 방도가 없다. 이부자리에 오줌을 싼 아이는 역시 보호가 필요한 이웃에 소금을 얻으러 다니면서 대중의 '격려'를 받게 된다. 아이에게 소금을 뿌려 그 영을 쫓아낼 수 있도록 돕는 것은 마을 성원들의 공동 책임이며, 그 과정에서 사람들은 각자의 집 문간에도 소금을 넉넉하게 뿌려 보호벽을 마련한다. 그러고 나면 아이의 어머니는 집 마루와 그 주변 땅에 소금을 골고루 뿌려 그 영의 집을 깨끗이 청소해야 한다. 남은 소금은 일종의 위로인 셈이었다. 엄마는 마치 딴 세상에 있기라도 한 듯 무아지경으로 춤을 추다가 갑자기 뚝 멈췄다. "어서 씻고 이 닦아!" 엄마가 소리 질렀다. 나는 속옷까지 벗고 엄마가 준비해둔 더운 물 솥에 조그만 천 조각을 적셔 내 몸 구석구석을 닦았다. 그리고 곱게 빻은 소금을 조금 집어 집게손가락에 골고루 흩뿌린 다음 손가락을 입에 집어넣고 이리저리 문질렀다. 잠시 뒤 엄마가 나를 다리 사이에 앉히더니 커다란 검정 플라스틱 빗을 따뜻한 물에 적셔서는 내 머리카락을 거칠게 잡아당기며 갈퀴질하듯 한 올 한 올 빗어 내려갔다. 엄마에게 미국이라는 신비한 나라에 사는 나의 아버지가 보내온 것이라는 말을 듣고 난 뒤로 나는 늘 그 빗이 마음에 들었다. 하지만 아이는 자기 머리를 빗기는 어머니의 손길을 통해 어머니의 기분이 어떤지 알아챈다. 그날 엄마는 무척이나 상심해 있었다.

아침은 전날 저녁 때 먹고 남은 죽 한 사발이었다. 양배추와 당근, 뿌리채소를 넣어 깔끔하게 끓인 죽으로 시골 사람들이 흔히 먹는 음식이었다. 방 한가운데 펴놓은 상을 사이에 두고서 엄마는 책상다리를 하고 앉았고, 나는 무릎을 꿇고 앉았다. 금속 숟가락이 사기그릇에 부딪치며 나는 쨍그랑 소리만 들릴 뿐 우리는 아무 말 없이 그저 먹기만 했다. 조용한 아침 식사가 거의 끝나갈 무렵 우리는 누가 대문을 쾅쾅 두드리는 소리에 깜짝 놀랐다. 그동안 우리는 손님을 맞아본 적이 한 번도 없었고, 사람들에게 따돌림 받기는 엄마도 나와 다를 게 없었다.

"누구세요?" 엄마가 문간에 대고 한쪽 귀를 쫑긋 세운 채 그렇지 않아도 내가 한 행동 때문에 잔뜩 주눅 들어 있는 나를 의심스런 눈초리로 매섭게 흘겨봤다. "이웃이에요!" 웬 여자의 성난 목소리가 문틈 새로 들려왔다. 엄마는 죽사발을 상 위에 살며시 내려놓고는 툴툴거리며 일어났다. 나는 엄마가 무슨 일에서든 그렇게 망설이는 모습은 본 적이 없었다. 보아하니 문부터 먼저 열어줘야 할지, 아니면 나한테 물어보기부터 먼저 해야 할지 몰라 갈팡질팡하는 눈치였다. 그러고 나서 아까보다 더 다급하게 문을 두드리는 소리가 들려왔다. "나가요!" 엄마가 마지못해 뒤뚱뒤뚱 대문 쪽으로 걸어가며 소리쳤다. "무슨 일인데 그러세요?" 엄마가 한 손은 여전히 걸쇠 위에 올려놓은 채 고개를 삐쭉 내밀며 물었다. 그 뒤 몇 분 동안 밖의 두 여자가 숨죽인 채 뭐라고 소곤대면 엄마는 사이사이 무뚝뚝한 목소리로 짧게 대답했다.

"언제요?"

"왜요?"

"누가 그러던가요?" 엄마가 물었다.

"마을 어르신이요." 한 목소리가 또박또박하지만 서릿발처럼 차갑게 쏘아붙였다. 마을 어른들이 내 어머니를 얼마나 미워하는지를 새삼 일깨워주는 말투였다. "어딜 가나 다 저 구역질나는 이 집 검둥이 아들 얘기뿐이란 말이에요!" 걸쇠 위 엄마의 손에 힘이 들어갔다. "그게 뭐 어때서요? 그 애가 다른 애들이랑 뭐가 다른데요? 다리를 절기를 해요, 아니면 미친년처럼 눈을 희번덕거리며 혼자 중얼거리길 해요?" 그 자리에 버티고 선 채 엄마가 큰소리로 되쏘았다.

밖의 두 여자는 자신들이 제대로 된 임자를 만났다는 걸 알아챈 게 분명했다. 좀 전에 비해 한껏 낮아진 목소리로 무슨 말인지 알아듣기는 어려웠지만 길게 뭔가를 설명했기 때문이다. 속으로 참 많이도 추워졌다고 생각하는 순간 엄마 어깨가 축 처지는 게 두 눈 가득 들어왔다.

"시간 여유가 얼마나 있죠?" 엄마가 한숨을 쉬며 물었다.

"이번 주 말까지요." 두 번째 목소리가 승리에 취해 의기양양해하는 아이처럼 거들먹거리며 말했다.

"그럼 난 뭘 어떻게 해야 하죠?" 엄마가 체념과 분노가 섞인 목소리로 물었다.

으스스할 만큼 나쁜 소식에 온 몸이 바들바들 떨려왔다. 엄마는 문을 슬쩍 밀어 닫고는 아무 말 없이 빗장 위에 머리를 얹었다. 나는 조금이라도 따듯해지라고 그릇을 꼭 껴안았지만 엄마의 고통이 느껴졌다.

"무슨 일이야, 엄마?" 내가 물었다.

엄마는 몇 분 동안 미동도 없이 우두커니 서 있다가 지친 목소리로 속삭였다. "어서 먹어라, 밀턴아."

나는 숟가락을 들고 엄마한테서 한시도 눈을 떼지 않은 채 천천히 죽을 씹으며 엄마 안색을 살폈다. 그저 우리의 평소 생활로 돌아가고 싶다는 마음뿐이었다. 엄마는 깊은 한숨과 함께 돌아서더니 상에 앉아 마치 아무 일도 없었다는 듯 코를 훌쩍이며 눈물을 훔쳤다.

"엄마, 왜 그래?" 내가 다시 물었다. 목소리가 갈라지고 입술이 떨리면서 금방이라도 울음이 나올 것만 같았다.

"어서 먹어라!" 엄마가 소리를 빽 지르는 바람에 나는 깜짝 놀랐다. 엄마는 나를 뚫어져라 쳐다보더니 다시 먹기 시작했다. 침묵이 우리의 남은 식사 시간을 가득 에워쌌다. 식사가 끝나자 엄마는 죽 사발 가장자리에 젓가락을 얌전히 걸쳐놓았다. 머리카락 몇 가닥이 흘러내려 엄마의 지친 얼굴을 가렸다. 엄마는 나를 올려다보며 심란한 마음을 가라앉혔다.

"소리 질러서 미안하구나, 밀턴아." 엄마는 흘러내린 머리칼을 천천히 쓸어 올려 다시 뒤로 묶었다. "할 얘기가 있단다." 엄마는 큼지막한 손으로 얼굴을 훔치며 계속 말을 이었다. "마을 어르신들이 우리더러 떠나라고 하는구나. 그래서 며칠 안으로 이사할까 해. 내일 우선 동두천에 가서 알아볼 생각이다."

"거기가 어딘데, 엄마?" 엄마의 기분이 다시 평상시로 돌아왔나 보다고 생각하며 내가 흥분해서 물었다.

"서울 근교의 산지에 있는 곳이란다. 큰 강이 하나 있는데, 여름이면 거기서 멱도 감고 겨울이면 얼음도 지칠 수 있단다." 이렇게 말하면서 엄마는 그날 처음으로 미소를 지었다. 엄마는 평소 모습을 되찾았고, 나는 그 끔찍한 마을을 떠난다는 생각에 가슴이 설렜다.

밀턴 워싱턴Milton Washington은 1979년 미국으로 입양돼 그곳에서 영어와 미국 문화를 배웠다. 현재 할렘에 거주하면서 전략, 세일즈, 스피치 전문기관인 '슬리키보이 스튜디오(Slickyboy Studios)'를 운영하고 있다. 최근에 한국전쟁이 끝나고 15년 뒤 기지촌 여성에게서 아버지 없는 흑인 남아로 태어난 자신의 이야기를 다룬 회고록 『떠돌이 아이*Slickyboy*』를 출간했다.

이 글 〈소금 Salt〉은 2015년 4월 온라인 매체 「홈 슬라이스*Home Slic*e」를 통해 세상에 첫선을 보였다.

노란 버스

킴 아인혼

기억이 나기 시작하는 시점부터 나는 내 피부색 때문에(혼혈인은 개보다 못하다고 생각했다는) 순혈 한국인들에게 따돌림 당하고, 뭐든 새 것과 자기들과 달라 보이는 사람은 누구든 쑤셔보고 찔러보는 미국 아이들에게 괴롭힘을 당하며 다소 고립된 삶을 살아왔다. 나는 반쪽 한국인, 즉 절반은 내가 사는 이 땅의 토착민이 아니다.

MTV가 우리가 좋아하는 노래를 듣는 가장 인기 있는 방법으로 떠오르기 전만 해도 버스 안에서는 아이들이 한 목소리로 시종일관 열창하는 아카펠라 소리가 울려 퍼졌다. 나와 같은 버스에 타는 아이들은 내게 노래 불러주는 걸 좋아했다. 아이들은 신이 나서 버스를 타는 45분 내내 '차이니즈 칭크!'를 부르고 또 불러댔다. 그중 몇몇은 반쪽 동양인일지언정 실물 동양인을 가까이서 본 적이 한 번도 없었다. 나는 기를 쓰고 아이들에게 나도 너희 같은 백인이라고 말했다. 하지만 아이들은 듣지 않았다. 내가 크게 말하면 말할수록 아이들은 더 크게 노래했다. 나의 동양인 얼굴과 길게 늘어뜨린 검은 머리는 백인 아이들의 바다 한가운데서 횃불처럼 도드라졌다. 나는 괴짜, 아이들이 한 번도 본 적 없는 그 무엇이었다. 아이들은 나를 말로 고문하고 손으로도 툭툭 건드렸다. 하긴 아이들은 새로운 것 앞에서 으레 그러니까. 더러워지고 못 쓰게 될 때까지 만지고 비틀어대니까. 커다란 노란색 버스가 도로가 하나뿐인 우리 동네를 누비고 다니며 기운이 넘치다 못해 흥분 상태인 아이들을 태우고 학교로 향할 때면 나는 최대한 나를 숨겼다. 비록 내 몸은 거기 있었지만 내 마음은 상상의 오아시스 안에서 보호받았다. 나는 지독하게 외로웠다.

버스 운전사 아저씨가 운전하는 동안 자기 의자 뒤에 서 있어도 된다고 말했다. 아저씨는 이따금씩 도로 옆에 차를 대고 이렇게 다들 시끄럽게 떠들고 큰 소리로 노래 부르면 운전하기가 얼마나 힘든지를 고래고래 소리 질러가며 훈시했다. 아저씨는 무슨 이유에서인지 아이들이 인종 비방 노래를 부르며 내 머리에 껌을 찔러 박고, 내 뒤통수를 지근지근 밟고, 차대고, 찰싹찰싹 때리는 동안 도로에서 한쪽 눈으로 나를 보호할 수 있다고 생각했다. 나는 드레스 입는 걸 좋아했지만 딱 한 번 누가 뒤에서 미는 바람에 다리가 쳐들리면서 드레스가 허리로 말려 올라가 살이 드러나는 사건이 있었다. 그런 일을 겪은 뒤로는 드레스가 영 불편하기만 했다.

불행히도 통학 버스에 오를 때마다 내가 다르다는 현실과 직면할 수밖에 없었다. 서른 명 남짓한 아이들로부터 매일 당하는 괴롭힘은 나를 바꿔 놓았다. 그때의 괴롭힘은 뭐라고 형용할 말이 없을 정도로 깊은 상처를 남겼다. 그 어디에도 숨을 곳이 없었다. 그 어디에서도 안전하지 않았고, 그 어디에서도 편하지 않았다. 오직 시간만이 끊임없이 되살아나는 아픔을 조금씩 잠재워주었다. 그 시절의 상처는 지금도 무겁게 나를 짓누른다. 이런 일들이 유년기 이후로 끊임없이 나를 아프게 하고 괴롭혀왔다. 그 얼굴들, 길게 줄을 선 채 한 명씩 나를 놀려대던 그 아이들.

학교 밖 생활은 괜찮았지만 버스의 공포를 완전히 상쇄해주진 못했다. 부모님은 우리에게 아주 잘해주셨다. 어머니에겐 한국에서 겪은 삶보다 훨씬 좋았다. 우리는 한쪽은 강과, 또 한쪽은 바다와 맞닿아 있는 뉴저지의 한 반도에서 살았다. 매년 여름마다 휴가객들로 들끓는, 목가적인 분위기가 물씬 나는 곳이었다. 나의 부모님은 옷 같은 데는 별로 관심이 없었지만 나는 대부분의 아이들에게는 없는 좀 특별한 것들을 가지고 있었다. 나는 5마력의 속도를 자랑하는 나만의 소형 모터보터를 띄워 놓고 여름 내내 낚시를 즐겼다. 강 건너편에 레지라는 남자 애가 살았는데, 자기 아빠를 도와 조개잡이용 배들을 관리했다. 그 애는 좋은 친구가 돼줬다. 그 애는 나의 피부색이나 눈 생김새를 입에 올린 적이 단 한 번도 없었다. 그 애가 가끔 배를 몰고 우리 집 근처에 나타나면 우리는 함께 낚시를 하곤 했다.

내게는 주말이면 거의 붙어 지내다시피 하는 우리 바로 옆집의 베키라는 친구도 있었다. 그 집은 그 친구네 바닷가 별장이었다. 주말에 그 애가 올 때마다 나는 참 행복했다. 몇 달 동안 서로 보지 못할 때도 많았지만 그건 중요하지 않았다. 서로 보는 순간 우리는 자석처럼 찰싹 달라붙어 지냈다. 나이가 들면서 베키는 다른 데서 사귄 친구들을 데려왔다. 베키는 자기 친구들을 내게 소개했고 우리는 금세 허물없이 어울려 지냈다. 그 애들은 뉴저지 북부 도시 지역 출신으로 나의 생김새나 출신지에 대해 묻는 법 없이 나를 그저 자기네 무리의 한 명인 양 대했다.

레지와 베키는 나의 어두운 비밀을 눈치조차 채지 못했다, 내가 빈 자리를 찾아 버스 통로를 따라 걸어가는 동안 아이들이 내 머리에 껌을 던지거나 발을 차댄다는 걸 꿈에도 알지 못했다. 내가 다르게 보인다는 이유로 아이들이 내 책을 훔치고 온갖 욕설을 퍼부으며 비웃는다는 걸 그 애들은 알지 못했다. 레지와 베키와 있을 때면 그래도 인간으로서의 존엄성을 되찾는 것 같았다. 그래봐야 아주 작은 조각에 불과했지만 그래서 더 소중했다. 나는 스스로를 창피하게 여기고 있었기 때문이다. 레지와 있으면 기분이 좋았다. 레슬링 게임을 할 때면 레지는 일부러 맞아주고 나를 이기게 했다. 그 애는 낚시와 조개잡이에 나를 데리고 다녔다. 우리는 서로에게 둘도 없는 친구이자 보물 같은 오누이였다.

베키의 생일은 **여름철 행사 중에 최고이자 최악이었다.** 주말에 올 수 있는 친구들은 빠짐없이 참석해 그 애 생일을 축하해주었다. 사방에서 아이들이 뛰어다녔다. 우리는 '귀신놀이'도 하고 바닷가 모래밭에서 그림을 그리고 베키네 풀장에서 햇볕에 살갗을 태우며 놀기도 했다. 그런 주말이면 정말 집에 가기가 싫었다. 하지만 일요일 오후는 어김없이 찾아왔고, 아이들은 한 명도 남김없이 모두 떠났다. 베키의 생일이 지나고 며칠 뒤 바닷가 아이들은 개학에 맞춰 버스를 타고 인근 도시로 나갔다. 여름이 끝나고 매일 겪어야 하는 버스 모욕이 다시 시작될 참이었다.

놀림이 끝나도 괴롭힘으로부터 스스로를 보호해야 하기 때문에 나는 언제나 마음의 준비를 하고 있었다. 바지는 제대로 입었는지, 신발은 튼튼한지, 머리는 야무지게 묶여 있는지 늘 확인했다. 긴장을 놓지 않는 이런 태도는 결국 나의 보호책이 돼주었다. 십대가 돼서도 버스에서의 아픈 기억은 마치 어제 일처럼 생생했다. 매일매일 반복되는 불안은 우울증으로 이어졌다. 우울증이 점점 깊어지면서 외모에서도 성격에서도 어머니를 하나도 닮지 않은 낯선 괴물로 변해갔다. 어머니는 내가 한국인과 미국인 세계 두 곳 모두에서 최고라고 생각했다. 사실 나는 어느 쪽에서도 그렇지 못했다. 나는 큰일이든 작은 일이든 제대로 하는 일이 하나도 없는 괴팍하고 신경질적인 십대로 자랐다.

나의 우울증에 대해 알았을 때 나의 아버지는 내가 사막에 가서 도랑을 파야 한다고 생각했다. 아버지는 십대의 우울증은 오냐오냐 자라면서 뭐든 부족한 줄을 모르는 데서 비롯한다고 생각했다. 아버지는 할 일 없이 남아도는 시간이 십대 우울증의 주범이라고 생각했다. 나는 도랑을 파는 나의 모습을 상상해봤다. 못할 것도 없을 듯했다. 내가 사는 곳만 아니라면 어디든 괜찮았다.

도랑을 판다는 아버지의 생각은 어머니에게서 비롯했을 확률이 높다. 어머니는 어려서 한국전쟁 일어났을 때 공산군을 피해 가족과 함께 도랑을 파서 은신처로 삼았다. 어머니는 나의 우울증을 잘 이해하지 못했다. 어머니는 어린 시절을 굶주린 배를 부여잡고 군인과 폭격기를 피해 달아나며 보냈다. 어머니가 보기에 내가 버스에서 아이들에게 괴롭힘을 당한 사건은 어머니가 겪은 일에 비하면 새 발의 피였다. 어머니는 안전하게 살 집이 있고 먹을 게 풍부하다는 데 굉장히 만족해했다. 우리집 식료품 저장고는 늘 음식들로 가득 차 있었고, 그중에는 유통 기간이 지난 것도 더러 있었지만 어머니는 개의치 않았다. 어머니에게는 식구 중 누구도 굶을 일이 없다는 게 중요했다. 내가 기본적으로 필요한 것은 물론 그 이상으로 가지고 있는데도 우울해한다는 걸 어머니는 도저히 받아들이지 못했다. 전쟁이 할퀴고 간 한국에서 아이들에게 우울증은 선택 사항이 아니었다.

외로움이 짓누르는 탓에 숨쉬기가 힘들다. 어머니는 겨우 십대에 한국에서 미국에 왔을 때 어떤 기분이었을지 궁금하다. 어머니가 느꼈을 외로움을 생각하니 몸서리가 쳐진다. 어머니는 미국에서 말도 통하지 않았고 아는 사람도 하나 없었다. 게다가 어머니에게는 어머니를 계속 괴롭히면서 결국 도망치게 만든 귀신들이 붙어 있었다. 어머니는 자신이 그저 꿈꾸던 것들을 모두 이룰 수 있는 대상으로 나를 바라보았다. 나의 아버지는 내가 당하는 인종 차별과 괴롭힘을 무시하고 부정했다. 나를 괴롭히는 버스의 아이들을 나 혼자 감당해야 했다. 아버지는 도움이 되려고 나름대로 노력하면서 자신의 소신대로 행동했다. 즉 내게 배의 선장이 되는 법을 가르쳐주었다. 배의 선장이 되는 것은 삶의 모든 문제에 적용되는 아버지의 만능 해결책이었다. 아버지는 내가 북서부의 네 명밖에 안 되는 여자 선장 중 한 명이라고 말했다. 아버지는 내게 '넌 절대 다르지 않아'라고 말했다. 때로 아버지는 내가 다른 사람들과 똑같다고 생각했지만 그와 동시에 내가 동양인인 게 더 마음에 드는 듯했다. 많은 사람들이 날 받아들이지 않는데 나는 과연 나 자신을 받아들일 수 있을지 회의감이 들었지만 아버지는 기꺼이 나를 받아들였을 뿐만 아니라 내가 '아름답다'고 말했다.

때로 우리는 하느님의 변덕에 속수무책으로 당하는 희생자들이라는 생각이 든다. 내 마음은 종종 갈피를 잡지 못한 채 자꾸만 옆길로 샌다. 아무리 생각해도 내가 어쩌다 그렇게 됐는지, 어쩌다 그토록 두렵고 외로웠는지를 속 시원히 설명할 길이 없기 때문이다. 따지자면 이유는 복잡하며, 이유마다 바다로 나가는 길을 찾으려고 애쓰는 강처럼 구불구불 얽혀 있다. 침착과 품위를 유지하면서 살아남으려고 고군분투하는 것은 한국전쟁 때 첫 번째 폭탄이 터지면서 시작된 균형 잡힌 행동이다. 삶은 보복과 망신의 두려움을 품은 비밀에 관한 것이, 나의 친척들을 끊임없이 앞으로 나아가게 만든 희망과 인내의 원천에 관한 것이 됐다. 3세대 동안 확률은 우리한테 불리하게 작용했지만 우리는 어떤 위험과 마주할지 알지 못한 채 더 나은 운명이 우리 차례가 되기를 묵묵히 기다렸다. 과거의 트라우마는 영원한 상처를 남겼고, 각 세대는 지난날의 상처를 각기 다른 유령으로 바라보았다. 내 딸의 출생은 새로운 운명이 시작되리라는 희망을 의미했다.

나의 첫아이는 딸 케일라였다. 초보 엄마로서 나는 현재가 과거를 덮어주기를 기원했다. 하지만 갓 태어난 아기의 천진무구한 아름다움을 보는 순간 나도 모르게 괴롭힘의 공포가 생생하게 되살아났다. 나의 새로운 사명은 아기를 보호하는 것이었다. 무슨 일이 있어도 내가 겪은 모욕과 고통이 케일라에게 일어나게 해서는 안 됐다. 모든 게 순조롭게 시작됐고, 케일라는 누가 뭐래도 백인처럼 보였다. 나는 백인 아기를 낳았던 것이다. 나의 사랑스럽고 소중한 딸은 하얀 피부와 구불거리는 금발에 커다란 초록색 눈망울을 가지고 태어났다. 나는 까무잡잡한 피부와 갈색 눈에 머리카락도 검은데. 우리 둘이 나란히 걸어가면 햇살이 그 애의 눈부신 백설공주 피부에 반짝이는 듯 보이고, 나는 그 애의 어두운 그림자 같았다. 그 애는 열린 마음을 갖고 태어났고 친절하며 사람들에게 손 흔드는 것을 좋아한다. 사람들도 미소를 머금은 채 손을 흔들어주며 그 애와 행복하게 교류한다. 사람들은 대개 내 얼굴을 빤히 쳐다보며 나를 알아챈다. 사람들은 나를 보모쯤으로 여기는 것 같다. 사람들의 생각에 대한 이런 내 추측이 사실로 드러날 때가 많기 때문이다.

나의 아들도 백인처럼 보인다. 큼지막한 녹색 눈에 체격도 훤칠하다. 아들은 매우 활동적이고 모든 것에 관심이 많다. 소파에서 뛰어놓다가 머리를 찧기도 하고, 안에 뭐가 있는지 보려고 장난감마다 분해해본다. 나는 그 애 담임선생님으로부터 일주일에 두 번꼴로 전화를 받는다. 물론 그때마다 나는 깜짝깜짝 놀란다. 왜 그렇게 짓궂게 구냐며 그 애를 야단치지만 속으로는 그렇게까지 화난 상태는 아니다. 그 애는 아주 대담하고 나는 그 애가 그런 점을 십분 발휘하는 것을 흐뭇하게 지켜본다. 그 애를 괴롭히려는 사람이 없어 얼마나 안심되고 고마운지 모른다. 나는 아들에게 혹시라도 괴롭힘 현장을 목격하면 말리거나 선생님한테 알리라고 신신당부한다. 나는 내 아이들이 누굴 괴롭히는 걸 원치 않는다.

어머니는 손톱만 한 희망을 안고 전후 한국의 가난을 피해 더 나은 삶을 살기를 바라며 고국에서 멀리 도망쳐 왔다. 미국에 온 지 3세대 만에 어머니의 자손은 새롭게 변장했다. 혼혈인이 미국에서 살아가기는 훨씬 좋아졌지만 인종 차별은 여전히 존재한다. 아이들은 외모 때문에 놀림받는 일은 없지만 인종 차별은 여전히 전혀 예측하지 못한 순간에 그 애들 삶 속에 가끔씩 기어든다.

케일라가 두 살 때 우리는 어머니를 마중하러 공항에 함께 갔다. 케일라는 공항 터미널에 홀딱 반해 게이트까지 혼자 걸어가겠다고 우겼고, 나는 그 뒤를 따라가면서 아이를 조심스럽게 입국장으로 유도했다. 그 애는 할머니를 볼 생각에 무척 흥분해 있었다. 케일라는 환한 얼굴로 할머니인지 확인하려고 낯선 사람 한 명 한 명을 자세히 살폈다. 게이트에 도착해 나는 케일라에게 여기서 기다리고 있으면 할머니가 나올 거라고 얘기해줬다. 케일라는 기운이 넘치는지 그 좁은 지역을 이리저리 부산하게 움직였다. 나는 누구든 그 애를 납치하려는 사람이 있으면 금방이라도 달려들 암사자처럼 그 애를 지켜봤다. 그 애에게 주변 환경을 탐험할 자유를 주고 싶기도 했지만 동시에 최대한 보호해주고 싶었다.

나는 케일라를 향해 다가오는 움직임을 포착했다. 나이가 꽤 지긋한, 아마도 60대로 보이는 여성이었다. 위험해 보이지는 않았지만 그래도 나는 예의 주시했다. 사실 내 딸에게 낯선 사람은 정말 낯선 사람이 아니라 그 애를 보호하고 보살피기 위해 거기 있는 부모의 연장일 뿐이었다. 나는 오랫동안 무관심 아니면 놀림의 대상으로, 이른바 '지역사회'라는 사람들의 호기심을 채우는 신기한 대상으로 자라왔다. 그에 비해 내 딸은 그런 경험이 전혀 없었다. 케일라의 타고난 자력이 그 여자의 시선을 붙잡았다. 여자는 알 수 없는 표정으로 나를 쳐다보더니 다시 케일라를 쳐다봤다. 내 딸은 아직 몇 개 나지 않은 하얀 이가 드러나도록 활짝 웃으며 그 여자와 대화를 나누기 시작했다. 케일라는 '방문하러 오고 있는 할머니'에 대해 얘기했다. 그 여자는 다시 이상한 눈으로 나를 쳐다보았다. 나는 미소를 보냈지만 그 여성은 돌려주지 않았다.

"너 어디서 왔어, 꼬마 아가씨?" 그 여자가 물었다. 나는 깜짝 놀랐다. 이게 두 살짜리 아이한테 흔히 하는 질문인가? 나는 이유는 정확히 알지 못했지만 어쩐지 곤경에 빠졌다는 생각이 들었다. 나는 경찰을 찾아 주위를 둘러보았다. 하지만 말이 되지 않았고, 나는 잘못한 게 아무것도 없었다. 우리 주변의 다른 사람들이 고개를 돌려 이쪽을 쳐다보는 것을 볼 수 있었다. 다시 그 여자가 물었다. "너 어디서 왔어?" 머릿속에서 그 순간을 재생할 때마다 그 여자가 계속해서 묻는 소리가 들리면서 마치 내가 이마에 주홍 글씨를 새기고 '이 사랑스러운 백인 아기는 왜 더러운 반쪽 동양인과 같이 있는 것입니까? 설명해보세요' 라고 다그치는 배심원단 앞에 서 있는 것만 같다.

천진하기만 한 아이를 봤더니 그 애는 자기 정체성에 관한 질문을 받아 마냥 행복해하고 있었다. 케일라는 자기가 정확하게 대답하리라는 것을 알고 있었다. 그 애는 일어나서 몸을 길게 늘이며 자랑스럽게 말했다. "지구별에서 왔어요." 맞는 말이었다. 그 애는 하느님이 내게 보내준 지구의 생명체였다. 그 순간 나는 속으로 웃었고 모든 게 괜찮아졌다.

공항에서 그 나이 지긋한 여성이 케일라에게 던진 질문을 둘러싼 나의 두려움은 평생 어디에도 속하지 못한 나의 경험에서 비롯한다. 내 감정의 밑바탕에는 여기가 내가 평생 살아온 곳이고 이곳에 속해야 '마땅'한데도 나의 절반은 미국인이 아니라는 인식이 자리하고 있다. 나의 기반은 결혼을 통해 하나가 된 외국인과 토착민의 이상주의이며, 나는 그러한 결합의 결과물이다. 아버지는 자신이 사랑하는 사람을 도울 수 없고, 악착같이 살아남은 어머니는 한국의 일반적인 전통을 거스르기로 결심하고 새로운 삶에 모든 걸 걸었다. 어머니는 용맹무쌍한 부류로, 지구를 반 바퀴나 돌아 말도 할 줄 모르고 관습도 알지 못하는 미지의 땅에 발을 들여놓았다. 아버지 또한 인종 간 결혼이 국가 차원에서 처음으로 합법화된 60년대 말에 한국 여자를 사랑해서 결혼할 만큼 용맹무쌍했다. 둘 다 선구자라 불러도 무방할 듯하다.

나는 동양인처럼 보이지만 여기서 살아가는 다른 사람들과 똑같이 느낀다. 동양인 억양을 기대하고 있던 현지인에게 먼저 말을 걸었을 때 가끔 돌아오곤 했던 의외라는 반응을 나는 기억한다. 그 어떤 억양도 없이 또박또박 분명하게 유창한 영어를 구사하면 사람들은 목의 긴장을 풀고 내 쪽으로 천천히 머리를 기울이기 시작했다. 그동안 나는 인종 차별에 익숙지 않은 사람들을 향해 수많은 인내와 이해를 키웠다. 이제 사람들은 나도 자기들과 다르지 않을뿐더러 똑같다고 이해하기 시작한 듯하다.

나는 어머니와 이모가 또다시 전쟁을 목격하는 일은 없기를 바란다. 어머니는 이제 여든에 가깝다. 어머니는 다음 주에 우리를 보러 또 오시기로 했다. 늘 그렇듯이 어머니는 플로리다에서 뉴저지까지 언제 부서질지 모르는 앙상한 몸을 비행기에 싣고 오실 것이다. 어머니가 오신다는 소식을 들을 때마다 우리는 행복한 기대에 부푼다. 어머니가 오시는 날 우리집 근처에 사는 어머니 막내 동생 춘자 이모가 우리집에 와서 저녁상을 차릴 예정이다.

케일라와 루크도 나와 함께 공항에 갈 것이다. 그 애들은 그곳 지리를 훤히 꿰고 있어 도착장까지 한달음에 달려갈 것이다. 그리고 할머니를 사이에 두고 와락 껴안을 것이다. 그러면 어머니는 두 눈에 눈물이 그렁그렁한 채 기쁨의 미소를 지을 것이다. 물론 나도 두 눈에 눈물이 그렁그렁한 채 미소를 지으며 그 자리에 있을 것이다. 누가 가던 길을 멈추고 우리 옆에서 우리의 감정을 지켜보거나 말거나 신경 쓰지 않고. 과거의 기억들은 잠시 유보한 채 현재를 열렬히 껴안으며 우리는 그 모든 두려움과 트라우마를 잊게 될 것이다. 함께하는 것만큼 달콤한 기쁨도 없기에 나의 버스 이야기는 곧 과거의 일이 될 것 같다.

킴 아이혼Kim Einhorn은 자칭 잡종견(mixed-race mutt)이다. 그녀는 눈에 넣어도 아프지 않을 케일라와 루크의 아주 행복한 어머니이다. 또한 사랑스런 남편이자 소울 메이트이자 파트너인 리의 아내이기도 하다. 킴은 순혈 한국인 엄마와 인종적으로 섞인 백인 미국인 아빠의 딸이다. 또한 고집 세기로 유명한 춘자 이모의 조카이자 주짓수 사범 브라이언의 누나이며 사랑스럽고 사려 깊은 코리의 고모이자 정의감이 강하고 오토바이 타기를 좋아하는 올케 크리스티의 시누이이다. 대학원에서 사회사업을 전공했으며 100톤 이하 선박을 몰 수 있는 자격증도 있다. 그리고 무엇보다도 이제 더는 괴롭힘을 당하지 않는다.

밖에서 안을 들여다보며

소피 하버트

나의 아버지는 자신의 어머니 이름을 따서 내 이름을 소피라고 지었다. 나는 그 이름이 싫었다. '지혜'를 뜻하는 그리스어에서 유래한 그 이름 자체가 싫었다기보다 내가 매일 거울에서 보는 얼굴 주인에게 그 이름은 어울리지 않는 것 같아서 싫었다. 어쩌면 할머니 이름이어서 싫었는지도 모른다. 소피는 나이가 지긋한 백인 여성, 구체적으로 말하면 중년에 접어든 영국 여성 이름 같았다. 내 막내 여동생은 동의하지 않았겠지만. 그 애는 내 이름이 나한테 어울린다고 생각한다. 그 애 말대로 어느 정도 나이가 들면 적어도 이름 같은 거 아무래도 상관없다고 말할 수 있었으면 좋겠다.

나에게는 여동생이 셋 있다. 가운데는 쌍둥이라서 막내와 나는 세 살 차이밖에 나지 않는다. 나의 어머니는 스무 살에 나를 낳았다. 이는 다시 말해 스물 셋에 어머니는 이미 아이 넷의 엄마가 됐다는 얘기가 된다. 어머니는 어떻게 그런 상황에 적응할 수 있었는지 나는 상상조차 할 수 없다. 나의 어머니는 자신의 어린 시절 이야기를 잘 하지 않으셨다. 어쩌다 그때 얘기가 나오면 주제는 거의 늘 어머니 가족이었다. 사람에 따라서는 어머니가 완벽한 삶을 살았다고 생각할 수도 있다. 어머니의 아버지는 최고의 아버지였고, 어머니의 어머니는 현모양처였으며, 동기간들하고도 우애가 좋았다. 어쨌든 나의 경험과는 사뭇 달라 보였다. 우리 집에서는 누군가가 늘 화가 나 있었고 싸움이 끊이질 않았다. 그래서 나는 대가족(나의 어머니는 10남매 중 막내였다)이 그렇게 조화롭게 살 수 있다는 걸 상상조차 하지 못했다.

어머니 입에서 어쩌다 썩 완벽하지 않은 어린 시절 얘기가 나올 때는 드물게 일본인에 대해 이야기하는 경우였다. 나의 어머니는 1939년 도쿄에서 태어났다. 나는 어머니 가족이 어떻게 하다 일본에서 살게 됐는지 알지 못한다. 거기에 대해 모르기는 어머니도 마찬가지이지 싶다. 당시 한국은 일제 치하에 있었기 때문에 강제 징용의 일환으로 일본으로 끌려갔을 수도 있다. 이와 관련해 내가 아는 것이라고는 어머니가 그 당시 일본을 싫어했다는 게 전부다. 어머니는 우리에게 일본 군인들이 한국인들에게 저지른 끔찍한 짓에 대한 얘기를 더러 들려주곤 했다. 그때만 해도 나는 어머니의 말을 도무지 믿을 수가 없었다. 내가 네 살 때부터 일곱 살 때까지 우리 가족은 일본에서 살았다. 당시 아버지는 자마 기지에서 근무하고 있었다. 나는 일본의 한 가톨릭계 학교에 딸린 유치원에 다녔다. 학교에 가면 다들 내게 친절히 대해줬다. 심지어 수녀님들까지도. 어머니에게는 그때까지도 일본에서 살고 있는 친척들이 있었는데, 그 중에는 일본인과 결혼한 사람들도 꽤 있었다. 어머니가 들려준 이야기는 내가 아는 일본 사람들과는 맞지 않는 것 같았다. 하지만 세월이 한참 흐른 뒤 나는 어머니가 얘기한 잔혹 행위가 역사책에 나오는 설명과 당시 태평양에서 복무했던 미군 장병들을 비롯해 현장에 있던 목격자들의 증언과 거의 차이가 없다는 걸 알게 됐다.

물론 나는 어머니의 어린 시절이 본인 말처럼 그렇게 목가적이었을 리 없다는 걸 알고 있다. 어머니는 2차 세계대전 때 일본에서 살다가 전쟁이 끝나고 한국으로 돌아갔지만 또 다른 전쟁을 겪어야 했다. 그 뒤 어머니는 아버지를 만났다. 두 분이 사랑에 빠져 결혼했고, 아이들을 낳았고, 미국으로 와서 오래오래 행복하게 살았다고 말하고 싶지만 그러면 거짓말이 될 거 같다. 나는 아버지가 좋은 남자였다고 말하고 싶다. 그것도 거짓말이 될 거 같다. 아버지가 좋은 아버지였던 순간도 많았다. 입학 첫날 내 손을 잡고 나란히 걸어서 학교에 같이 갔을 때, 자전거 타는 법을 알려줬을 때, 주사를 맞기 전 아이스크림을 사줬을 때 등등. 하지만 아버지는 걸핏하면 어머니를 때리면서 자기 손아귀에 휘어잡고 마음껏 휘둘렀던 폭력적인 남자였고, 어머니는 남편 옆에 있는 것 말고는 달리 선택의 여지가 없었다. 내 입장에서는 아버지가 그렇게 행동했던 이유가 뭐든 분명히 있었으면 좋겠다. 예를 들어 알코올 중독자였다거나 하는. 물론 그게 그런 행동의 면죄부가 될 순 없겠지만 적어도 설명은 됐을 테니까. 하지만 아버지는 술을 한 방울도 마시지 않았다. 맥주조차도. 아버지는 그저 심술궂고 분노에 찬 남자였다.

어렸을 때 아버지가 군인이었던 관계로 우리는 이사를 참 많이도 다녔다. 어머니 얘기에 따르면 내가 처음 배운 말은 한국말이었다. 부모님은 내가 두 살 때 한국을 떠났는데, 그 시절의 기억이 내게는 전혀 없다. 아버지는 뉴저지 포트딕스에서 잠시 근무했는데, 그때 우리는 코네티컷에서 아버지 부모님과 함께 살았다. 그 시절 기억은 그래도 꽤 있다. 할머니와 장 보러 슈퍼마켓에 갔던 것, (역시 이름이 소피인)증조할머니한테서 늘 장미수 향기가 났던 것, 황갈색 코커스패니얼, 농업박람회나 서커스에 가서 소를 구경하기도 하고 코끼리한테 땅콩을 먹였던 것 등등. 내가 네 살 때 아버지는 또 전보발령을 받았다. 이번 임지는 일본이었다. 어머니는 일본어를 유창하게 구사했고 그래서 늘 기지를 벗어나 인근 지역으로 나갔다. 나는 어머니를 따라다니며 일본어를 아주 빨리 배웠다. 어머니는 종종 일본 사람으로 오인받기도 했지만 나는 그런 적이 거의 없었다. 이목구비와 피부색도 어머니와 매우 비슷했고 일본 학교에 다녀도 될 만큼 일본어도 잘했지만 사람들은 대개 내가 일본인이 아니라는 걸 금세 알아챘다. 가끔 아버지와 함께 나가면 일본 아이들(보통은 남자 아이들)이 손가락으로 나를 가리키며 "미국인" 어쩌고저쩌고 쑥덕이곤 했다. 하지만 대부분의 경우 일본에서 만난 사람들은 다소 내성적이긴 했지만 하나같이 무척 예의가 발랐다. 나는 단 한 번도 모욕이나 상처를 받은 적이 없었다. 다만 내가 아무튼 다르다는 걸 뼈저리게 인식했을 뿐이다. 어머니는 생김새에서나 말투에서나 어머니가 어울리는 다른 사람들과 별 차이가 없었지만 나는 그렇지 않았다.

내가 일곱 살 때 아버지가 텍사스 샌안토니오의 포트샘휴스턴으로 전보발령 받았다. 샌안토니오는 예나 지금이나 히스패닉 인구가 다수를 차지하고 우리가 그리로 이주하던 1966년에는 인종차별이 훨씬 더 심했다. 나는 부모님이 어째서 포트샘휴스턴 기지에서 생활하지 않았는지 그 이유를 잘 알지 못한다. 어쨌든 나의 부모님은 교외의 백인 하위 중산층 동네에 집을 한 채 장만했다. 정확히 말하면 아버지가 그 집을 구입했다. 어머니는 미국에서 집을 사는 문제나 이 동네와 저 동네의 다른 점이 뭔지에 대해 아는 게 아무것도 없었다. 아버지는 자신에게 편안한 느낌을 주는 동네, 다시 말해 자기와 비슷하게 생긴 사람들이 사는 동네를 찾아냈다.

내가 다니던 초등학교에는 동양인 아이가 단 한 명도 없었다. 아프리카계 미국인 아이도 없기는 마찬가지였다. 히스패닉계 아이들만 몇몇 있었다. 학교에서 내가 제일 눈에 띄었다고 말하는 것만으로는 부족하다. 나는 생김새도 달랐고 말투도 달랐다. 텍사스 억양은 느릿느릿 길게 끄는데 나는 그렇지 않았다. 내 말투는 굳이 가른다면 아버지의 뉴욕 억양에 가까웠다. 그 때문에 나는 험담, 놀림, 괴롭힘의 표적으로 떠올랐다. 한번은 학교가 끝나고 집으로 걸어가고 있는데 같은 반 남학생 몇 명이 뒤쫓아와 나를 밀치면서 내 책들을 땅바닥에 집어던졌다. 어떤 아이라도 이런 상황이 무섭고 두려울 것이다. 남학생들은 나보다 훨씬 더 컸고, 우리 반에서 제일 작았던 나한테 달려들어 인도로 밀어붙이기 시작했다. 다행히 차를 타고 지나가던 남자가 이 광경을 보고는 차를 세우더니 남학생들을 쫓아버렸다. 그 남자는 거기서 그치지 않고 그 일을 학교에 알린 모양이었다. 그 이튿날 담임선생님이 그 일에 대해 물었기 때문이다. 남학생 중 한 명이 나머지 아이들을 고자질했고, 선생님은 반 전체가 보는 앞에서 남학생들을 꾸짖었다. 그 남학생들은 그렇게 공개적으로 망신을 당한 것이 몹시 당황스러웠던 모양이었다. 비록 욕은 계속 해댔지만 나를 신체적으로 공격하는 일은 두 번 다시 없었기 때문이다.

학교에서 겪는 일에 대해서는 부모님에게 일절 말하지 않았다. 그건 부모님이 뭔가 이상한 낌새를 챘을 때도 마찬가지였다. 왜 그랬는지는 잘 모르겠다. 아마 너무 당황해서 그러지 않았을까 싶다. 아니면 그 전에 일본 학교에 다니면서 권위 있는 사람에 대해 무례하게 말하는 것은 잘못이라는 생각이 어느새 몸에 배서 그랬던 것 같기도 하다. 아니면 집에서 일어나는 폭력에 대해 함구하도록 너무 잘 길들여진 나머지 학교에서의 폭력도 말하면 안 된다고 생각했는지도 모른다. 다만 한 가지 확실한 것은 가급적이면 다른 아이들과 비슷해지려고 내 나름대로 최선을 다해 노력했다는 점이다. 나는 생김새는 바꿀 수 없었지만 다른 아이들처럼 입고, 말하고, 행동할 수는 있었다. 나는 일본어 사용을 포기했고(한국말은 그보다 훨씬 전에 잊어버렸다), 어머니가 점심으로 싸주는 주먹밥을 던져버렸으며, TV 프로그램이든 노래든 스포츠 팀이든 다른 아이들이 좋아하면 싫어도 좋아하는 척했다.

지금의 내 모습 중 아주 많은 부분이 그런 식의 성장 과정을 통해 형성됐다고 해도 지나치지 않다. 나는 아버지를 무서워했고 때로 경멸하기도 했지만 나도 모르게 아버지의 문화를 수용하고 있었다. 나는 물론 어머니를 사랑했지만 때로 부끄러워하기도 했다. 어렸을 때 어머니는 사업을 했는데, 자신을 대변해줄 사람이 필요할 때면 어머니는 종종 나를 데리고 다녔다. 그랬다 해도 나는 어머니의 통역자라고 할 수는 없었다. 하지만 어머니의 엉터리 영어는 귀신같이 알아들어서 은행 직원이나 자동차 대리점 직원이 어머니가 뭘 필요로 하는지 알아채지 못하면 내가 나서서 설명하곤 했다. 가끔 사람들이 너무 빨리 말해서 어머니가 미처 좇아가지 못할 때도 마찬가지였다. 못 알아들을 때면 어머니는 그런 내색을 하기보다 그저 고개만 까닥였다. 그러면 내가 나중에 어머니에게 자세히 설명하곤 했다.

어머니를 많이 사랑했지만 어머니를 진정으로 이해하지는 못했다. 다른 사람들이 때로 어머니를 이해하지 못하는 것과는 다른 의미에서였다. 언어 문제 때문이 아니었다. 문화 문제 때문이었다. 나는 어머니가 자란 환경과는 규범 자체가 다른 나라에서 자라고 있었고, 그러다 보니 우리는 끊임없이 부딪힐 수밖에 없었다. 어머니는 과잉보호가 지나쳐도 너무 지나쳤다. 친구네 집에 가는 걸 허락받는 것이 내게 얼마나 중요한 일인지 어머니가 아예 알려고도 하지 않는 이유를 도저히 이해할 수가 없었다(텍사스로 이사하고 나서 처음 몇 년 동안 나는 친구가 한 명도 없었다. 쉽게 말해 나는 학교에서 왕따였다. 알다시피 어렸을 때는 친구가 전부이지 않은가). 하지만 어머니는 친구 집 방문을 좀처럼 허락하지 않았고, 어디 가서 밤을 새는 것 또한 허락하지 않았다. 처음으로 친구네 집에서 하룻밤 잔 것은 고등학교 3학년 때였다. 그리고 마침내 밖에서 데이트를 해도 된다고 허락받은 것도 그때였다.

아버지가 기분이 안 좋을 때면 어머니가 오히려 아버지 화를 더 돋우는 것처럼 보일 때가 더러 있었는데 나는 그 이유를 이해할 수 없었다. 우리 모두 아버지가 얼마나 폭력적이 될 수 있는지 잘 알고 있었던지라 그럴 때면 속으로 '엄마, 그 입 좀 닫아요!'라고 중얼거렸던 기억이 난다. 이제 와서 돌이켜보면 어머니는 우리를 보호하려고 그랬던 것 같다. 스스로 표적이 됨으로써 아버지 관심이 우리한테 쏠리는 걸 막으려고. 그 방법이 늘 먹혔던 것은 아니지만 대부분은 먹혔다. 어머니는 소리를 지르거나 잔소리는 했지만 나의 아버지와 달리 체벌을 하진 않았다.

내가 기억하기로 어머니가 내게 손찌검을 한 적이 딱 한 번 있었다. 어머니가 일하러 갔을 때 어머니 지시를 어기고 집밖으로 나갔을 때였다. 당시 아버지는 베트남에 있었고, 어머니는 생계유지를 위해 일을 하고 있었다. 그런데 보모를 둘 수 있는 형편이 안 돼 우리만 놔둘 때가 종종 있었다. 당시 나는 겨우 아홉 살이었다. 모르긴 해도 어머니는 돌봐주는 사람도 없이 아이 넷만 한참 방치되고 있다는 걸 누가 알기라도 하면 아동복지당국에서 가만히 있지 않으리라는 걸 잘 알고 있었을 것이다. 일을 끝내고 집에 온 어머니에게 한 이웃이 우리 모두 밖에서 뛰어놀고 있다며 질문 공세를 펴기 시작했다. 어머니가 그 이웃에게 뭐라고 얘기했는지는 알 수 없다. 아마도 알아듣지 못한 척했거나 영어를 못하는 척했을 것 같다. 어머니는 안으로 들어오기 무섭게 허리띠를 집어 들고는 지쳐서 더는 못 때릴 때까지 나를 때리기 시작했다. 나는 아버지가 그런 식으로 행동하는 건 무수히 봤지만 어머니가 그러는 건 본 적이 없었다. 그때 나는 맞는 것보다도 제정신이 아닌 듯한 어머니 표정이 더 무서웠다. 그 후로 두 번 다시는 어머니 말을 어기지 않았다.

1979년 어머니는 결국 아버지와 이혼했다. 당시 졸업반이었던 막내만 빼고 우리 자매 모두 고등학교를 졸업한 뒤였다. 이혼하고 나서도 아버지는 어머니를 힘들게 했다. 이혼 판결문에 생활비 지급 조항이 있었는데도 아버지는 어머니에게 생활비를 준 적이 단 한 번도 없었다. 어머니는 아버지를 법정에 세울 여유가 없어 돈벌이도 제대로 안 되는 일을 여러 개 하면서 생계를 유지했다. 도의적으로뿐만 아니라 법적으로도 어머니에 대한 의무를 이행하지 않는 모습을 보니 아버지가 훨씬 더 미워졌다. 부모님이 이혼한 후 나는 아버지를 거의 보지 않았고 아버지가 세상을 뜨기까지 마지막 십 년은 아예 안 보고 지냈다.

아버지가 암으로 죽기 전 병원에 입원했을 때 막내 여동생이 아버지와 몇 차례 전화 통화를 했다. 그때 오간 대화에서 아버지는 막내에게 내가 태어나기 전 어머니가 아이를, 딸아이를 낳아 입양 보냈다는 얘기를 했다. 어머니한테 물었더니 그렇다고 확인만 해줬을 뿐 그 이상 자세한 얘기는 하고 싶지 않아했다. 그 일은 어머니에게 감내하기 힘든 고통인 듯했다. 아버지가 위독한 상황에 이런 사실을 까발렸다는 게 정말 어처구니가 없었다. 아버지는 마지막 순간까지도 어머니에게 상처를 주고 싶었던 것이다. 하지만 내 동생은 죽음을 앞둔 사람이 양심의 가책을 느껴 그런 거라고, 일종의 고해성사라고 생각했다. 아버지는 그 입양에 대해 많은 걸 알고 있었던 듯하다. 막내는 아버지가 어떤 식으로든 그 일에 연관됐다고 생각했다. 그 후 어머니 입에서 나온 얘기들을 종합해보면 아버지가 강제로 아이를 입양 보내게 했거나 어머니의 동의 없이 아이를 줘버렸을 확률이 높다.

오랜 세월 스스로를 첫째, 이른바 '큰언니'로 알고 지냈건만 실은 아니었다. 내 위로 2살 위의 언니가 있었던 것이다. 언니도 인천에서 태어났다. 아버지가 다른 언니가. 그렇다면 언니는 1957년 아니면 1956년에 태어났다는 얘기가 된다. 또 한국 사람들은 나이를 계산할 때 자궁 안에 있던 시간도 고려해 태어나자마자 한 살로 치기 때문에 1958년에 출생했을 수도 있다. 어머니는 언니 얘기를 많이 하지는 않지만 그 이름은 아직도 기억하고 있다. 이씨 성에 유미 또는 은미. 어느 쪽이 맞는지 정확하진 않다. 동생들과 나는 한국어를 모르기 때문이다. 어쩌면 아예 이런 이름이 아닐 수도 있다. 특히 어머니 동의 없이 입양됐을 수도 있다는 점을 고려하면 더욱더 그렇다.

내 어머니의 극심한 과잉보호가 이제는 이해가 된다. 마찬가지로 내 인생을 통틀어 어머니한테 딱 한 번 맞았던 일도 이제는 이해가 된다. 1960년대 후반과 1970년대 초반 언론매체는 온통 폭동과 약물 기사로 도배돼 있었다. 유명인들이 약물 과다 복용으로 죽어갔다. 그 뒤 샤론 테이트 살해사건과 맨슨 패밀리 재판(1969년 '맨슨 패밀리'라는 사이비 종교 광신도 집단이 저지른 일련의 살인사건으로 이후의 재판 과정에서 그 실체가 드러나면서 미국뿐만 아니라 전 세계가 충격에 빠졌다 : 옮긴이)이 이어졌다. 어머니는 매우 위험해 보이는 낯선 나라에 있었다. 어머니는 이미 딸을 하나 잃은 터라 아마도 또 잃을지 모른다는 두려움에 늘 사로잡혀 있었을 것이다.

그동안 동생들과 나는 이씨 성을 가진 언니를 찾으려고 백방으로 알아봤다. 나는 23andMe 키트로 유전자 검사도 했고, 한국계 미국인 입양인 사이트 이곳저곳에 우리 사연도 게재했다. 어머니는 반드시 큰딸을 다시 보고 싶을 것이다. 보나마나 어머니는 그 딸에게 일부러 버린 게 아니라는 말을 해주고 싶을 것이다. 하지만 또 막상 언니를 찾게 되면 어떤 현실이 우리를 기다리고 있을지 걱정스럽기도 하다. 나는 언니가 살아 있기를, 입양된 가정에서 사랑받으며 훌륭한 삶을 이룰 수 있는 기회를 모두 누렸기를 바란다. 하지만 모든 입양인이 다 그런 건 아니라는 것을 나도 잘 알고 있다.

나의 언니는 내 어머니와 함께 살았고, 내가 태어난 후로 나하고도 잠깐 같이 살았다. 언니는 두 살이나 세 살 때쯤 어머니 품을 떠났을 것이다. 아버지는 언니가 미국인 가정에 입양됐다고 말했고, 우리는 그 말을 믿는다. 안 믿을 이유가 없기 때문이다. 하지만 나는 언니가 어디서 자랐고, 내 경우와 비교해 어린 시절은 또 어떻게 보냈는지 정말 궁금하다. 언니가 그 당시의 나보다 용감했기를 바란다. 언니가 자신을 사랑하면서 청소년기의 나보다 스스로에게 많이 솔직했기를 바란다. 언니가 형제자매들과 함께 울고 웃고 싸우기도 하면서 내 동생들과 내가 서로 늘 챙겨주었듯이 그렇게 서로를 챙겨주면서 성장했기를 바란다. 내가 어머니의 결단력과 의지를 물려받았다고 믿는데, 언니도 그랬기를 바란다. 그리고 언니가 과연 우리를 기억하고 있을지 궁금하다. 만약 기억하고 있다면 그 기억이 좋은 기억이기를 바란다.

소피 리 하버트 Sophie Lee Harbert는 1959년 대한민국 인천에서 한국인 어머니와 백인 아버지 사이에서 태어났다. 그녀의 아버지는 한국에 주둔하고 있던 미군이었다. 출생지는 한국이지만 일본에서 잠시 살다가 인생의 대부분을 미국에서 보냈다. 생물학적 부모와 여동생 셋과 함께 성장기를 보냈다. 2014년 남편과 결혼 30주년을 맞았다. 부부에게는 버릇없는 슈나우저 한 마리 말고 자녀는 없지만 조카들이 많다. 대학에서 영어를, 대학원에서 커뮤니케이션을 전공했고, 현재 PR 분야에서 일하고 있다.

혼혈 블루스

사진 곽

파올롤로 밸리는 험한 곳이다. 칼리히나 나나쿨리처럼은 아니지만 그래도 갈 만한 곳이 못 된다. 카할라나 하와이카이에 사는 백인들은 그곳을 그냥 지나친다. 현지인들은 그저 그곳에 살기 때문에 간다. 그곳에는 경치 좋은 휴양지도, 호텔도, 바닷가도 없다. 다만 엄청난 강수량과 저소득층 주택단지와 메타암페타민으로 유명할 뿐이다. 밸리의 한 끄트머리에 가면 하와이에서 유일한 한국 사찰 대원사가 있다. 나는 영적 통찰력을 얻는다는 이유로 기회가 될 때마다 그 곳을 방문했다. 이번에는 마침 주말 예불에 우연히 참석할 수 있었다. 비록 내 한국어 실력이 설법을 알아들을 만큼은 아니었지만 나는 일단 참석해보기로 했다. 불교 수련은 외로운 여정이라 해도 때로 동행을 만나는 것도 좋은 일이다.

예불이 끝나고 재우라는 성함의 스님이 내게 다가왔다. 우리는 절의 역사에 대해 간단히 이야기를 나누고 스님은 내가 이해하기 쉽도록 문장에 간간이 영어 단어를 섞어 썼다. 스님은 대웅전으로 나를 데리고 가더니 예불을 마치고 식사를 하고 있는 신도들과 같이 어울리도록 권했다.

접시를 들고 주걱에 손을 뻗으려는 찰나 나의 손목에 차가운 손길이 느껴졌다. 세월의 풍파에 쭈글쭈글해지고 여기저기 검버섯이 나 있는 팔을 따라가다 위를 올려다봤더니 절의 나이 많은 할머니 한 분의 얼굴이 나타났다. 그 분이 말하기 시작했지만 나의 초보 한국어 실력으로는 빠른 속도와 변화무쌍한 높낮이의 말을 해독하기에 턱없이 부족했다. 그나마 내가 최선을 다해 이해할 수 있는 단어와 어구들을 추려내 낑낑대며 얻은 결론은 이랬다. "밥이 없어서 부엌으로 가야 해."

내가 보기엔 김을 피워 올리고 있는 밥솥에 김치, 오이, 콩나물 접시 등등 남아 있는 음식이 아주 많았다. 나는 그냥 여기서 조금만 먹고 가겠다고 더듬거리며 말했다. 그러자 할머니는 또 같은 말을 좀 더 냉정하게 되풀이하셨다. 이번에는 좀 더 엄하게. "부엌으로 가라니까." 할머니는 막무가내로 나를 대웅전에서 데리고 나왔다.

우리는 정문 쪽으로 길을 잡았다. 계단 꼭대기에 이르자 할머니는 그때까지 꽉 붙잡고 있던 내 팔을 놓았다. 나를 부엌 입구까지 끌고 와서 만족스러운지 할머니는 돌아서서 가버렸다. 나는 할머니의 사투리를 알아듣진 못했어도 할머니의 태도를 명백하게 이해했다. 부엌 밖의 쓰레기통 두 개가 눈에 띄었다. 나는 조용히 뚜껑을 열고 나의 빈 접시를 버렸다. 그러고는 고개를 흔들며 부엌에서 나와 정문 쪽으로 살며시 걷기 시작했다.

나는 입구에서 절로 들어가고 있는 웬 재미동포 여성과 딱 마주쳤다. 이십대 초반, 내 나이 또래로 보였다. 반짝반짝 윤이 나는 기다란 검은색 생머리, 날씬한 체격, 구릿빛으로 태운 피부, 그리고 비키니 탑과 느슨하게 묶은 사롱 차림에 발에는 조리를 신고 있었다. 나는 그 여성의 미모뿐만 아니라 그녀의 부적절한 옷차림에 놀랐다. 그런 차림으로 그 여성은 키가 훤칠한 백인 남자의 팔에 착 달라붙어 있었다. 그 남자는 알로하 무늬가 찍힌 헐렁한 반바지를 입고 있었는데, 무슨 히틀러의 우생학 영화에 나올 법한 배우처럼 보였다. 나는 그 여성이 남자를 끌고 사천왕문을 지나 스님 한 명을 가리키는 모습을 지켜보았다.

여성은 심드렁히 따라가는 남자를 연신 잡아끌며, '저기 저 작달만한 대머리 좀 봐봐!'라고 키득거렸다. 남자는 심드렁한 표정으로 그저 따라가기만 했다. 그녀의 우월한 인종의 배우자는 올려다보며 아시아인의 억양을 우스꽝스럽게 흉내내며 대꾸했다.

여성이 어찌나 웃어대던지.

남자는 미소를 지으며 노란 털로 뒤덮인 기다란 팔로 여성의 잘록한 허리를 슬쩍 감싸 안았다. 나는 주먹을 불끈 쥐었다. 그 금발을 있는 대로 뽑아버리고 두 주먹으로 그 하얀 이를 피범벅이 되도록 산산조각 내고 싶었다. 그러는 대신 나는 내가 이곳에서 환영받지 못하는 이유를 이해하며 고개를 숙이고 축 쳐진 채로 사찰을 떠났다.

사진 곽 Sajin Kwok은 활동가이자 학자이고, 교육자다. 2003년 남한 국가인권위원회 위촉으로 기지촌 혼혈인 실태조사 프로젝트 간사를 지냈다. 또한 의정부에 있는 두레방에서 활동했다. 현재 미국 세종학교에서 영어와 과학을 가르치고 있다.

반쪽 한국인 : 나의 이야기

타네카 부데커

나는 1971년 5월 29일 평택 안정리에서 홍연자로 태어났다. 적어도 내 입양 서류에는 그렇게 적혀 있다. 나의 어머니는 한국인이었고 나의 아버지는 아프리카계 미국인이었다. 1972년 2월 나는 대한사회복지회를 통해 입양 대기자 명단에 이름을 올렸다. 1972년 5월 5일 나는 네덜란드에 도착해 네덜란드 부모님 손에 자랐다. 나는 행복하게 살고 있지만 입양됐다는 사실과 내가 태어난 곳에 대해 아는 게 아무것도 없다는 사실은 내가 내 삶의 진정한 일부가 아니라는 생각이 자꾸 들게 한다. 네덜란드 북부에서 보낸 나의 어린 시절은 만족스러웠다. 여름이 일 년 내내 계속되는 가운데 오늘은 또 어떤 하루가 펼쳐질지, 어떤 보물을 발견하게 될지 매일 기대에 부풀어 지내는 삶은 크고 위대하고 아름다운 모험이었다. 나는 아이들만 할 수 있는 방식으로 삶을 즐기는 장난기 많고 행복한 아이였다.

나는 시골에서 여동생과 함께 헛간을 지어놓고 말타기 놀이를 하면서 자랐다. 농장, 농장 동물들, 옥수수밭과 감자밭, 코 끝에 훅 끼쳐오는 흙냄새가 내 주변을 온통 감쌌다. 여름 햇살에 바싹 말린 건초는 지금도 내게는 고향 냄새다. 일찍부터 나는 내가 입양인이라는 사실을 알고 있었지만 스스로 네덜란드인이라 여겼고, 나의 피부색이나 내가 다르다는 것 때문에 주눅 들지 않았다. 나는 그저 부모님의 아이였고 그래서 행복했다. 나는 어떤 차별도 느끼지 못했고, "사람은 누구나 똑같다"는 부모님이 우리에게 심어준 가치관이기도 했다. 어렸을 때라 순진하게도 나는 다른 사람들도 그렇게 믿는 줄 알았다.

기독교에서 운영하는 초등학교는 그 반대로 가르쳤다. 거기서는 이렇게 가르쳤다. "사람은 누구나 다르다." 그리고 다수가 어떤 사람은 유난히 더 다르다고 생각하면 그 사람은 더 이상 그 무리의 일부가 아니다. 나는 무리의 일부가 되기를 늘 간절히 원했다. 어떤 종류의 무리든 상관없었다. 일요일마다 혼자 빨간 자전거를 타고 교회에 갔던 기억이 난다. 부모님은 교회에 다니지 않았지만 나는 어울리려고 매주 꼬박꼬박 다녔다. 내게 요구되는 일은 뭐든 하려고 노력했지만 사람들은 나를 받아주지 않았다. 그게 뭐가 됐든 자신들이 정당하다고 생각하는 이유가 있으면 반 전체가 어떤 식으로 나를 따돌리곤 했는지 지금도 기억이 생생하다. 한번은 나 혼자 교실에 남겨둔 채 다들 매주 학교가 쉴 때마다 무대에 올리는 연극 연습을 하러 간 적도 있었다. 그나마 딱 한 명 있던 친구도 그 연극에서 역할을 하나 맡아 내게 등을 돌리고 말았다. 그 애는 아무도 몰래 내게 쪽지를 건넸다. 쪽지를 펴보니 "나도 지배할 수 있어"라고 적혀 있고 그 옆에 슬픈 얼굴이 그려져 있었다.

나는 계속 그 이유가 궁금했다. 애들이 어째서 나를 그런 식으로 대하는지 도무지 이해할 수가 없었다. 우리는 모두 똑같고 서로 똑같이 대해야 하는 거 아닌가? 나는 '무엇' 때문에 그러는지 알아내려고 머리를 쥐어짰다. 내가 뭘 잘못했지? 다른 애들보다 내가 더 잘하거나,

더 못하거나, 더 많이 해서 도드라져 보일 수 있는 일이 뭐가 있는지 자문해보았다. 머릿속에서 어쩌면 이래서 문제였겠다 싶은 생각이 단 한순간도 떠오르지 않았다. 나는 사람들이 내게 뭘 바라는지 알아내려고 갖은 애를 썼고, 피부색을 바꾸는 카멜레온처럼 행동을 바꿔가며 다른 사람들의 기대에 나를 맞춰나갔다.

반 친구 하나가 나는 하나님의 양 떼가 아니므로 여기 속해 있지 않다고 말했을 때의 그 극심한 슬픔과 충격이 아직도 생생히 느껴진다. 그 순간 모든 게 바뀌는 듯했다. 내 존재 안 어딘가에서 변화가 일어나는 것을 느낄 수 있었다. 무언가가, 쉽게 뒤바뀔 수 없는 무언가가 내 안에서 근본적으로 바뀌었던 것이다. 그 날 나는 포기했다. 그리고 나는 그 무리의 일부가 아니며, 어쩌면 앞으로 그 어떤 무리에도 속하지 못할 수 있다는 사실을 순순히 받아들였다. 학교에서 나는 아예 그림자 속으로 옮겨갔다. 어쩌다 용기를 내 빛 속으로 걸어 들어가면 육체적 또는 정신적으로 나를 못 잡아먹어 안달하는 반 아이들에게 둘러싸이기 일쑤였기 때문이다. 때로 아이들은 내가 그 무리의 일부가 될 수 있을 것처럼 굴면서 하루 종일 나를 자기들 중 한 명처럼 대하다가 다음 날이면 언제 그랬냐는 듯 얼굴을 싹 바꿨다. 나는 정말이지 맞서는 법을 알지 못했다. 그저 받아들였다. 다른 아이들의 진실을 진리로.

그래서 열 살이 되기 전부터 나는 적응하고 맞추고 동화되면서 어울리는 사람이 되려고, 무리에 받아들여지는 사람이 되려고 노력하기 시작했다. 하지만 그런 노력이 먹힌 적은 한 번도 없었다. 늘 공허하고 외로웠다. 나 자신이 어느 누구보다도 무가치하게 느껴졌다. 나라는 사람은 어울릴 줄을 모른다는 생각이 들었다. 모든 게 다 내 잘못인 것만 같았다. 나는 존재할 권리가 없는 사람처럼 느껴졌다. 나는 사라지고 없었다. 학교에서 돌아오면 상상의 말(과 나중에는 실제 말)을 타고 나를 인정하고 받아주는 곳, 내가 초영웅인 곳들을 누비고 다녔다. 부모님은 선생님에게도 얘기하는 등 나를 도우려고 애썼다. 그 분들도 대부분의 부모들처럼 막대기와 돌멩이는 내 뼈를 부러뜨릴 수도 있지만 말은 그렇지 않다는 말로 계속 나를 위로했다. 하지만 말은 내 심장을 찢어놓았다.

부모님은 집 주변의 땅에 농사를 짓느라 거의 늘 바빴다. 어렸을 때는 그곳이 거대한 장소처럼, 모험처럼 느껴졌다. 숨바꼭질 놀이를 하면 어딘가에 숨어 영영 안 나타날 수도 있었다. 부모님은 많은 양의 과일과 채소를 길렀다. 여름에 다 못 먹으면 냉동해뒀다가 겨울에 먹었다. 우리 집 지하실은 잼, 피클, 독일식 김치가 가득가득 들어 있는 항아리, 깡통, 솥들로 늘 가득찼다. 마당에 나가면 산딸기가 지천으로 열려 있었다. 어머니는 화단에다 온갖 종류의 진기한 꽃과 식물을 키웠다. 우리는 양과 닭과 염소들도 키웠다. 꿀을 얻으려고 벌도 쳤다. 거기다 개도 두 마리 있었고, 고양이 한두 마리도 늘 있었다.

부모님은 남다른 삶을 살았다. 두 분은 자신들의 삶의 방식에 매우 철저했고, 비슷한 생각을 가진 사람들과 가까이 지냈다. 자신들의 방식과 다르면, 예를 들어 내가 일정한 나이가 돼서 바와 클럽을 출입하는 걸 대놓고 못마땅하게 여겼다. 부모님은 가능한 한 직접 농사를 지었다, 그것도 자연식과 유기농 방식으로. 우리는 우리 농장에서 직접 얻은 고기를 먹었다. 둥지에는 매년 수평아리들이 있었고, 나중에는 아버지가 양을 손수 도축했다. 우리 집에는 중앙 난방시설이 없이 거실에 목재 난로만 하나 있었다. 그래서 집에 먼저 오는 사람들이 난로에 불을 지펴야 했다. 엄마가 플로리스트로 일할 때 우리가 일주일에 몇 번씩이나 이 일을 했던 기억이 난다. 열이 골고루 퍼지려면 시간이 좀 걸렸다. 가끔씩 나는 커다란 자두주 단지에서 자두를 몰래 꺼내 먹곤 했다. 그러면 몸이 따뜻해지면서 추위가 가셨다. 가족들은 몇 년 전까지도 이 사실을 까맣게 모르고 있었다!

부모님은 핵에너지에 반대하는 시위에 이어 지인들과 신석기 시대 사람들처럼 살아보는 프로젝트에 참여하기도 했다. 우리는 토끼와 염소 가죽 차림에 모닥불을 피워 요리하고 진흙 그릇에 음식을 담아 먹는가 하면 부싯돌로 만든 도끼로 나무를 패며 직접 지은 움막에서 생활했다. 몇 년을 준비한 끝에 우리는 몇 주 동안 실제로 이런 생활을 하며 그 모습을 영화에 담기도 했다. 그 영화가 초등학생 대상의 교육채널을 통해 방영되면서 나는 '다르다'는 아이들의 생각은 더욱더 굳어졌고 그 바람에 결국 나는 사회적으로 훨씬 더 따돌림을 받게 됐다.

아버지는 모 공장에서 공장장으로 일했다. 어머니는 대부분의 시간을 나와 내 여동생을 키우며 보냈다. 나는 용감했으며 현명하고 차분하게 행동하려고 노력하는 사회적으로 바람직한 아이였다. 그런 행동을 하면 늘 보상이 따랐고, 그래서 나는 맏이답게 현명하고 차분해지려고 애썼다. 하지만 내가 느끼는 감정은 차분함과는 거리가 멀었다. 그보다 몹시 불편하고 불안했다. 하지만 나는 뭔가 착한 일을 해 보이고 싶었고, 그래서 부모님이 계속 나를 칭찬할 수 있도록, 내가 잘할 수 있는 곳이 적어도 한 군데는 있도록 열심히 노력했다. 동생이 석기시대 사람들처럼 토끼 가죽을 입고 숲에서 생활하는 게 얼마나 정신나간 짓인지에 대해 계속 떠들어댔을 때 나도 속으로 1백 퍼센트 동의했지만 부모님을 두고 미쳤다고 말하면 안 될 것 같아 그러지 말라고

타네카 부데커

동생을 말렸다. 우리는 두 분의 생활 방식을 존중해야 했다. 두 분은 누구나 자신이 원하는 대로 행동하고 말하며 자신이 원하는 방식대로 살아갈 권리가 있다고 굳게 믿었다. 하지만 다른 사람들은 몰라도 적어도 나는 두 분과 다르게 생각할 권리가 없는 듯했다.

내 사춘기는 부모님이 감당하기에 그렇게까지 힘들지는 않았다. 사실 나는 모두에게 올바로 처신하려고 노력했다. 다만 뉴에이지와 더 큐어(1978년에 결성된 영국의 록 그룹 : 옮긴이)의 영향을 받아 잠시 검은 옷에 부스스한 머리로 다녔을 뿐이다. 물론 조금은 반항적이 돼서 부모님 말을 무시한 채 늦게까지 밖에서 나돌긴 했다. 하지만 부모님 말에 정면으로 의문을 제기한 적은 한 번도 없었고, 뭔가 의구심이 생겨도 너무 겁이 나서 거스르지도 못했다. 예를 들어 부모님이 여동생이 성질을 내도 신경 쓰지 말라고 얘기하면 나는 그대로 따랐다. 부모님이 내가 사람들과 잘 지낸다고 얘기하면 나는 그 말을 사실로 믿었다. 부모님이 사람들을 있는 그대로 받아들이라고 얘기하면 나는 그렇게 했다. 이런 식으로 나는 예의바름의 갑옷에 갇힌 듯했다. 지금도 더러 특정한 상황에서는 그런 느낌이 든다. 그럴 때면 겉으로는 이런 갑옷으로 멋지게 치장하지만 속으로는 뭔가 다르게 행동하고 싶은 마음이 정말 굴뚝 같아진다. 그렇지만 너무 겁이 나서 막상 그렇게 하지는 못한다. 이 모든 것에도 불구하고 나는 우리 농가 안팎에서 아주 편안한 기분을 느꼈다. 돌이켜보면 거기서 매우 행복한 시간을 보냈던 것 같다. 그곳은 '우리' 집이었고 나는 그 집과 깊이 연결돼 있었다.

고등학교는 내게 다시 시작할 기회를 주었고, 한동안 나는 먹이사슬의 맨 꼭대기로 옮겨갔다. 나는 친구들도 많이 사귀었고 무리에도 받아들여졌다. 초등학교 때와 비교하면 상대적으로 수월한 시기였다. 부모님은 내가 고등학교에 들어가 활짝 피어나는 모습을 볼 수 있었다. 그런 가운데 나는 다른 사람들이 도대체 나를 좋아하는 이유가 뭔지 몰라 여전히 어리둥절했지만 아주 친한 친구들을 몇 명 얻었다. 그중 한 명은 특별히 더 친했다. 우리는 함께 사춘기를 겪었다. 나는 종종 그 애네 집에서 밤을 지내곤 했는데 그때마다 무척 환영받는다는 느낌이 들었다. 나는 마치 그 집 다섯째 딸 같았다. 우리는 지금도 친하게 지내고 있으며 서로의 좋은 일과 나쁜 일을 계속 함께 나누고 있다. 우리는 함께 엉엉 울고 함께 깔깔 웃어댄다. 나는 무리에 대한 두려움이 무척 강해서 사람들이 많이 모여 있으면 거길 곧장 통과해서 가지 못하고 빙 돌아가는 경향이 있었다. 나는 말로든 신체적으로든 공격당할 각오를 늘 하고 있었다. 아무도 날 발견하지 못하길 빌면서 그늘 속에 숨으려고 애썼다. 하지만 그러면서도 당당하게 자신을 드러내는 사람들이 부러웠고, 벌떡 일어나 빛 속으로 걸어 들어가게 될 날을, 그리하여 모두에게 나를 당당하게 보여주게 될 날을 계속 꿈꿨다. 하지만 언제나 두려움이 더 컸고, 그래서 그러지 못하는 나 자신에게 계속 실망만 쌓여갔다. 그러다 보니 자신감이 낮아질 수밖에 없었다. 지금도 나는 스스로에게 무척 인색해서 다른 사람들이 하는 칭찬을 그대로 믿거나 받아들일 때가 굉장히 드물다.

부모님은 내가 열아홉 살 때 이혼했다. 그러고 나서 몇 년 뒤 아빠는 우리 집을 팔았다. 혼자서는 다 관리할 수가 없었기 때문이다. 그 뒤로 두 번 다시는 집에 갈 수 없을 것 같았다. 내가 노숙자처럼 느껴졌다. 지금도 그 집을 지나쳐 운전할 때면 궁금한 생각이 든다. 우리 집에 어떤 사람들이 살고 있는지…… 여름이면 나는 차를 멈추고 잠시 들러 신발을 벗고 맨발로 수풀 사이를 걸어 다니며 잠시나마 다시 집에 온 듯 편안한 느낌을 즐긴다. 그러고 나면 집을 잃었다는 깊은 슬픔과 집을 향한 고통스러운 그리움이 밀려든다. 내 눈에는 하늘도 그곳 하늘이 늘 더 맑고, 풀과 나무도 더 푸르고 더 큰 것처럼 보인다. 나는 지금 그곳에 사는 사람들을 만나보았다. 그 사람들은 그곳을 민박집으로 개조해 운영하고 있었다. 모든 게 너무 많이 바뀌어서 나는 깜짝 놀랐다. 지금은 그 사람들도 내가 가끔 주변을 얼쩡대는 모습을 보는 데 익숙해졌다.

부모님이 이혼할 무렵 나는 어머니와 사이가 별로 좋지 않았다. 어머니에게 나는 아무렇지 않으며 본인한테 좋은 결정을 하시라고 말은 했지만 화가 나고 버려진 느낌이 드는 건 어쩔 수 없었다. 이혼은 순식간에 이루어졌고, 어머니는 역시 순식간에 웬 난민과 사랑에 빠져 재혼했다. 심지어 어머니는 나한테 그 남자가 계속 네덜란드에서 지낼 수 있게 혹시 그 남자와 결혼할 의사가 없는지 묻기까지 했다. 물론 그 남자가 네덜란드 시민권을 얻을 때까지 5년 동안만. 사실 엄마한테 싫다고 말하고 나서도 한동안 그 문제를 골똘히 생각했던 기억이 난다. 스스로가 못 미덥고 우유부단하게 느껴졌다. 한편으로는 엄마의 제안이 터무니없었지만 또 한편으로는 여전히 다른 사람들 부탁을 우선으로 들어줘야 할 것 같았다. 그래서 나는 그 문제를 진지하게 고려했고…… 결국 미친 짓을 하기에 이르렀다. 나는 오랫동안 **외국인은 모두 자기 나라로 돌아가야 한다**고 말하고 다녔다. 나 같은 유색인이 이런 말을 하면 매우 특별하게 들렸다. 하지만 나의 피부색은 내게 일고의 가치도 없었다. 나는 스스로를 네덜란드인이자 백인으로 여겼다.

부모님의 이혼 뒤 나는 남자친구와 같이 살기 시작했다. 잘못된 이유에서 그랬기 때문에 그 생활은 오래 지속될 수도 없었고 오래 지속되지도 못했다. 관계에서 나는 스스로에 대한 확신이 매우 강하고 옆에 있으면 내가 보잘것없게 느껴지는 사람들, 다시 말해 자신들 요구에 맞추고 적응하도록 나를 이리저리 쉽게 조종할 수 있는 사람들을 늘 선택했다. 게다가 나는 그렇게 하도록 가만히 내버려두었다. 그렇게 맺은 관계는 폭력적인 성격을 띠는 관계에서부터 서로 잘 알지도 못하는 파트너 관계까지 그 양태가 매우 다양했다. 그런 관계는 내 쪽에서 넓은 마음으로 웬만하면 양보하면서 늘 상대방 입장을 먼저 생각하면 상대방은 받는 쪽에 서서 아량과 공간을 최대한 많이 가져가는 것으로 출발하곤 했다. 그러고 나면 내 인내심이 바닥을 드러내면서 뭔가 되찾기 위해 죽도록 싸워야 하지만 돌아오는 건 아무것도 없는 개인적 한계에 다다르는 순간이 찾아오곤 했다. 그래서 내가 자신들이 생각하는 사람이 아니라는 게 밝혀지면 사람들은 자기들이 기대했던 걸 얻지 못하게 된 탓을 나한테 돌리며 화풀이를 해대곤 했다. 상대방이 다른 사람의 요구를 들어줄 수 있는 융통성과 능력을 지니고 있을 때조차도 나는 자기 자신이 아니라 늘 상대방부터 배려했다.

오랜 싸움과 우울증과 의심 끝에 결국 이혼으로 이어졌다. 어쨌든 내 손으로 직접 일군, '나도 드디어 인정받는구나' 싶은 느낌을 갖게 해준 가정과 안전을 어떻게 포기할 수 있단 말인가? 나의 뿌리를 어떻게 포기할 수 있단 말인가? 내 아이에게서 부모가 둘 다 있는 가정을 어떻게 빼앗을 수 있단 말인가? 어떻게 내 생각만 할 수 있단 말인가? 어떻게 한순간이라도 나의 무리를 떠날 수 있단 말인가? 나는 최대한 오래 버텼다. 하지만 자신이 너무 투명인간 같다고 느껴지면, 가끔씩이라도 나의 요구와 필요를 살피는 사람이 아무도 없으면 자기 자신과 삶을 포기하거나, 아니면 아무리 고통스럽더라도 그나마 남아 있는 자신의 희미한 일부를 움켜잡고 아직 남아 있는 것 위에서 다시 시작하기 위해 죽도록 싸우게 되는 한계점이 오기 마련이다. 나는 그 싸움을 시작했고, 지금도 싸우고 있는 중이다. 지금 나는 스스로를 다시 쌓아올리기 위해, 인정받고 싶어 늘 전전긍긍하던 내 안의 일부를 찾아내 옛날 버릇을 없애고 당당하게 목소리를 내면서 마침내 빛 속으로 걸어 나오기 위해 최선을 다하고 있다. 나. 이 사람은 삶에서 많은 것을 원하지만 또 다른 나의 일부는 너무 겁이 많아 혼자서는 아무것도 하지 못한다. 스스로를 매력적이지도 특별하지도 않다고 여기는 그 여자는 수줍음이 많아 자신을 드러내지도 못하고 다른 사람들의 칭찬을 실수로 치부해버린다. 그 여자는 또 자기를 좋아할 사람은 아무도 없다고 지레 단정 짓고는 접촉 자체를 아예 회피하면서 누가 호감을 나타내도 믿지 않는다. 심지어 여기 있어야 할지 말아야 할지를 놓고 고민하다가 상대방이 먼저 자리를 뜨는 모습을 멍하니 지켜보기만 한다. 다른 사람들이 그러지 않을 때도 그 여자는 늘 올바로 처신하려고 애쓴다. 자신감 넘치는 나의 일부는 겁 많고 소심한 이 여자와 매일 싸워왔다. 그 둘은 숨바꼭질 놀이를 꽤나 심각하게 한다. 하지만 자신감 넘치는 나의 일부는 나날이 더 강해지고 있다. 그리고 상태도 아주 좋다.

일 얘기로 넘어가면 내가 하는 일에 자신이 있다. 지금 이 일을 16년째 해오고 있다. 구체적으로 말하면 정신적으로 장애가 있어 행동 문제를 겪는 아이들을 하루 24시간 돌보는 일이다. 나는 그 아이들이 편안하게 느끼면서 자신은 누구이며 무슨 일을 잘하는지 발견할 수 있는, 스스로 목표를 정하고 기술을 연마할 수 있는 곳을 안내하는 게 참 좋다. 나한테 그 아이들이 무언가의 일부가 될 수 있는 곳을 만들 수 있는 능력이 있어서 참 좋다. 이 일을 하기 전에는 한 직장에 1, 2년 넘게 붙어 있어본 적이 없다. 주기적으로 직장을 옮겨 다니며 새로운 일에 도전하는 것도 나쁘진 않았지만 이직이 잦다 보니 어느 것 하나에 전념할 수가 없었다. 하지만 이 일은 내 안의 뭔가를 툭 건드렸다. 편안해지고 싶은 내 욕구를 채워주는 것 같았다. 그런 가운데 내 한계를 무시하고 지나치게 열심히 일하다가 결국 나가떨어지고 나서야 자기 자신도 돌보고 다른 사람들도 돌보려면 스스로의 한계를 알고 그 선을 넘으면 안 된다는 것을 힘들게 터득했다. 아직도 나는 동료들과 있을 때면 슬슬 불안해지면서 쉽게 소외감을 느끼는 경향이 있다. 아주 사소한 것에도 나는 무리의 일부가 아니라는 예전의 익숙한 감정이 불쑥불쑥 모습을 드러내곤 한다. 나는 또 내가 일을 잘한다는 게 알려져 직장에서의 내 입지가 확고해지는 것도 두렵다. 그랬다가 사람들 이목이

쏠릴 수도 있으므로. 그래서 나는 여간해선 잘 나서지 않지만 내가 하는 일에 관한 한은 누구보다도 잘한다고 자신한다.

그럼에도 나는 뭐든지 1백 퍼센트가 아니라 95퍼센트만 전념한다. 우리집은 손 댈 곳 없이 말끔하게 정리된 적이 한 번도 없다. 내 안에는 아직도 어린아이가 있다. 그 아이는 벤치에 홀로 앉아 엄마가 와서 너무 오래 기다리게 해 정말 미안하다고 말하기를 기다리고 있다. 엄마가 나를 잃어버린 뒤로 오래도록 찾았다며 어서 집에 가자고 말하기를 기다리고 있다. 그런데 거기에는 엄청난 고통이 있다. 나는 엄마가 애타게 그리우면서도 함께 갈 수 없기 때문이다. 고통도 그런 고통이 없다. 나는 엄마 손에 이끌려 집에 가고 싶지만 또다시 그러고 싶지 않다. 집에 가면 뭐가 있지? 나는 이 집에 대해, 이 집 언어에 대해 아는 게 아무것도 없어 부끄러워진다. 그래서 그 언어와 그 문화를 아는 사람들 주변에 가면 괜히 불편해진다.

그것은 반대 방향으로 작용하기도 한다. 나는 지금 이곳의 내 삶에도 온전히 전념할 수가 없기 때문이다. 어쩌면 나는 그 어디에도 속하지 않은 채 여전히 집에 가기를 기다리고 있는지도 모른다. 내가 태어날 때 있던 것은 모두 사라지고 없다. 나는 오래 전에 사라진 무언가를 갈구한다. 사람들 기대에 부응하는 사람이 되려고, 섞이려고 많은 것을 내려놓아야 했지만 정작 온전히 섞여본 적도 없고, 어디에서도 어울리지 못한다. 적어도 내가 느끼기에는 그렇다. 어차피 처음부터 섞이기 힘든 처지 아니었느냐고 항변하는 사람들도 있을지 모르겠지만 아이들은 보통 무리와 어울리려는 욕구를 지닌다. 입양되지 않은 아이들도. 하지만 입양된 아이들은 그 욕구가 더욱더 절실하다. 이미 한 번 버림받았기 때문에. 자신의 입지를 지키기 위해 입양인은 환경에, 주위 사람들에게, 자신을 둘러싸고 있는 사회에 적응해야 한다. 아이가 살아가는 나라와 그 안에서 배우는 문화는 내 나라, 내 문화가 된다. 그곳에서 자라지 않았다는 점에서 나는 한국인이 아니지만 DNA 깊숙이, 심장 깊숙이, 그리고 무엇보다도 나의 영혼 깊숙이 나는 여전히 한국인이다.

때로 나는 애써 그 사실을 감춘다. 이 아득하면서도 끈질긴 변환의 느낌은 물론 나와 떼어놓을 수 없는 나의 일부이긴 하지만 내가 몸담고 살아가는 세상에서 겪는 일과는 아무 상관이 없다. 그것은 온통 뒤죽박죽인 기분이 들게 한다. 오랫동안 나는 그런 느낌이 수면 위로 떠오르지 못하도록 억눌렀다. 한번 거기 사로잡히면 불안해지니까. 그것은 뭐라고 설명하기 어려운 복잡한 감정이다. 그것은 어떤 형태로든 늘 탈출구를 찾아낸다. 나의 경우 꼭 그런 건 아니지만 그것은 부정적인 형태로 나타날 때가 더 많다. 지금까지의 내 삶과 앞으로의 내 삶은 당연히 나에게 달렸지만 무엇이 정상이고 무엇이 성공인지에 대한 정의가, 문화적 유산의 정의가 나름대로 뚜렷하게 서 있는 세상에서 삶의 해법을 찾아 모험 길에 오르기가 쉽지 않다. 아니면 내가 생각하기에만 그런 건가? 아무래도 나만의 문화를 찾아야 할 것 같다. 한국인, 미국인, 아프리카인, 네덜란드인이 하나로 섞이는 문화를. 네덜란드인이 보기에 나는 너무 까맣고, 유색인이 보기에 나는 너무 희멀겋고, 동양인이 보기에 나는 너무 아프리카인 같고, 아프리카인이 보기에 나는 너무 하얗다. 그래서 그게 무엇이 됐든 각각의 문화에 가장 적합한 것을 가져다가 내 안에서 한 덩어리로 뭉칠 수 있게 해야 할 것 같은 느낌이 든다. 일종의 '문화 뒴뛰기'인 셈이다. 그 결과 나는 엄청나게 독특해진다.

나는 한국 음식을 찾아냈다. 나에게 한국 음식은 집과도 같다. 다른 입양인들과 만나 서로의 이야기를 나눌 때면 무척 편안한 느낌이 든다.

네덜란드 속담 중에 이런 말이 있다. "보통만 돼라. 그래도 충분히 도드라져 보이니까." 그렇다면 그것은 내가 세 가지 문화를 결합해 독특한 자아를 만들어내는 것과 어떤 관련이 있을까? 몇몇 사람들은 스스로 자기 자신을 만드는 특권을 갖는다면 재미있을 것 같다고 말한다. 그 사람들 입장에서는 그렇게 말할 만도 하다. 자신이 어디서 왔는지 알고 있으면서 사방에 뿌리를 내리고 자기 나라에서 살아가는 다수에 속하므로. 내가 선택해서 이렇게 독특한 게 아니다. 내가 선택해서 군중 속에서 두드러져 보이는 게 아니다. 내가 선택해서 절반은 한국인, 절반은 아프리카계 미국인이라는 신분으로 백인 중심의 유럽 국가에서 성장한 것이 아니다. 내가 선택해서 내 어머니와 내 나라를 떠난 게 아니다. 나는 그저 어울리고 싶었을 뿐이다. 어쨌든 지금으로선 나의 유산과 피부색을 버리고 백인 무리의 일부가 될지, 아니면 내 안의 문화적 DNA를 모두 수용해서 나의 피부색을 인정하고 나만의 무리를 만들지의 기로에서 꼼짝 못하고 갇혀 있는 느낌이다. 후자는 나가서 나의 무리에 합류할 수 있는 사람들을 찾는다는 것을, 그 사람들이 나의 무리에서 지내면서 그 무리가 결국엔 우리 무리가 되게 하리라는 것을 믿는다는 것을 의미하기도 한다.

작가 제인 정 트렌카는 자신에게 쓴 편지에서 두 사람이 공존하는 이런 느낌을 놀랍도록 정확하게 묘사한다. 그녀도 입양인이다. 한국에서 태어나 미국으로 입양된.

친애하는 제인에게,

너는 용감한 아가씨야, 나를 계속 살아있게 해주는. 난 기생충 같아. 난 오로지 네가 존재하기 때문에 존재하니까. 네가 태어나지 않았다면 난 죽었을 거야.

사람들은 날 보지 못해. 우린 한 마음, 한 얼굴, 한 머리, 한 몸을 지녔는데 말이야. 너는 쌍둥이 중에 보이는 쪽이라는 이점을 가지고 있지. 나? 나는 네 뒤에 숨어야 하고.

나한테 신경 좀 써줘. 이 몸도 신경 좀 써주고. 너도 알다시피 그게 실은 내 거잖아. 네가 보는 얼굴도 내 거고. 네가 먹고 일할 때 사용하는 손도 역시 내 거고. 너는 빌린 삶을 살고 있다는 거 잊지 마.

– 경아가

(제인 정 트렌카의 『피의 언어*The Language of Blood*』, 121)

타네카 부데커Tanneke Beudeker는 1972년 한국에서 네덜란드로 입양됐다. 그녀는 반은 한국인이고 반은 아프리카계 미국인이다. 장애아동들을 돌보는 사회복지사로 일하면서 열두 살짜리 아들을 혼자 키우고 있다. 최근에 미국에 있는 생물학적 아버지를 찾은 뒤로 자신이 물려받은 유산의 서로 다른 부분을 하나로 통합해내는 작업에 박차를 가하고 있다.

제4장

부정의를 이겨내는 삶

시험

로버트 리카도 리즈

네가 스스로를 동양인이라고 부르는 이유는 네가 그 대륙에서 태어났기 때문이고 네 엄마가 너를 오븐에 집어넣는다면 그건 널 비스킷으로 만들고 싶어서 그런 거야

- 미주리 포트레너드우드 우드 중학교 교사 x, 1993년

"자신에게 해당하는 원을 찾아 표시하시오"

나의 선생님은 잠시 아무 말이 없다
나의 혼란은 인종을 만들어내려 애쓴다

내 시험지 위의 선생님 손가락
나는 머리를 숙여 꾸벅 인사한다

나는 무릎을 덜덜 떨어대며
상처투성이의 참나무 책상을 노려본다

선생님이 나를 보며

"얘, 한 곳에만 표시해야지"

나는 흑인 & 그러고 나서 동양인 & 그러고 나서 히스패닉 & 그러고 나서 그 모두에 표시한다.

로버트 리카도 리즈Robert Ricardo Reese는 아프리카계 미국인 군인과 한국인 여성을 부모로 대한민국 서울에서 태어났다. 그는 (대전, 부산, 대구 등) 여러 도시를 돌아다니며 대한민국에서 꽤 오래 살았으며, 유년기의 대부분을 DMZ 근처의 파주 마정에서 할머니와 함께 지냈다. 로버트는 산타클라라 대학교에서 영어를 전공했다. 「아시아 리터러리 리뷰*Asia Literary Review*」, 「블랙버드*Blackbird*」, 「드렁큰 보트*Drunken Boat*」, 「포임스 어겐스트 워*Poems Against War*」, 「매드캡 리뷰*Madcap Review*」, 「산타클라라 리뷰*Santa Clara Review*」 등 여러 잡지에 글을 기고했다. 이 밖에 잡지 「시인과 작가*Poets & Writers*」에서 제정한 캘리포니아 라이터스 익스체인지 어워드(California Writers Exchange Award) 최종 후보에 오른 적이 있으며, Cave Canem Fellow이기도 하다. 샌프란시스코 주립 대학교에서 MFA 과정을 밟았으며, 잡지 「시인과 작가」가 후원한 2014년 커니 스트리트 워크샵에서 떠오르는 예술가로 선정되기도 했다. 현재 루스 아사와 샌프란시스코 예술학교(Ruth Asawa San Francisco School of Arts)에서 시를 가르치고 있다.

무지개 아래쪽

미키

나의 대부님인 아치 그라나타에게 이 이야기를 바친다. 그분은 나의 수호 천사다. 그분의 사랑과 안내 덕분에 나는 어두운 과거에서 벗어나 가능성과 성공으로 가득한 미래로 옮겨올 수 있었다.

얼마 전 나의 귀여운 강아지 한 마리가 죽었을 때 나는 가슴이 천 갈래 만 갈래로 찢어지는 듯한 아픔을 느꼈다. 라이카는 절대 나를 판단하는 법이 없었다. 사실 녀석은 무조건 나를 숭배했고, 그래서 녀석을 잃으면 당연히 슬플 줄 알았다. 녀석이 죽고 나서 내가 느낀 고통은 도무지 멈출 줄을 몰랐고, 현재의 슬픔이 과거의 기억과 충돌하고 있었다. 나에게는 눈에 넣어도 아프지 않을 아들이 하나 있는데, 우리 관계는 돈독하고 건강하다. 나는 웬만큼 성공도 하고 경제적으로도 탄탄한 부동산 개발업자이자 어디서나 당당한 여성으로 좋은 친구들도 많다. 하지만 바로 이 지점에서 나는 몇 십 년 전 내게 일어났던 사건들을 들춰내며 내 심신을 온통 흔들어대는 극심한 슬픔을 경험하고 있었다. 각각의 기억이 마치 어제 일인 듯 선명하게 떠오르면서 묵은 상처를 헤집어 내게 또다시 고통을 안겼다.

나는 이런 종류의 감정을 아는 사람을 찾아갔다. 그녀는 내게 감정에는 저마다 이름이 있으며, 내가 겪고 있는 것은 PTSD, 즉 외상 후 스트레스 장애(post-traumatic stress disorder)라고 말했다. 나는 과거를 절대 잊을 수 없으며, 잊고 싶지 않은 생각들이 몇 가지 있다. 비록 그 생각들이 나를 슬프게 한다 하더라도 그 덕분에 나는 내 생모와 그 어머니가 내게 준 사랑을 기억할 수 있다. 나는 정기적으로 심리 치료사에게 상담을 받고 있다. 그녀는 나의 과거가 내게 들러붙지 못하게, 그래서 현재의 삶에서 느끼는 기쁨을 앗아가지 못하게 하는 방법을 나 스스로 찾을 수 있도록 돕고 있다.

나는 1965년 대한민국의 어느 무지개 가정에서 태어났다. 무지개 가정 출신이라고 하면 요즘의 미국에서는 축하받을 일일지도 모르지만 당시 한국에서는 어려운 시절에 생겨난 다문화 가정을 뜻했다. 나의 어머니는 아이 여섯을 낳았다. 그렇게 많은 아이들을 혼자 힘으로 키우기란 여간 힘든 일이 아니었을 테지만 우리가 제각각 아버지가 다르고, 그 사실이 피부색에 반영돼 있는 게 더 힘들었다.

내 어머니의 삶은 처음부터 고단했다. 어머니의 가족은 오랫동안 일본에서 살았고, 어머니는 초등학교 3학년 때까지 그곳에서 자랐다. 어머니의 가족은 1940년대에 한국으로 왔고 이유는 확실히 알 수 없었다. 어머니가 어느 한국 가정의 둘째 아들을 만난 것은 한국에서였다. 어머니와 그 집 첫째 아들 부인이 동시에 임신하자 그 남자 집에서 첫째 아들 부인이 곧 아이를 낳을 예정이라 어머니와 이제 곧 태어날 어머니 아기를 받아줄 여유가 없다고 말했다. 어머니는 그 집에서 쫓겨나 거리에서 생활해야 했다. 어머니는 어느 골목길에서 나의 큰오빠를 낳았다. 어느 미국인 GI가 살을 에는 듯한 12월의 추위에 아기를 안고 있는 어머니를 발견하고 어머니에게 쉴 곳을 내주었다.

어머니와 그 백인 병사는 함께 살기 시작했다. 그는 어머니에게 잘 해주었고, 그 둘이 낳은 아들뿐만 아니라 어머니의 첫째 아들까지 돌봐주었다. 어머니는 그 군인을 고마워했다. 혼혈아를 낳은 이상 부모님이 자기를 받아줄 리 없다는 것을 잘 알았기 때문이다. 이후 그 병사는 떠났고, 어머니는 혼자 힘으로 아이 둘을 키워야 했다. 어머니는 기지촌에서 일하기 시작했고, 그러다 아이 넷을 더 낳았다. 우리 중 셋은 반은 흑인이었고, 하나는 반은 한국인에 반은 일본인이었으며, 둘은 반은 백인이었다. 아이들과 어른들은 모두 잔인해서 우리를 볼 때마다 그게 무슨 나쁜 것이라도 되는 듯 '무지개 가족'이라고 놀리며 웃어댔다.

나는 어머니의 둘째 아들을 한 번도 본 적이 없지만 미국 군인 교회 목사 한 분이 어머니에게 아이를 입양 보내라고 권했다는 얘기는 들어 알고 있었다. 어머니 둘째아들은 '더 나은 삶'을 위해 네 살인가 다섯 살 때 미국으로 보내졌다. 나의 어머니는 자기 아이들을 사랑했고, 그런 만큼 아이들을 위해 옳은 일을 하길 원했다. 어머니는 우리를 너무 많이 사랑한 나머지 우리에게 더 나은 삶을, 어머니는 절대 줄 수 없는 그런 삶을 보장해줄 사람이 나타나면 기꺼이 우리를 내줄 각오가 돼 있었다. 사람들은 어머니가 둘째 아들을 포기한 뒤로 사람이 완전히 달라졌다고, 극심한 슬픔이 사람을 바꿔 놓았다고 말했다. 어머니가 세 번째로 낳은 아이는 딸이었는데, 갓난아기 때 그만 죽고 말았다.

어머니의 넷째 아이 소냐는 반은 백인이었다. 우리가 함께 살던 때가 아직도 기억난다. 소냐는 나이에 비해 덩치가 컸고 매우 영리했다. 열한 살 때 소냐는 그녀에게 관심이 많은 사회복지사를 만났다. 그 사회복지사는 집에 와서 우리가 얼마나 가난하지를 보고 갔다. 그녀는 소냐에게 미국으로 입양 가서 더 나은 삶을 사는 게 어떻겠냐고 제안했다. 소냐는 내 어머니에게 입양 가고 싶다고 말했다. 어머니는 딸에게 가장 좋은 일을 하길 원했고 그래서 소냐를 미네소타의 한 가정으로 입양 보냈다. 하지만 어머니는 귀한 자식을 또 하나 잃어야 하는 상황을 견뎌야 했다.

그 무렵 우리 가족은 어머니, 큰오빠, 또 다른 오빠, 그리고 나 이렇게 있었다. 나의 생물학적 아버지는 흑인 출신의 미군 GI였는데, 하필 내가 태어나는 날 순환 임기가 끝나면서 우리를 떠났다. 내 친척들은 나의 아버지가 친절했고, 떠나는 날까지 우리 가족을 돌봐줬다고 말했다. 이제 어른이 된 큰오빠는 나와 내 바로 위 오빠를 부끄럽게 여겼다. 우리가 흑인 혼혈이었기 때문이다. 이 무렵 열아홉 살이 된 큰오빠는 어른 행세를 하며 술을 자주 마셨다. 술에 취했거나 취하지 않았어도 화가 나면 큰오빠는 우릴 때렸다. 큰오빠를 피하기 위해 바로 위 오빠와 나는 산으로 도망가 산허리에 뚫어 놓은 벙커에서 밤을 지새우곤 했다. 이런 벙커는 군인들이 적으로부터 숨기 위해 사용하던 한국전쟁 때의 유물이었다. 오빠와 나는 어떤 때는 함께 숨기도 하고, 또 어떤 때는 따로따로 숨기도 했다. 그런 어두컴컴한 곳에 있으면 무서웠지만 큰오빠의 분노로부터 우리를 보호할 수 없는 집보다는 나았다.

어머니는 대부분 일하러 나가 있었다. 어머니는 한글을 읽지도 쓰지도 못했기 때문에 생계를 위해 할 수 있는 일이 제한돼 있었다. 나이가 너무 많이 들어서 더는 양공주로 일할 수 없게 되자 어머니는 산에 가서 꽃과 나물 같은 걸 뜯어다 내다팔았다. 어머니는 내게 개울에서 작은 물고기를 잡는 법과 들판에서 메뚜기를 잡는 법을 가르쳐주었다.

우리는 그런 것들을 잡아다 먹었다. 우리는 먹을 수 있는 건 뭐든 요리해서 늘 부족하기만 한 밥과 함께 먹었다. 하지만 식량을 찾아다니는 것만으로는 먹고살 수가 없었다. 얼마 안 가 어머니는 양공주 집으로 다시 돌아가 일종의 가정부로 일했다. 어머니는 아주 많은 시간을 일했지만 우리는 늘 먹을 게 부족했다. 배고픔은 한 번도 우리를 떠나본 적이 없는 친구였다.

어머니는 쉰넷이라는 젊은 나이에 세상을 떠났다. 혈압과 스트레스 수치가 높았지만 내 생각에 어머니를 죽음으로 몰고 간 원인은 마음의 병이었다. 너무 많은 아이들을 잃는 바람에 어머니는 견딜 수가 없었던 것이다. 어머니가 자주 슬퍼하고 아파하던 모습이 지금도 기억난다. 어머니는 어떻게든 살아남아 우리를 돌보려고 늘 악전고투했지만 우리는 언제나 동네 사람들이 퍼붓는 인종 차별의 표적이었다. 어머니는 1978년 내가 열세 살이던 무렵에 돌아가셨는데, 사랑하는 어머니를 잃은 나의 슬픔은 이루 말할 수 없이 컸다. 하지만 슬퍼하면서 고통을 처리할 시간이 내게는 없었다. 나는 곧 변화의 소용돌이로 휘말려 들어갔다.

어머니가 돌아가시고 나서 나는 곧 수녀님들이 생활하는 집으로 보내졌다. 나는 거기서 몇 주만 있었다. 그곳은 여자아이들만 맡아 돌봤기 때문이다. 사람들은 내가 오빠와 함께 지내는 게 제일 좋다고 생각했다. 당시의 미국 이민법 때문에 열네 살이 넘는 아이는 입양 보내기가 어려웠다. 우리를 도와주려고 애쓰던 사람들은 우리를 가능한 한 빨리 입양 보내는 게 중요하다는 걸 알고 있었다. 어머니가 세상을 뜨자 내 바로 위 오빠는 결혼한 큰오빠와 함께 살기 시작했다. 알고 보니 큰오빠는 그런 적이 드물어서 그렇지 화가 나 있지 않거나 술에 취해 있지 않을 때면 꽤 괜찮은 사람이었다. 수녀님들은 내게 양부모를 찾아주려고 애썼지만 수녀님들이 알아본 부부는 오빠는 말고 나만 입양하길 원했다. 수녀님들은 나의 오빠도 입양을 보내야 하고 혼혈아 고아원에 있으면 둘이서 같이 입양 갈 기회가 더 많아진다고 생각했다.

킨 신부님은 인천 바로 옆 부평에서 미국계 혼혈아들을 위한 성 빈센트의 집을 운영했다. 그 고아원은 남자아이들과 여자아이들을 모두 받았다. 나는 그곳에 가면 다들 친절하게 대해주고 먹을 것도 많이 먹을 수 있다고 들었다. 또 그곳 아이들은 모두 미국계 혼혈아라서 인종차별도 없을 거라고 들었다. 킨 신부님은 미국계 혼혈인뿐 아니라 한국인들 사이에서도 혼혈아들의 구세주로 명성이 자자했다. 게다가 신부님은 1982년 미국 의회에서 아메라시안 법이 통과되는 데 중요한 역할을 함으로써 역사에 족적을 남기기까지 했다.

그 법은 베트남, 한국, 라오스, 캄보디아, 태국의 어머니나 형제자매가 없는 미국계 혼혈아들, 즉 아메라시안들이 미국으로 건너와 미국의 후원 가족들과 함께 살 수 있도록 허용했다. 킨 신부님은 그 법의 통과를 앞장서서 이끌어내 아메라시안 아이들에게 좋은 일을 했지만 그 고아원을 거쳐 간 아이들에게, 예를 들면 나 같은 아이들, 가난과 인종차별에 찌든 삶밖에 모르는 아이들, 아무 잘못도 없는데도 생모와 헤어져야 했던 아이들, 무서움과 외로움에 떨던 아이들에게 나쁜 일도 많이 했다.

사람들이 한방에서 같이 자는 데 익숙한 환경에서 자랐기에 사내아이들이 킨 신부님 방에서 자는 모습을 보고도 나는 하나도 놀라지 않았다. 나는 신부님이 그 애들을 매우 아끼나 보다고 생각했다. 사제실에서 잠을 다 자다니 특별한 아이들이 틀림없다고 여겼다. 하지만 처음 도착했을 때 거기서 일하는 한국인 여성 가운데 몇몇이 내게 킨 신부님 방에 너무 오래 머물지 말라고 당부했다. 나는 그 이유를 알지 못했다. 나중에 나는 아이들이 뭔가 특별한 일을 하고 싶으면 킨 신부님 방에 가서 허락을 받아야 한다는 걸 알게 됐다.

나는 큰오빠를 보고 싶었고, 그래서 킨 신부님 방에 가서 오빠를 보러 가도 되는지 물었다. 신부님은 나더러 와서 자기를 안아달라고 말했다. 나는 신부님에게 다가갔고, 앞에 가서 선 순간 신부님 숨결에서 술 냄새가 훅 끼쳐왔다. 신부님은 두 팔을 내밀어 나를 안더니 여기저기 만지면서 키스하기 시작했다. 무엇을 해야 할지, 어떻게 벗어나야 할지 모른 채 신부님이 두 손으로 나를 더듬는 대로 우두커니 서 있는 그 시간이 마치 영원처럼 느껴졌다. 내가 무엇을 원하는지 신부님이 오해하도록 뭘 잘못 말했나 싶은 생각이 들기도 했다. 그 첫 번째 사건 이후 뭔가를 부탁하러 신부님 방에 갈 때마다 신부님은 나를 추행했다.

때로 신부님은 나를 더듬고 키스하면서 울곤 했다. 나는 신부님이 나한테 이러는 건 옳지 않다는 걸 알았지만 어떻게 해야 멈추게 할 수 있는지는 알지 못했다. 사제실에 들어가야 할 때마다 나는 신부님이 나를 못 만지게 하려면 어떤 식으로 다가가는 게 좋은지에 대해 궁리했다. 그 방에 있던 마지막 순간 신부님이 내게 '준비하고' 잠자리를 봐달라고 말했다. 나는 신부님에게 곧 돌아오겠다고 말했지만 그 길로 도망쳐서 다시는 그 방으로 돌아가지 않았다.

거기서 갓난아기들을 돌봐주던 아줌마 중 한 명이 엄마 친구셨다. 나는 그 분에게 킨 신부님과의 사이에서 일어난 일을 이야기했다. 그 분은 가톨릭 신자였던 한국인 여성 책임자에게 나를 자기가 데리고 자도 되겠느냐고 물었다. 그 여성은 그러라고 말했고, 엄마 친구는 나를 자기 방에서 재웠다. 그 여성은 또 내가 착한 아이니까 내가 원하면 자기한테 허락을 받고 오빠를 만나러 가도 된다고 말했다. 지금 생각하면 성 빈센트에서 일하던 아줌마들은 자초지종을 알고 있었지만 너무 가난해서 행여 일자리를 잃기라도 할까 봐 두려워하고 있었던 것 같다. 그 분들은 아무래도 추행을 멈출 만한 힘이 자기들한테는 없다고 생각하지 않았을까 싶다.

나는 어렸을 때 그 고아원에서 지냈던 다른 사람들한테도 이야기해봤다. 그곳에서의 경험을 공개적으로 밝히려 드는 사람은 없을 듯하다. 킨 신부님은 이미 고인이고 우리는 어른이 됐으니. 우리 중 몇몇은 그 사람 장례식에 가야 할지 말아야 할지를 놓고 고민하기도 했다. 우리는 어쨌든 그 사람이 고맙게도 우리를 도왔고, 우리가 그 사람에게 어떤 식으로든 신세 진 건 사실이라는 인식을 가지고 있었다. 다시 돌이켜 생각해보면 내가 생각할 때 우리는 킨 신부님한테 신세 진 게 아무것도 없었다. 그 사람은 우리가 처해 있는 상황을 알고 있었고, 한국에서 그것이 우리에게 얼마나 끔찍한 일인지에 대해서도 알고 있었다.

우리는 이제 곧 안식처로 갈 수 있겠지 생각하는 상처받은 아이들이었다. 우리는 어머니와 떨어져 있었다. 그중에는 아직 갓난아기들도 있었고, 나처럼 좀 더 머리가 큰 아이들도 있었다. 그런 상태에서 우리 모두 낯선 환경으로, 생면부지의 사람들과 함께 생활하면서 우리가 처음 대하는 삶의 방식을 받아들여야 하는 상황으로 와락 밀쳐졌다. 우리가 약속받았던 피난처 대신 우리는 힘 있는 남자가 순전히 자신의 쾌락을 위해 우리 몸을 이용하는 곳에서 살아야 했다. 그 남자의 추행은 내게 내 잘못이 아닌 악행에 대한 수치심을 남겼다. 이런 감정을 나 혼자만 겪는 게 아니라고 나는 확신한다. 이제 나는 그 남자가 내게 한 짓이 나의 PTSD의 원인 중 하나라는 것을 안다. 내가 어른들을 좀처럼 믿지 못했던 데에는 그 이유가 크다. 나의 입양 가족과 함께 살기 위해 미국에 온 뒤에도 안전하긴 하지만 나 말고 다른 입양인이 열 명이나 되는 혼란스런 환경 속에서 나는 여전히 누구도 믿을 수 없었다.

이제 나는 나의 과거 경험이 내 삶을 지배하지 못하도록 할 수 있다. 나는 여러 분야에서 달인이다. 나는 수제 양초 가게를 운영하고 있으며, 내 옷은 내 손으로 만들어 입을 정도고, 패션 디자인과 머천다이징을 전공했으며, 미용사 자격증도 가지고 있고, 하라스 카지노에서 내 소유의 살롱 겸 스파를 운영하고 있다. 또 소규모 주택뿐만 아니라 땅과 대지를 개발하고 수백만 달러를 호가하는 저택을 사고파는 부동산 개발업자 겸 설계사이기도 하다. 사업에서 거둔 성공에 힘입어 나는 당당하게 나와 내 아들의 버릇을 망쳐 놓을 수도 있다고 말한다. 나는 사람들을 쉽게 믿지는 않지만 꼭 피는 섞이지 않았어도 나한테 끔찍이도 잘해주는 가족이 있다. 나는 그들을 온전히 믿을 수 있다.

다른 사람들은 내 안에 품고 다니는 상처를 알아채지 못한다. 한국에서의 나의 고된 삶이 현재의 내가 되는 데 도움을 주었다. 나는 어머니의 막내였다. 나는 독립적이고 창의적이어야 했으며, 끝까지 살아남아 행복을 경험하려면 긍정적인 태도를 지녀야 했다. 내 진짜 이름도 학교에 가고 나서야 알았다. 나의 가족은 나를 '예쁜이'라고 불렀는데, '예쁘다'는 뜻이다. 학교에 가려면 이름이 필요했고, 그래서 나의 어머니는 내가 일곱 살인가 여덟 살일 무렵 나를 시청에 데리고 가서 출생신고를 했다. 안내대에 있던 남자가 이렇게 말했다. "별명처럼 뭔가 나름의 의미가 있는 이름으로 짓지 그러세요?" 그의 제안에 따라 내 이름은 '아름다운 경치'를 뜻하는 '미경'이 됐다. 내 이름은 내가 태어난 땅, 고통스럽고도 복잡한 과거가 있는 아름다운 곳, 내 복잡다단한 역사의 배경에서 왔다.

내 강아지의 기억은 물론 지금도 소중하지만 녀석이 죽고 처음 닥친 충격으로부터는 웬만큼 벗어났다. 녀석을 잃은 것은 내게 큰 슬픔이었지만 어떤 냄새나 소리처럼 사소한 것들이 가슴을 아프게 하는 해묵은 상처를 떠올리게 할 때가 더러 있다. 이제 나는 어렸을 때 내가 겪은 추행을 수치스러워 해선 안 된다는 걸 안다. 오랫동안 나는 일만 했다. 할 일 없이 가만히 앉아 있으면 그 기억들이 나를 괴롭혔기 때문이다. 왜 나지, 왜 나한테 이런 일이 일어난 거지? 나는 자신에게 그런 질문들을 수도 없이 던지곤 했다. 삶에는 늘 도전이 있기 마련이다. 나의 과거는 물론 현재의 나를 있게 한 일부이기도 하지만 나는 행복으로 가득한 삶을 내 손으로 만들어냈고, 나의 과거가 나를 정의하게 가만히 내버려두지 않을 것이다.

미키Meeky는 재봉사, 패션 디자이너, 옷가게 사장, 바 주인, 미용사, 미용실 운영 등 많은 직업을 거친 사업가다. 1965년 한국에서 태어나 아이들이 여섯이나 되는 다문화 가정에서 홀어머니 밑에서 자랐다. 한국에서 혼혈아로 사느라 어려움도 많았지만 몸에 밴 요령과 타고난 재능으로 변화무쌍한 삶의 도전들을 무사히 넘겼다. 어머니가 돌아가고 나서 당시 열세 살이던 미키는 미국의 한 가정에 입양돼 미국으로 왔다. 현재 미키는 성공한 부동산 개발업자로 일하면서 다 성장한 아들과 대부 그리고 강아지들과 즐겁게 지내고 있다.

선택받은 자

벨라 시겔-달튼

나의 양어머니는 나더러 선택받은 자라고 말했다. 혼혈아들을 싫어하는 한국을 떠날 수 있어서 나는 행운아라고 안 그랬으면 거기서 제대로 대접도 못 받고 살았을 거라면서. 어머니는 나더러 그 사람들이 틀렸다고, 혼혈아는 아름답고 똑똑하다고 말했다. 그러면서 그 사람들의 무지 때문에 나를 얻게 됐으니 자기는 운이 좋다고 말했다. 어머니는 내가 두 살 때 용케도 고아원을 빠져나와 혼자 집을 찾아갔다가 한국 어머니 손에 이끌려 그 이튿날 다시 고아원에 돌아간 걸 보면 내가 얼마나 똑똑한지 알 수 있다고 말했다(나중에 나는 이 이야기가 순전히 거짓말이라는 걸 알게 됐다). 내가 어렸을 때 엄마는 최선을 다해 한국과 관련한 물건과 소식들로 내 주위를 가득가득 채워 놓았다. 내가 한국인으로서 물려받은 유산을 본의 아니게 잃어버리는 걸 원치 않았기 때문이다. 나는 '아리랑'을 녹음한 테이프와 한국 인형을 끼고 살았고, 냉장고를 열면 늘 김치 단지가 있었다. 김치 생각을 하면 지금도 입에 침이 고인다.

한국에 대한 기억은 거의 없다. 제일 오래된 기억 중 하나는 고아원 경계선 끝자락 울타리에 묶여 있던 염소 한 마리다. 먼지가 풀풀 나는 도로 맞은편에는 가게들이 있었다. 이게 맞는 기억인지 긴가민가하다가 최근에 한국을 방문하고서야 맞는다는 것을 확인할 수 있었다. 미국으로 오는 비행기 안에서의 기억도 꽤 있다. 객실의 불이 꺼져 있고 뒤돌아보니 사람들 다리가 보인다. 주로 바지와 정장 구두 차림의 남자들 다리다. 누가 나를 데려왔는지, 정확히 말하면 1966년 12월 7일 오클랜드 국제공항에서 누가 나를 인계했는지는 기억나지 않는다. 나의 새 오빠가 내게 줬다는 한쪽 귀에 종을 달아맨 달마티안 인형도 기억나지 않는다. 다만 오빠가 나를 보더니 매우 행복해하면서 내 손을 잡고는 안아주던 기억은 난다. 엄마와 아빠는 정장 차림이었다. 엄마는 회색 외투를 입고 그 위에 옥으로 만든 나비 핀을 꽂고 있었다. 아빠는 위아래로 정장을 입고 있었다. 아빠가 입술을 줄곧 일직선으로 유지하던 기억이 난다. 알고 보니 아빠는 웃는 법이 거의 없었고 시간이 지나면서 그 선은 점차 익숙해졌다. 그때도 나는 그 사람들을 행복하게 해줘야 한다는 걸 알았다. 왜냐하면 그것 말고 달리 내가 할 수 있는 일이 없었기 때문이다. 나를 아는 사람 또한 달리 없었다. 아무도 내가 하는 말을 알아들을 수 없었고, 나를 집으로 데려다줄 수도 없었다.

우리는 버클리 언덕 꼭대기의 아름다운 주택에서 살았다. 부엌 창에서 보면 산라파엘 다리를 비롯해 샌프란시스코 만의 전경이 두 눈 가득 들어왔다. 발끝으로 서서 왼쪽을 보면 금문교와 샌프란시스코 만 다리가 보였다. 내 방은 붙박이 옷장과 바퀴 달린 맞춤 침대가 있는 아름다운 방이었다. 침대보는 자바산 수제품이었는데, 그걸 잘 챙기는 건 나의 몫이었다. 잠잘 때면 나는 '예쁜 침대' 밑 간이침대에서 잤다. 내 방 바로 옆에는 나만 사용하는 욕실도 있었다.

오빠는 우리와 같이 살지 않았고, 나이는 열일곱 살이었다. 오빠는 마치 제임스 딘 같았다. 무슨 일에든 아등바등하는 법이 없었고 컨버터블 차나 오토바이를 타고 다녔다. 오빠는 나를 늘 친여동생처럼 대했다. 내게 선물을 잔뜩 안겨주면서 보수적인 부모님들은 데리고 가지 않았을 곳들로 나를 데려가곤 했다. 우리의 '데이트'에는 오빠 여자친구가 꼭 꼽사리로 끼어선 내가 영화를 보면서 먹을 간식을 고르는 동안 컨버터블 뒷좌석에 앉아 기다렸다. 엄마는 쉰 살로 영어 석사학위를 소지한 유치원 언어 교육 교사였다. 엄마는 내가 영어를 빨리 배우고 말할 수 있도록 각별히 신경 썼다. 그 결과 도착하고 나서 6개월 만에 나는 '완벽한' 영어를 구사할 수 있었다. 어머니와 나는 그럭저럭 잘 지냈다. 그렇지만 아빠하고는 그렇지 못했다. 아빠는 엄마 말고는 그 누구하고도 잘 지내지 못하는 것 같았다. 아버지는 어머니의 두 번째 남편이었고, 어머니는 아버지의 첫 번째 아내였다. 둘이 만날 당시 어머니는 여덟 살짜리 아들이 딸린 이혼녀였다. 아버지는 십 년 뒤면 그 아들이 제 갈 길을 찾아 가겠지 기대하며 아내를 한 번도 독차지하지 못한 채 지냈다. 당시 아버지는 마흔네 살로 셸 정유회사에서 화학자로 일하고 있었다. 아버지는 양극성 장애를 앓고 있었지만 그렇게 진단받은 적도, 그 병에 맞게 치료받은 적도 없었다. 내가 결혼하고 나서 2주 뒤 아버지는 내 방에서 스스로 목숨을 끊었다.

어머니는 줄곧 아이를 갖고 싶어했다. 그것도 여자아이를. 아기가 아니라. 대소변을 가릴 줄 아는 나이의 여자아이. 그리고 다른 나라에서 데려와야 했다. 그래야 '미츠바,' 즉 선행을 베풀 수 있으므로. 나는 여자아이와 선행이라는 두 가지 조건을 모두 충족했다. 대개는 다 괜

벨라 시겔-달튼

찮았다. 아주 즐겁게 지낼 때도 더러 있었다. 토요일은 모녀의 시간이었다. 토요일이면 우리는 멋지게 차려입고서는 택시를 타고(엄마는 운전을 하지 못했다) 시내에 나가 맛있는 것도 먹고 쇼핑도 하며 시간을 보냈다. 하지만 나는 집안일도 해야 했다, 그것도 아주 많이. 집안 구석구석 빠짐없이 청소기를 돌리고 먼지도 털어야 했으며 특히 부엌, 욕실, 침실 바닥은 기어 다니며 박박 문질러 닦아야 했다. 내 옷은 당연히 내가 직접 빨고 개켜야 했으며 어머니의 옷까지 손으로 빨아야 했다. 그 대가로 나는 옷가지 하나당 10센트를 받았지만 더러운 양말 같은 내 방의 빨랫감을 빼먹어 벌금을 물었다. 나는 늘 적자였다. 사실을 말하면 실제로 돈을 받아본 적이 한 번도 없었다. 또 개집 청소하기, 앞뒤마당 쓸기, 나뭇잎과 떨어진 자두 치우기도 내 일이었다. 열세 살 무렵에 이르러 나는 이제 이런 일들은 하지 않겠다고 선언했다. 나는 반항했다. 그러자 아빠는 나를 때려서라도 복종하게 만들려고 했다. 어느 날 상황이 바뀌었다. 나는 말대꾸를 하면서 버텼다. 아버지에게서 허리띠를 낚아채고 더는 맞기를 거부했다. 그리고 그 길로 집을 나왔다.

나는 그룹 홈과 위탁 가정을 전전했다. 한 번 옮길 때마다 불안과 걱정이 따랐다. "여기선 얼마나 있게 될까? 사람들이 잘 대해줄까? 혹시 학대하진 않겠지?" 이 와중에도 나는 여전히 가족과 연락하고 지냈지만 함께 살 때보다 따로 사는 게 더 좋았다. 나는 10학년 때 GED(고졸 학력 인정서)를 받고 어찌어찌 고등학교를 졸업했다. 정규 고등학교 졸업장은 나중에 받았다. 그 뒤 나이 조건이 되자마자 나는 미국 해안경비대에 지원했다.

신병 훈련소 입소를 앞두고 필라델피아 공항에서 올라탄 버스에서 나는 내 남편이 될 남자를 만났다. 3년 뒤 우리는 결혼했다. 우리 가족은 점점 불어났고, 그 사이 어머니와의 관계도 개선됐다.

4년 전 나는 나처럼 한국 입양인 출신인 케이티 로빈슨의 〈증명사진 한 장 A Single Square Picture〉을 읽고 나의 한국에서의 고아원 탈출기는 아마도 꾸며낸 이야기일 가능성이 높다는 걸 비로소 깨달았다. 듣자 하니 고아원 직원들은 입양 가족들을 즐겁게 해주려고 종종 없는 이야기를 지어내 들려주었던 것 같다. 한국에서 지내던 시절의 나에 대한 유일한 정보가 실은 거짓이었다니 실망스러웠다. 나중에 알고 보니 나는 네 살이 넘어서야 고아원에 들어갔고, 고아원에서 지낸 기간도 겨우 아홉 달에 지나지 않았던 것으로 나타났다.

나의 입양과 관련해 그동안 나의 배경과 의료 기록을 찾으려고 백방으로 애썼다. 내게 남자 형제나 여자 형제가 있는지 알고 싶었다. 부모 중 어느 쪽이 다낭성신장질환(PKD)를 앓았는지. 그 분도 나처럼 계속 투석 치료를 받다가 결국 이식을 받아야 했을까?(나는 곧 이식 수술을 앞두고 있다)

소셜 미디어를 통해 나의 과거를 찾아보았다. 그동안 나는 나같이 한국에서 입양된 사람들을 만나왔는데, 미국식 이름에 반은 한국인이고 반은 미국인인 나의 얼굴을 거울처럼 비춰주는 얼굴들을 보고 있으면 심장이 그야말로 팔딱팔딱 뛴다. 40여 년 만에 처음으로 비로소 소속감 같은 게 느껴진다. 자라면서 혼혈 동양인은 학교에서 나밖에 없어 힘들었다. 물론 오늘날 대부분의 도시 환경에서는 그게 그렇게 주목받을 일은 아니지만 60년대에는 나 혼자밖에 없었다. 더구나 동양인 공동체에서도 전혀 환영받지 못하고 있다고 느낄 때가 많았다.

한국 입양인 출신 친구들의 도움으로 내가 있던 고아원의 위치와 급기야는 나의 생모에 대한 정보도 몇 가지 알아냈다. 나는 이제 생모의 이름도 안다. 이청희. 지금도 쉽게 떠오르지 않아 애를 먹을 때가 더러 있지만 그 이름을 내 영혼에 새겨두고 싶다. 내가 있던 한국사회봉사회(KSS Korea Social Service) 고아원 파일을 통해 생모가 나를 그곳에 데리고 가서 더는 나를 키울 수 없다고 말했다는 걸 알게 됐다. 누군가의 어머니이자 할머니로서 나는 생모에게 그게 얼마나 어려운 일이었을지 그저 상상만 할 뿐이다. 생모는 나를 4년하고도 2개월 7일 동안 키웠다. 살면서 맞닥뜨린 온갖 어려움에도 불구하고 생모는 자신의 힘이 닿는 한 최선을 다해 나를 돌봤던 것이다. 생모가 나를 사랑했다는 것을 가슴 깊이 느낀다. 그리고 그게 유일한 선택이었다는 걸 알고 생모가 편안하길 기도한다. 지금까지 나의 여정을 단 일 분도 후회해본 적이 없다. 나에게는 비록 끝까지는 아니었어도 최선을 다해 나를 키워준 어머니가 있었으므로. 생모 이청희는 보통의 어머니가 감내할 수 있는 희생 중에서 가장 큰 희생을 감내해야 했다.

DNA 검사를 통해 아버지 쪽 사람들이 켄터키 클레이 카운티 출신이라는 걸 알아냈다. 가계도를 조사하는 데 3년이 걸렸지만 2015년 9월 7일 아버지의 신원을 확인하고 처음으로 나의 생물학적 가족과 대화를 나눴다. 그리고 비로소 아버지가 나에 대해 알고 있었다는 걸 알게 됐다. 아버지는 한국에 주둔하면서 어머니와 함께 살았다. 그 시기에 두 사람은 서로 사랑했다. 아버지의 주둔 기간이 끝날 무렵 어머니는 나를 임신했다는 걸 알고 그 사실을 아버지에게 말했다. 아버지는 소속 부대에 한국에 머물면서 어머니와 결혼할 수 있는지 물어봤다. 부대에선 아버지의 요청을 묵살하고 떠나야 한다고 말했다. 아버지는 어머니한테 돌아가려고 무단이탈을 감행했다가 MPmilitary police에 체포돼 구금실에 갇히는 바람에 어머니와 연락할 수가 없었다. 한편 어머니는 아버지한테 일어난 일을 전혀 알지 못한 채 떠나는 쪽을 선택했다. 아버지는 구금에서 풀려난 뒤 어머니를 찾아 나섰지만 결국 찾지 못했다. 아버지는 어머니의 친정까지 찾아갔지만 어머니 부모님은 내 어머니가 아이를 낳다가 죽었다고 말했다. 아버지는 우리 무덤이라도 찾으려고 인근 공동묘지에 가봤지만 찾지 못했다. 그래서 아버지가 어머니 친정에 다시 갔더니 그 부모님은 이렇게 말했다. "시체는 바다에 버렸네, 굳이 무덤까지 쓸 필요가 없을 것 같아서." 며칠 뒤 아버지는 배를 타고 미국으로 돌아왔다. 그 뒤로 아버지는 어머니 소식을 영영 듣지 못했다. 어머니와 관련해 아버지가 가지고 있던 것이라고는 한국에 있을 때 둘이 같이 살던 곳의 장인 한 명이 그린 어머니 그림 한 장이 전부였다. 그나마 그 그림도 아버지의 미래 아내가 없애버리고 말았다. 이 모든 이야기를 나는 아버지 가족들로부터 들었다.

아버지의 신원과 사연에 대해 알고 나서 며칠 뒤 나는 운 좋게도 2015년 9월 캘리포니아 버클리에서 열린 'Koreans and Camptown Conference'에 참석해 가족을 찾는 데 DNA를 사용하는 방안을 주제로 발표에 나섰다. 회기 동안 나는 입양인 출신의 다른 참가자들을 만나 방을 같이 썼다. 그리고 바로 그 방에서 DNA를 사용해 한국 가족을 찾아주는 단체를 만들어보자는 얘기가 나왔다. 그러고 나서 2015년 10월 한국에서 입양된 사람들과 그들의 생물학적 가족을 다시 만나게 해주는 일을 주로 하는 비영리 단체 325KAMRA(한국해외입양인연합)가 설립됐다. 2016년 6월에는 켄터키 할런 카운티에 가서 아버지 가족들도 만나고 아버지의 무덤에도 들렀다. 그리고 이복 여동생과 남동생들을 비롯해 아버지 가족들과 며칠 지내다 돌아왔다.

2017년 나는 '미앤코리아Me & Korea(한국계 입양인을 지원하는 미국의 비영리단체 : 옮긴이)'가 주최하는 한국 출신 입양인의 모국 방문 프로그램인 '하파 투어'에 참가했다. 이는 나 같은 혼혈 입양인들을 위해 특별히 마련된 여행 프로그램이었다. 그 전까지 나는 한국에 다시 갈 생각이 전혀 없었던 데다 비행기 타는 것도 끔찍이 무서웠다. 지금 생각하면 내가 이런저런 두려움을 극복하고 도전하기로 결정한 게 얼마나 다행인지 모른다. 뿌리의 집(한국 출신 입양인들을 위한 게스트하우스) 김도현 목사님은 나의 체류 기간 동안 한국 텔레비전 방송사 중 하나인 SBS에 출연할 수 있게 주선해주셨다. 해당 프로그램 제작진은 흑인 혼혈 한국인 '제이미'가 살고 있는 것으로 확인된 부평으로 나를 데려갔다. 계속 한국에서 자란 제이미는 나의 어머니도 알고 있었고 나도 기억하고 있었다. 그 분은 염소에 대한 내 기억이 사실이라는 것도 확인해 주었다.

내가 입양된 것은 운이 좋았기 때문이다. 나는 처지가 비슷한 사람들 사이에서 태어나 그 밑에서 정상적으로 자랐을 수도 있고, 아니면 학대받으며 자랐을 수도 있었다. 지금도 그룹 홈이나 위탁 가정으로 가야 하는 아이들이 많다. 하루를 마감할 때면 지금의 나라는 사람에게, 그리고 지금의 내가 있기까지 나를 빚어낼 수 있게 곁에서 도와준 모든 사람들에게 고마움을 전한다. 나는 생모 찾는 일을 계속할 생각이다. 언젠가 최소한 나는 잘 지내고 있으며 잘살고 있다는 것만이라도 알려드릴 수 있었으면 해서.

얼마 전 만성 골수성 백혈병(CML) 진단을 받으면서 나는 새로운 여행을 시작하고 있다. 나는 한국(과 다른 모든 나라들)이 출생 환경이나 혼혈 여부와 상관없이 자국의 아이들을 인정하고 시민으로서 동일한 권리와 특권을 부여하는 모습을 보고 싶다. 나는 생부들이 자기가 아버지가 된 시점을 알았으면, 그래서 아이에 대한 책임을 받아들이고 그 아이의 삶에서 적극적인 역할을 하는 모습을 보고 싶다. 나는 미국 군대가 예하 장병들이 각자의 행동에 확실히 책임지도록 독려하는 모습을, 결혼을 원하거나 자기 아이를 돌보길 원하는 장병들은 그런 기회를 가질 수 있도록 보장하는 모습을 보고 싶다. 그리고 마지막으로 위안부 할머니들이 벌써 오래 전에 받았어야 할 사과를 받는 모습을 보고 싶다.

벨라 시겔-달튼 Bella Siegel-Dalton은 1961년 11월 대한민국 경기도 동두천, 지금의 보산동에서 태어났다. 다섯 살 때 캘리포니아 버클리의 한 유대인 가정에 입양된 뒤 1983년 결혼해 딸 둘과 아들 하나를 두었고, 지금은 손자 둘과 손녀 둘을 둔 할머니다. 대학 졸업 후 미국 해안경비대에서 근무하기도 했다. 오랫동안 호텔 일을 해오다가 지금은 이삿짐 운송 회사에서 일하고 있다. 현재 남편과 캘리포니아 북부에서 살고 있으며, 비영리 단체 325KAMRA의 DNA 책임자로 활동하면서 한국 출신 입양인들이 생물학적 가족을 찾는 일을 돕고 있다.

두 문화 껴안기와 헛발질

낸시 블랙맨

때는 1974년 8월이었고 나는 플로리다 포트 마이어스의 어느 통학 버스 정류장으로 짐작되는 곳에 서 있었다, 내가 '짐작되는'이라고 말하는 이유는 아무 표시도 없었기 때문이다. 버스 정류장 안내판은 둘째 치고 내가 제대로 된 곳에 서 있는지 확인할 만한 게 아무것도 없었다. 부모님이 내게 거기 서 있으라고 말했고, 그대로 따랐을 뿐이다. 당시 나는 고등학교에 갓 입학한 상태였다. 이때까지만 해도 학교를 좋아했다. 학교는 친구들을 만날 수 있는 곳이었다. 그리고 새로운 것을 배울 수 있는 곳이기도 했다. 평생을 배우면서 나는 배움이 내게 주었던, 그리고 지금도 주고 있는 기쁨에 일찌감치 눈을 떴다. 나는 늘 게걸스러운 독자였고 평생을 그래왔다.

고등학교에 들어가기 전 나는 타이 방콕에 있었다. 14세가 될 때까지 세 대륙에서 지내며 미국 국제학교에 다녔다. 방콕에 도착할 무렵 나는 이미 도시 생활의 부산스러움과 '툭툭'(동남아시아 등지에서 주로 인력을 사용하는 교통수단 : 옮긴이)을 잡으려고 뛰어가거나 친구들과 갖가지 냄새와 소리로 넘쳐나는 빽빽한 도심 사이를 걸어 다니는 데 익숙했다.

14세가 될 때까지 내 친구들은 출신 국가와 배경이 제각각이었다.

내가 다니던 미국 밖 국제학교 중 아무 데나 한 곳 골라 복도에 서 있으면 아주 밝은 흰색에서부터 짙은 검은색에 이르기까지, 그리고 그 둘 사이에서 저마다 음영과 농도를 달리하며 분포해 있는 수많은 피부색을 볼 수 있을 것이다. 거기서는 인종 차별적 발언은 물론이고 어느 한 사람이 나머지와 다르다고 해서 수군대거나 하는 것도 없었다.

이름 없는 그 버스 정류장에 서 있던 날 내 기억 속에서 그런 영상들이 아련하게 떠올랐다. 한편으로는 흥분되기도 하고 또 한편으로는 불안하기도 한 마음으로 거기 서 있었다. 통일된 느낌을 주는 치마와 윗옷을 차려입고 뒤축이 트인 흰색 비닐 펌프스를 신었던 기억이 난다. 엄마가 학교라는 장소에 맞게 옷을 갖춰 입으라고 신신당부했기 때문이다. 플로리다라 그런지 이른 아침인데도 해가 쨍쨍했고, 습기가 공기와 내 겨드랑이를 축축하게 적시고 있었다.

버스가 와서 멈춰 서는 순간 마음이 놓였다. 나는 제대로 된 곳에 서 있었던 것이다. 버스를 향해 한 걸음도 채 떼어놓기 전에 얼굴들의 바다가 차창 밖으로 소리를 질러댔다. “중국인들이 쳐들어오고 있다! 중국인들이 쳐들어오고 있다.” 나는 옆에 아무도 없이 혼자 우두커니 서서 이렇게 중얼거렸다. “쟤네는 지리를 엉터리로 배웠나 봐. 난 중국인이 아닌데.” 그러고는 대수롭지 않게 버스에 올랐다. 앞쪽 몇 줄은 이미 차 있었다. 버스 안쪽으로 걸어 들어가는데 혼자 앉아 있던 학생들이 일제히 창가 쪽에서 통로 쪽으로 스르르 미끄러지며 자리를 바꿔 앉았다. 말소리가 뚝 그치면서 옷자락이 비닐 재질의 좌석에 부대끼며 나는 서걱서걱 소리가 귀를 먹먹하게 할 만큼 커졌다. 그렇게 몇 줄이나 지나갔을까, 신경이 곤두서면서 두 다리가 후들후들 떨리기 시작했다. 내가 눈에 띄게 무서워하고 있다는 걸 다들 눈치 챌 것만 같았다.

나는 눈앞에서 펼쳐지고 있는 상황을 도무지 이해할 수가 없었다. 아무도 말을 하지 않았다. 서로한테도, 나한테도. 무슨 일이 일어나고 있는지 도무지 알 수가 없었다. 거의 버스 맨 뒤에 이르러서야 나는 더는 갈 데가 없다는 것을 깨달았다.

그 누구도 서로 눈을 맞추지 않는다는 점 또한 나를 당혹스럽게 했다. 뒷부분은 내 기억이 잘못됐을 수도 있지만 적어도 나하고 눈을 맞추는 사람은 아무도 없었다. 아무도 일어나서 나를 지켜주지 않았고, 내가 버스 맨 끝줄에 이를 때까지 옆에 앉으라고 권하는 사람 또한 아무도 없었다. 남학생 하나가 여자 친구와 나란히 앉아 있다가 여자 친구를 슬쩍 밀어내고는 자기 옆 자리를 툭툭 두들겼다. 나는 먹잇감을 노리는 맹수처럼 그 좌석을 향해 잽싸게 달려들었다. 털썩 주저앉는데 버스 기사가 거울을 통해 뒤쪽을 보고 있는 모습이 내 눈에 들어왔고, 그 순간 버스가 갑자기 앞쪽으로 휘청거렸다. 나는 깜짝 놀랐지만 조용히 작은 소리로 말했다. "고마워." 나는 그 남학생과 눈을 맞추지도 그 뒤로 두 번 다시 말을 걸지도 않았다. 그 남학생의 친절한 행동이 나에게 무엇을 의미하는지 알려줬으면 좋았을걸. 그것은 잠시의 안전이었다.

그 이름 없는 남학생이 내게 베푼 호의는 DMZ 철책을 사이에 두고 주고받는 악수 같은 것이었다. 순수하고 사심 없는. 사실 나는 그 남학생이 내게 베푼 친절 때문에 친구들과 마찰을 일으켰을지도 모른다는 생각을 종종 하곤 한다.

미국에 도착한 뒤로 학교생활은 조롱과 멸시로 얼룩졌다. 그날 이후로 오랫동안 따돌림과 무시의 나날을 보내야 했다. 오빠와 나는 그 학교에서 유일하게 눈에 띄는 동양인이었고, 그래서 그 때문에 따돌림을 당할 때가 많았다. 나를 괴롭히는 데에는 백인 학생과 흑인 학생의 구분이 없었다. 내 온전한 정신을 지키려고 했을 뿐인데 주먹 싸움에 휘말리는 횟수가 점점 많아졌고, 그럴수록 나의 혼란도 깊어졌다. 그러던 어느 날 평화주의자인 아버지는 내가 싸우고 다니는 걸 좋아하지 않을 거라는 생각이 문득 든 뒤로 나는 저녁 식사 자리에서도 그 얘기는 일절 꺼내지 않았다.

그 학기가 끝나고 부모님은 플로리다는 우리 가족에게 현명한 선택이 아니었을 수도 있다고 판단했고, 우리는 북쪽의 버지니아로 이사했다. 고등학교 2학년 때는 플로리다에서의 그 첫날처럼 극적인 일을 겪지는 않았지만 고등학교를 졸업할 때까지 줄곧 미묘한 차별은 있었다. 의미있는 관계를 맺기가 이렇게나 힘들다면 앞으로 나는 과연 어떻게 될까 생각하니 초조해졌다. 결국 나는 수학여행에서 나와 함께 절뚝거리며 걷던 두 명과 친해졌지만 속으로는 국제학교 시절의 옛날 친구들이 못내 그리웠다.

고등학교에서 대학을 거쳐 이십대로 옮겨가자 삶의 방향을 찾기가 훨씬 더 어려워졌다. 대학에서는 자연스레 국제학교 출신들에게 끌렸다. 그 친구들은 나의 사람들이라고 생각했기 때문이다. 그 친구들은 나와 같은 걸 얘기했고, 내가 궁금해하는 문제에 똑같이 의문을 품었다. 하지만 어느 것도 내 것이 아닌 두 세계를 오가며 느꼈던 미묘한 차별과 차이들은 나의 영혼 깊숙한 곳에 외로움을 새겨 놓았다.

대학 때의 절친한 친구들 중에 아프리카 출신의 남학생이 있었다. 우리는 지금도 여전히 친구로 지내고 있다. 그 친구는 지역 대형 백화점의 신발 매장에서 일했는데, 동료 중에 한국 청년이 있었다. 그 친구는 내게 그 남자를 무척이나 소개해주고 싶어했다. 그 이유는 잘 모르겠다. 나는 그 친구에게 백인들이 나를 받아들이지 않듯이 한국 사람들도 나를 환영하지 않기 때문에 좋은 생각이 아닌 것 같다고 누차 말했다. 그때마다 그 친구는 그럴 리 없다고 우겼고, 그래서 나는 저녁 시간에 맞춰 그 친구를 만나러 갔다. 신발 매장에 도착하자 문제의 한국 청년이 멀리서 나를 보더니 황급히 매장 뒤쪽으로 사라졌다. 내 친구는 청년을 뒤따라가더니 몇 분 뒤 돌아와 그 청년이 사정이 생겨 나올 수 없게 됐다고 말했다. 예상은 하고 있었지만 그 말에 나는 명치를 얻어맞은 것처럼 속이 얼얼했다. 나는 시선을 바닥에 고정한 채 평정을 되찾으려고 애쓰며 재빨리 어디 가서 저녁을 먹을지 정했느냐고 물었다. 우리 사이에는 새로운 공감대가 생겼다. 그 친구도 대학의 아프리카계 미국인 사회에서 환영받지 못해 외로움을 타고 있었고, 그런 점에서 우리는 처지가 비슷했다. 결국 우리 둘 다 두 문화 사이에서 겉도는 부적응자였다.

대학에서 나는 내 자리를 찾지 못해 방황했고, 그럴수록 성적은 더 나빠지기 시작했다. 대학 5학기 째로 접어들면서 학교로부터 학점이 너무 내려가서 다음 학기에는 못 받아주겠다는 내용의 편지를 받았다. 내가 자라면서 올 A만 받던 학생이라는 걸 모르나? 나는 스스로의 능력마저 의심스러웠다. 아버지에게 그런 사정을 털어놓으며 학교의 결정에 항의하겠다고 말했다. 아버지는 내가 면담하는 데 동행해주겠다고 제안했고, 나는 기꺼이 그 제안을 받아들였다.

당시 학장이 없어서 나는 부학장과 면담했다. 부학장은 허옇게 센 머리와 큰 코가 꼭 괴물 같아 보이는 사람이었다. 적어도 내 마음이 기억하기로는 그렇다. 그 자리에서 일어난 일을 어떻게 해석해야 좋을지 도무지 가늠할 수가 없었기 때문이다. 나는 도와줄 과외 교사를 한 명

더 구하겠다고 약속하면서 한 번만 더 기회를 달라고 간청했다. 그러고는 반드시 성적을 끌어올릴 테니 다음 학기가 끝날 때 내 자질을 다시 평가하면 되지 않느냐고 제안했다.

괴물은 안경 너머로 나를 쳐다보며 이렇게 말했다. "아니. 학생은 이 학교에 다시 돌아올 수 없을 뿐만 아니라 다른 정규 대학교에도 두 번 다시는 입학하지 못할 걸세." 방금 저 사람이 내게 정말 그렇게 말했단 말인가? 아버지는 묵묵히 앉아 있기만 했다. 부학장의 말은 너무도 단호했다. 대안은 없었다. 그것은 내 미래에 대해 저주를 퍼부은 것과도 같았다. 나더러, 어린 여자더러 어떡하라고?

우리는 사각형 뜰을 가로질러 조용히 걷기 시작했다. 모든 게 느릿느릿 움직이고 있었다. 단 내 마음은 빼고. 생각이 줄달음치고 있었다. 나는 연감 편집부원이었던 터라 사무실에 들러 쓰던 책상을 비워야 했다. 겨우 5분 걸었을 뿐인데도 한 시간은 걸은 것 같았다. 뜰 한가운데쯤 와서 아버지가 마침내 작은 소리로 말문을 열었다. "아무래도 넌 공부할 체질이 아니었나 보다." 박사인 아버지에게서 나온 그 말은 나의 폐부를 찔렀다. 나는 아버지의 실망을 느낄 수 있었다. 하지만 그와 동시에 그것은 안도이기도 했다. 우리 모두 나의 학업 능력을 잘못 판단하고 있었단 말인가? 올 A만 받던 학생으로 지낸 나의 초년기가 우리는 무위로 돌릴 수 없는 모종의 책략을 꾸미기라도 했단 말인가?

그날은 내가 그 캠퍼스에서 보낸 마지막 날이었다. 책상을 비운 뒤 아버지와 함께 부모님의 집으로 차를 몰았다. 그때 엄청난 충격을 받았다. 이제 어떻게 살아야 한단 말인가? 나는 몇 날 며칠을 충격의 후유증에 빠져 허우적거리며 이 질문을 곱씹고 또 곱씹었다. 그 며칠 동안 충격 속에서 매분 매초를 점령당했다. 나는 좀비였다. 이제 어떻게 하지?

기회 균등이 아프리카계 흑인을 채용하고 싶지 않은데도 소수자 할당분을 채워야 하는 고용주들의 현안으로 떠오른 상태에서 일자리를 구하기란 여간 성가스럽고 치사한 게 아니었다. 몇몇 고용주들은 면접을 보려고 나를 안으로 불러놓고는 눈에 띄게 놀라는 모습을 보였다. 내 성만 놓고 보면 나는 동양인이 아니라 백인이었다. 게다가 나는 말할 때도 동양인 억양이 전혀 없었다. 대기실에서 내 이름이 불리고 자리에서 일어났을 때 그 사람들이 얼마나 놀랐을지 상상해보라. 그랬다, 외모가 많은 것을 말해주었다. 드디어 나는 비서로 취직했다. 그 회사에서 일 년쯤 일하고 내 자리가 다소 안전해졌을 때 인사 책임자가 내 면전에 대고 순전히 소수자 할당제 덕분에 채용되었다고 말했다. 그 즈음 나는 유능한 타이피스트이자 비서로서의 자질을 입증해 보인 터라 그 말을 그냥 넘기고는 계속 일했다. 집세와 각종 청구서를 해결해야 했기 때문이다.

몇 년 뒤 이렇게 끝내서는 안 되겠다는 생각이 계속 들었다. 나를 위해 뭔가가 더 있어야 했다. 내 안의 학습자는 새로운 기술을 습득해 비서보다 나은 일을 하기를 줄곧 열망하고 있었다. 그러던 중 커뮤니티 칼리지 평생교육원(미국에서 일반인에게 단기대학 정도의 교육을 제공하기 위해 대학에 개설한 과정 : 옮긴이) 카탈로그를 검색하다가 우연히 진로 계획 강좌를 소개하는 글을 보게 됐다. 그 강좌는 내가 갈구하던 구세주 같아 보였다. 나는 구체적으로 어떤 강좌인지도 알지 못하면서 바로 등록했다.

그 강좌에 등록한 사람들은 18세에서 65세에 이르기까지 연령대가 다양했다. 그 대학 자문 위원이기도 했던 담당 교수는 우리를 한 명씩 평가한 뒤 하고 싶은 일과 삶에서 우리에게 중요한 것이 무엇인지 알아오라는 과제를 냈다. 이 밖에 관심 있는 직업 세 가지를 골라 정보제공 인터뷰를 해보라는 과제도 있었다. 내가 고른 직업 중에는 그래픽 디자이너도 포함돼 있었다. 과제의 일환으로 우리는 담당 교수실에서 만나 우리가 선택한 직업군으로 옮기는 방법들에 대해 논의했다. 교수는 그래픽 디자인과 관련해서는 나한테 하나도 도움이 되지 않았고, 대신 광고 디자인 과정에 대해 알려주었다. "어떻게 해야 좋을지 모르겠어요. 전일제로 근무하고 있거든요." 내 말에 교수는 이렇게 대답했다. "그래픽 디자인 입문 과정이 있는데, 수업이 토요일이에요. 토요일에도 일하세요?" 나는 바로 그 토요일 강좌에 등록했고, 그 다음 학기에 직장을 그만두고 다시 부모님 집으로 거처를 옮겨 광고 디자인 준학사 학위를 땄다. 그리고 그래픽 디자인 겸 예술 감독으로 일하기 시작했다.

그러다 언젠가부터 더 나은 교육을 향한 갈망이 되살아났고, 서던 캘리포니아에 살고 있던 오빠가 아트센트디자인대학(Art Center College of Design)에 지원해보라고 적극 권했다. 나는 결국 해냈다. 대학 측에서 나를 받아들였던 것이다. 다른 정규 대학교에도 두 번 다시 입학하지 못할 것이라고 말한 그 백발 괴물에게 보란 듯이 입학 허가서를 보내고 싶은 마음이 굴뚝같았지만 그러지 못했다. 그런 마음을 뒤로하고 입학에 대한 고민은 곧 두려움으로 바뀌었다. 등록금은 어떻게 구하지? 내가 이사하고 나면? 전보다 훨씬 더 나이든 데다 심장 상태도 좋지 않은 아빠는 어떡하고? 부모님은 내 학비 때문에 집을 담보로 또 대출을 신청하려 들 터였지만 생각지도 못했던 문제들이 나를 옭죄어 왔다. 떠나기 한 달 전 나는 결국 남기로 결정했다. 그리고 지금도 그 결정을 후회하지 않는다. 나는 돌아가실 때까지 아버지와 함께 있을 수 있었다. 그러는 사이 나는 한 대형 백화점에서 그래픽 디자이너로 일하기 시작했고 얼마 뒤 예술 감독으로 승진했다. 내 입장에서는 잃은 게 아무것도 없었다.

워싱턴 DC 도시권에 사는 동안 나는 늘 나만의 소수자 전용 차선에 머물러 있었다. 정확히 어떤 차선이냐고? 그것은 내가 스스로에게 계속 물었던 질문이기도 하다. 한 마디로 외로움의 차선이었다. 갈수록 많은 한국인이 나를 기피했고 갈수록 많은 백인이 내게 등을 돌렸다. 문제의 데이트 장면은 마음에 둘 것 없다. 그것은 동양 여성과 사귀는 것에 관심이 있어 보이지만 가족들에게는 절대로 소개하지 않는 백인 남자들로 넘쳐나는 막다른 골목이었다. 한번은 나를 쓰레기라고 부르는 어머니를 둔 남자와 데이트를 한 적이 있었다. 그 남자는 어째서 쓰레기인 나와 사귀고 싶어했을까? 또 다른 어머니는 자기 아들에게 나와 사귀는 게 '그냥' 싫다고 말했다. 이 남자들이 자기 어머니가 나에 대해 한 말을 내게 그대로 전하는 걸 들으면서 상처와 혼란은 더욱 커졌다. 심지어는 남자 어머니가 내 면전에 대고 직접 그렇게 말한 적도 있었다. 살면 살수록 싸움에서 지는 횟수도 점점 많아지는 것 같았다.

방정식의 또 다른 절반은 한국인 사회였다. 뉴욕에서 예술 감독으로 일할 때 나는 가슴 아픈 일을 겪었다. 한국 광복절 날이었는데, 사진 촬영을 마치고 나는 한국 식당을 찾았다. 그 전에 엄마한테 전화해 그 날을 기념하려면 뭘 먹는 게 좋은지 물어보았다. 엄마는 '만둣국'을 비롯해 몇 가지 음식을 추천해줬다. 만둣국은 내가 제일 좋아하는 음식 중 하나였다. 나는 식당에 들어가기 전 만둣국을 주문하기로 마음을 정했다.

식당 입구에 서서 메뉴를 보여달라고 청했다. 그런데 메뉴판에 만둣국이 보이지 않았고, 그래서 젊은 남자 직원에게 나를 위해 그 음식을 만들어줄 수 있는지 물어보았다. 그랬더니 그 남자는 나를 보며 말했다. "네? 만둣국을 만들어주실 수 있냐고요?" 나는 이렇게 물으면서 어깨를 약간 들썩였다. 직원이 말했다. "볶음밥이요?" 나는 깜짝 놀랐다. 물론 종업원이 내 말을 제대로 알아듣지 못했을 수도 있었다. 나는 웅얼거리기 시작했다. 직원의 영어는 꽤 훌륭한 듯했다. 나는 크게 말했다. "만둣국을 만들어주실 수 있냐고요? 아니면 어디 가면 먹을 수 있는지 말씀해주실 수 있으세요?" 또다시 종업원이 말했다. "네? 볶음밥이요?" 나는 포기하고 볶음밥에 동의했다. 주문한 음식이 나오기를 기다리면서 나는 나갈까도 생각했다. 돈은 잊어버리자. 나는 너무 창피했다. 아마도 내가 너무 많은 걸 기대했던 모양이었다. 한국인들 말투는 귀에 거슬릴 수 있다. 심지어 영어를 말할 때도 그렇다. 하지만 하루 종일 일한 데다 나의 일부라도 되살리길 바라고 왔던 터라 나는 이 순간을 단순히 불친절한 손님 응대가 아니라 반은 한국 여성이고 반은 독일 여성인 나의 정체성에 대한 공격으로 해석했다.

나는 기다리기로 했다. 마침내 음식이 나왔고 나는 숙소로 뛰어갔다. 나는 앉아서 음식을 먹으며 중요한 나의 일부가 위안을 받길 간절히 원했지만 무력감만 느끼고 말았다. 그동안 한국 문화에 대해 이것저것 배웠는데도 너무나 많은 한국인들이 나를 받아들여주지 않았고 지금도 받아들이지 않는 것 때문에 그것들을 온전히 껴안을 수 없다는 것에 무력감을 느꼈다. 나는 한국인 친구들을 많이 사귀고 싶었다. 그래서 한국에 대해 더 많이 배우고 싶었다. 하지만 이스트 코스트에 사는 동안 그런 일은 일어나지 않았다.

이스트 코스트에서 살 때 나는 지금까지도 친하게 지내는 아주 정겨운 사람들도 몇몇 만났다. 그때 내가 사귄 몇몇 놀라운 남자들은 내게 지속적인 인상을 남겼을 뿐만 아니라 그 가족들도 나를 진심으로 환영해주었다. 그런 사람들은 유색 인종들 사이에서 인기가 많을 것이기 때문에 여간해서는 만나기가 쉽지 않다. 그런 사람들이 매일 나타나는 것은 아니지만 언젠가는 나타나서 우리 스스로의 경계심을 풀면 아름다움과 사랑과 은총이 우리를 찾아온다.

그때 이후로 많은 시간이 지났지만 외로움과 혼란은 여전히 내 곁을 맴돌고 있다. 부모님의 두 문화 중 어느 쪽도 온전히 껴안지 못했기 때문이다. 나만의 방식으로 껴안고 싶지만 내가 살아가는 방식 말고 대놓고 그렇다고 선언해도 된다는 허락을 나는 아직 받지 못했다.

낸시 블랙맨Nancy Blackman은 1960년대 초반 미드웨스트에서 2세대 독일계 아버지와 1세대 한국계 어머니 밑에서 태어났다. 그녀의 아버지는 미국 외교관 신분으로 한국에서 근무할 때 그녀의 어머니를 만났다. 낸시는 14세가 될 때까지 세 대륙에서 지냈다. 베트남전쟁 직후인 1974년 미국으로 돌아와 플로리다에 정착했다가 일 년 뒤 워싱턴 DC 대도시권으로 옮겨 그곳에서 25년을 살았다. 그래픽 디자이너 겸 예술 감독으로 오랫동안 일하다가 마침내 대학교로 다시 돌아가 학사 학위뿐만 아니라 영성 형성 석사 학위까지 마쳤다.

나의 역사는 수수께끼

새라 해리스

내가 '아시아인'이라는 인종 범주가 요구하는 최소한의 자격 조건에 부합하지 못한다는 사실을 처음 알게 된 것은 국외 입양을 다룬 기사를 읽었을 때였다. 그 기사는 한국 문화에서 혼혈인은 개보다 못한 존재이기 때문에 만약 내가 계속 한국에 남아 있었다면 나에게는 미래가 없었을 것이라는 요지로 이야기를 풀어나갔다. 정확한 기사 내용은 기억나지 않지만 그 정서만은 절대 못 잊을 것 같다. 처음에는 그렇게까지 뼈에 사무치진 않았다. 아직 어리고 순진했던 때라 나는 한국 출신 혼혈 입양인들을 다룬 문제의 기사가 던지는 충격에 마음을 뺏기기보다 가급적이면 상처를 덜 받도록 스스로를 다독였다. 사실 그 기사가 온통 부정적으로만 느껴졌던 것도 아니었다. 왜냐하면 우리 집에서는 개를 떠받들어 모시면서 다음 생에서는 우리가 키우는 말썽꾸러기 개들처럼 살고 싶다는 말을 입버릇처럼 했기 때문이다.

게다가 혼란스럽기로 치면 반쪽 한국인 입양인이 느끼는 정도는 온전한 한국인 입양인의 절반밖에 안 되는 듯했다. 나는 내가 태어난 나라의 문화는 물론이고 한국인이 아닌 나의 반쪽이 유전적으로 어떤 정보를 담고 있는지 또한 알지 못했다. 그래서 내가 학교에서 이러저러한 집단에 속한다고 주장해봐야 다 부질없는 짓처럼 보였다. 사람들과 어울리며 그 속에서 동질감을 찾으려고 안간힘을 썼지만 결국은 낯선 현실들 사이에서 어느 쪽에도 속하지 못한 채 엉거주춤 겉돌 수밖에 없었다.

- 나는 아시아인 학생들 동아리에 가입할 수가 없었다. 왜냐하면 아시아인이라는 게 무얼 의미하는지에 대해 아는 게 아무것도 없었기 때문이다.
- 나는 한국인들의 문화적 틀에 맞지 않았고(몇몇의 경우에는 그 안에 나를 맞추고픈 생각도 없었다), 내가 태어난 나라에서도 한국인으로 비칠 것 같지 않았다.
- 친구들은 내가 아시아인이라는 사실을 잊은 채 아시아인에 대한 편향된 기대와 부정적인 고정관념에 대해 내 앞에서 자기들 멋대로 떠들어댔다.
- 가끔씩 나는 아시아 여성에 대한 선입견을 나의 사회적 이점으로 삼곤 했다. 왜냐하면 서구 문화에서 아시아 여성은 이국적으로 비칠 수 있기 때문이다. 하지만 그와 동시에 그런 선입견을 거부하기도 했다. 왜냐하면 어떤 문화에서든 여성이라는 사실 자체만으로도 충분히 힘들 수 있기 때문이다.

사람들은 내 면전에 대고 인종 차별적 발언을 '농담인 척' 서슴없이 내뱉었다. 그럴 때면 나는 그저 웃는 수밖에 달리 도리가 없었다. 나와는 아무 관계도 없는 인종 집단에 대한 그런 식의 발언이나 나와 관련 있는 인종 집단이 불쾌한 언사를 쏟아내고 있다는 사실에 화를 내야 할지 말아야 할지 도무지 판단 할 수가 없었다.

나는 어느 한쪽 편을 들어야 한다는 게 너무 부담스러웠고, 그래서 '다양성'의 아름다움을 설파하며 자부심을 가졌다. 하지만 사람들은 내가 쉽게 섞이도록 놔두지 않았다. 구성이 다양한 우리 가족(백인 부모와 백인 생물학적 자녀 한 명, 나처럼 한국에서 입양됐지만 반쪽이 아니라 온전한 한국인 언니, 그리고 나)은 물론 인종 차별적 시각으로 서로를 보지 않았지만 다른 사람들은 그렇지 않았다. 나는 우리의 인종적 차이에 주목하면서 우리 가족을 이해하려고 애쓰는 사람들의 시선을 분명히 느낄 수 있었다. 나를 향해 얄팍하고 뻔한 질문들을 마구 쏟아내던 사람들은 금세 잊어버렸지만 누가 나를 처음으로 '알아봐준' 순간은 영원히 잊지 못할 듯하다.

결혼 직후 남편은 내 친정 식구들과 함께 가족사진을 찍었다. 우리는 그 사진을 보고 첫째 언니와 당시 나의 백인 남편을 나의 부모님 자녀들로 생각하는 사람들과 농담을 주고받곤 했다. 사람들은 나를 그의 정체불명의 아시아계 부인으로, 나의 둘째 언니는 우리 집에서 생활하는 한국인 교환 학생으로 오인했다. 나의 서른 번째 생일날 고등학교 동창 몇몇이 부모님 집에 와서 그 사진을 보게 됐다. 나중에 그중 한 친구의 아프리카계 미국인 남편이 내게 다가와 이렇게 말했다. "아름다운 사진이네요, 정말로!" 알고 보니 그도 백인 가정에서 자란 사람이었다. 공동의 경험을 주거니 받거니 하면서 우리는 금세 친해졌다.

70년대에는 해외 입양인들이 가능한 한 빨리 적응하려면 새로운 문화를 충분히 받아들여야 한다고 생각했다. 어렸을 때, 그러니까 '하파'('혼혈인'을 뜻하는 하와이 토착어 : 옮긴이)라는 말이 무슨 뜻인지 알아차리기 전에도 나는 내 피부색이 흰색보다는 올리브색에 가깝다는 걸 알았다. 나는 미국 문화와 헝가리 문화가 공존하는 가정과 공동체에서 자라며 자기들의 따스하고 맛있는 요리 모임에 나를 받아준 내 어머니의 공동체에 고마움을 느꼈다. 지금도 농담 삼아 '갈비'는 엉망진창으로 만들고, 김치는 아예 손도 못 대지만 치킨 '파프리카슈'는 그런 대로 만들 줄 안다고 말하곤 한다. 그 당시만 해도 헝가리는 한국보다 훨씬 덜 알려져 있었다. 그에 비해 적어도 몇몇 아이들 장난감에는 '메이드 인 코리아'라고 적혀 있기라도 했다. 7학년이 시작되고 첫날 학교에서 돌아와 이번 학교는 세 번째 아프리카계 미국인, 세 번째 아시아인, '나처럼' 세 번째 같다고 말했던 기억이 지금도 생생히 떠오른다. 당시에 나는 사람들이 나를 정의하는 방식, 다시 말해 내 피부색을 기준으로 분류했다. 하지만 나의 경우에는 심한 단절이 있었다.

나의 뿌리를 알고 싶은 마음에 나처럼 생긴 사람들을 찾기 위해 닥치는 대로 이 책 저 책 파고들었다. 그 결과 초등학교 때는 내가 아메리카 원주민이 틀림없다고 굳게 믿었다. 피부도 가무잡잡한 데다 내 안에서 조세피 러벌의 『여덟 꼬마 인디언*Eight Little Indians*』에 나오는 등장인물들과 신나게 달리고 싶어하는 자유로운 영혼이 느껴졌기 때문이다. 여름이면 햇볕에 살이 시커멓게 그을려서 사람들에게 흑인 피가 섞였거나 아시아계 인디언 아니냐는 질문을 많이 받았다. 나를 하와이 출신으로 여기는 사람들도 많았지만 하와이에 가면 사람들은 내가 토착민이 아니라는 걸 바로 알아봤다.

3학년 때 나와 같은 반에 반쪽 일본인 아이가 하나 있었다. 우리는 금세 친해졌다. 하루는 그 애 집에 가보고 그 집 가족은 사람들 눈에 하나도 이상하게 비치지 않겠다는 생각이 들었다. 그 애 부모님과 형제자매들을 만나보게 되는 순간 사람들은 완전한 그림을 대하게 될 테니까. 우리 가족은 그렇지 않았다. 안타깝게도 나는 그 학교에 단 일 년만 다녔다. 다른 학교로 옮기고 나서 그 애를 전처럼 자주 보지 못하게 되자 가슴이 찢어지는 것 같았다. 그 애도 그리웠지만 나처럼 혼혈인인 듯 보이는 누군가와 더는 같이 학교를 못 다닌다는 게 더 애석했다.

내가 '아시아계' 인종 집단의 자격 요건에 부합하지 못한다는 것을 알게 된 계기는 또 있었다. 우리 반에 두 번째 아시아계 여학생이 모습을 드러냈을 때였다. 5학년 때였는데, 이번에는 웬일인지 전학 온 그 여학생과 쉽게 친해지지 못했다. 그 애가 나한테 무례한 말이나 행동을 한 적이 전혀 없었지만 왠지 그 애는 나머지 반 아이들이 이해하는 범주에 들어맞는 것 같다는 생각이 들었다. 그에 비하면 나는 어설픈 혼종일 뿐이었다.

학교를 다섯 군데나 전전하고 나서 8학년 때 마침내 처음으로 혼혈 한국인 친구를 만나게 됐다. 나 같은 반쪽 한국인과 친구가 돼보기는 그 애가 처음이었다. 사귀자마자 우리는 마치 처음부터 친구였던 것처럼 느껴졌다. 그 애 집에 가서 나는 해외에 파견됐다가 한국 여성들과 결혼하는 군인들에 대해 알게 됐다. 그 친구의 한국인 어머니가 만들어주는 음식은 좋아했지만 그 가족의 역학은 마음에 들지 않았다. 친구의 어머니는 전업 주부였고 아버지는 자기가 생계를 책임지는 가장이라는 점을 내세우며 가족들에게 마구 권위를 휘둘렀다. 어머니도 전업 주부로 지낼 때가 많았지만 어머니와 아버지는 서로 동반자 관계였다. 내 친구와 나는 그 아버지의 전횡에 저항하는 의미에서 우리는 가정을 꾸려도 독립적인 여성으로 계속 남아 있자고 서로 다짐했다.

내가 아시아계 인종 집단의 자격 요건을 충족하지 못한다는 것을 실감하게 된 세 번째 계기는 전 남편이 나와 헤어지고 온전한 한국인 여성과 결혼했을 때였다. 나의 민족성은 우리가 이혼이라는 수순을 밟게 된 수많은 이유 가운데 하나에 불과했고, 전 남편이 내 몸에 한국인의 피가 몇 퍼센트나 흐르는지 따져보고 나서 이혼 결정을 내렸을 리도 만무했지만 그럼에도 중요한 요인인 것만은 분명했다. 전 남편의 결혼 소식을 듣고 나 자신이 한국인처럼 느껴지지 않았을 때 나를 덮쳤던 자괴감을 나는 영원히 잊을 수가 없다.

부정적인 행동은 바뀔 수 있지만 그 사람의 민족성은 바뀌지 않는다. 그 직후 나는 엉뚱하게도 나의 분노를 내가 태어난 곳의 문화 탓으로 돌리며 한국인들을 미워했다. 내가 한국인으로서의 나의 뿌리를 껴안는 법을 배우기 시작한 것은 스물다섯 살 때 한 할인 매장 무료 시식 코너에서 처음 김치를 맛보면서였다. 그때는 한국과 관련된 것은 그 어떤 것도 싫었다. 그 당시만 해도 나의 반쪽 유전자에 대해 전혀 모르고 있었고, 아직은 나의 한국성을 흔들어 깨울 수가 없었다.

'나'를 정의하고 싶다는 열망에 이끌려 과거의 실수는 두 번 다시 되풀이하지 않기로 단단히 다짐하고서 바깥세상으로 통하는 문을 완전히 걸어 잠근 채 나 자신의 가치를 찾아 나의 내부 깊숙이 파고들었다. 나 자신을 어떻게 정의할지는 결코 쉬운 문제가 아니었고, 아시아인이라는 사실은 나라는 사람의 수많은 측면 가운데 하나일 뿐이었다. 그러다 마침내 '아하' 하는 순간이 찾아왔다. 그때부터 나의 길을 착실히 밟아 나갔고, 결국엔 다른 사람들이 나의 민족성에 대해 느끼는 것까지 내가 나서서 통제할 수는 없다는 것을 깨달았다. 다만 내가 세상에 전달하는 이미지와 다른 사람들의 의견에 대한 나의 반응을 통제할 수 있을 뿐이다. 혼혈이라는 사실이 내게 의미하는 것만 정의할 뿐이다. 그것이 나 말고 다른 사람들에게는 어떤 의미로 다가갈지는 더는 내 알 바가 아니다. 만약 스스로 내린 정의에 동의한다면 내 마음도 편해질 것이다. 지금도 나는 계속 앞으로 나아가고 있다.

이제 그것이 음식이 됐든, 다른 사람들의 이야기를 듣는 게 됐든, 다른 혼혈 친구들에 대해 알아가는 게 됐든 공통의 경험을 통해 위안을 찾는다. 맨 처음 한국 바비큐 식당에 갔을 때 나의 일본인 친구도 함께 가서 나를 대신해 음식을 주문해줬다. 새 일을 시작했을 때는 한국 남성과 중국 여성이 나를 자기들 날개 밑에 품어주었다. 그 둘은 내게 코리아타운의 다양한 음식을 맛보여주는 것을 자신의 임무로 여겼다. 한국 입양인 모임에 나가기 시작한 뒤로는 페이스북이 내게 위안을 준다. 내게 페이스북은 다른 반쪽 아시아인들과 수다를 나누기에 아주 좋은 곳이기도 하다. 지난 가을에는 처음 열리는 국제한국입양인협회(International Korean Adoptee Association : IKAA) 회의에도 참석했으며, 가까운 미래에 한국에도 가보고 싶다. 여전히 한국 문화를 수박 겉핥기 식으로만 접하고 있지만 알아가면 알아갈수록 마음이 편해진다.

나의 민족성을 둘러싼 수수께끼를 풀기 위해 회사 두 곳에 내 DNA 샘플을 제출했다. 검사 결과 나의 유전자 정보가 비교적 자세히 드러났다. 물론 검사 결과가 내 몸 속의 서로 다른 인종적 부분을 확인하는 데 도움이 되고 있긴 하지만 반쪽 한국인이라는 사실을 받아들이고, 화해하기 위해 지금도 열심히 노력하고 있다. 내 아이들의 친구들 중에는 유전적으로 아시아계 아이들도 있고 비아시아계 아이들도 있다. 내 아이들이나 그 친구들이 내가 어렸을 때 자주 받던 어이없는 질문을 지금도 똑같이 받는다는 얘기는 들어본 적이 없다. 운동장에서 새 친구를 만나면 아이들은 그저 상대방을 '알아갈' 뿐이다. 자라나는 세대의 이런 태도는 내가 혼자 해나가고 있는 일과 더불어 아시아인이라는 사실이 문화적 고정관념을 부추기는 데 그치는 것이 아니라 개인의 진실을 대변해주는 방향으로 재정의될 수 있지 않을까 하는 희망을 품게 해준다.

새라 해리스 Sarah Harris는 대한민국 서울에서 태어났다. 길거리에 버려졌다가 한 경찰관에 의해 발견된 뒤 고아원으로 보내졌다. 고아원 측은 홀트아동복지회를 통해 생후 8개월 때 그녀를 미국으로 입양 보냈다. 그녀는 1971년 한국에서 메릴랜드 볼티모어로 거주지를 옮겨 여동생 둘과 함께 입양 가정에서 자랐다. 여동생 중 한 명은 그녀처럼 한국에서 입양됐다. 현재 캘리포니아에서 십대 자녀들을 키우며 블로그 makesmewander.com에 글을 게재하고 있다.

소속

케이티 셸

남들과 다르면 소속감을 갖기가 쉽지 않다. 유년기와 청소년기 내내 내가 많이 다르다는 느낌은 늘 있었고, 실제로 나는 또래들과 달랐다. 짐작하다시피 나의 어머니는 한국인이었다.

펜실베이니아 문 타운십에서 우리 말고 한국인은 아무도 없었다. 사실 이웃이나 내가 다니던 초등학교에서 다른 동양인을 본 기억조차 없다. 1950년대와 60년대만 해도 동양인에 대한 편견이 매우 심했다. 1941년 12월 7일 있은 진주만 공격 이후 11만 명이 넘는 일본계 미국인들이 26곳의 강제 수용소로 이송됐다. 1946년 마지막 수용소가 문을 닫긴 했지만 몇몇 사람들은 과거의 사건을 절대 잊지 않았고, 동양인에 대한 인종적 편견은 오랫동안 이어졌다. 한국인이라는 이유로 나를 놀리는 아이들은 거의 없었다. 대신 '잽'(일본 사람을 가리키는 비속어 : 옮긴이)이니 '칭크'니 하며 놀려댔다.

모든 사람이 다 적의를 드러냈던 것은 아니었지만 때로 적의는 생각지도 못했던 곳, 학교 선생님과 성직자에게서 나오기도 했다. 그런 일이 일어날 때면 난 늘 깜짝깜짝 놀랐다. 무슨 이유 때문인지 또래들은 몰라도 어른이 적의를 보일 거라는 생각은 하지 못했고, 그런 만큼 늘 충격을 받을 수밖에 없었다. 초등학교 때 한 교사가 사소한 규칙을 위반했을 뿐인데도 손등으로 내 여동생 얼굴을 후려치면서 이렇게 소리쳤던 일이 아직도 생생하게 기억난다. "왜 너희 나라로 안 돌아가고 이러고 있는 거지?" 동생은 그 교사가 끼고 있던 다이아몬드 반지에 입술이 찢겨 옷을 흠뻑 적실 만큼 피를 쏟았다. 입술에서 계속 피가 흐르는 가운데 동생은 통학 버스에 태워져 집으로 보내졌다. 아버지는 동생이 엉덩이를 맞은 게 아니라 뺨을 맞았다는 소리에 격분했다. 산만한 덩치와 걸걸한 목소리에 성격까지 괄괄했던 아버지는 그 길로 학교에 가서 그 교사에게서 다시는 내 동생을 때리지 않겠다는 다짐을 받아냈다.

열두 살 때의 일이었다. 하루는 내가 다니던 교회의 수석 사제가 현관에서 나를 불러 세우더니 다짜고짜 꾸짖기 시작했다. 당시 나는 여학생 교실에 들어가려고 줄을 서고 있었다. 내게 말 한마디 건 적이 없었던 도미노 신부님은 나를 줄 밖으로 불러내선 치마바지 차림으로 교회에 오는 사람이 어디 있냐며 비난했다. 나는 너무 당황스럽기도 하고 창피하기도 해서 하마터면 눈물을 쏟을 뻔했다. 나는 어딜 가나 매우 조용하고 부끄러움이 많고 내성적인 아이였다. 집에서 착한 딸이 되려고 무진 애를 썼고, 그렇게 대단한 위치에 있는 사람에게 질책을 받는다는 것은 내게는 엄청난 충격이었다. 더욱이 우리집은 옷을 사입을 만한 형편이 못 됐다. 우리는 보통 선의의 기증자로부터 얻어 입거나 아니면 어머니가 직접 바느질을 해서 우리 옷을 만들어 입혔다. 나에게는 옷을 골라 입을 수 있는 선택권이 없었다. 그저 손에 잡히는 대로 입을 뿐이었다. 그 순간 나는 정신이 아득해지는 것 같았다. 신부님의 얼굴에 떠오른 혐오와 증오의 표정은 오해의 여지가 없었기 때문이다. 정말이지 이해가 되지 않았다. 나중에 이웃 한 명이 나의 어머니에게 도미노 신부님은 편견이 매우 강한 사람이라고 귀띔해줬고, 그제야 나는 이해가 갔다.

아버지는 한국전쟁 때 나의 어머니를 만났다. 아버지는 어머니를 처음 만난 순간부터 돌아가실 때까지 어머니를 깊이 사랑했다. 아버지는 어머니를 미국에 데려오기 위해 믿기 힘든 시련을 겪어야 했다. 1952년 9월부터 1954년 1월까지 아버지는 미국 법규와 한국 법규를 상대로 일대 결전을 치렀다. 그러다 마침내 1954년 이 엄청난 임무를 완수할 수 있었다. 아버지 프랭크 크림친은 내가 아는 사람 가운데 제일 성실하고 부지런했다. 아버지는 일등 기술자로 일단 마음먹었다 하면 뭐든 못 만드는 게 없었다. 이는 정말 놀랄 만한 일이었다. 아버지는 8학년을 마친 뒤로 학교 문턱에는 가본 적이 없었기 때문이다. 나의 어머니 이옥순은 한국에서 종살이를 하며 자랐다. 어머니는 극심한 가난과 심한 학대로 얼룩진 어린 시절을 보냈다. 아버지가 어머니를 만났을 때, 아니 발견했을 때 어머니는 전쟁통에 살아남으려고 고군분투하던 십대 농부였다. 어머니는 버려진 채 행색도 말할 수 없이 추레하고 굶주림에 절어 있었지만 무슨 이유 때문인지 아버지는 그런 어머니를 본 순간 사랑에 빠지고 말았다. 지금까지도 나는 그 이유를 설명할 수가 없다. 한때는 아버지가 동정을 사랑으로 착각한 게 분명하다고 생각하기도 했지만 58년을 한결같이 서로 헌신하는 모습을 보고 나니 그런 나의 이론은 온데간데없이 사라져버렸다.

어머니는 한국에서 학교 근처에는 가본 적이 없었기 때문에 모국어조차 읽고 쓸 수가 없었다. 비록 문맹이었지만 어머니 역시 해 뜰 때부터 해질녘까지 한시도 쉬지 않고 열심히 일했다. 어머니는 마당을 가꾸고, 음식을 만들고, 손수 옷을 지으며 아이 일곱을 키웠다. 어머니가 아버지와 함께 아버지 차에 슨 녹을 벗겨내고 새로 칠을 하는 모습을 본 적이 한두 번이 아니었다. 아버지가 지붕을 수리하거나 집을 개보수할 때면 어머니도 팔을 걷어붙이고 필요한 자재를 날랐다.

두 분에게 휴식 시간이란 없었다. 부모님이 일하니 우리도 꼼짝없이 일하는 수밖에 없었다. 아버지가 어머니를 데려오려고 안간힘을 쓰고 있을 때 한국에서 태어난 도널드라는 이름의 오빠가 하나 있었다. 집안의 장녀로서 나는 마당 관리, 요리, 통조림 만들기, 다섯 동생 돌보기 등 집안일을 거들어야 했다.

아버지가 집을 한 층 더 올리기로 결정하자 우리 모두 달려들어 일손을 보태야 했다. 어렸을 때 무거운 시멘트 벽돌을 나르다가 정강이에 찍혀 피를 철철 흘렸던 기억이 난다. 우리는 근처 숲에서 나무를 베어 나르고 쪼개는 일도 거들어야 했다. 나는 어머니를 도와 마당을 갈고, 잡초를 뽑고, 과일과 채소를 수확해 통조림을 만들었다. 늦게 자거나 드러누워 텔레비전을 보는 것은 절대 허용되지 않았다. 일만 죽어라 하면서 좀처럼 노는 법이 없었던 우리 집 생활 방식이 우리를 억압한 것은 아니었지만 그렇지 않아도 달랐던 우리를 이웃들과 훨씬 더 다르게 만들어 놓았다. 다른 아이들은 밖에 나가 놀기도 하고, 자전거를 타기도 하고, 동네 수영장과 볼링장에 가기도 하고, 리틀 야구단에 가입하기도 했다. 나의 어머니는 운전을 할 줄 몰랐고 아버지는 아이들을 차에 태워 각자의 목적지까지 데려다주는 부류가 아니었다. 우리 부모님은 방과 후 활동에 돈을 지출할 여유도 거의 없었고 일곱 아이 뒤를 졸졸 따라다니며 치다꺼리해줄 능력도 없었다.

아버지는 많은 점에서 좋은 남자였다. 아버지는 가족을 위해, 특히 어머니와 관계돼 있을 때면 많은 일을 했다. 하지만 안타깝게도 아버지는 알코올 중독자이기도 했다. 물론 그 때문에 일을 못한 것은 아니었다. 사실 음주벽 때문에 일자리를 잃은 적은 단 한 번도 없었다. 다만 술에 취하면 아버지는 사나워졌다. 시끄럽고 거칠게 변해서는 소리를 지르고 욕설을 퍼부어댔다. 나는 자라면서 그런 아버지를 무척 무서워했다. 부모를 두려워하며 자라는 것은 정서적으로 건강하지가 못하다. 부모는 아이의 보호자이자 아이가 사랑하는 법을 처음으로 보고 배우는 본보기이기 때문에 그런 경험은 정서적으로 깊은 상처를 남긴다. 건강하지 못한 경험과 기억은 삶과 기대를 바라보는 아이의 시각을 어느 한쪽으로 치우치게 만든다. 나의 경우 이 모두를 절감하고 상담과 치료를 받기까지 오랜 시간이 걸렸다.

아버지는 어머니에게는 한 번도 손찌검을 하지 않았지만 아이들에게는 가혹하게도 허리띠를 사용했다. 한번은 아버지가 자기는 아이를 싫어한다고 얘기한 적이 있었는데, 십중팔구 그 말은 사실이었을 것이다. 나는 아버지가 자식을 일곱이나 낳은 이유를 도저히 이해할 수가 없었다. 아마도 가톨릭 집안에서 자라며 피임을 죄악으로 여기는 가르침에 길들여졌기 때문이 아닐까 싶기도 하다. 어쨌든 아버지는 아이 일곱을 키울 만한 성격이 분명히 아니었고, 그 대가는 우리들이 치렀다.

어머니는 정식으로 그런 진단을 받은 적도 없고 그 때문에 치료를 받아본 적도 없었지만 적응력에 아주 큰 문제가 생길 때가 더러 있었다. 어머니는 어려서 종모살이할 때 아주 무섭고 끔찍한 일들을 겪은 데다 전쟁통에는 그보다 훨씬 더 심한 일들을 겪었고, 그러다 보니 정서적으로 깊은 상처를 입었을 확률이 아주 높았다. 어머니는 대체로 자애롭고 다정했다. 하지만 알코올 중독자 남편과 다루기 벅찬 일곱 아이, 미국에서의 문화적 적응 부족 등으로 스트레스가 쌓일 때면 어머니는 분노가 폭발했고, 그 대가는 우리 자식들이 몸으로 고스란히 치러야 했다.

이웃과 학교에서의 편견으로도 모자라 신체적 학대로까지 이어지는 훈육 환경 속에서 자라다 보니 이 세상 어디에도 내가 발붙일 곳은 없다는 인식만 쌓여갔다. 마음 편히 갈 수 있는 곳이 아무 데도 없는 듯했다. 나는 대부분의 시간을 불행하다고 느꼈고, 십대에 들어서는 그런 우울감이 점점 깊어지기만 했다. 부모님은 교육보다 힘겨운 노동에 훨씬 더 많은 가치를 두었다. 대학 진학은 꿈도 꿀 수 없었다. 열일곱 살에 나는 미래에 대한 그 어떤 희망이나 꿈도 없이 고등학교를 졸업했다. 고등학교 졸업반 시절은 내 삶을 통틀어 제일 암울한 한 해였다. 다들 고등학교를 마치고 새로운 출발을 앞두고 있다는 기대로 한껏 부풀었지만 나는 그 어디에도 갈 곳이 없었다.

나의 유년기와 십대 시절을 돌아보면 나는 정말 예쁘고 똑똑했지만 당시에는 그 사실을 미처 깨닫지 못했다. 내게는 자긍심이라는 게 눈곱만큼도 없었다. 하지만 당시 남자 친구는 있었다. 우리는 졸업한 지 2주 만에 결혼했고 나는 그 해가 다 가기 전에 첫 아이를 임신했다. 열일곱도 결혼하기에는 너무 이른 나이지만 열아홉은 엄마가 되기에 너무 어린 나이다. 우울증은 내 일상생활의 일부로 자리 잡았다.

고린도 전서 3장 23절

"너희는 그리스도의 것이요"

스무 살에 나는 이미 두 아이와 주택 대출금과 자동차 할부금에 허덕이는 기혼녀가 돼 있었다. 내게 가장 익숙한 일, 바로 아이들 키우는 일을 하고 있었다. 불안감, 우울증, 언제 파경을 맞을지 모르는 허약한 결혼생활에서 오는 삶의 공허감이 여전히 나를 무겁게 짓눌러댔다.

1975년 우리는 새로운 동네로 이사했고, 이사한 지 일주일 만에 서로 다른 교회 두 곳을 경험했다. 세위클리의 세인트스티븐스 감독교회와 로빈슨 타운십의 프로비던스 장로교회였다. 두 교회는 각각 대표를 보내 우리를 예배에 초대했다. 보아하니 두 곳 다 우리가 최근에 집을 구입했다는 것을 보여주는 부동산 거래 소식지를 통해 우리 이름을 확보한 듯했다. 그런데 놀랍게도 두 교회 방문객들이 서로 약속이라도 한 듯 내게 똑같은 질문을 던졌다. "만약 오늘 밤 죽는다면 자매님은 천당으로 갈 것 같습니까, 아니면 지옥으로 갈 것 같습니까? 그리고 그렇게 생각하는 이유는 무엇입니까?" 물론 나는 그동안 아주 착하게 살았고 누군가를 살해하는 끔찍한 죄를 저지른 적도 없기 때문에 아마도 천당에 갈 것 같다고 대답했다.

두 교회 방문객들은 이번에도 서로 짜기라도 한 듯 똑같이 구원의 복음을 설파했다. "우리 모두는 죄 지은 자들로 하나님의 영광이 부족합니다. 천당에 가서 거룩하신 하나님 앞에 서려면 우리 자신에게 죄를 지어선 안 됩니다. 그리스도는 우리의 죄를 사하기 위해 희생하셨습니다. 그리스도의 희생이라는 선물을 받아들여 우리의 죄를 그 분의 피로 덮을 때 우리는 비로소 하나님 앞에서 우리의 죄를 깨끗이 씻고 영원한 지옥에서 벗어나게 됩니다."

매우 간단한 메시지였지만 열심히 귀 기울이며 그 메시지를 받아들였다. 그 다음 주에 새로운 이웃을 몇몇 만났다. 우리집을 찾아온 교회 사람들에 대해 얘기했더니 새 이웃들은 자기네는 벌써 기독교 신자가 됐다면서 얼마 전 내가 들은 내용을 거듭 일깨워주었다. 이제 와서 돌이켜보면 이 가운데 우연의 일치는 하나도 없었다. 놀랍게도 하나님은 내게 손을 내밀고 계셨던 것이다. 많은 사람들이 살기가 팍팍한 사람이나 종교에 의지한다고 말한다. 사실 나는 삶이 고단했고 끔찍한 공허감을 채워줄 누군가 또는 그 무언가가 필요했다. 예수님을 나를 죄에서 꺼내줄 구세주로 받아들이고 난 뒤로 나의 삶은 영원히 달라졌다. 나는 프로비던스 장로교회에 다니기 시작했고, 곧이어 교회의 젊은 목사님을 매주 우리집에 모셔 이웃들과 함께 성경 공부 모임을 열었다. 그 후 십 년 넘게 수많은 여성들이 우리의 성경 공부 모임에 들어와 세례를 받았다. 나는 하나님에 대해 거의 알지 못했고 성경에 대해서는 더더욱 아는 게 없었다. 하지만 무슨 이유에서인지 하나님은 하필이면 더없이 무지하고 어리석은 나를 골라 성경 공부 모임을 주관하며 당신의 메시지를 다른 사람들과 나누게 하셨다.

내 생애 처음으로 성경을 읽고 공부하기 시작했다. 그 결과 놀랍게도 영적 성장과 더불어 내 삶에 기적이 일어났다. 처음으로 소속감을 느꼈다. 어느새 나는 그리스도에게 속해 있었다. 나는 교회와 성경 공부 모임을 통해 평생의 친구들도 많이 사귀었다. 기적과도 같이 하나님께선 정말 보잘것없는 나를 당신의 도구로 사용하고 계셨다. 나는 그저 내 집 문을 열기만 했을 뿐인데 나머지는 하나님이 다 하셨다.

그 후 40년 넘게 하나님은 힘들 때나 슬플 때나 기쁠 때나 늘 그 자리에 계셨다. 1992년 결혼 20년 만에 나는 이혼을 겪었다. 나는 남편과 집을 잃었고, 내가 알고 있던 가족도 잃었다. 그때 하나님께서 당신이 남편 없는 여자들의 남편이라는 가르침을 주셨다. 이사야서 54장 5절에 보면 "너의 창조주가 너의 남편이시니"라는 구절이 나오는데, 정말이었다. 비록 외롭고 경제적으로도 힘들긴 했지만 하나님께선 나에게 필요한 것을 모두 주셨다. 나는 전일제로 일하면서 세위클리 밸리 간호학교에 다녔다. 나 스스로를 돌보려면 교육을 받아야 할 것 같았기 때문이다. 그때가 내 인생에서 가장 힘든 시기였다. 일과 공부를 곡예하듯 아슬아슬하게 병행하면서 병원 실습도 마쳐야 했고, 가족도 부양해야 했다.

1995년 6월 9일 금요일은 나의 간호학교 마지막 날이었다. 그날 나는 완전히 녹초 상태였다. 그렇지만 무사히 졸업하게 됐다는 생각에 잔뜩 흥분하며 간호사로서 새롭게 경력을 쌓을 준비를 했다. 하지만 불행히도 졸업식에 참석하지 못했다. 1995년 6월 11일 일요일 새벽 당시 열아홉 살이던 나의 귀한 아들 제이슨이 사고로 목숨을 잃는 사건이 일어났던 것이다. 내 삶은 두 번 다시는 같아질 것 같지 않았다. 내게 아들의 죽음은 나의 하나님이 안 계셨다면 도저히 감당할 수 없었을 상실이다. 이 견딜 수 없는 상실을 지나오게 해준 것은 이번에도 하나님의 은총과 영광이었다.

이혼 후 내 삶을 재건하며 보낸 3년 동안 나의 세 아이 톰, 제이슨, 베서니는 뒷전으로 밀려날 수밖에 없었다. 전 남편은 새 부인과 다른 주로 이사하고 없었다. 나는 그때까지 살던 노스 힐스의 값비싼 개인 주택에서 교외 지역의 비교적 저렴한 연립 주택으로 옮겼다. 그것 말고는 달리 방법이 없었다. 당시 제이슨은 고등학교 졸업반이라 이사하길 원하지 않았다. 결국 제이슨은 졸업 때까지 친구들과 함께 생활하는 쪽을 선택했다. 졸업한 뒤에도 제이슨은 나와 여동생 베서니와 함께 살길 원하지 않았다. 대신 제이슨은 형 톰과 낡은 아파트를 구해 같이 사는 쪽을 택했다. 나는 근근이 생활하고 있었고, 그건 아이들도 마찬가지였다. 간호학교에 가지 말았어야 했는지도 모른다. 아이들에게 좀 더 신경 썼어야 했는지도 모른다. 아이들을 뒷전으로 밀쳐두지 말았어야 했는지도 모른다. 그랬다면 죽지 않았을지도 모른다. 하지만 그 누가 알랴.

삶이 힘들어지면서 온통 후회로 가득 찰 수도 있다. 제이슨은 남다른 활력과 장난기와 유머로 똘똘 뭉친 대단한 아이였다. 고등학교 때는 풋볼 선수로 활약하며 친구들에게 인기도 많이 얻었다. 제이슨의 사망 소식에 친구들은 나 못지않게 슬퍼했다. 세상을 떠나던 날 밤 제이슨은 친구들과 스타 레이크 원형극장에서 열린 R.E.M.콘서트를 구경하고 있었다. 그런데 콘서트를 하는 동안 술을 많이 마시는 바람에 여자 친구와 다툼이 있었다. 듣자하니 제이슨이 집까지 차를 운전하려고 하자 여자 친구가 너무 많이 취했다며 제이슨을 말린 모양이었다. 아파트까지의 거리가 35마일이 넘었지만 제이슨은 걸어가기로 작심했다. 늦은 밤이었고 비까지 내리고 있어 시야가 영 좋지 않았다. 제이슨은 고속도로를 가로지르다 차에 치여 그 자리에서 사망했다. 제이슨은 수중에 신분을 증명할 만한 게 아무것도 없었다. 동생이 콘서트에서 돌아오지 않자 형 톰이 제이슨의 행방을 수소문하기 시작했다. 그 다음 날 톰은 시체 안치소에서 동생의 주검을 확인했다. 절대로 가시지 않는 슬픔이 있다. 완벽하지는 않았지만 제이슨은 어렸을 때 예수님을 구세주로 받아들였다. 제이슨은 비록 이번 생에서는 여러 가지로 힘든 점이 많았지만 주님을 사랑했다. 언젠가 그 애를 다시 만날 것을 알기에 그나마 위안이 된다. 나의 귀한 아들과 다시 만나게 될 그 날을 나는 손꼽아 기다리고 있다.

그 끔찍한 일이 있은 지도 어느새 20년이 넘었다. 지금까지도 하나님은 내 삶 속에서 역사하시며 참으로 보잘것없는 내게 축복을 내려주

제이슨 리 던(1976. 1. 21~1995. 6. 11)

신다. 내가 처음 기독교인이 됐을 때 나를 도구 삼아 그토록 많은 사람들을 그 옛날의 성경 공부 모임으로 이끄셨듯이 지금도 하나님은 나를 도구로 삼아 제3세계 나라들에 우물을 파고 계신다. 나는 작은 직책을 맡아 나의 어머니 이옥순과 이곳 저곳 다니면서 한국전쟁 때 어머니가 겪은 갖가지 고초와 생존담을 들었다. 우리는 깨끗한 물을 마시지 못하는 세계 곳곳의 사람들을 위해 우물을 파는 한 단체에 공사비와 물품을 기부한다. 지금까지 우리의 후원으로 나이지리아, 캄보디아, 라오스 같은 나라들에 우물 스무 곳이 생겨났다. 한때 무지렁이 농부였던 어머니는 종살이를 했던 나의 어머니는 주인 집 식구들을 위해 매일 물을 길어 날랐다. 그때의 경험 때문에 어머니는 깨끗한 물을 구경하기 힘든 저개발국 사람들을 도와줘야 한다는 의무감을 느낀다. 일련의 놀라운 사건들을 통해 나는 어머니가 살아온 이야기를 정확히 기록할 수 있었다. 팔순이라는 나이에 자서전을 출간하고 나서 어머니는 대중 연사가 됐다. 한때 어머니에게는 부모도, 동기간도, 아무도 없었다. 오늘날 어머니는 자식 일곱과 손자손녀 스무 명, 증손녀증손자 열둘을 두었다. 배우자까지 포함해 우리 가족이 모두 모일 때면 어머니 자손은 쉰 명이 훌쩍 넘어간다. 어머니는 정말 축복받았다.

이혼 후 3년 동안 나는 누구와도 사귀지 않았다. 간호사 공부하려 직장 다니랴 혼자 얘들 키우느라 너무 바빴기 때문이다. 그러고 나서 1995년 5월 나는 지금의 남편 빌 셸을 만나 교제하기 시작했다. 빌을 만난 지 3주 뒤 제이슨이 세상을 떠났다. 하나님께서 크나큰 은총을 베푸시어 내 삶에 빌을 보내 엄청난 상실에 직면한 나를 돕게 하셨다는 걸 나는 안다. 그 일이 있고 1997년 10월 우리는 결혼했고, 그 후 지금까지 20년을 함께 행복하게 살고 있다. 빌은 하나님이 내게 주신 가장 큰 선물 가운데 하나다. 두 아이 톰과 베서니도 하나님의 축복 아래 어여쁜 아이들을 키우며 성공한 삶을 꾸리고 있다. 나의 두 아이를 통해 어여쁜 손주 다섯을, 빌의 아들을 통해 어여쁜 손주 셋을 얻었다. 하나님은 내 삶에 이루 말할 수 없는 치유와 평화를 가져다주셨다. 우리는 놀라우신 하나님을 경배하며, 나의 이야기를 전하는 것이 곧 예수님에 대해 얘기하는 것이다. 예수님의 품에서 내가 속할 곳을 찾았으니 이보다 더 큰 축복이 어디 있으랴.

케이티 셸 Katie Schell은 프랭크 크림친과 이옥순의 딸이다. 프랭크는 1950년 9월 미 육군에 입대했다. 그는 1951년 9월 한국으로 파견돼 제76 공병 부대에 배치된 뒤 1952년 9월까지 그곳에서 복무했다. 이때 그는 이옥순을 만나 결혼해서 미국에 데려가게 된다. 케이티는 주(州) 공인 간호사로 사례 관리를 통해 외과 수술 경력이 있는 환자들과 발달 장애가 있는 성인 및 아이들을 돌보는 업무를 주로 담당해왔다. 빌 셸과 결혼했고 현재 슬하에 톰 던프리엘과 베서티 프리엘 두 자녀가 있다. 케이티에게는 열아홉 살이라는 어린 나이에 주님 곁으로 간 제이슨이라는 아들도 있다. 케이티는 한국전쟁 때 온갖 고초를 겪고도 끝까지 살아남은 어머니의 놀라운 이야기를 틈틈이 기록해오고 있다. 이 이야기는 『한없는 사랑 : 어느 한국전쟁 신부의 기억*Love Beyond Measure : Memories of a Korean War Bride*』으로 출간됐으며, 아마존과 킨들에서 구입할 수 있다.

두려움에 떨며

마이클 크롤리

아내는 소파에 누워 궁시렁대는 나를 두고 자리를 떴다. 아내는 일찍 일어나야 했지만 잠자리에 들기 전 내게 이렇게 말했다. "무슨 일 있으면 알려줘." 그날 새벽 우리는 문도 열기 전에 투표소에 가서 한참을 기다리다가 힐러리 클린턴에게 투표하고 왔다. 힐러리의 패배가 확실해졌지만 나는 그 사실을 메리에게 알리지 않았다. 부분적으로는 결과가 그쪽으로 거의 굳어졌다는 걸 믿을 수가 없었기 때문이다. 클린턴이 이길 확률은 2퍼센트에 불과하다는 얘기가 나오고서야 나는 TV를 껐다. 그러고는 집 안 곳곳을 돌아다니며 전등 스위치를 눌러 불을 모두 끈 다음 블라인드도 잡아당겨 내렸다. 그러고 나서 부엌 싱크대 위쪽 창문으로 뒷마당을 내다보았다. 이웃집들도 모두 깜깜해 보였다. 밖을 에워싼 그 어둠 속에서, 그 적막 속에서 나는 앞으로 우리의 삶이 어떻게 변할지 생각해보았다. 선거에서 트럼프의 승리는 우리의 국민성 중 가장 나쁜 측면을 드러내 보여주었다. 그날 밤 나는 그의 상승세로 인해 편견 덩어리들과 인종차별주의자들이 의기양양해질 것을 이미 알고 있었다.

이웃집 센서등에 불이 번쩍 들어왔다. 너구리나 주머니쥐 아니면 가출 중인 이웃집 고양이가 건드렸을 확률이 높았다. 헐벗은 나무들이 앙상한 팔다리를 드러낸 채 어른대는 그림자를 드리우며 서 있었다. 하지만 우리 집 마당은 여전히 어둠에 휩싸여 있어 누가 우리 집에 몰래 들어오는 것쯤은 식은 죽 먹기처럼 보였다. 우리가 사는 동네는 안전하다. 그래서 가게에 갈 때는 낮에도 문을 잠가야 한다는 아내의 잔소리에 나는 종종 어리둥절한 표정을 짓곤 한다. 하지만 이제는 모든 게 달라 보였다. 우리 침실에는 갓난아기가 요람에서 잠들어 있었다. 딸아이가 태어난 후로 아내와 나 둘 다 제대로 못 쉬고 있었다. 아이가 울어서가 아니라 혹시 안 좋은 일이라도 생기면 어쩌나 하는 우리의 기우 때문이었다. 나는 부모가 되면 남자이자 남편으로서, 작가이자 교사로서 내가 생각하고 있던 나 자신의 모습이 많이 바뀌리라는 것을 늘 염두에 두고 있었다. 아이의 욕구와 필요가, 만사 제치는 한이 있어도 그걸 들어주고픈 나의 열망이 최우선이고 그 외 나머지는 모두 부차적인 것이 될 터였다. 그 어두운 밤의 그 어두운 시간에 이런 상념들에 젖어 있다가 문득 총을 사야겠다는 생각이 들었다.

나는 절반은 한국인이다. 말투에서는 내가 태어나고 자란 켄터키 남동부 코빈 시 억양이 물씬 묻어나지만 나의 외모는 내가 순수한 백인은 아니라고 말한다. 나는 증오와 편견이 개입되면 그 사람이 어떤 인종 출신인지는 전혀 중요하지 않다는 걸 일찌감치 터득했다. 지금까지 나라는 사람이나 내가 물려받은 유산을 두려워하거나 부끄러워한 적이 한 번도 없다. 어렸을 때 놀림을 받거나 본의 아니게 싸움에 휘말렸을 때도 나 아닌 다른 누구였으면 하고 생각해본 적이 단 한 번도 없었다. 다르다는 것은 일종의 명예 훈장이었다. 나는 어머니와 아버지를 열렬히 사랑했고 나는 그 둘을 반반씩 타고났기 때문이다. 그렇다고 나의 남다른 외모가 나와 형을 곤경에 빠뜨린 적이 아예 없었다는 얘기는 아니다. 그런 경험은 우리 둘 다에게 인종 문제뿐만 아니라 경제와 문화 전반에 이르기까지 종류 불문하고 아무리 사소한 것도 그냥 넘어가지 않는 전투력과 그런 세상을 거의 본 적이 없었기에 이 세상이 공정하고 정의롭게 돌아가기를 바라는 의식을 심어주었다.

내 어린 시절을 생각하면 행복했다는 생각이 들지만 어느 삶에서나 일어날 수 있었을 불화의 불꽃은 주로 내가 반쪽 한국인이라는 사실에 집중된다. 험담, 소곤대는 소리, 자기 눈꼬리를 쭉 잡아당기는 아이들. 이 모두가 나는 어디에도 속하지 않았다고, 내가 자라난 곳은 내 고향이 아니며, 비록 내가 그곳 출신이라고 해도 나는 그곳 구성원이 절대 될 수 없다고 말하려는 의도에서 비롯됐다. 나중에 고등학교에 입학해서는 치어리더 한 명이 내게 이런 말을 하곤 했다. "왜 너희 나라로 안 돌아가?" 아무리 애를 써도 이런 상처들은 쉬이 잊히지 않는다.

8학년 때 식당 한 곳이 문을 열었는데 지역 주민들이 벌떼처럼 그곳으로 몰려들었다. 당시만 해도 앉아서 먹는 식당이 그리 많지 않았던 소도시에서 다들 새로운 뭔가에 굶주려 있었던 것이다. 나는 부모님에게 우리도 가자고 졸랐고, 그곳에 도착해 여종업원에게 우리 이름을 알렸다. 여종업원은 나보다 두 살 위였는데 같은 고등학생인 데다 예뻐서 속으로 무척 떨면서 말을 걸었던 기억이 난다. 우리는 사람들로 들어찬 대기실에 자리를 잡고 앉아 기다리기 시작했다. 우리 앞으로 각각 두 명, 세 명, 네 명이 대기하고 있었다. 30분은 족히 기다려야 할 판이었다. 대기실에서 얼마나 오래 서 있었는지는 모르겠지만 어머니가 그 여학생에게 다가갔던 기억은 난다. 어머니가 무슨 말을 하는지 그 내용은 들리지 않았지만 어조는 뚜렷이 들렸다. 어머니는 그 여학생의 면전에 대고 분명히 화를 내고 있었다. 여학생은 사과했지만 어머니는 받아들이지 않았고, 아버지와 나에게 손짓을 하며 가자고 말했다. 사람들이 어머니에 이어 우리를 쳐다보기 시작했다. 그 순간 나는 인기를 몰고 다니는 이 여학생 생각을 하면서 그 애가 날 어떻게 생각할지, 학교에게 가서 나에 대해 뭐라고 얘기할지를 놓고 고민하기 시작했다. 우리는 그곳을 떠났고 어머니의 목소리는 크고 거칠었다. 나의 어머니는 그 여학생이 우리보다 나중에 온 가족에게 우리보다 먼저 자리를 배정해줬다고 확신했다. 차 뒷좌석에 앉아 나는 그 여학생을 변호하려고 노력했다. 그게 엄마 화를 훨씬 더 돋운 모양이었다. 엄마는 돌아앉아 나를 보며 이렇게 말했다. "너는 너무 어렸을 때라 아마 기억하지 못할 거다." 그렇게 운을 뗀 뒤 엄마는 내 형 얘길 꺼냈다. "팀이 아주 어렸을 때 늘 그런 일이 있었는데 난 두 번 다시 그런 일을 겪고 싶지 않구나."

나는 양심의 가책을 느꼈다. 한편으로는 당혹스럽게도 하고 또 한편으로는 화가 치밀기도 해서 얼굴이 화끈거렸다. 나는 그런 상황을 만든 엄마에게 화가 났고, 또 엄마가 믿는 게 사실일 수도 있다는 생각에 화가 났다. 그 작은 도시에서 그 일 말고도 일부러 우리를 따돌린 적이 한두 번이 아니었을 수도 있는데 그걸 몰랐다는 게 화가 났다. 학교에서 아이들이 놀릴 때는 대수롭지 않게 넘어갔지만 이제는 아무 말 없이 내게 다르게 행동하는 세상이 내 앞에 떡 버티고 있었고, 나는 무엇이 편견이고 무엇이 실수인지를 구분해야 했다.

부엌 창가에서 나는 변화하는 세상에 대해, 지구가 자전축을 중심으로 얼마나 빨리 도는지에 대해, 우리가 태양계를 얼마나 빨리 누비고 다니는지에 대해, 우리는 절대 실감하지 못할 그 두 속도의 빠르기에 대해 생각했다. 그러다 문득 그 다음 날 학교에 갔을 때 감당해야 했던 충격과 두려움이 떠올랐다. 평생 나를 따라다닌 나의 남다른 외모는 우리 딸에게도 대물림됐다. 거기에 생각이 미치자 내 인생보다 그 애 인생이 더 걱정되면서 내가 이렇게 동양인 얼굴을 한 아빠라서 그 애한테 짐이 되지 않을까 두려워졌다. 나의 소박한 삶이 누군가에게는 비난의 대상이 될 수도 있겠다는 생각이 트럼프가 대통령에 당선된 것처럼 현실이 되지 말라는 법도 없을 듯했다.

공공연한 인종차별의 유일한 미덕은 상대방이 어디에 서 있는지를 알게 해준다는 점이다. 선거 이후 이슬람교 사원들이 불타고, 유대교 회당이 위협받고, 뻔뻔한 인종차별 행동과 증오 범죄가 점점 기승을 부리고 있는 것은 하나도 놀랄 일이 아니다. 이 모두가 트럼프의 부채질 때문이다. 트럼프는 선거 기간에는 증오에 찬 연설을 일삼았고, 당선된 뒤에는 이런 행동들에 대해 침묵으로 일관해왔다. 유치하게 남을 헐뜯고, 자신에게 권력을 주고 빚을 탕감해주면서 수도 없이 갑부로 만들어준 것 말고는 아무 잘못이 없는 시스템을 향해 얼토당토않은 분노를 터뜨려왔다. 그리고 이제 자신의 이름으로 그 모든 것을 허물어 버리려고 한다. 그는 오로지 자신의 잇속을 위해, 헛된 자신의 유산을 지키려고 싸울 뿐이다.

그날 밤 나는 어른이 되고 나서 처음으로 두려움에 떨며 잠자리에 들었고, 그 뒤로 며칠째 마음이 진정되지 않고 있다. 클린턴의 패배 소식을 알렸더니 메리가 벌떡 일어났다.

"앞으로 우린 어떻게 해야 돼?" 메리가 말했다.

"나도 몰라. 당신한테 할 얘기가 있는데 아무 말 말고 그냥 듣기만

해." 내가 말했다.

"알았어요."

"총을 한 자루 사야 할 것 같아."

아내는 잠잠했다. 우리는 서로 가까이 있었고 목소리는 나지막했다. "왜?" 아내가 물었다.

"우리한테 무슨 일이 일어나기라도 할까 봐 두려워서 그래."

"우리한테 무슨 일이 왜 일어나는데?"

"날 봐." 내가 말했다. 내 목소리는 거의 갈라져 있었고 눈가는 어느새 눈물로 축축해졌다. "우릴 지켜야 하니까. 우리 딸을 지켜야 하니까."

아내가 엄지손가락으로 내 뺨을 훔치며 말했다. "내 생각엔 그것 때문에 너무 걱정할 필요는 없을 것 같은데."

"하지만 앞일은 아무도 모르잖아. 사람 일은 아무도 모르잖아." 내 과거 역사 전체를, 나의 어머니와 내 형의 과거 전체를 과연 아내한테 이야기할 수 있을까? 사소한 것 하나까지 전부 다? 실제든 상상이든 그 모두가 하나로 합쳐져서 그 심리적 고통이 마치 피부 밑 정맥처럼 내 몸의 일부가 돼버렸다는 얘기를 과연 아내한테 할 수 있을까? 나는 할 수 없었다. 적어도 그때는. 하지만 그렇게 오래 닫혀 있던 그 정맥이 다시 열렸고, 이 나라가 역행하고 있듯이 나 또한 그랬다. 이제 눈에 띄는 사람마다 잠재적 적으로 보였고 그런 감정을 느끼기는 근 20년 만에 처음이었다.

아내는 나를 진정시켰다. 우리는 아무 말 없이 누웠다. 아내가 눈을 감았다. 우리 아이는 아기침대에서 잠든 채 두 발을 차다가 이리저리 뒤척이기를 반복하며 쌔근쌔근 숨소리를 토해냈다. 우리가 늘 희미하게 켜두는 전등 불빛에 아기 몸이 보였다. 나는 일어나 한때 어머니의 얼굴이었고 내 얼굴이기도 했던 아이의 얼굴을 내려다봤다. 내가 세상과 동떨어져 지낼 수 없었듯이 나 또한 우리 아이를 세상에서 떼어 놓을 수 없었다. 나는 잠과 싸우며 그 밤 누가 우리 집에 들어오면, 누가 딸아이한테 무슨 말을 하면, 나의 역사가 그 애 삶에서도 그대로 되풀이되면, 언젠가 그 애도 네가 태어난 나라로 돌아가라는 말을 들으면 나는 어떻게 해야 하나 생각했다. 나는 우리가 아이한테 주고 싶어 하는 그 모든 것에 대해, 아이가 우리한테 오기 전후로 우리의 하루하루를 가득 채웠던 달콤한 꿈 이야기에 대해 생각했지만 아이의 얼굴과 관련해 어떻게 하면 좋을까에 대해서는 달리 계획하지 않았다.

마이클 크롤리 Michael Croley는 애팔래치아 산맥 언저리에서 태어났다. 2016년 전미교육협회 문학 부문 연구 지원비 수혜자이기도 하다. 그동안 크롤리는 수많은 매체에 작품을 게재해왔으며, 첫 작품집 『어떤 다른 공간 : 이야기*Any Other Place: Stories*』이 2019년에 출간됐다. 데니슨 대학교에서 글쓰기를 가르치고 있다.

이 글 〈두려움에 떨며〉는 2017년 5월 20일자 「럼퍼스*The Rumpus*」에 처음으로 게재됐다.

제5장

문화적 협상

M. I. A. 사이즈

재스민 박

첫번째 단계, 종아리, 괜찮았다. 그러고 나서 나는 몸을 비틀고 돌리고 펄쩍펄쩍 뛰면서 내 허벅지를 25 바지 사이즈에 겨우 끼워 넣었다. **한국인들은 왜 그렇게 엉덩이가 작아?** 나도 몰라. 바지는 허벅지가 너무 꽉 끼어서 수선한 옆 솔기에서 뿌지직거리는 소리가 났다. 나는 오른쪽 다리를 떨어대며 두 손으로 바지를 잡아당겼다. 코 밑에 땀이 송글송글 맺혔다. 막 포기하려는 찰나 엉덩이가 바지에 스르륵 미끄러져 들어갔다. 나는 숨을 죽인 채 양 옆을 함께 오므리며 지퍼를 올린 뒤 단추를 채웠다. 나는 25가 맞았다.

나는 옷이 맞는다는 말의 진정한 의미를 일부러 외면했다. 겨우 바지에 나를 들여보내긴 했지만 제대로 걸을 수도 없었고 앉을 때마다 속옷이 반이나 보였다. 나는 그 바지가 내 체형에 맞는 사이즈가 아니란 걸 알았지만 날씬한 걸 중시하는 패션 추세를 따르는 수밖에 달리 선택의 여지가 없었다.

똑같은 바지인데도 친구들이 입으면 왜 달라 보이는지 그 이유가 종종 궁금했다. 내 친구들은 모두 다리도 늘씬하고 엉덩이도 납작했다. 반면에 나는 3년에 걸친 크로스컨트리로 다져진 땅딸막한 근육질의 다리와 흑인을 아버지로 둔 나의 어머니 덕분에 툭 튀어나온 엉덩이를 가지고 있었다.

"재스민, 덜 먹고 운동을 해. 그 정도는 누구나 할 수 있잖니." 엄마는 이렇게 말했다. 엄마가 내 몸에 대해 뭘 안다고? 아무리 부인해봐도 엄마는 내 몸에 대해 나보다 더 많이 안다는 걸 나는 모르지 않았다. 37년이라는 나이 차이만 있을 뿐 엄마와 나는 머리부터 발끝까지 사실상 쌍둥이였다. 보나마나 나와 비슷한 위기를 겪었을 엄마가 어쩌면 그렇게 자부심이 강할 수 있는지 나로선 미지수였다. 하지만 시간이 지나면서 나는 엄마의 자신감의 비결은 수용이었다는 걸 깨닫기 시작했다. 엄마는 자기수용을 통해 분노와 절망을 자부심과 침착함으로 바꿔 놓았던 것이다.

나는 분노보다 수치를 느껴야 했다. 알고 보니 나는 있는 그대로의 나 자신을 받아들이지 못하고 있었다. 얼굴은 한국인이지만 몸은 또 그렇지 않은 십대. 그 뒤로 나는 억지로라도 세상을 낙관적으로 보려고 노력했고, 그 결과 깜짝 놀랄 만큼 멋진 옷태와 내 허리를 잘록해 보이게 해주는 환상적인 룩과 무엇보다도 있는 그대로의 나에 대한 자신감을 개발할 수 있었다.

이러한 깨달음 뒤에도 나는 옷을 사러 가기가 망설여졌다. 하지만 필요상 어쩔 수 없이 나는 시내의 가게 한 곳을 찾았다. 나는 피팅룸에 들어가 처음 고른 옷을 입어봤다. 25사이즈, 어쩌면 살이 빠졌을지도 몰라. 나는 허벅지를 바지에 억지로 집어넣었다. 너무 불편했다. 더는 고생하지 않고 나는 27 사이즈를 골랐다. 땀방울을 떨굴 필요도 없이, 고통스런 신음을 내뱉을 필요도 없이, 실망의 한숨을 내쉴 필요도 없이 바지는 쑥 들어갔다. 물론 완벽하지는 않았다. 하지만 바지는 처음부터 나의 일부였던 것처럼 내 다리에 착 감겼다. 그 순간 이후로 나는 뭐든 나 스스로에게 강요하지 않기로, 재거나 따지거나 하지 않고 일단 받아들이기로 다짐했다.

재스민 박 Jasmine Park은 현재 한국에서 사업을 하고 있으며 최근에 스탠퍼드 대학교를 졸업했다. 그녀는 한국전쟁 이후 세대인 한국의 전설적인 흑인 혼혈 R&B 가수 인순이의 딸이다. www.knockoutglobal.com에 접속하면 그녀의 웹사이트와 블로그를 둘러볼 수 있다.

그럴 확률이 얼마나 될까? 노엘에게 바치는 추모사

캐서린 김

내가 처음 노엘을 만난 것은 2013년 11월 미국 홀트국제아동복지회가 워싱턴 D.C.에서 주최한 '역사 사진 전시회 : 한국의 아이들 - 회고전'에서였다. 원래 워싱턴은 나의 여행 일정에 없었지만 이 행사가 있다는 소식에 그곳까지 일정을 늘려 잡게 됐던 것이다. 한국 입양인 세계는 여전히 내게 매우 낯설었다. 이 세계에서 내가 인연을 맺은 사람들은 주로 한국 입양인들을 위한 온라인 소셜 미디어 그룹을 통해 알게 된 경우가 대부분이었다.

이 행사에 참석한 혼혈 한국인은 그렇게 많지 않았는데, 어쨌든 나는 거기서 그들과 만날 약속을 해놓은 상태였다. 노엘은 그 중 한 명이었다. 나는 그녀에게 다가가 혹시 한국 입양인 아니냐고 물었다. 그녀가 경계심 많기로 유명한 뉴잉글랜드 출신이라는 점을 감안할 때 내가 너무 앞서 나가는 것처럼 보였을 수도 있었다. 그녀에게는 이런 한국 입양인 행사가 십중팔구 처음이었을 테니 자신의 사연과 신분을 공유하는 데 아무래도 조심스러울 수밖에 없었을 것이다.

하지만 노엘과 웬만큼 얘기하고 나서 그녀도 나처럼 매사추세츠에서 살았고, 독일인과 결혼했다는 사실을 알게 되었다. 그럴 확률이 얼마나 될까? 혼혈 한국인 입양인 둘이 다 하필 보스턴에서 살았고, 둘 다 하필 독일인과 결혼했다? 그것도 50년대 중반에? 나는 그녀의 이메일 주소를 받았고, 보스턴으로 돌아온 뒤 뼈다귀를 물고 있는 개처럼 끈덕지게 그녀와 연락하며 지냈다. 적어도 일주일에 한 번꼴로 연락했던 것 같다. 그녀는 아무 반응이 없다가 아시아 여성을 위한 모금 행사의 일환으로 우리 집에서 조촐한 모임을 갖게 됐다며 초대하자 흔쾌히 받아들였다. 노엘은 평생 처음 만들어봤다면서 커다란 접시에 잡채를 수북이 담아 가져왔다. 그때만 해도 나는 노엘이 무슨 일을 하든 매사에 손끝이 그렇게까지 야무질 줄은 미처 몰랐다. 하지만 돌이켜보면 그때만 그랬던 것은 아니었다. 그녀는 일단 손댔다 하면 무슨 일에든 1백 퍼센트의 열과 성을 쏟았다.

그 뒤로 우리는 여러 차례 만났다. 한번은 2014년 5월 뉴욕 시에서 혼혈 한국인 모임이 있었는데, 우리는 다른 혼혈 한국인 입양인들과 보스턴에서부터 함께 여행했다. 목적지에 도착한 뒤 노엘은 우리와 같이 호텔에서 묵지 않고 첼시의 아들네 집에서 잤다. 노엘은 농담 삼아 자기 아들을 국제적인 미스터리 맨이라고 불렀는데, 내 생각에는 그 아들이 사업도 하고 또 외국 여행도 좋아해서 그랬던 것 같다. 그 주말에 내가 노엘에 대해 알게 된 사실 하나. 노엘에게는 어머니라면 껌뻑 죽는 시늉까지 하는 효성 지극한 반의 반쪽짜리 한국계 자녀들이 있었다.

내가 보기에 노엘은 경계심이 무척 많았다. 그녀는 여간해선 신상을 공개하지 않았다. 그러다 자기 이야기를 조금씩 털어 놓았다. 마치 카드 패를 한 장씩 돌리듯……. 그녀가 카드 패를 돌리고 있는 동안에는 그녀의 이야기나 우리 이야기나 중요성 면에서 똑같아 보인다. 그러다 다 돌리고 나면 우리가 에이스나 와일드 카드, 아니면 조커를 가지고

노엘

있었다는 걸 알게 된다. 하지만 그것은 그녀의 방식이었다. 큰일에든 작은 일에든 지나치게 야단법석을 떨지 않는 것.

노엘에게는 어렸을 때부터 지내던 고아원에서 유난히 친했던 친구가 한 명 있었다. 김은 그녀보다 나이가 많았다. 여자의 경우 자기보다 나이가 많으면 한국에서는 '언니'라고 불렀다. 그 언니가 먼저 입양되고 나중에 노엘이 그 집 친척 집에 입양되면서 둘은 법적으로 사촌지간이 되었고, 서로 매우 가까운 환경에서 자라났다.

김이 나이가 더 많다 보니 한국에 대한 기억이 당연히 더 많았다. 그녀는 한국을 다시 자신의 삶 속에 들여 놓고 싶어했고, 그곳으로 여행을 다니면서 한국인이었을 때의 습관과 기억을 계속 간직하는 방법으

노엘의 고아원 모습

로 갈망을 조금이나마 해소했다. 반면 노엘은 어렸을 때부터 미국에서 자랐고, 그래서 그저 미국인이 되고 싶을 뿐이었다. 노엘이 매사추세츠에 왔을 때는 겨우 세 살 반이었던 데 비해 언니는 아홉 살 때 왔다.

언니는 젊은 나이에 유방암으로 사망했고, 노엘은 고인이 된 사촌에 대한 일종의 예우 차원에서 한국인이라는 공동의 유산과 입양인이라는 공동의 역사를 기리기도 할 겸 워싱턴 D.C.의 홀트 사진 전시회를 찾은 것이었다. 노엘은 평생 자기가 홀트국제아동복지회를 통해 입양됐다고 생각하고 있었다. 워싱턴 D.C.에서 열린 사진 전시회에서 참석했던 데에는 그 이유도 컸다. 하지만 알고 보니 실은 그게 아니었다. 나는 혹시 국제사회봉사회ISS International Social Services를 통해 입양된 게 아닌지 확인해보라며 그녀를 독려했다. USA-ISS 기록 보관소에 있던 자신의 입양 서류에서 그녀는 한국 어머니의 이름이 적혀 있는 것을 확인할 수 있었다. 그녀는 내게 전화를 걸어 그걸 본 순간 울었다고 말했다. 나는 충분히 이해가 갔다. 나도 그랬으니까. 우리는 왜 엄마의 이름이 적혀 있는 걸 보는 순간 우는 걸까? 내 생각에는 기억이 나지 않아 상상을 통해 하나씩 끼워 맞췄던 삶의 세세한 조각들이 결국은 현실로 드러나기 때문이 아닐까 싶다.

노엘은 2015년 폐암 진단을 받았다. 말기라 암이 뇌와 간까지 전이돼 있었다. 그 뒤 노엘은 삶의 목표를 대폭 줄였다. 넷째 손주 태어나는 것 보기, 막내딸 시집보내기, 다음 봄까지 살아서 남편과 유럽 크루즈 여행 가기.

노엘은 보기보다 상당히 짓궂었다. 하루는 그녀가 자식들과 자기가 꼴까닥(그녀의 표현이지 내 표현이 절대 아님) 하고 나면 무엇으로 환생하면 좋을지를 놓고 우스갯소리를 주고받았다. 큰딸이 바닷가에 갈 때마다 볼 수 있게 갈매기로 환생하는 게 어떻겠느냐고 제안했다. 둘째딸은 나비로 환생하는 게 어떻겠느냐고 했고, 막내아들은 기린이 좋겠다고 제안했다. 노엘이 네가 언제 기린을 본다고 그런 말을 하냐고 물었더니 아들은 그러니까 그게 엄마인 줄 단번에 알 수 있다고 대답했다. 사위는 복권에 당첨되게 해주는 형태로 환생했으면 좋겠다고 말했다.

노엘은 넷째 손주(여자애였다)가 태어나는 모습은 지켜볼 수 있었지만 막내딸이 결혼하는 모습도 보지 못했고 유럽 크루즈 여행을 떠나지도 못했다. 그녀는 2015년 추수감사절을 앞두고 유명을 달리했다. 어려서 떠난 이후로 처음 한국 땅을 밟고 나서 일 년이 채 안 됐을 때의 일이었다. 그때 그녀는 한국 어머니가 자신을 두고 떠난 강화도 교회를 방문해 아기였던 자신을 발견한 백인 사제를 사진으로 만나봤다. 입양되고 나서 노엘은 평생을 두 곳에서만 살았다. 자기가 자라난 곳과 결혼 후 가족을 건사한 곳. 추도식은 고인이 생전에 소속돼 있던 이런저런 공동체로부터 얼마나 많은 애정과 사랑을 받았는지를 말해주는 자리인데, 아주 많은 사람들이 참석했다. 노엘의 가족은 추도식 때 모인 부의금을 노엘 같은 혼혈 한국인 입양인들의 모국 방문을 후원하는 비영리 단체인 미앤코리아Me&Korea에 기부했다. 노엘과 그녀의 가족은 노엘이 그랬듯이 혼혈 한국인 입양인들이 모국 땅을 다시 밟을 수 있는 기회를 갖기를 원했다.

노엘이 세상을 떠나고 나서 몇 달 뒤 그녀의 사위는 1백만 달러짜리 긁는 복권에 당첨됐다. 그 뒤에도 1만 달러짜리 한 번, 5천 달러짜리에 두 번 당첨됐다. 그럴 확률이 얼마나 될까?

노엘도 이 책에 자기 이야기를 쓸 계획이었지만 그 전에 세상을 뜨고 말았다. 그녀와 그 밖에 우리 곁을 너무 빨리 떠난 혼혈 한국인 입양인 모두에게 이 글을 바친다.

캐서린 김 Katherine Kim은 1957년 대한민국 인천광역시 부평동에서 태어났고 1961년 미국으로 입양됐다. 교육과 편집분야에서 일해왔고, 2015년에 상염색체 유전자 검사로 입양인들의 친생가족 찾는 일을 돕는 비영리단체인 325KAMRA를 공동으로 설립, 2016년에서 2020년까지 대표를 역임했다. 그녀는 2019년에 친엄마를 찾아 행복하게 재회했다. 2020년 10월 미국에서 출간될 『마침내 함께, DNA 시대의 입양과 재결합에 대한 이야기들Together at Last, Stories of Adoption and Reunion in the Age of DNA』의 편집자이기도 하다. 캐서린은 여전히 입양인과 혼혈 정체성 문제에 전념하고 있다.

아침 밥그릇에 담긴 어머니의 사랑

조엘 피터슨

때로 가장 사소한 것이 가장 오래 지속되는 기억을 남기며 가장 강한 감정을 끌어내기도 한다. 한국 출신의 해외 입양인으로서 내가 겪은 비통함과 혼혈인으로서 감내해야 했던 고뇌에도 불구하고 지금 나는 두 어머니의 사랑을 받은 것이 얼마나 큰 축복인지 잘 알 고 있다.

나의 어머니, 자기가 낳은 자식이 이미 넷이나 되는데도 나를 입양한 그 분은 밝고 교양 있고 무척이나 사려 깊은 아주 훌륭한 여성이다. 어머니는 내가 고아원에서 출발해 도착할 날에 맞춰 여러 가지 준비를 해놓고 있었다. 어머니의 새 아들이 돼서 한국을 출발할 때 나는 일곱 살이었고, 나의 어머니는 한국 사람들은 미국인들이 흔히 먹는 그런 아침을 먹지 않는다는 사실을 알고 계셨다.

어머니는 내가 우유를 부은 차가운 시리얼이 아니라 밥을 먹는 데 익숙할 거라고 판단했다. 하지만 어머니는 내게 밥을 주지 않기로 했다. 그랬다가는 오히려 이질감만 강화해 내가 낯선 느낌을 갖게 할 수도 있다고 생각했기 때문이다. 그래서 어머니는 묘안을 하나 짜내었다. 찐쌀에서 출발해 서서히 변화를 주면서 내가 편해지도록 하게 했다. 첫날 나는 새로운 부모님, 형, 누나 셋이 둘러앉은 아침 식탁에 앉았다. 파란색 눈동자들과 금발에 둘러싸인 얼굴들이 지켜보는 가운데 어머니는 자신의 계획을 행동에 옮겼다.

나는 영어를 한마디도 하지 못했다. 누가 내게 무슨 말을 해도 한 마디도 알아들을 수가 없었다. 반면 웬만큼 나이가 든 상태라 한국 관습과 예절은 이미 몸에 배어 있었다. 머리로는 이것이 나의 새 가족이라는 걸 알고 있었지만 나의 한국 사회화는 그 집에서 손님처럼 행동해야 한다는 걸 명심하라고 가르쳤다.

한국에는 상황과 사회적 환경에 따라 달라지는 예절과 규칙이 많다. 누구에게나 어떤 역할이 있다. 그 가운데 가장 중요한 역할 두 가지는 주인과 손님이다. 그 밖에 어른과 아이도 중요한 역할에 들어갔다. 낯선 어른 주인의 집에 있는 아이 손님 입장에서 한국 관습은 나는 불평해서도 안 되고, 주는 음식이나 선물을 거절해서도 안 되며, 어떤 음식이든 남겨서도 안 된다고 배웠다. 나의 어머니는 김이 모락모락 나는 뜨거운 귀리가 담긴 조그만 그릇을 내 앞에 내려놓고는 그 안에 숟가락을 넣어 휘휘 저었다. 그러고 나서 어머니가 자리에 앉으면 온 가족이 기대에 찬 눈으로 나를 바라보았다. 나는 식탁 주변의 푸른색 눈동자들을 차례로 둘러보았다. 그러고는 그릇을 내려다보았다. 귀리 그릇에는 쌀과 조금이라도 비슷한 게 아무것도 없었다. 하지만 어머니의 중서부식 사고방식으로는 둘은 비슷했다.

나는 한 숟갈 떠서 입으로 가져갔다. 끔찍했다. 진저리가 났다. 그렇게 찐득거리는 식감과 맛은 생전 처음이었다. 뱉고 싶지만 나는 손님인 데다 제일 막내였다. 나는 꿀꺽 삼키다 거의 게울 뻔했다. 이를 악물고 내용물을 식도 아래로 겨우 내려보냈다. 그러고 나서 또 한 숟갈 떠 넣고는 억지로 삼켰다. 다 먹을 때까지 나는 같은 동작을 반복했다.

그렇게 손님으로서의 내 임무를 완수했다. 식탁에 둘러앉은 식구들 모두 내게 미소를 지으며 기괴한 영어 소음을 쏟아내기 시작했다. 미국에서의 내 삶은 이렇게 불쾌한 경험으로 시작됐다.

하지만 한국에서 살면서 나는 대부분의 시간을 굶주림에 시달렸다. 나는 친어머니와 함께 살았는데, 내가 여섯 살 때 친어머니가 입양을 보내달라며 나를 대한사회복지회KWS Korea Welfare Services에 맡겼다. 친어머니에게는 선택의 여지가 거의 없었다. 혼혈아를 낳은 미혼모로서 낙인찍히고 따돌림을 당해 미군 GI 클럽 말고 다른 데서는 일자리를 구할 수가 없었다. 때로 우리는 거리에서 구걸을 해야 할 정도로 쪼들려 지냈다. 친어머니는 자신의 능력으로는 나를 거둘 수가 없으며, 한국 사회에서 지내는 한 나의 미래는 희망이 거의 없다는 걸 알고 있었다. 그때 나는 음식을 거절하면 절대 안 된다고 배웠다. 어떤 경우든.

다음날에도 똑같은 일이 벌어졌다. 그리고 그 다음 날에도. 하지만 귀리 양은 점점 많아졌고, 그러나 급기야는 더 큰 그릇이 필요해졌다. 나는 끼니때마다 매번 남김없이 꾸역꾸역 삼켰다. 그러면서 이것이 가족의 막내가 치러야 하는 일종의 미국식 고문 의식이라고 생각했다.

한국에는 일정한 나이에 이를 때까지 아이들에게는 몇몇 어른 음식을 먹지 못하게 하거나 어른들의 말투를 쓰지 못하게 하는 관습이 있었다. 나는 아마 미국에서도 그런가 보다고 생각했다. 다른 식구들은 모두 맛있어 보이는 시리얼에 우유를 먹는데, 나는 아직 너무 어려서 이 끔찍하고 끈적이는 귀리죽을 먹는 거라고만 생각했다. 나는 이 고문을 6개월이나 견뎠다. 하루는 어머니가 식탁 위의 레이진브란 시리얼 박스를 가리키며 좀 먹어보겠느냐고 물었다. 이 무렵 나는 영어를 말할 줄 알았고, 따라서 어머니의 제안을 완전히 이해했다. 나는 그 기회를 놓칠세라 잽싸게 시리얼 박스를 움켜잡고 그릇 가득 시리얼을 부었다. 아빠가 우유를 부어주었다. 무겁고 큰 피처를 안전하게 들기에는 내가 너무 작았기 때문이다. 시리얼 첫 순갈은 그야말로 천국이었다! 맛은 고소하면서도 달콤했고, 식감은 바삭거렸으며, 우유는 시원해서 갈증이 풀렸다. 내 마음에 딱 들었다! 그 뒤로 내리 2년을 레이진브란만 먹었던 것 같다. 지금까지도 레이진브란은 내가 제일 좋아하는 시리얼이다.

몇 년 뒤 대학 입학 후 처음으로 집에 갔을 때였다. 크리스마스 시즌이었는데 학교 때문에 다른 주로 간 뒤로 처음으로 집에서 차린 아침을 먹으러 아래층으로 내려갔다. 그런데 내 식탁 자리에 김이 모락모락 나는 귀리가 담긴 커다란 그릇이 놓여 있었다. 엄마 왈, "네게 맛있는 걸 해줘야 할 것 같아서. 네가 한국에서 처음 왔을 때만 해도 귀리라면 어찌나 좋아하던지! 늘 그릇을 싹싹 비워서 자꾸 더 큰 그릇으로 바꿔야 했지 뭐니. 늘 깨끗이 먹어치우곤 했으니까." 엄마는 살짝 미소를 짓더니 음악 소리 같은 웃음을 터뜨렸다. "결국은 내가 나서서 네게 다른 것도 먹어보게 권하는 수밖에 없었지! 어쨌든 휴가를 맞아 네가 집에 오니까 좋구나. 그래서 이 특별식을 준비했단다, 널 위해." 그러면서 어머니는 환하게 웃으셨다.

나의 어머니는 훌륭한 여성이다. 밝고 교양 있으며 무척이나 사려 깊고 잘 베푸는. 나는 어머니에게 진실을 말할 용기가 감히 나지 않았다. 나는 자리에 앉아 먹기 시작했다. 그리고 미소 짓는 어머니 옆에서 그릇째 깨끗이 싹싹 비웠다.

조엘 피터슨 Joel Peterson은 아마존 베스트셀러 작가로 한국 출신의 혼혈 입양인이라는 자신의 경험에 바탕한 소설 『나의 어머니들에 관한 꿈 : 초월적 사랑에 관한 이야기*Dreams of My Mothers : A Story of Love Transcendent*』의 저자다. 조엘은 Pintoresco Advisors, LLC의 매니징 파트너 겸 CEO로 해외 M&A, 사업 컨설팅, 복잡한 프로젝트 관리 등을 자문해주는 일을 하고 있다. 그는 미국 및 해외의 대형 금융회사에서 주로 기업 금융 및 투자 업무를 맡아 경력을 쌓기 시작했다. 비즈니스 관련 일을 하기 전 미국 해군 장교로 7년을 복무하며 훈장까지 받은 참전 용사이기도 하다. 버지니아 테크 R. B. 팸플린 비즈니스 스쿨에서 MBA를, 버지니아 대학교에서 경제외교학 학사 학위를 이수한 뒤 지금은 클레어몬트 대학원에서 박사 과정을 밟고 있다. 또 조엘은 LA 카운티 교육위원회 선출직 임원이자 수많은 자선 단체, 지역사회 봉사 단체, 기업 이사회 등에서 활동하고 있다.

백인, 또는 그 비슷하게

소냐 스완슨

박쥐와 날짐승과 길짐승

날짐승과 길짐승들 사이에서 한바탕 큰 싸움이 벌어지려 하고 있었다. 양쪽 군대가 한곳에 집결하자 박쥐는 어느 편에 설지 망설였다. 날짐승들이 박쥐의 횃대를 지나가며 말했다. "우리와 함께 가자." 하지만 박쥐는 이렇게 말했다. "난 길짐승인데." 잠시 뒤 길짐승 몇 마리가 박쥐 밑을 지나가가다 위를 쳐다보며 말했다. "우리와 함께 가자." 하지만 박쥐는 이렇게 말했다. "난 날짐승인데." 다행히 마지막 순간에 화해가 이루어져 전투는 일어나지 않았다. 그래서 박쥐는 날짐승들한테 가서 자기도 축하연에 끼고 싶다고 말했지만 다들 반대하는 바람에 자리를 떠야 했다. 그 뒤 박쥐는 길짐승들한테 갔지만 거기서도 물러나야 했다. 안 그랬다가는 길짐승들한테 갈가리 찢길 판이었다. "아, 이제야 알겠네. 이것도 저것도 아닌 자는 친구가 없다는 것을." 박쥐가 말했다.

- 1894년 조지프 제이콥스가 번역한 『이솝 이야기』 중에서

어렸을 때 이솝 우화 중에서 박쥐 이야기를 읽었던 기억이 아주 생생하다. 날짐승과 길짐승 모두에게 따돌림을 당하다니, 불쌍한 박쥐!

다섯 살 아니면 여섯 살 때였는데, 아직은 딱히 뭐라고 설명할 수는 없었지만 나도 왠지 박쥐 같다는 생각이 들었었다.

대학교 2학년 때 나는 라메종프랑세즈에 살았다. 어느 햇살 좋은 날 오후 나는 그곳 입주민 몇몇과 뒷베란다에 앉아 있었다. 절반은 프랑스인이면서 그 사실을 자랑스럽게 여기는 자그마한 체구에 금발인 4학년생 캐서린이 프랑스 케이크의 미덕을 극찬하기 시작했다. 그러더니 갑자기 이상한 말을 했다. "그런데 한국 디저트 말이야. 거긴 빨간 콩이 들어가잖아. 누가 그래? 그건 디저트가 아니지."

미리엄 웹스터는 극적인 아이러니를 '극에서 전개된 상황과 그 극의 등장인물들이 아니라 관객이 이해하는 대사 또는 행동 사이의 부조화'라고 정의한다. 그녀의 말이 이어질수록 우리 사이의 극적인 아이러니가 커지기에 내가 더는 참지 못하고 마침내 큰 소리로 말했다. "음. 나도 반은 한국인인데, 몰랐어요?" 그녀는 몹시 당황하며 진지하게 사과했다. 나는 무엇보다도 그녀의 무지가 놀라웠지만 이보다 훨씬 덜 노골적인 상황에서, 구체적으로 말하면 사람들이 나를 백인 또는 그 비슷하게 봤던 상황에서 나의 한국성이 드러나지 않았을 때가 얼마나 더 많았을지 궁금해졌다.

대학을 졸업하고 한국에서 살 때 길거리에서 나를 지나쳐가던 웬 노인이 뒷걸음질 치며 깜짝 놀란 듯 말했다. "와! 외국인이다!" 외국인! 가까이서 보니, 어쨌든. 택시를 타면 밤에는 가끔 한국인으로 통하기도 했다. 지하철을 타면 내게 한국어로 길을 물어보는 사람도 있었고 영어로 도움을 주는 사람도 있었다. 나의 어릴 때 사진을 보여주면 친구들은 내가 '아주 동양인처럼' 보이는 모습과 '아주 백인'처럼 보이는 모습을 동시에 가리킨다.

미국에 돌아와서도 내가 어떻게 보이는지 잘 모를 때가 많다. 얼마 전 식료품점에 갔는데, 그곳 직원이 적색 치커리가 다 나간 것을 두고 사과하면서 내게 거듭 절을 했다. 그보다 며칠 전에는 네일 샵에서 내 옆에 앉아 있던 백인 여성이 음모를 꾸미는 듯한 목소리로 '세금을 내지 않는' 사람들에 대해 뭔가를 소곤거렸다. 나는 손톱이 다 마르기도 전에 나와버렸다.

절반은 백인이라서, 일종의 자본에 접근할 수 있어서, 또 백인으로 통해서 종종 이점이 있다. 나는 이점이 무엇을 의미하고 이것으로 무엇을 할 수 있는지 계속 배우는 중이다. 하지만 그동안의 오랜 경험을 통해 내가 인종적으로 어떻게 인식될지가 늘 예측 가능하지만은 않다는 것 또한 배웠다. 경우에 따라 나는 동양인이나 백인, 혼혈인, 또는 완전히 다른 그 무엇으로 비칠 수도 있다. 그것은 나이, 몸무게, 머리 모양과 화장에 따라, 여름에 피부가 거무스름해졌는지 겨울에 다시 하얘졌는지에 따라, 방 안의 조명에 따라, 사람들이 나를 보는 각도에 따라, 누가 나를 보는지에 따라 달라진다. 어쨌든 이러한 역학과 관련해 내가 내린 결론은 인종은 보는 사람의 눈에 달려 있으며, 나의 이미지가 아니라 다른 사람들이 둘러친 틀에 의해 규정된다는 점이다.

박쥐의 우화는 완벽한 비유가 못 된다. 나는 전투에서 어느 편에 설 것이냐는 질문을 받아본 적이 없다. 그보다 이 우화는 편의 위주의 선택을 경고하는 의미를 지닌다. 지금의 나는 물론 이해하지만 어린 시절의 나는 이 이야기 때문에 꽤나 골치를 썩었다. 나는 박쥐가 이렇게 말하기를 바랐다. "나는 박쥐야, 날짐승도 길짐승도 아닌 박쥐." 나는 날짐승들이 박쥐가 때로 자기들과 함께 날게 해주기를, 길짐승들이 때로 박쥐가 자기들과 함께 과일을 먹게 해주기를 바랐다.

몇 년 전 한국 할머니가 돌아가시고 나서 얼마 지나지 않아 어머니가 자신의 보석함을 보여주었다. 상자 안에는 묵직한 옥반지와 예쁜 팔찌들이 들어 있었다. 나는 엄마가 그 장신구들에 얽힌 이야기를 들려주는 동안 불빛에 자세히 비춰보았다. 그러고 보니 보석함 옆면을 따라 조그만 박쥐들이 새겨져 있었다. "하필 왜 박쥐예요?" 나는 현란한 할로윈 분장이 떠올라 얼굴을 찡그리며 이렇게 물었다. "'박쥐'를 뜻하는 한자가 복처럼 들리고, 복(福 : 옮긴이)은 '행운'을 의미하거든." 알고 보니 박쥐는 한국의 베개, 가구, 기와에서 흔히 볼 수 있는 문양으로 장수를 상징한다. 지금도 나는 가끔 박쥐에 대해, 이야기와 상징의 힘에 대해 생각한다. 나의 다섯 살 적 자아가 (알았다면) 뿌듯하게 느꼈을지도 모르기 때문만이 아니라 나의 판단 기준이 얼마나 빨리 변할 수 있는지를 보여주기 때문이다.

소냐 스완슨 Sonja Swanson은 미국 남서부에 살면서 7년 동안 생활하기도 했던 한국을 해마다 방문한다. 「타임아웃서울」에서 편집자로 근무했으며, 한국 음식 블로그 'bburiKitchen.com'을 공동으로 개설하기도 했다. 그녀의 부엌에서는 뭔가가 때론 우연히 늘 발효되고 있다.

차창에서는 영원히 볼 수 있다

빅토리아 남궁

로스앤젤레스에서 나는 동양인이다. 태국인, 필리핀인, 아니면 "혼혈 중국인?" 낯선 사람과 악수하기 전이나 회의 참석 차 서둘러 호텔 로비를 지날 때면 당신은 누구냐는 질문을 수시로 받는다. '혼혈인이라는 건 알겠는데, 잠깐만 내가 맞춰볼게요'는 질문하는 사람 빼고는 아무도 하고 싶어하지 않는 게임이다. 40년을 살면서 내가 한국인이라고 정확히 알아맞힌 사람은 단 세 명밖에 없었다. "광대뼈 보고 알았어요." 그 세 명은 이렇게 말했다.

하와이에서 나는 입을 열지 않는 한 현지인으로 통한다. 그러다 말을 하기 시작하면 그제야 사람들은 내가 **하파**(혼혈인을 뜻하는 하와이 본토어 : 옮긴이) 천국으로 순례 여행을 오는 또 한 명의 본토인이라는 걸 알아챈다. 하와이 어느 섬을 가든 사흘째 되는 날 그렇지 않아도 누런 피부가 3도쯤 더 까매지고 드라이어로 죽 편 머리 대신 집에서처럼 자연스럽게 구불거리는 머리를 하고 있으면 가게 점원들이 현지인 할인가 적용을 제안하고, 수산물 시장에선 하와이어로 말을 걸어온다.

도쿄나 쿠알라룸푸르나 런던에서는 나는 그저 미국인이다. 캘리포니아 사람. 사람들이 알고 싶어하는 건 그게 전부다. 혼란스러워하는 얼굴도, 간단한 질문도, 과학 실험실의 슬라이드처럼 꼼꼼하게 검사당하는 느낌도 없다. 사람들은 미국이 이민의 나라이며 그 이민자들 중 더러는 자기들끼리 만나 아이를 낳는다는 사실을 잘 안다.

오래전부터 나는 한국인이 아니라는 소리를 들었다. 부모님이나 DNA 검사가 아니라 친구의 친구들, 새로운 동료들, 식당의 여종업원들 입을 통해. 그것은 대개 우리의 성으로 시작된다. 박이나 김이나 이가 아니기 때문에 사람들은 오해한다. "성이 음절이 두 개네요. 그럼 한국인이 아닌데요." 우리는 한국 왕족의 후손이다. '남궁'은 '남쪽 궁'을 뜻하며 우리 집안의 역사를 자세히 다룬 책들도 꽤 있다. 하지만 이 대화를 더 늘리고 싶은 생각이 없기에 그 이야기를 굳이 여기까지 끌어들이지는 않겠다.

하지만 탄자니아 아루샤의 먼지 낀 도로 한쪽 옆에서 나는 깜짝 놀랐다. "남궁은 마사이족 이름인데." 전통적인 빨간 천을 두르고 색색의 구슬 목걸이에 낡은 샌들을 신은 노인이 이렇게 말한다. 노인은 쇠막대를 무기처럼 지니고 다닌다. 아버지가 이 소리를 좋아하는지 알아보려고 굳이 그 얼굴을 쳐다볼 필요는 없었다.

우리가 맹수와 적들로부터 가축을 보호하는 책임을 지는 젊은이들, 즉 마사이 전사들로 유명한 반유목 부족과 연관이 있을 수도 있다는 생각은 어불성설이다. 하지만 킬리만자로 산 그늘 아래서 가혹할 만치 뜨거운 도로 위에 서 있자니 내가 마사이족의 후손이라는 게 아주 이상하게 느껴지지만은 않았다.

사실 나는 더블린 출신의 유대인 어머니와 상하이에서 태어나 홍콩과 도쿄에서 자라다 청소년기에 샌프란시스코로 이민 온 한국인 아버지의 딸이다. 이런 사실은 부모는 그저 부모일 뿐이며 다른 사람들이 다르게 보기 시작하기 전에는 인종이나 정체성에 대한 의식이 거의 없는 어린 시절에는 그다지 의미가 없다.

초등학교 내내 이웃 엄마 하나가 나를 볼 때마다 나는 그렇게 작아본 적도 없고 중국인도 아닌데도 '꼬마 중국 인형'이라고 불렀다. 나는 그 말을 칭찬으로 받아들인다. 그 엄마의 파란 눈이 얇은 입술과 나란히 웃고 있었기 때문이다. 부모님 친구들은 나에게 말할 때면 '이국적'이라는 표현을 썼다. 그분들도 웃었다. 어느 날 밤 사전에서 그 낱말을 찾는다. 뜻이 네 가지다.

1. 기원이나 성격이 외국풍인 ; 외국에서 도입돼서 완전히 동화되지 않은 :
2. 생김새가 아주 특이하거나 낯선 :
3. 아주 새롭거나 실험적인 성격의 :
4. 스트립쇼와 관계된 :

나는 즐거워하지 않는다.

아빠와 함께 있으면 누구나 우리가 부녀 사이라는 걸 알 수 있지만 엄마와 함께 있으면 내가 아이이고 엄마가 나를 돌보는 어른인데도 아무도 우리 사이를 알아채지 못했다. 내가 다섯 살 때 일이다. 성 패트릭 데이 때 엄마가 내게 'Kiss Me I'm Irish'라는 글씨가 적힌 큼지막한 단추가 달린 녹색 외투를 입혀 디즈니랜드에 데려갔다. 둘이서 행렬이 지나가는 걸 구경하고 있는데, 불룩한 배에 작은 주머니를 찬 어떤 남자가 고개를 숙이며 나만 들을 수 있게 이렇게 말했다. "아가, 넌 아일랜드 사람이 아니라 동양인일걸." 그러고는 바로잡아줘서 내가 고마워하길 기다리고 있기라도 하듯 히죽 웃는다.

예전에 우리는 함께 여행을 많이 다녔지만 내가 어른이 된 뒤 아빠와 호텔 방을 같이 쓰면서 열흘 넘게 여행하기는 탄자니아가 처음이었다. 이곳에 도착해 우리는 아빠가 설립한 무상 급식 사업의 일환으로 현지 학교들을 방문해 교사 및 정부 관리들과 회의를 했다. 일이 끝나고 우리는 세계 최대의 손상되지 않은 휴화산 분화구로 버팔로, 하마, 얼룩말, 치타, 악어 등을 비롯해 약 2만 5천 마리에 이르는 대형 동물들의 집인 응고롱고 분화구 안에서 사파리를 체험했다.

여행하는 동안 우리는 하얀 모기장을 친 트윈 베드에서 나란히 잠을 잤다. 내가 태어난 캘리포니아 뉴포트비치에서는 더러 나를 아빠의 부인으로 오인하기도 하지만 다행히 이곳에서는 그렇게 생각하는 사람이 아무도 없었다. 하지만 아버지와 딸이 엄마와 동행하지 않고 함께 여행하는 경우는 드물기 때문에 우리는 사람들의 시선을 조금은 받았다.

아루샤의 우리 숙소는 소박하다. 램프 두 개, 벽에 걸린 지역 예술품, 연철로 만든 침대 틀. 내가 하루 중 두 번째 샤워를 할 때면 아빠는 맥주를 홀짝이며 에뮤가 지나가는 걸 구경할 수 있는 옥외 로비로 향했다. 탄자니아에는 전국을 뒤져도 아는 사람이 아무도 없기에 아빠가 돌아와 하는 말에 나는 깜짝 놀랐다. "누가 널 찾아왔는데." 나는 아빠에게 무슨 소리냐고 묻지만 아빠는 똑같은 말을 되풀이할 뿐이었다.

나는 젖은 머리에 볼품없는 카키색 작업복을 걸치고 로비로 간다. 웬 말쑥한 20대 현지 청년이 34도가 가까운 날씨에 셔츠와 긴 바지 차림으로 나를 기다리고 있다. 청년은 자신을 토머스라고 소개하며 자기 누나가 아빠와 내가 그 날 낮에 방문한 학교 중 한 곳에서 교사로 일한다고 설명했다.

우리는 정중하게 이야기를 나눴다. 직업이 기자인 탓에 그런 일은 내 전문이다. 청년이 내게 제이 지와 카니예 웨스트(둘 다 미국의 유명한 흑인 대중 음악가 : 옮긴이)에 대해 아느냐고 물었다. 힙합은 우리 둘 다 관심 있는 유일한 주제로 나는 그렇다고, 둘 다 미국에서 정말 유명하다고 대답한다. 청년의 눈이 환해지고 나는 미소를 짓지만 여기서 일어나고 있는 일은 여전히 오리무중이었다.

아빠가 20야드 떨어진 거리에서 교사라는 토머스의 누나와 잡담하는 모습이 보인다. 아빠의 눈이 잠시 나의 눈과 마주치는 틈을 이용해 나는 '제발 나 좀 구해주세요'와 '대체 이게 다 무슨 일이죠?'라는 신호를 보낸다. 어색한 십 분이 흐르고 아빠와 중매를 선 선생님이 다가와 우리 모두 작별 인사를 건넨다.

"저쪽에서 암소 쉰 마리를 제안했어. 한 집의 재산은 가축 수로 따지기 때문에 그 정도면 엄청난 거야." 아빠가 보고한다. 나의 지참금에는 바나나, 비단 천, 보석도 약간 포함돼 있단다. 그 날 저녁 아빠가 전화로 내 여동생에게 이 이야기를 중계하자 여동생은 이렇게 말한다. "언니 같은 사람이면 난 소 일흔다섯 마리는 주겠다."

열두 살이 되면서 나는 날마다 일기를 쓰기 시작했다. 주로 남학생이나 학교 연극에 관한 내용이지만 더러 이런 질문들을 던질 때도 있었다.

"학교에선 다들 나를 중국인이라고 부르는데 그런 내가 진정으로 한국 사람일 수 있을까?" "네이트는 우리 엄마가 유대인이라면 내가 아일랜드 사람일 리가 없다고 말했다. 아일랜드에는 가톨릭교도들만 산다면서."

"내가 아일랜드인도 아니고 한국인도 아니라면 나는 누구인가?"

"토드의 성인식에 갔는데 세 사람이 엄마가 유대인이면 그 딸도 유대인이기 때문에 어쨌든 나는 유대인이라고 말했다. 하지만 하누카(11월이나 12월 8일간 치러지는 유대교 축제 : 옮긴이)를 지키지 않는데도?"

대답은 하나도 없다.

어린 시절 나의 가장 절친한 친구는 한국에서 온 입양인이다. 하지만 우리는 그 애의 입양에 대해서나 그 애 생김새가 그 집 식구들과 완전히 다르다는 사실에 대해 한 번도 얘기한 적이 없다. 우리는 사람들이 자매로 여길 때가 많고 엄마들끼리도 아주 친하다. 나는 개네 집에서 나무를 타기도 하고, 근처 인동나무에서 즙을 빨아먹기도 하고, 고등학교 야구 선수이면서 그 학교에서 제일 예쁜 여학생들과 사귀는 그 집 아들들에게 추파를 던지기도 하면서 많은 시간을 보낸다.

철저한 학사 관리로 정평이 나 있는 덕분에 동양계 미국인 학생들이 많은 편인 그 고등학교에 들어가고서야 내가 다른 한국 아이들과 많이 다르고 아빠도 다른 한국 아빠들과 많이 다르다는 사실을 깨닫는다. 아빠는 6피트의 키에 머리가 온통 삐죽삐죽하다. 아빠는 스포츠카를 몰고 다니고 라구나비치의 지역 예술인들에게서 흥미로운 조각품을 구입한다. 아빠는 대학까지 줄곧 국제 학교를 다녔기 때문에 사투리 없는 영어를 구사하며, 어른이 된 뒤로는 교회에 다니지 않는다.

우리는 그 문제를 입에 올리지는 않지만 아빠를 한국인으로 보는 사람은 거의 없다. 식당이나 인근 몰에 가면 동양인들이 아빠를 쳐다보며 수군거리는 모습을 종종 볼 수 있다. 사람들은 아빠가 어디 출신인지 알아맞히려고 애쓴다. 사람들은 아빠를 일정한 틀에 가둬야 직성이 풀린다. 사람들은 아빠에게 다가와 하와이 사람인지, 아니면 필리핀 사람인지 묻는다. 엄마도 그 자리에 함께 있으면 사람들의 시선이 더욱 노골적으로 느껴진다. 내 여동생까지 있으면 그야말로 생전 처음 보는 사람들이 나는 동양인에 더 가깝고 동생은 백인에 더 가까워 보인다고 논평한다. 그러면서 동생의 주근깨와 하얀 피부를 가리킨다. 이 사람들이 제발 우리만 있게 해주기를 바랄 뿐이다.

아빠가 미국에 처음 왔을 때 메인의 한 잡화점에 들렀던 이야기를 들려줬다. "열 살짜리 사내아이가 나한테 곧장 다가오더니 사인을 해달라지 뭐냐. 그래서 웃으면서 왜 사인을 갖고 싶어하는지 물었지. 그 애 대답이 자기 평생 동양인을 처음 본다는 거야." 아빠는 나중에는 다른 아이들까지 펜과 노트를 들고 몰려왔다고 말한다. 아빠를 TV 수사물 〈하와이 파이브 오 Hawaii Five-0〉에 나오는 친 호 켈리 형사로 착각하고는. 둘이 닮은 구석도 전혀 없고 24년이라는 나이 차가 있는데도 말이다.

나의 부모님이 1970년대에 샌프란시스코에서 만난 이후로 아빠는 테니스를 즐겨 쳤다. 코트에서 수십 년을 지내다 보니 안 그래도 까무잡잡한 피부가 한번은 혹시 자메이카 사람이냐는 질문을 받았을 정도로 아주 까매졌다. 아직도 아일랜드 억양을 가지고 있는 나의 엄마는 한번은 에스키모인이냐는 질문을 받기도 했다. 이런 일이 어쨌든 누구에게나 일어나는건 아니겠지?

탄자니아에서의 마지막 날 저녁 우리는 지방 정부 관리들과 우리와 함께 비영리사업을 진행하는 NGO 관계자들과 함께 약간의 격식을 갖춘 조촐한 저녁을 즐기고 있었다. 식사가 끝나고 남자 몇 명이 내가 무슨 미인대회 참가라도 되는 양 나와 사진을 찍으려고 줄을 선다. 우리는 아직도 토머스와 그 누나에게 며칠 전의 그 후한 제안에 대해 답을 해줘야 하는 처지이지만 아마도 나는 이제 협상에 유리한 위치에 선 듯하다.

나는 여기 계속 머문다면 내 삶이 어떻게 될지 생각하다가 잠이 들었다. 토머스와 결혼해 그의 사파리 관광 사업을 도울 수도 있었다. 중매결혼에 대해 흔히 듣는 대로 토머스를 사랑하는 법을 배울 수도 있었다. 나의 가족과 몇몇 친구들을 제외하면 로스앤젤레스에서 나를 기다리고 있는 건 각종 고지서와 통신사 청구서, "백인 여자들과 데이트 하는 데 질렸어요. 너무 뻔하거든요."이라는 말이나 할 남자들과의 데이트 약속밖에 없다. 하지만 항말라리아 약도 떨어져 가고 있고, 멕시코 음식도 너무 그립고, 어쨌든 결혼에 그다지 관심이 있는 것도 아니다.

아빠가 키가 더 크기 때문에 함께 비행기를 탈 때면 아빠는 통로 쪽에 앉고 나는 늘 창가 쪽에 앉는다. 사람들은 비행기를 타면 더 잘 운다는 얘기를 읽은 적이 있는데, 나이로비에서 암스테르담까지 날아가는 동안 그런 일은 일어나지 않았다. 아빠가 잠이 들자 나는 창 밖으로 우리 밑에 펼쳐진 수단 사막을 내려다보다가 흐느끼기 시작한다. 그 광활함과 아름다움도 내게 감동을 주지만 아빠가 없다면 이 대륙을 다시는 보지 못하리라는 것을 알기 때문이기도 하다.

아빠와 단 둘이 여행한 것은 1988년이었다. 그때 아빠는 나를 서울 올림픽 경기에 데려갔다. 우리가 묵었던 호텔의 한 여직원이 당시 열 한 살이었던 나를 무척 귀여워해서 매일 머리도 땋아주고 간식도 챙겨주곤 했다. 그 사람들은 내가 한국말을 못해도 교회에 가지 않아도 개의치 않았다.

나는 사교성이 좋은 기운 찬 십대다. 의사나 변호사가 되라는 얘기도, 어떤 대학에 들어가라는 얘기도, 누구와 데이트를 하면 되고 누구와 데이트를 하면 안 된다는 얘기도 없지만 대신 아빠는 언론에 대한 나의 관심을 북돋워준다. 아빠는 내게 글쓰기에 관한 책뿐만 아니라 『더는 키스할 개구리가 없다 : 젊은 여성이 경제력을 갖추는 99가지 방법*No More Frogs to Kiss : 99 Ways to Give Economic Power to Girls*』 같은 제목의 책들도 건넨다.

아빠는 여동생과 나에게 2차 세계대전 전후로 일본 제국주의 군대가 여성들을 성 노예로 강제로 동원한 이야기와 한국 여자들은 남편이 식사를 시작한 후에야 비로소 숟가락을 들었다는 이야기를 들려준다. 이등 시민으로서 여성들이 받는 처우에 아빠는 매우 분개한다.

어린 시절 아빠와 나는 주로 스포츠를 통해 하나가 된다. 아빠는 내게 농구를 가르쳐주고, 나는 아홉 살에 온통 남자 애들뿐인 팀에 들어간다. 그 시절 오렌지카운티에는 여학생 리그가 없기 때문이다. 일요일마다 아빠는 볼링장이나 여러 가지 게임을 할 수 있는 동네 아케이드에 데려간다. 부모님은 고등학교 1학년 때 내가 남학생들만 득시글거리는 수구 팀에 들어가 활동한다고 해도 개의치 않으며, 해도 뜨기 전에 일어나 연습하러 가는데도 뭐라고 하는 법이 거의 없고, 아빠는 별 일 없을 땐 차로 나를 데려주기까지 한다.

아빠는 본인이 설립한 국제적인 프로모션을 운영하느라 바쁘지만 여름철 오후 3시면 모든 일을 내려놓고 나의 경기를 보러 온다. 남부 캘리포니아는 비교적 자유로운 곳이고, 아빠는 장난감 만드는 사업을 하고 있지만 매일 정장을 입고 다닌다. 아빠가 풀장 데크에 모습을 드러낼 때 보면 사람 좋아 보이고 서글서글한 인상이지만 우리 팀 남학생들은 아빠가 무섭다고 말한다.

출발대에서 옥외 관람석으로 시선을 돌리자 아빠가 내 동작을 빠짐없이 비디오로 촬영하는 모습이 보이면서 아빠가 몇 년째 입버릇처럼 하는 이야기가 생각난다. 아빠는 아시아 전역의 미국 고등학교를 대표해 극동 지역 초청 농구 토너먼트에 참가하고 있었다. 아빠와 아빠 형제 세 명 모두 농구를 했지만 미국 부모들과 달리 아빠의 부모님은 단 한 번도 경기를 보러 온 적이 없었다. 그날 관중석에서 어머니를 본 순간 아빠는 막 공을 훔쳐 사이드라인 아래로 질주하고 있었다. 아빠는 갑자기 나타난 어머니의 존재에 너무 놀란 나머지 공을 놓쳤고, 아빠 팀을 응원하는 군중은 집단으로 신음소리를 내뱉었다.

부모님의 방문 이후 아빠는 내가 다니는 대학에서 또다시 화제의 주인공으로 떠오른다. "너희 아빠는 그렇게 늘 작별 키스를 하시니?" 한국인 반 친구 하나가 묻는다. "나는 한국 아빠가 사랑한다고 말하는 걸 들어본 적이 없어." 또 한 명이 부러운 듯 말한다. 나는 어깨만 들썩 올렸다 내린다. 우리 가족을 사람들에게 설명하는 데 점점 지치기 시작한다.

대학 졸업 후 로스앤젤레스로 옮기고 나의 사람들인 혼혈 한국인들을 만나기 시작하지만 다들 한국인 어머니와 백인 아버지를 두고 있다. 그 친구들은 나는 모르는 한국에 관한 것들을 많이 알고 있다. 그 친구들은 한국 식당에서 더없이 편안해하고 해마다 서울과 부산의 가족을 만나러 간다.

어떤 학술회의에서 한국인 여성이 내가 '나의 문화를 잃어버려' 안타깝다고 말한다. 또 한 명이 묻는다. "한국말을 한 마디도 못한다는 것에 대해 어떻게 생각하세요?" 그렇게 말하는 여자의 얼굴이 혼란으로 일그러진다. 그 여자의 판단이 차가운 물보라처럼 나를 덮쳐오는 듯한 기분이 든다. 또 한 명이 내가 기본적으로 불가지론자라는 걸 알면서도 자기네 성경 공부반에 나오라고 청한다. 사람들은 유대인에 대해 별별 생각을 가지고 있지만 적어도 개종시키려고 돌아다니지는 않는다.

대학을 끝으로 나는 더는 일기를 꼬박꼬박 쓰지 않게 된다. 주변에 아시아계 미국인들의 유형도 너무 많고 앞으로 뭘 할까 생각하느라 나는 약간의 정체성 위기를 겪기 시작한다. 2학년이 되면서 나는 더 많은 의문을 품는다.

"한국에서 기독교인으로 다시 태어나야 하나?"

"내가 동양 여자인 척 행동하는 백인이라 해도 세상이 그렇게 인식하면 나는 동양인 아닌가?"

"나 같은 사람에게 인종 간 데이트란 무엇일까? 예를 들어 내가 영국 남자와 사귄다면 조는 뭐라고 말할까?"

"나의 동양인 친구들은 어째서 나의 아빠를 그렇게 높이 사는 걸까?"

"스스로 한국인이 아니라고 말하는 사람은 왜 그런 걸까? 무엇을 얻으려고?"

"동양 남자들은 어째서 나랑 사귀길 꺼릴까?"

"어떤 사람이 한국인일까?"

20년이 지난 지금 몇 가지는 답을 찾았다. 하지만 결론은 이렇다.

나는 다른 한국 아이들과 다르며 아빠도 다른 한국 아빠들과 다르다. 그리고 우리 둘 다 잘 지내고 있다.

빅토리아 남궁 Victoria Namkung은 1977년 캘리포니아 뉴포트비치에서 아일랜드계 유대인 어머니와 한국인 아버지 사이에서 태어났다. 「뉴욕 타임스」, 「로스앤젤레스 타임스」, 「유에스에이 투데이」, 「바이스*VICE*」 등에 기사를 게재해오고 있다. 빅토리아는 소설 『우리가 스스로에게 말하는 것들*The Things We Tell Ourselves*』, 『이 폭력적인 기쁨들*These Violent Delights*』의 저자이기도 하다.

OG

알렉산더 지

1998년 7월 약 두 주째 지속된 우리의 첫 번째 데이트 기간 중 어느 날이었다. 우리는 뉴욕의 웨스트빌리지에서 만나 저녁을 함께 먹었다.

"여기 오느라 웨스트 11번가로 걸어왔어. 거기 사는 거, 우리 능력에 부친다고 생각해?" 그가 말했다.

심장이 콩닥콩닥 뛰었다. 나는 단도직입적으로 말했다. "우리 능력에 부치긴. 우리 운명인걸." 그는 이 말을 수긍하는 듯했다.

웨스트 11번가에서 사는 것은 나의 오랜 꿈이었고, 나를 사로잡은 그 힘은 한때 거기 살았던 작가 그레이스 페일리에게서 비롯됐다. 벽돌 건물들은 낮았고, 그래서 아름다운 빛이 있었다. 5번가에서 허드슨 하이웨이까지 책과 예술로 빼곡히 들어찬 이곳의 방들은 지나갈 때마다 내 혼을 쏙 빼놓았다. 내가 무척이나 좋아하는 작가 하나가 영광스럽게도 자기 이야기에 나오는 등장인물 한 명에게 내 이름을 붙이고 웨스트 11번가에 살게 했다. 그때만큼 이 꿈에 가까이 다가갔던 적도 없는 듯했다. 그런데 K가 이렇게 말했을 때 그 거리는 훨씬 더 가까워진 것 같았다.

생각해보면 그에 대한 생각이 심장을 관통하는 낚싯바늘처럼 나를 꿰찌른 것은 이때였지만 실은 많은 일이 있었다. 그는 말하자면 내가 무엇을 꿈꾸는지 알아맞히는 재주가 있는 위험한 미남이었다.

K는 뉴욕 지역의 유명 대학교에서 일어일문학을 가르치는 젊은 교수였다. 하늘빛 눈망울에 키가 훤칠한 백인 미남으로 활짝활짝 잘 웃었다. 그때 짐작했어야 했다. 그를 보고 있으면 대학 때 친구 한 명이 생각났다. 그 친구는 중국어와 한국어를 공부하면서 서예를 연습했고 태권도를 익히면서 거의 한국 여자하고만 교제했다. J라는 그 친구는 언젠가 내게 이런 말을 했다. “나도 반쪽 한국인이야. 여기 이 안이 말이지.” 정확히 딱 한 번 같이 만났을 뿐인데도 그 일을 영원히 기억하면서 그 뒤로 만나는 사람마다 십 년을 줄기차게 자기와 비교하게 만드는 친구.

K도 눈 색깔이 그 친구와 같았고, 그 친구처럼 반짝반짝 빛났다. 반면 키는 6피트 4인치로 내 친구보다 6인치가량 컸다. 어쨌든 둘이 함께 있으면 형제로 보기 십상일 듯했다.

예를 들어 J는 나의 성이 중국에도 있으며, 어떻게 쓰는지 알려준 사람이기도 했다. 그런데 K도 사귀기 시작하고 얼마 지나지 않아 내 아파트에 와서는 내가 그때 막 할아버지에게서 받은 책들, 그러니까 우리 집안의 족보에 대해 내게 이야기했다. 나는 마흔두 살로 집안의 장손이며, 한국 전통에 따라 족보를 물려받게 되어 있다. 족보는 한자로 쓰여 있어서 나는 해독이 불가능했지만 그는 술술 잘만 읽어 내려갔다. 그런 식으로 그는 내가 받은 가정교육에 대해 시시때때로 무안한 생각이 들게 했다. 자라면서 나의 아버지는 내가 한국말을 배우지 못하게 막았다. 나는 그 사실을 백인 어머니를 통해 알게 됐다. 내가 태어나고 3년 동안 거기 사는 내내 그랬다. “할아버지가 무슨 말을 하는

지 못 알아들으면 그 말에 따르지 않는다고 뭐라고 할 사람도 없겠지."
아버지가 이렇게 말씀하시던 게 기억난다. 아버지가 나를 이런 식으로 키운 게 이해가 될 만도 했다. 그 나라 사람들과 그 나라를 사랑하는데도 아버지는 결국 한국을 등졌다. 아버지라는 사람들이 누구와 결혼해야 하고 어떤 직장에서 일해야 하는지까지 시시콜콜 간섭받는 게 싫었기 때문이다. 이런 일이 있을 때 만약 내가 한국말을 배웠다면 내 삶이 어떻게 됐을지 궁금해지기 시작한 것은 아버지가 돌아가시고 나서 한참 뒤였다. 나와 내 남동생과 여동생은 언어 장벽 때문에 아버지 가족과 멀어질 수밖에 없었지만 1998년부터 원래 우리를 묶고 있던 끈을 다시 잇기 시작했다. 그 해 여름 나는 가족과 한국에 갔고, 할아버지는 내게 이 책들을 주셨다. 그러나 아무도 내게 가르쳐주지 않은 것들이 여전히 많았다.

내 성을 어떻게 써야 하는지 같은.

이렇게 쓰면 돼, 그날 오후 K가 족보를 앞에 두고 나와 나란히 앉아 시범을 보여주었다. 나는 그가 지켜보면서 바로잡아주는 가운데 연습했다.

가족 중 누가 가르쳐줬어야 하는 일을 그가 알려준 덕분에 너무도 간단히 해치워서 기쁘면서도 한편으로는 머쓱한 느낌이 들었다. 그리고 가족은 내게 한 번도 가르쳐주지 않았다는 씁쓸함은 나 같은 사람에게 끌리는 라이스 퀸(rice queen, 동양인 남자에게 끌리는 동성애자를 가리키는 속어 : 옮긴이)들의 게임에 나를 너무 취약하게 만들었다.

두 번째라 어떻게 하는지 이미 아는 게임인데도 나는 다시 교훈을 얻길 원했다. 그가 가르쳐주길 원했다.

나는 우리 사이가 끝나기 직전에 꾸었던 꿈을 일기장에 적어두었다.

그 내용을 보면 헤어지기 전 이미 직감하고 있었던 듯하다.

1998년 7월 19일

정원 가득 다시 피어난 장미들. 여기서 보니 고양이들이 꽃을 못 피우는 불쌍한 QE [퀸 엘리자베스] 모가지를 부러뜨려놨군. 저주받은 장미여.

K가 스테이크를 미디엄 레어로 주문하고 나는 옆에서 화를 내는 이상한 꿈을 꿨다.

구체적으로 어떤 꿈이었는지 짐작할 수 있는 기록은 일기장 어디에도 없다. 하루는 K의 아파트를 지나다가 그가 일본에서 공부할 때 사귀었던 일본인 미소년과 함께 찍은 사진을 우연히 보게 됐다.

"라이스 퀸이야?" 내가 농담처럼 물었다.

"어." 그가 말했다.

나는 깜짝 놀랐다. 처음엔 거짓말인 줄 알았다. "나 동양 남자 좋아해." 그가 라이스 퀸의 의미를 다시 확인시켜주기라도 하듯 말했다. "그래서 일본에서 살았던 거고, 일본어도 그래서 공부했던 거야."

이제 그가 시험 문제를 내길 기다리고 있는 듯한 기분이 들었다. 다른 한국인들이 내는 시험 문제와 다르지 않을 듯했지만 이번에는 한국계 미국인의 경험 중 가장 진솔한 부분이 문제로 나올 것 같았다. 예를 들면 **당신은 얼마나 한국적인가요, 한국어를 할 줄 아나요, 한국 음식을 먹나요, 한국 명절과 행사는 얼마나 아나요 등등.** 사실 이는 워낙 숫자가 얼마 안 돼 대체로 서로 소식을 알고 사는, 부모가 한국 출신인 극소수의 사람들을 만날 때마다 빼놓지 않고 등장하는 주제이기도 했다. 마치 지금 당장 한국으로 돌아가 어울리면 진정한 한국계 미국인이 될 수 있기라도 한 듯.

나는 이런 식으로 자라지 않았다. 사실 우리 모두 그랬다. 문화 캠프도 없었고 한국 교회도 없었다. 있다면 나를 볼 때마다 매번 처음 보는 사람 대하듯 하는 친척들이 이따금 찾아와 한국 음식 이야기를 하며 함께 밥을 먹은 게 전부였다.

K가 이런 말을 했을 때 나는 이미 그에게 단단히 빠져 있었다. 나는 이미 내가 그가 함께 지내길 원할 만큼 동양적이었으면 하고 바라고 있었다. 하지만 그런 내용은 내 일기장 어디에도 없다. 이런 식으로 느끼는 게 너무 창피해서 일기장에다 쓸 수가 없었기 때문이다.

나는 라이스 퀸이 뭔지도 알고 있었고, 그들은 대체로 나를 좋아하지 않는다는 것도 알고 있었다. 1990년대에 샌프란시스코 카스트로(동성애자 집단 거주지로 유명하다 : 옮긴이)의 'A Different Light'라는 서점에서 일할 때 그들에게 잡지 「*OG*」('Oriental Guy'의 줄임말이다)를 팔던 기억이 난다. 살아남기 위해 십중팔구 잡지 값보다도 싼 가격에 성적인 일도 마다하지 않을 만큼 경제적으로 불안정한 환경에 놓여 있는 나긋나긋한 아시아 미소년을 찾아 필리핀, 베트남, 태국 등지로 떠나는 섹스 여행에 환상을 품고 있는 그 남자들에게.

거꾸로 동양 남자들이 백인 남자를 만나러 오는 샌프란시스코의 게이 바에도 가본 적 있다. 나 같은 반쪽은 그들이 원하는 상대가 아니었다. 정확히 말하면 그들의 눈에 확 들어오지 않는, 그러니까 이상형과 거리가 멀었다.

결국 나는 이쪽 취향의 남자든 저쪽 취향의 남자든 남자와 사귄다는 생각을 포기했다. 특히 동양 남자를 좋아하는 백인 동성애자가 내게 데이트 신청을 할 가능성은 더더욱 없었다. 한번은 클럽에서 백인 남자와 춤을 췄다. 그 남자는 내게 다가와 내 셔츠 앞섶을 풀어헤쳤다. 나의 털북숭이 가슴이 드러나자 그 남자는 충격을 받았는지 작별 인사도 없이 돌아서서 가버렸다. 마치 내가 제품에 대해 거짓말을 하기라도 했다는 듯.

나는 K에게서는 이런 걸 기대한 적이 단 한 번도 없었다.

물론 특정 인종을 대상으로 성적인 상상을 해본 적은 있다. 메인에서의 1학년 때 내가 처음 사귄 친구는 빨간 머리와 푸른 눈에 주근깨가 있는 소년이었다. 학교가 온통 나만 보면 자기들 눈꼬리를 잡아당기며 중국인이냐고 묻고 놀려대는 데 혈안이 돼 있는 듯한 백인 아이들 군단처럼 보이는 와중에 그 애 눈만은 나를 보고 웃어주었다. 대학 때 「Rope That Works」라는 제목의 영화 사본을 들고 내 방에 나타나 상대방을 웃기는 기술을 비롯해 내가 지금 알고 있는 모든 것을 가르쳐준 친구도 빨간 머리였다. 내가 마지막으로 진지하게 사귀었던 친구 역시 빨간 머리였고, 우리 사이의 성적 끌림은 둘의 사랑이 끝난 뒤에도 한참 지속됐을 만큼 강렬했다. 내가 이렇게까지 자세히 밝히는 것은 내가 얼마나 멀리까지 갔는지 얘기하기 위해서다. 하지만 이 경우 내가 사귀었던 남자들을 한 명 한 명 돌아봤을 때 나 말고는 아무런 공통점이 없었다. 나는 그들과 달랐다. 만약 같았다면 상대가 빨간 머리가 아니었대도, 흐릿한 황갈색 머리였어도 나는 흥분했을 것이다.

여태껏 해보지 않았던 질문들이 머릿속을 빠르게 스치고 지나갔다. **이것이 나의 성적 취향이라면 나는 동성애자인가? 이것이 성 선호도가 아니라 인종에 근거하고 있다면 나의 성적 취향은 무엇인가? 더구나 내가 백인이라면?**

"얼마 전 헤어졌어." 드디어 그가 말했다. 나는 아무 말도 하지 않았다. 나는 그 사진에서 눈을 돌렸다. 데이트는 계속됐고, 같이 밤을 보낸 뒤 나는 집으로 왔다. 헤어지면서 우리는 다른 일들에 대해 이야기했다.

그리고 다시는 서로 보지 않았다.

나는 그에게 전화 메시지를 몇 개 남겼지만 그는 아무런 답이 없었다. 나로선 그가 일본인 전 남자 친구와 다시 만나는지 아니면 누구 다른 사람을 만나는지 알 길이 없다. 나는 일기장에 화나고 비통한 심정을 짧게 휘갈겨 썼다. 나는 결국 그를 포기했고, 이사했다.

언젠가 그 대학교에서 그를 찾아봤더니 그는 정교수가 되어 있었다.

지금은 그를 찾으려고 해도 어디에도 그의 흔적이 없다.

알고 보니 꿈 이야기는 그에게 써놓고 부치지 못한 편지 뒷면에 적혀 있었다. 그 내용은 다음과 같았다.

네가 우리 집 족보를 들춰보며 보낸 시간이 내게 어떤 의미였는지 넌 잘 모를 거야. 오후에 할아버지한테 편지를 쓸까 해. 봉투에 그 글자를 쓸 거야. 할머니의 서예 실력을 조금이라도 물려받았길 기도해야지. 내 가족에 대해 알게 해줘서 고마워. 지금까지 내가 가족에 대해 아는 것은 모두 가족들 입을 통해 나온 거였거든. 작년부터 가족과 새로 관계를 맺기 시작하면서 이게 진짜 큰 도움이 됐어, 깜짝 놀랄 만큼.

그리고 이제 이렇게라도 그 편지를 부친다.

저 깊숙한 곳에서 나는 이토록 그를 원하고 있었고 그 또한 그걸 알고 있었다. 돌이켜보면 그는 이렇게 말함으로써 스스로 그 관계에서 벗어나고 있었던 것 같다. 나의 질문과 그의 대답을 끝으로 우리 인연은 더 이상 이어지지 않았다. 그가 아무도 말해주지 않았거나 말할 수 없었던 나에 대한 얘기를 해준 것은 내게는 아직도 가장 기묘한 그 시절의 선물이다. 그 점은 평생 고마워할 것이다. 그가 의도했든 아니든 그가 나를 자신에게서 떼어놓은 것 또한 고마운 일이다. 그것 역시 내게 나에 대해 뭔가를 말해줬으므로.

알렉산더 지 Alexander Chee는 소설 『에든버러*Edinburgh*』와 『밤의 여왕*The Queen of the Night*』, 수필집 『자전적 소설 쓰기 *How to Write an Autobiographical Novel*』의 저자다. 『더 리퍼블릭 *The Republic*』 객원 필진이자 「VOR」 편집진이면서 「뉴욕 타임스 매거진」, 「T 매거진」, 「틴 하우스」, 「베스트 아메리칸 에세이즈 2016」 등 다양한 매체에 수필과 이야기를 기고해왔다. 현재 다트머스 대학에서 영어와 글쓰기를 가르치고 있다.

이 글 〈OG〉는 「라이스 퀸과의 첫 번째(이자 마지막) 데이트」라는 제목으로 2017년 「The Stranger's」 특별판(Queer Issue)에 처음 실렸다.

제6장

우리의 유산

여자아이

익명의 작가

나는 무장한 한국 여인들의 긴 줄에서 나왔지
내 심장과 머리의 어두운 틈새에 갇힌
전쟁과 점령, 죽음과 상실의 그림자
나는 이 그림자들을 보고 느낀다
그리고 몇 세대 전으로부터 들려오는 다정한 목소리 하나가
낮게 속삭인다, "참거라, 참거라."
"빛이 있으니, 아름다움과 기쁨이 있으니."

총알구멍 기억과 박살난 신화들
우리는 그녀에 대해 아는 게 별로 없다
그녀의 이름은 순자
'여자아이'를 뜻하는
일본 점령기의 흔했던 이름
그녀는 나의 할머니
군국주의 일본에 점령당한 한국에서
태어나고 자라 일본어를 사용하며 한국말은 몰래 숨어서만 했던

순자는 2차 세계대전이 끝나고 3년 뒤 '여자아이'를 낳았다
미군 통치 아래서 태어나
'공식적인' 한국 독립일 하루 전
'밝은 신념'이라는 이름을 얻은 그 아이는
나의 엄마
한국의 새로운 언어는 이제 영어
그 힘의 언어가
다시 한국을 점령했지

1950년 한국전쟁
이 새로운 제국주의 놀음에 저당 잡힌 한국
전쟁에 갈기갈기 찢긴 이 해에 순자는 죽었다
초강대국 선수들이 38선에서 가족들을 갈라 놓았다
규칙을 만들지 못했던 가족들을
때로 나는 육체를 떠나는 순간 그녀의 영혼이 두 살배기 딸한테
이렇게 속삭이는 걸 상상하곤 한다
"참거라…… 참거라, 내 딸아, 밝은 신념아."
전쟁, 죽음, 가난
"먹을 것, 잠잘 곳"은 내 어머니의
만트라
그녀는 참을 수밖에 없었다
생존은 게임이었다
미군 병사들이 던져준
달콤한 프루트 껌과 허시 초콜릿의 기억,

그녀는 기지촌에서 자라고 살아남았다
만신창이로 터지고 깨졌지만 어떻게든 뭔가를 믿으며

베트남은
더 많은 미국 군인들을 한국으로 데려왔다
그녀는 힘들고 괴로워하는 미군 병사를 한 명 만났다
술과 마약에 찌들어 심술을 부려대던
부끄러워도 그녀는 숨을 곳이 없었다
그녀의 유일한 탈출구였던 그 남자
그리고 '미국'의 약속
수도꼭지에서 우유가 나오고 다들 잘사는 그 나라

그 약속을 굳게 믿으며 오렌지색 옷가방 하나와 100달러를 들고
서울에서 LA까지
그녀는 날아왔다,
하지만 막상 미국의 인종 차별이라는 참호에 도착하고 보니
우유도, 돈도, 사랑도 없었다
차 안이나 싸구려 모텔에서 지내는 삶은
그녀 또한 잘 아는 다른 것,
참는다는 것을 뜻했다

생존
그녀는 다른 것은 몰라도 그 게임을 하는 법은 알았다
거기서 그녀는 여자아이를 하나 낳고 또 낳았다

나는 9월 13일에 둘째로 태어났다.
그녀는 나를 '복덩이'라고 불렀다
아무도 반기지 않았지만 우리는 살아남았다
GI의 그늘에서 살아남는 법밖에는
아무것도 알지 못했던 어머니와 함께
"적어도 먹을 것과 잠잘 곳은 있잖니"
내가 뭔가 더 큰 꿈을 꿀 때마다 침묵을 깨고 나오는 어머니의 말
"내 이름이 무슨 뜻이에요?" 내가 물었다
"나도 모른다, 그냥 예쁘게 들려서 그렇게 지었을 뿐,"
그때마다 일종의 선물처럼 들려오던 어머니의 대답
슬픔에 젖어 할머니 당신의 목소리를 떠올려봅니다
"참거라…… 참거라, 내 손녀 미와 지혜야, 반드시 더 있을 게다."
2006년, '테러와의 전쟁'에 들어간 지 5년째
대부분의 백인 미국인들은 거의 느끼지도 알지도 못하는 전쟁
계속해서 아이들은 무턱대고 외워선 이렇게 말한다
"성조기 앞에 충성을 맹세합니다"
너무도 많은 대가를 치르는 맹목적 신념
너희가 태어났다, 용감한 희망과 기쁨을 주는 용이

너희는 사랑과 전쟁 밑에서 태어났다
너희는 바다 건너 대륙 건너
너희 것이기도 하고 아니기도 한 전쟁의 시기 한복판에서
숙명처럼 참고 살았던 여인 삼대의 피를 물려받고 태어났다
너희도 때로는

참아야 한단다
그리고 큰 소리로 말하고 행동하며
생각하고 질문을 던져야 한단다
사람들이 주는 것만 먹어선 안 된단다
그저 살아남기만 해선 안 된단다
우리의 이야기를 기억하거라, 내 딸아
꿈을 잃지 말거라
"빛이 있고, 아름다움과 기쁨이 있으니."

최면 중에 드러난 진실

체리사 김

여섯 살 때 내게는 언젠가 꼭 해보고 싶은 일이 두 가지 있었다. 아이를 낳는 것과 소설을 출간하는 것이었다. 자라면서 책을 쓰고 그 책을 세상에 내놓는 것이 그렇게 간단한 일이 아니라는 걸 깨달았다. 그러려면 공부도 해야 하고, 노력도 많이 해야 하고, 타이밍도 맞아야 하고, 아버지가 말하는 '아일랜드 사람들의 운'과 엄마의 마법도 약간 있어야 할 듯했다. 그렇다면 임신하고, 달이 찰 때까지 아기를 배속에 품고 다니고, 출산하는 것은? 이 경우에는 놀랍지만 거의 누구나 다 하는 일이기도 했다. 매일 수십만 명의 여성이 아이를 낳았다. 그렇다면 쉬운 일일 터.

내가 태어날 때 이야기를 간단히 줄이면 이렇다.

엄마는 첫 번째 산통을 느끼며 친구 집까지 1마일을 걸어가 맥주를 마신 뒤 집으로 향했다. 6월의 태양이 엄마의 팔을 따갑게 태웠고 습기가 축축한 스웨터처럼 엄마의 피부에 달라붙었다. 흰색 농부복 차림의 노동자들이 하루 일과를 마치고 밭에서 줄지어 나오고 있었다. 집에 돌아오자 할머니가 엄마를 반겼다. 할머니는 딸의 산바라지를 해주려고 목포에서 의정부까지 아주 먼거리를 버스를 타고 딸네 집에 와 있었다. 아이를 열한 명이나 낳았던 할머니는 다재다능한 여성으로 농부이자 요리사이면서 조산사이자 무당이기도 했다. 엄마는 내가 나올 때까지 하루에 몇 시간씩 일했다. 할머니는 바닥에 깔아놓은 요 위에서 나를 받은 뒤 엄마에게 한국에서 모유를 잘 나오게 한다고 알려진 신비의 음식 미역국을 열심히 퍼 날랐다. 분유가 없던 시절과 장소에서 모유는 아기의 유일한 생명줄이었다.

여자들이 임신과 출산과 관련해 종종 자기 어머니의 전철을 밟는다는 얘기를 들은 적이 있었다. 남편과 아기를 갖기로 작심하고 첫 시도 끝에 바로 임신했을 때 나는 깜짝 놀랐다. 빛에 끌리는 나방처럼 나의 기쁨은 내 안에서 모습을 갖춰나가는 그 작은 인간을 중심으로 팔락거렸다. 임신 8개월이 지나고 배가 칼로 쑤시듯이 아파오면서 나는 뭔가가 잘못됐다는 사실에 직면할 수밖에 없었다. 병원에 갔더니 의사가 유산됐다고 말했다. 그러면서 의사는 흔한 일이니 특별히 걱정할 필요는 없다고, 곧 다시 시도해도 괜찮다고 말했다.

"미국 의사들 말은 듣지 마라. 그 사람들은 여자들이 너무 빨리 일하기를 바란단 말이지. 일단 네 몸부터 추슬러야지." 엄마는 최소한 6개월은 기다려야 한다며 이렇게 말했다. 나는 달리는 차 창 밖으로 쓰레기를 집어던지듯 엄마의 충고를 내던진 채 듣지 않았다. 엄마가 스탠퍼드 출신의 산부인과 전문의보다 더 많이 알 리 없었기 때문이다. 나는 엄마의 지혜를 원치 않았다. 나는 다시 임신하고 싶었다. 나의 텅 빈 자궁을 또다시 행복으로 가득 채울 수 있는 것은 오로지 새 생명밖에 없었다.

두 달 뒤 가정용 임신 진단 시약에 분홍색 줄 두 개가 선명하게 찍혔을 때 나는 뛸 듯이 기뻤다. 하지만 이번에도 나의 기쁨은 임신 8주 만에 슬픔으로 바뀌고 말았다. 2년이라는 기간 동안 5번을 더 임신했지만 그때마다 3개월을 넘기지 못하고 유산하자 나의 희망은 상심으로 바뀌었다.

그러다 마침내 콩알만 한 존재 하나가 10주까지 무사히 버텨냈다. 처음 유산을 경험한 뒤로 나는 나 자신을 보호하는 방법의 일환으로 내 안에서 자라고 있는 사람을 그저 태아라고만 불렀다. 이번 태아는 그 어느 때보다 오래가자 그제야 나는 '내 아기'라고 부르기 시작했다. 14주째에 접어들자 쿵쿵거리는 내 아기의 심장 박동 소리가 영상 촬영기의 획획 하는 소리에 섞여 들렸다. 흐릿한 흑백 모니터 위에서 레몬 크기만 한 내 아기가 이리저리 움직이고 있었다.

서른다섯이라는 적지 않은 나이를 감안할 때 나의 임신은 위험 부담이 높은 축에 들어갔다. 주치의는 아기 건강 상태가 양호한지 확인할 필요가 있으니 임신 17주째가 되면 유전자 검사를 받아보라고 권했다. 소노마 카운티에서 샌프란시스코 캘리포니아 대학교의 태아 검사장까지 운전하면서 나는 첫 태동을 느꼈다.

남편과 나는 태아 병원 관계자가 묻는 말에 명랑하게 대답했다. "근친혼에서 비롯되는 유전적인 돌연변이가 몇 가지 있는데, 혹시 두 분 중 그럴 가능성은 없습니까?" 그 질문에 나의 1세대 노르웨이인 남편이 대답했다. "저의 먼 바이킹 친척이 아내의 조상들이 살던 마을을 습격했다면 그럴 수도 있겠지요." 내 아버지의 가족은 아일랜드와 스코틀랜드에서 이민 왔고, 엄마는 한국 출신이라 우리의 DNA가 교차할 가능성은 거의 없었다.

다음에 들른 곳은 초음파와 양수검사를 하는 데였다. 나는 병원 가운으로 갈아입고 검사대에 누웠다. 초음파 기술자가 내 배에 뜨듯미지근한 젤을 펴 바른 뒤 내 자궁에 탐침을 집어넣는 동안 남편이 내 손을 잡아주었다. 스크린 위로 우리 아기의 모습이 보였다. 나는 피터의 손을 꽉 쥐며 미소 지었다. "곧 돌아올게요." 기술자가 탐침을 내려놓더니 황급히 방을 나서며 말했다. 여전히 등을 대고 누운 채로 눈물이 내 얼굴 양옆을 타고 또르르 흘러내렸다. 뭔가 잘못된 게 분명했다. 몇 시간처럼 느껴졌던 몇 분이 지나고 초음파 의대를 갓 졸업한 듯 보이는 의사와 함께 돌아왔다.

"유감입니다." 의사가 누가 들어도 동정심이 뚝뚝 묻어나는 목소리로 말했다. "심장 박동이 없습니다. 태아가 움직이지 않습니다." "태아가 아니에요. 내 아기예요." 나는 의사에게 이렇게 말했다.

슬픔이 나를 온통 집어삼켰다. 매일 밤 나의 조용한 흐느낌은 한국 장례식장에서나 들을 법한 통곡으로 바뀌었다. 나는 휴직계를 내고 하루 종일 침대에 누워 스톨리(러시아산 보드카 브랜드 : 옮긴이) 병과 타이레놀 상자를 끼고 살았다. 물론 그 둘을 한꺼번에 많이 복용하면 위험하다는 것을 알고 있었다. 저녁 때 피터가 일을 끝내고 집에 오기 전에 샤워를 해 찐득한 땀 냄새를 씻어 냈다.

하루는 절친한 친구 하나가 집에 들렀다. 그 친구는 아이가 너무 많아 고전하고 있었다. 몇 주째 벨 소리를 무시하고 있었지만 그날은 문을 열고 친구를 안으로 들였다. 나는 친구에게 내 기분이 어떤지 털어놓았다. 그 친구도 비슷한 경험이 있어서 그런지 내 마음을 잘 이해해주었다. 친구는 유산했을 때 상실감을 극복하고 빨리 털고 일어나 무사히 아이를 낳을 수 있게 해준, 그리하여 자신의 세상을 세 아들의 사랑으로 온통 채울 수 있게 해준 최면치료사 이야기를 들려주며 나더러 한번 찾아가보라고 권했다.

그 치료사는 최면치료와 자연 치유를 병행했다. 그 여자는 나를 주로 침과 약초로 치료하는 침술사에게 보내는가 하면, 마사지를 받게 했으며, 비전 보드를 만들게 했다. "웃기는 여자야." 남편이 말했다. 하지만 나는 필사적이었다. 첫 치료 기간 중 하루는 그 치료사 사무실 안락의자에 앉아 뒤로 비스듬히 기대 누웠다. 그 여자가 라벤더를 채운 자루를 내 눈 위에 올려놓고 최면을 걸어 나를 의식의 바뀐 상태로 이끌었다. 스쿠버 다이빙을 할 때처럼 사방이 조용한 가운데 몸이 둥실 떠오르는 느낌, 명상에 잠겨 무아지경에 들어갔을 때 같은 기분이 들었다. 그 여자 목소리가 나를 새로운 어딘가로, 한 번도 가본 적이 없는 곳으로 나를 데려갔다.

"언제부터 어머니를 보호해야겠다는 생각이 들기 시작했나요?" 최면치료사가 물었다. 이 무렵 그 여자는 온통 백인뿐인 지역사회에서 혼혈 한국인으로 살아가야 했던 어려움을 비롯해 내 삶에 대해 많이 알고 있었다. 나는 그 여자에게 엄마에 대해서도 얘기했었다. 엄마는 의지가 강하고 유능한 여성이었지만 나는 왠지 늘 엄마를 보호해줘야 할 것 같았다. 그런 생각은 아마도 내가 네 살 때 은행원 둘이 엄마가 영어를 읽을 수 없어 서류를 제대로 작성하지 못하는 모습을 보고 웃으며 엄마를 모욕했을 때부터 시작됐던 듯하다. 나는 엄마가 두 번 다시는 그런 고초를 겪지 않도록 이른 나이에 읽기를 배웠다.

"자궁 안에 있어요, 5개월째 자궁 안에. 엄마가 우는 소리가 들려요. 엄마가 온 몸이 들썩이도록 아주 많이 울고 있어요. 엄마는 정말로, 정말로 슬퍼해요. 왜 슬퍼하는지 이유를 모르겠어요. 엄마를 돕고 싶어요. 엄마가 더는 슬퍼하지 않게 해드리고 싶어요." 내가 말했다.

최면에서 돌아왔을 때 내 얼굴은 흥건히 젖은 채 온통 눈물 자국으로 얼룩져 있었다.

"부모님은 서로 어떻게 만나셨나요?" 최면치료사가 물었다.

"엄마 말이 의정부 미군 기지의 한 스낵바에서 일하고 있었는데, 아버지가 뭘 좀 먹으러 들렀다가 엄마한테 데이트 신청을 했대요. 그 뒤로 서로 사랑에 빠져 결혼했대요. 그게 내가 알고 있는 전부예요."

"뭔가 더 있을 거예요. 혹시 환자 분을 임신한 지 5개월째 그 분 인생에서 무슨 일이 일어나고 있었는지 어머니한테 여쭤볼 의향이 있으세요?" 최면치료사가 말했다.

"그럼요. 왜 없겠어요?" 내가 말했다.

그날 나는 그곳을 나와 곧바로 부모님 집으로 갔다. 엄마는 집에서 혼자 저녁을 준비하고 있었다.

"울었구나. 무슨 일 있니?" 엄마가 평상시처럼 동정심이라곤 없이 단도직입적으로 물었다. 그러고 나서 엄마는 다시 야채를 썰기 시작했다. 엄마에게 나의 최면 치료에 대해 이야기했다. 엄마는 놀란 눈으로 나를 올려다봤다.

"네가 정말 내 배속에서 5개월째 그런 기분을 느꼈단 말이냐?" 엄마의 말에 나는 고개를 끄덕였다.

"아이고! 어쩜 너는 우리 어머니하고 똑같니 그래? 무당이 따로 없구나. 그때 내가 슬펐다는 거 말고 또 뭘 알겠든? 이제 와서 말인데 사실 너한테 하지 못한 얘기가 있단다. 네 아빠는 좋은 남자고 네가 혹여 아빠에 대해 나쁘게 생각할까 봐 말을 못했지 뭐냐."

그러고 나서 엄마는 결혼 전 임신했을 때의 이야기를 들려주었다. 엄마한테 아기를 가졌다는 말을 듣고 아버지는 나를 책임지겠다고 말했단다. 그런데 매달 돈을 보내긴 하겠지만 당시 스물한 살이라 결혼해서 가정을 꾸리기에 자기는 너무 어리다고 말했다는 것이었다. 임신 5개월째에 엄마가 부대 정문에 갔더니 군인을 가득 실은 초록색 트럭이 인천 공항으로 출발하고 있었다. 아버지도 동료들 사이에 끼어 트럭 뒤칸에 앉아 있었다. 엄마가 한 손으로는 나를 품어 볼록 나온 배를 잡고 또 한 손은 잘 가라고 미친 듯이 흔들자 아버지도 진지하게 작별 인사를 건넸다.

"하지만 그렇게 오래 슬퍼하지는 않았다. 그래서 5개월째 네가 이 일을 기억하는 이유를 난 모르겠구나. 네 아버지는 우리를 보러 다시 돌아왔다. 그러니까 우리가 지금 미국에 살고 있는 거고. 넌 착한 신랑에 좋은 집과 남들 다 부러워하는 직업을 가지고 있잖니. 과거 일은 그만 생각해라." 엄마가 말했다.

그 짧은 대화에서 엄마는 아주 많은 말을 했지만 또 너무 간단하게 말하기도 했다. 내가 모든 일을 알게 된 것은 아버지가 돌아가시고 십 년이 지나서였다. 엄마가 어떻게 해서 돈을 받고 아버지의 애인이 됐는지. 아버지가 어떻게 해서 엄마와 사랑에 빠졌고, 그리고 떠났다가 내가 4개월 때 다시 돌아오게 됐는지. 떠나 있는 동안 아버지는 편지와 돈을 보냈지만 우체국 직원이 돈을 가로채고 편지는 버리는 바람에 엄마는 아무것도 모른 채 아버지가 우리를 버렸다고 생각했다. 엄마는 나를 계속 키워야 할지 어떨지 알지 못했다. 엄마는 매일 밖으로 나돌며 가슴앓이를 했다.

체리사 김의 돌잔치

아버지는 우리를 되찾기 위해 다시 입대해 베트남에서 복무해야 했다. 군대는 미국 군인들이 외국 여자를 고국으로 데려오는 것을 탐탁지 않게 여겼지만 아버지는 자기 신부를 집으로 데려왔고 나는 자연스레 미국 시민이 됐다. 아버지는 우리를 홀로 두지 않으려고 자기 목숨을 걸었다. 나는 이제 두 분 다 「미스 사이공」이라는 연극을 좋아하지 않았던 이유를 이해한다. 여흥으로 즐기기에는 자신들 이야기와 너무 비슷했기 때문이다.

최면 중에 드러난 진실로 인해 엄마는 결국 그 오랜 세월 자기 안에 꽁꽁 싸매뒀던 비밀과 수치의 실타래를 풀어헤쳤다. 그런 굴욕감을 붙잡고 있었으니 의사도 원인을 알 수 없다는 병을 그렇게나 많이 앓고 있는 게 아닌가 싶다.

최면 치료를 받기 시작하고 나서 6개월 뒤 나는 다시 임신했고 아기와 더불어 서서히 살이 붙었다. 이번에는 산달을 꽉 채웠다. 내가 아기를 품고 있다는 게 그저 기뻤다. 얼마나 원하고 바라던 일이었던가. 이제 와서 생각하니 엄마가 되려고 떠난 나의 여행은 쉬운 여행이 아니었다. 내 세포 하나하나마다 트라우마를 함께 짊어지고 있었기 때문이다.

상실의 경험은 내 안의 감춰진 슬픔을 탐색하고 내려 놓게 해주었다. 어쩌면 그 경험은 내가 나의 무당 조상들의 능력에 다가갈 수 있도록 다리를 놓았는지도 모른다. 나는 내가 잃어버린 그 모든 아기들이 열쇠를 쥐고 있지 않을까 하는 생각을 종종 한다. 나와 함께 있던 그 짧은 시간 동안 아기들은 잠긴 문을 열어 내가 아기들이 없었다면 영원히 알지 못했을 내 삶의 영역을 구석구석 탐험할 수 있게 해주었다. 고통과 기쁨을 지나 나는 그 어느 때보다 많이 성장했고 앞으로도 계속 삶의 교훈을 배워나갈 것이다.

체리사 김Cerrissa Kim은 대한민국 경기도 의정부에서 한국인 어머니와 미군 아버지 사이에서 태어났다. Squaw Valley Community of Writers 졸업생이자 Women's Fiction Writers Association 회원이다. 이 글은 그녀의 첫 번째 소설에 수록됐던 글을 손본 것이다. 체리사는 소노마 카운티에서 노르웨이 출신의 남편과 두 아들, 그리고 구조한 동물들과 함께 살고 있다. 현재 엄마에게 김치 만드는 법을 배우고 있는데, 이 밖에 무당 조상들의 비밀과 한국 요리에 대해서도 전수받고 있다.

섞였지만 온전한

미셸 허시

사람들이 어디 출신이냐고 물을 때마다 나는 속으로 잠시 짜증을 부린다. 그러고 나면 누가 또 물어봐도 아무렇지 않다. 사람들은 상대방을 이해하려고, 상대방을 자신들이 아는 범주에 집어 넣으려고 그런다는 걸 아니까, 나도 다른 사람들한테 똑같이 구니까. 하지만 짧은 대답을 기대하고 던지는 질문엔 짜증이 난다. 내가 어디 출신인지 정확히 설명하려면 시간이 꽤 걸리는데. 나 혼자 생각해도 며칠이 걸리는 질문인데. 내 대답이 상대방에게는 어떤 의미가 될까, 나아가 내가 '어디서 왔는지'를 두고 내가 하는 이야기는 나한테 어떤 의미를 지닐까?

내 이름은 미셸이다. 나는 1/4은 한국인, 1/4은 일본인이고, 반은 백인이다. 나는 한국의 어느 미군 기지에서 미군 병사와 반은 한국인이고 반은 일본인인 어머니 사이에서 태어났다. 그리고 하와이에서 자랐고, 뉴욕으로 이주했다. 이것은 나의 짧은 대답이다.

좀 더 긴 대답은 할머니와 함께 살던 일본 어딘가에서 시작된다. 의지가 강한 제주 처녀였던 할머니는 부모님의 결정으로 일본에서 공부하고 있던 오빠들 뒷바라지하러 일본으로 건너갔다. 당시 한국 양반 사회에서는 그런 경우가 많았다. 그 뒤 할머니는 어찌어찌 일본 남자를 만나 가족의 반대를 무릅쓰고 그 남자와 결혼했다. 이게 공식적인 이야기이자, 어머니가 할머니와 첫 번째이자 유일한 그 남편에 대해 들려준 이야기의 전부다. 이것 말고 나는 아는 게 없다. 그 둘이 어떻게 만났으며, 결혼 전 연애는 얼마나 했고, 결혼 생활은 어땠는지 나는 전혀 모른다. 어머니가 말하기 싫어하니까. 창피해서 그러는지, 아는 게 없어서 그러는지 나로선 알 수가 없다.

어머니는 1956년 도쿄에서 태어났다. 한국전쟁이 끝나고 3년 뒤, 일제 강점기가 끝나고는 10여 년이 지났을 때였다. 그 정도 시간으로는 잔인했던 그 세월이 한국에 남겨 놓은 어려움과 원한을 모두 씻어내기에 턱없이 모자랐다. 어머니는 내게 어린 시절 도쿄에서 자라면서 가족을 만나러 나의 할머니와 함께 일본과 한국을 자주 오갔다고 말했다. 할머니 가족들은 일본 남자와 결혼한 할머니를 무척 창피하게 여겼던 모양이다. 실제로 너무너무 창피해서 할머니 가족들은 나의 어머니가 여덟 살 때 할머니를 기어이 일본인 남편과 떼어 놓고 딸과 함께 한국으로 돌아가게 만들고야 말았다.

나는 증조부모님에게 여자 혼자 몸으로 아이를 데리고 강제로 한국으로 돌아가야 했던 할머니나 졸지에 집과 아버지를 잃은 채 이제 일본말도 사용 못하게 금지당하고 가족 외의 사람에게는 무조건 자신의 몸에 흐르는 혼혈의 유산을 숨겨야 했던 내 어머니의 심정을 생각해본 적이 있느냐고 수없이 물었다. 내가 자라면서 함께 자라난 의문들이 너무 많았다. 어머니는 일본에 있는 아버지와 친가 쪽 식구들이 안 보고 싶었을까? 할머니는 일본에서의 삶을 억지로 포기해야 했던 현실을 어떻게 감당했을까? 조부모는 어머니가 일본 생활을 접고 한국에서 다시 살아남으리라는 것을 어떻게 예상했을까? 할머니한테는 이런 질문을 할 수가 없었고, 어머니는 이런 얘기들을 입에 올리는 것 자체를 싫어한다.

짊어진 삶의 무게에도 불구하고 할머니는 여수라는 항구 도시에서 자신과 나의 어머니를 먹여 살리기 위해 악착같이 삶을 꾸려나갔다. 할머니는 조그만 수출입 회사를 경영하면서 평생 독신으로 지낸 여동생을 데려다 거뒀으며, 여생을 보낼 집과 땅을 사주면서 언니오빠들과 부모님까지 부양했다. 할머니는 그 지역 어느 부유한 사업가 집에 '둘째 부인'으로 들어갔다. 법적으로는 인정되지 않는 관행이었지만 한국 사회에서 그런 식으로 둘째 부인을 거느리려면 아주 돈이 많아야 했다. 할머니는 내 어머니 밑으로 아들 둘을 더 낳았는데, 아무래도 어머니와 아버지가 같았던 듯하다.

이 마지막 비밀은 내가 십대에 들어와서야 알게 됐는데, 어머니에게는 아직도 혼자만 아는 비밀이 더 있는 것 같다. 더러 기분이 누그러질 때면 어머니는 한국의 삼촌들과 다른 친척들 소식을 우연히 듣곤 했던 이야기하며, 어찌나 '건방지고' 버릇이 없었던지 일본에서 자라 그렇다는 비난을 들었던 이야기, 더 도와주지 않는다고 외가 식구들이 자기 어머니를 나무라던 이야기하는 등 자기 어린 시절 얘기를 들려준다. 어머니는 내게 다른 얘기는 별로 하지 않으시지만 이런 얘기들을 들려줄 때면 눈빛이 아득해지면서 목소리는 억눌린 분노로 가득 차오른다. 그러다가 어머니는 곧 평소의 조용하고 내성적인 태도로 돌아가 자기 어머니의 처지를 모르지 않았지만 자기 안에 흐르는 일본인 피라든지 자신의 아버지에 대한 이야기를 함께 나눌 수 있는 분위기가 아니었다고 말한다. 그래도 어머니는 울지도, 슬퍼하지도 않았다. 그저 받아들였을 뿐이다.

어머니는 혼혈인이라는 사실을 무척 수치스럽게 여겼다. 어머니는 늘 뚱한 표정에 말이 거의 없는데, 나는 그 이유가 이런 배경 때문이라고 굳게 믿는다. 어머니는 자기가 누군지를 잊고 살았어야 했다. 어머니는 관심이 자신에게 쏠리는 것을 싫어했고, 사람들하고도 많이 교류하지 않았다. 어머니는 스스로를 자기 또래의 다른 여자아이들과는 다르다고 생각했고, 숨겨야 할 가족의 비밀이 너무 많다 보니 또래들보다 더 성숙하고, 더 영악하고, 더 똑똑하게 굴어야 했다. 어머니는 한국 사람들 틈에서 '다른 존재' 같다는 느낌을 받았다.

어머니는 뒤를 돌아보는 일도 거의 없고 자라온 이야기도 그다지 많이 하는 편이 아니다. 내가 과거에 대해 이것저것 물어볼 때면 싫어하는 기색이 역력하다. 때로 내가 너무 많은 질문을 하면 어머니는 입을 다물어버린다. 영원히 대답을 듣지 못할 듯한 질문들이 내게는 너무 많다. 그저 어머니에게 과거가 얼마나 고통스러웠을지, 내 할머니의 삶을 곁에서 지켜보기가 얼마나 힘들었을지, 그런 답답한 환경 속에서 고개를 꼿꼿이 세우고 살아가기가 얼마나 고됐을지 겨우 짐작만 할 뿐이다.

그런데 역사는 반복되기 마련이라…….

할머니처럼 어머니도 의지가 강한 여성으로 자라났고, 한국에서 느끼는 소외감에서 벗어나기 위해 할머니처럼 결국 가족의 소망과 바람을 거스르고 만다. 고등학교 때 나의 어머니는 독일에서 간호사 공부를 할 수 있는 프로그램에 참여하길 원했지만 가족들의 반대로 포기할 수밖에 없었다. 그 뒤 대학교에서 피아노를 공부하던 어머니는 자신의 전 일본 시댁과 알고 지내는 어느 일본 부잣집 아들과 결혼하라는 할머니의 말씀을 어기고 다른 길을 찾기로 결심했다. 어머니는 미군 부대에서 일하는 한 아저씨에게 근사한 미군을 한 명 소개해달라고 부탁했다. 그렇게 해서 어머니는 캘리포니아 출신의 금발에 푸른 눈을 한 아버지를 만났다.

한국전쟁이 끝나고 미군과 결혼한 한국 여성들은 신분이 낮거나 술집 여자 아니면 매춘부로 인식됐고, 실제로도 그런 경우가 많았다. 나의 외가 같은 양반 집안에서 미군과의 결혼은 도저히 용납할 수 없는 선택이었다. 어머니 말에 따르면 할머니는 노발대발하며 어머니가 아버지와 결혼하지 못하게 적어도 어머니를 두 번이나 납치하려고 시도했던 모양이다. 어머니는 혼혈 한국인이라는 자신의 모습을 있는 그대로 받아들이지 않는 한국에 거의 애정을 못 느꼈고, 그럴수록 그곳에서 벗어나고 싶다는 욕구는 점점 강해졌다. 할머니는 그 문제로 어머니의 평판이나 집안의 평판이 나빠지는 걸 원치 않았고, 그래서 어머니는 대체 어떤 여자기에 아버지를 만나게 됐는지를 둘러싸고 남들 입방아에 오르내려 집안에 더 큰 망신살이 뻗치는 것을 막으려고 안간힘을 썼다. 그런 와중에 어머니는 할머니가 그랬듯이 자신 또한 고집 센 여성이라는 점을 입증해 보였다. 어머니는 결국 아버지와 결혼했다.

1979년 나는 서울의 미 8군 기지에서 태어났다. 어머니는 그토록 바라던 대로 마침내 한국을 떠났다. 어머니는 미국은 뭐든지 클 거라고 기대했다. 큰 차, 어마어마하게 넓은 집, 거액의 급료 등. 대신 나의 어머니를 기다리고 있던 것은 아버지의 FW 비틀과 할리 데이비슨 오토바이, 늘 수리가 필요한 자전거 몇 대가 전부였다. 게다가 아버지는 어머니가 채 씹어 넘기기도 전에 돈을 홀랑 써버렸다.

한국을 떠나 우리가 처음 들른 곳은 아버지의 부모님 집이었다. 친

할머니와 친할아버지는 테네시 출신으로 은퇴한 뒤 그곳에서 살고 있었다. 그때 찍은 사진들을 지금도 가지고 있다. 사진에는 총천연색 거실에서 백인 노부부에게 안겨 있는 흑갈색 머리칼의 아기가 있다. 아기 때 찍은 내 사진들에는 모두 백인들 일색이다. 그 중에는 두 번 다시 만나지 못했거나 세월이 한참 지나서야 겨우 만난 사람들도 더러 있다.

아버지는 하와이에서 근무했다. 나의 맨 처음 기억은 온통 햇살이 눈부신 이 따스한 곳이 차지한다. 그곳에서 나는 뜻을 알기도 전에 하파(혼혈인을 지칭하는 하와이 토박이말 : 옮긴이)였을 뿐 하와이 사람이 아니었다. 아버지에 대한 기억은 한 주먹도 채 되지 않는다. 몇 안 되는 그 기억 중에는 부모님이 특히 심하게 싸운 날도 들어 있다. 둘 다 고성을 지르는 가운데 어머니는 아버지를 문 밖으로 거칠게 밀어냈고, 나는 시끄럽게 울어댔다. 내가 세상에서 사랑하는 유일한 두 사람이 서로 못 잡아먹어 안달하는 것 같았기 때문이다. 부모님은 내가 세 살 때 결국 이혼했다. 아버지는 근무지를 'Greater 48'로 다시 배치받았지만 우리는 계속 하와이에서 지냈다.

그곳에서의 삶은 초록색과 햇빛, 바닷가와 무지개였다. 하와이 시절을 돌아볼 때마다 나는 늘 만족스럽다. 어쨌든 나는 다른 사람들과 비슷해 보였으니까. 피부가 유난히 까무잡잡한 동양인 정도! 어딜 가나 현지인으로 환영받는 느낌이었다. 어머니는 열심히 일했다. 시민권이 있었지만 딸을 데리고 혼자 벌어먹고 살아야 했기 때문이다. 어머니의 처지는 한국으로 돌아가 지냈던 그 옛날 할머니의 처지와 너무도 닮아 있었다. 신세계에서 어머니는 또다시 '이방인'이었다. 이번에는 이상한 억양의 서툰 영어 때문에. 한국에서 순종 한국인이 아니라는 것을 숨기기 어려웠듯이 그 또한 숨기기가 어려웠기 때문에.

그래도 하와이는 햇살 가득한 아늑한 집이었고, 다행히 아시아계, 폴리네시아계, 미국의 선량한 노인층이 각자의 문화를 즐기며 사이좋게 뒤섞여 사는 곳이었다. 우리는 쌀밥에 김치를 먹었고 아시아 시장에서 장을 봤으며 집에서는 젓가락을 사용했다. 동양식 예의가 몸에 배도록 교육받았다, 공자님 덕분에! 나는 미국 아이들과 같은 학교에 다녔다. 어머니와 나는 다른 사람들처럼 태평양의 해변 패션을 즐겨 입었고 이혼 수당으로 미군기지 매점에 들러 장을 보기도 했다. 나는 미국 텔레비전을 시청했고, 우리는 하와이에서 외톨이였다. 어머니는 한국에서 온 다른 여자들과 어울리는 걸 싫어했다. 대부분 창녀였거나 행실이 나쁘다는 평판이 있는 여자들이었고, 어머니의 전통적인 양반 정서에는 너무 거칠고 억셌기 때문이다. 어머니는 나더러 자기를 '엄마'라고 부르라고 하면서 내게 한국어를 가르치려고 애썼지만 나는 끝내 한국어를 배우지 못했다. 어머니의 노력은 둘째 치고 나는 한국어에서 소외돼 있었던 데다 한국 문화에 노출된 적도 없었다. 그걸 감안하고 어머니는 우리의 미래 목표를 정했다.

80년대 후반쯤 어머니에게 경제적으로 지원을 받던 할머니의 도움을 받아 어머니의 남동생들이 한국에서 뉴욕 시로 이주했다. 큰외삼촌은 와서 공학을 전공한 뒤 갓 결혼한 아내와 나란히 컬럼비아 대학교에서 박사학위도 받았다. 큰삼촌의 뒤를 이어 곧이어 작은 삼촌도 미국에 와서 자기 사업을 시작했다. 작은삼촌은 주머니에 미국 돈 50달러만 달랑 넣고 왔는데, 어딜 가나 큰소리치길 좋아한다. 큰삼촌이 첫째 아이를 낳은 뒤 할머니도 미국으로 와서 같이 살게 됐다. 그렇게 가족 모두가 열심히 일하며 각자 꿈을 이룰 수 있었다.

1989년경 어머니는 일에 전념하기 위해 나를 뉴욕의 큰삼촌네로 보냈다. 어머니는 한꺼번에 세 가지 일을 하느라 자기도 모르게 운전대에서 잠이 들었다가 다시 차를 몰고 출근하기 일쑤였다. 그렇게 하루 종일 일만 하면서 악착같이 돈을 모았다. 어머니의 계획은 2, 3년 뒤 뉴욕에 와서 자기 사업을 시작하는 것이었다. 그래서 아홉 살 때쯤 뉴욕까지의 기나긴 여행을 나 혼자 했다. 공항에 도착하니 내가 잘 알지도 못하는 한국 가족들이 마중 나와 있었다.

여기서부터 내가 '한국사람'이 된 이야기가 시작된다. 뉴욕에 도착하고 처음 2년 동안 나는 '이민자의 삶'이 어떤지 뼛속 깊이 경험했다. 어머니의 친정 식구들은 모두 침실 하나짜리 아파트에서 복닥복닥 생활했다. 삼촌 둘에 임신한 숙모, 사촌, 할머니 이렇게. 나는 이제 온통 한국말에 둘러싸인 채 한국 음식을 먹고 영어는 한마디도 못하는 할머니의 보살핌을 받으며 한국 문화에 깊이 젖어들었다. 그렇게 한국어와 한국 문화를 새록새록 이해하게 됐다. 예를 들어 어른들 앞에서는 말과 몸가짐을 다르게 해야 한다는 것도 배웠다. 학업 성적에 대한 기대도 컸다.

둘째 사촌이 태어난 뒤로 나는 집안일을 거들기 시작했다. 쭈그려서 마룻바닥을 쓸고 닦았고, 내가 얼마나 도움이 됐을까마는 어쨌든 할머니도 도와드렸다. 쌀을 씻은 다음 손가락으로 계량해 밥을 안치는 법도 배웠다. 2년 뒤 드디어 뉴욕에 온 어머니는 내가 할머니가 인생의 대부분을 보낸 전라도 지역 사투리로 할머니와 똑같이 말하는 것을 보고 빙긋이 웃었다.

어머니는 브루클린의 식료품점을 하나 인수했고, 우리는 할머니와 작은삼촌 부부와 함께 벤슨허스트로 이사했다. 내가 나이가 들수록 어머니는 이미 내 안에서 발전하기 시작한 이 새로운 한국 문화를 사정없이 들이대며 나를 그쪽 가치관과 순종의 미덕에 익숙해지도록 길들였다. 그 뒤 어머니는 식료품점을 팔고 여러 가지 사업을 했다. 우리는 퀸스로 이사했고, 할머니는 한국으로 돌아갔다. 삼촌 둘도 각자 자기 가족들을 데리고 딴 곳으로 이사했다. 이제는 이런 한국의 가치들과 문화가 내 안에 단단히 자리 잡은 듯했지만 한국 가족들과 보내는 시간은 점점 줄어들었다. 어머니는 사업과 일에 매달려 지내면서 틈만 나면 나더러 학교 공부에 집중하라고 닦달했다. 나는 자유 시간이 없었다. 학교가 끝나면 숙제와 과외가 기다리고 있었다. 그래도 집에선 나는 그냥 나였고, 내가 한국인처럼 느껴졌다. 하지만 우리는 세계화 수준이 가장 높은 도시에서 살고 있었고, 나는 각기 다른 배경과 가치를 지닌 아이들과 학교를 다니고 있었다. 혼자 다닐 때면 사람들은 나를 동양인으로 여기지 않았다. 겉으로 보기에 나는 한국인이나 일본인처럼 생기지 않았기 때문이다.

십대로 접어들면서 나는 한국 가정 출신의 한국 소녀라는 나의 자아상과 다른 사람들이 인식하는 '나'라는 사람은 서로 다르다는 점을 의식하기 시작했다. 갈수록 나 자신이 동양인도 아니면서 가족 나들이 때는 동양인 가족을 졸졸 따라다니는 인종적으로 모호한 존재로 느껴졌다.

혼자 시장에 가면 계산대 뒤의 동양인 주인들이 내가 마치 가게 물건을 훔치기라도 할 것처럼 내 뒤를 따라다니거나 유심히 지켜볼 때가 많았다. 나는 처음부터 한국 이름이 아예 없었고, 나와 어머니는 어머니가 아버지와 이혼한 뒤에도 아버지의 미국 성을 그대로 쓰고 있었다. 그리고 사람들을 만날 때마다 나는 늘 이런 질문을 받아왔다. "뭐 하는 분이세요?"

세상으로 나가기 시작하면서 나는 바깥세상과 집에서의 세상은 서로 다르다는 것을 깨달았다. 내 주변에 한국 가족들이 없으면 나는 애매모호했다. 사람들은 대개 외모만 보고는 내가 동양인인 줄 모르거나 다 안다는 듯한 미소를 지으며 "약간 동양인이죠, 그렇죠?"라고 추측한다. 또 한국 사람들이 내가 자기들이 하는 말을 알아들을 수 있는지도 모르고 내 얘기를 하는 걸 우연히 엿들은 적도 몇 번 있다. 만약 거기서 내가 한국말로 대답했더라면 다들 깜짝 놀라 뒤로 나자빠졌을 것이다. 때로 나는 나의 고소한 재미를 채우려고 그러기도 한다.

우리는 그 지역 한국 시장에서 장을 봤고, 나의 첫 번째 아르바이트 일자리는 한국 가게였다. 우리는 미용실도 한국 미용실에 갔고, 음식도 주로 한국 음식을 먹었다. 하지만 내가 신분을 밝히면 대부분의 사람들은 놀라움과 충격에 빠진다.

다른 사람들이 나를 스스로 느끼는 나와 다르게 본다는 것을 깨닫기 시작하면서 나는 다름을 느꼈던 것 같다. 서구인들의 눈에는 내가 애매하게 보이겠지만 속으로 나는 한국인이라고 느낀다. 하지만 한국인들 눈에 나는 이방인으로 보인다. 이런 느낌은 가족 밖의 다른 한국인들 주변에서 시간을 보낼 때마다 점점 깊어만 갔다. 많은 경우 한국 사람들은 한국 문화와 규범에 대해 아무것도 모르는 사람 대하듯 나를 대한다. 그러면 나의 어머니는 "미국 여자는 당신이지!"라고 언성을 높이며 내가 어떻게 그런 한국인이 아닌지를 분명히 보여준다. 물론 나는 독특하다. 하지만 내가 가장 좋아하는 문화가 보기에 나는 여

미셸 허시의 가족사진

전히 '타인'이다.

중학교 때 몇 안 되는 한국인 친구 중 한 명에게 비웃음을 당한 적이 있었다. 내가 어째서 한국 아이들은 서로 고개를 숙여가며 인사하느냐고 물었기 때문이다. 그 친구는 "넌 말해도 몰라"라며 나를 무시했다. 한 마디로 내가 한국 문화를 알 리 없다는 투였다. 하지만 내가 하려던 말은 이런 것이었다. "나야 한국 문화는 훤히 꿰고 있지. 어른들을 보면 당연히 고개 숙여 인사하고 말도 공손하게 해야지. 하지만 그건 어른들한테나 해당되는 얘기지 또래들끼리는 아니잖아! 지금 우리가 있는 곳은 뉴욕 시하고도 공립학교거든! 왜 그래야 돼?"

한국 가족들은 나에게는 다른 기준을 적용한다. 자라면서 나는 외모에서든 성격에서든 외가 쪽 누구누구를 닮았다는 소리를 들어본 적이 없다. 한국인 나의 사촌들은 "그 나이 때의 할머니를 쏙 빼박았다"느니 "왕고모를 닮아서 활달하다"느니 하는 얘기를 자주 듣지만 나는 아니다. 나는 또 '내 미국인 유전자' 덕분에 가족들 중에서 '뚱뚱한 축'에 속한다. 어쩌다 보니 내 몸무게가 제일 많이 나가는 데다 뭐든 굵은 편이기 때문이다. 또한 압박을 받거나 뭔가 화나는 일이 있으면 식욕을 잃는 다른 식구들과 달리 스트레스를 받으면 나는 막 먹어대는 경향이 있다. 나는 대학교와 대학원 시절 내내 곱슬곱슬한 머리카락을 곧게 펴서 우리 가족들처럼 윤기가 잘잘 흐르는 생머리로 다녔다.

미국에서 자란다는 것은 많은 점에서 내가 '미국 여자!'라는 뜻이기도 하다. 아버지의 가족들하고는 만날 기회가 거의 없지만 나는 미국 문화에 푹 젖어 산다. 미국 영화를 보고 미국 음악을 듣고 미국의 양당 정치에도 관심이 참 많다. 나는 미국의 교육 제도 안에서 자라며 미국 역사와 이 나라에서 평등을 쟁취하기 위해 있었던 싸움에 대해 배웠다. 페미니즘과 양성 평등의 필요성에 대해서도 배웠다. 대학에 입학해서는 군인 출신이 유난히 많은 아버지 쪽 가족(나의 미국 친할머니는 2차 세계대전 당시 미 해국 여군 예비부대원이었고 친할아버지는 해군이였다)의 영향을 받아 ROTC에 자원했다. 대학원에서는 사회복지를 전공하며 사회 정의의 가치와 그것이 인종이 됐든 종교가 됐든 민족성이 됐든 성적 취향이 됐든 경제적 지위가 됐든 가진 것이 됐든 다름을 인정하는 것의 중요성을 배웠다. 나는 이런 가치들을 신봉하며 '다를' 권리를 위해 매일 싸운다. 미국에서 혼혈 한국인으로 자라면서 나는 식구들이 영어를 완벽하게 구사하지 못한다는 이유로 차별받거나 무시당하고, 그 분야에서 전문가인데도 불구하고 '그 자리에 어울리지 않는다'는 이유로 취업을 하지 못하는 모습들을 봐왔다.

철이 들고, 대학과 대학원에 가고, 전문 직업인의 세계로 발을 들여

놓게 되면서 나는 있는 그대로의 나를, 나의 가치들을, 내가 사랑하는 사람들 틈에서 나 혼자 힘으로 구축해온 문화를 스스로 점점 더 편하게 받아들이게 됐다. 우리 가족이 힘겹게 살아온 이야기를 통해 나는 많은 교훈을 얻었다. 내가 자란 문화유산과 태어난 나라는 내 안에서 이제 더는 영원한 따로따로가 아닌 듯하다. 그동안 나는 내 안의 이 두 부분을 한데 엮어 짜는 법을 배웠다. 지금까지 나는 나의 가족과 한국 문화를 통해 내 안에 배어든 가치관에 충실히 살아왔고, 그 과정에서 습득한 새로운 문화도 기꺼이 수용해왔다. 그 덕분인지 지금은 있는 그대로의 자신을 대하기가 훨씬 편해졌다. '남다른' 혼혈인 꼬마, 그게 바로 나다. 그동안 나는 열심히 배우고 싸우며 일했다. 그 결과가 지금의 나라는 바로 이 사람이다. 알 만큼 알고 있고 섞였지만 온전하고 행복한 사람. 이것이 '나'다.

미셸 허시 Michelle Hussey는 38세의 임상사회복지사로 20년 넘게 뉴욕에서 살고 있다. 그녀는 혼혈 한국인으로 모계 쪽 강인한 여인들의 피를 물려받았다.

목요일의 아이

캐서린 김

내 기억의 손가락은 네다섯 살에서 딱 멈춘 채 그 너머로는 더 이상 거슬러 올라가지 못한다. 나는 흑백 시대의 패티 듀크 쇼(패티 듀크라는 당대의 신예 스타를 주인공으로 내세워 1963년 9월 18일부터 1966년 4월 27일까지 방영됐던 미국의 시트콤 제목 : 옮긴이)도 기억하고, 애너하임에 사는 이모를 보러 갔다가 이모가 매트를 깔아 놓고 텔레비전에 나오는 잭 럴레인을 따라 스트레칭을 하는 모습을 지켜봤던 기억도 난다. 나는 칸탈루프멜론을 정말 좋아했는데 이모는 그 멜론을 먹기 좋게 네모로 썰어 아침 식탁에 내놓곤 했다. 이모는 내 머리를 빗겨주는 것도 좋아했다. 내가 가면 이모는 나를 유독 애지중지했다. 어디로 튈지 모르는 머슴애 넷으로 북적이는 집안에서 여자애는 나밖에 없었기 때문이다.

그 즈음 양부모와 나는 바다 근처에 살았다. 어린 시절 나의 활동 무대는 동쪽으로는 북초등학교와 밸리파크에서, 서쪽으로는 두 블록만 가면 나오는 바닷가 사이에 걸쳐 분포해 있었다. 나는 동전과 빈 병을 찾아 바닷가를 이 잡듯이 뒤지고 다니곤 했다. 당시에는 병 제품을 사면 일종의 보증금을 지불해야 했는데, 나중에 가지고 가면 하나당 5센트씩 돌려받았다. 그 정도면 우리집 뒷골목 바로 옆 모퉁이 가게에서 사탕처럼 생긴 바주카 껌이나 투시롤을 사 먹기에 충분한 돈이었다. 내가 다섯 살 무렵에 부모님이 한국에서 양수라는 또 다른 혼혈아를 입양했다. 그 애는 세 살이었는데, 거무스름한 피부와 새까만 머리에 눈이 왕방울처럼 컸다. 우리는 그 애 한국 이름을 미국화해서 '양키'라는 별명을 지어줬다.

당시 나는 초등학교에 다니고 있었다. 나를 모르는 아이들은 더러 나를 칭크(중국인을 업신여겨 부르는 말 : 옮긴이)니 재프(일본인의 비어 : 옮긴이)니 구크(동양인을 낮춰 부르는 말 : 옮긴이)라고 놀려댔다. 내가 한국에서 입양됐다는 걸 알고 있었고, 사람들이 하도 자주 물어봐서 대답하는 데도 이골이 나 있었다. 하지만 나를 잘 모르는 사람들이나 나보다 나이가 많으면서 그저 괴롭히고 싶어하는 사람들은 늘 있기 마련이었다. 그런 말들이 무슨 뜻인지조차 알지 못했다. 엄마는 애들이 욕하면 무시해버리라고 말했다. 지금도 유치원 때, 2학년 때, 3학년 때 담임선생님들 이름을 줄줄 꿸 수 있다. 하지만 1학년 때 선생님 이름은 희미하다. 그때 내 옆에 앉아 내 바지를 가지고 놀려대던 에디라는 이름의 히스패닉계 아이가 한 명 있었다. 그건 똑똑히 기억난다.

부모님은 적어도 일 년에 한 번꼴로 이사를 다녔다. 어른이 되고 보니 이사를 다닌다는 게, 삶 전체를 뿌리째 뽑는다는 게 얼마나 힘든 일이지 알겠다. 부모님이 나를 입양한 직후 집을 그렇게 많이 옮겨 다녔다고 생각하면 엄마가 그걸 다 어떻게 감당했는지 그저 궁금할 따름이다. 아빠는 군대에서 일하지도 않았고, 그런 이사 중 세 번은 도시 경계선을 벗어나지 않았다. 지금은 당연히 그 이유가 궁금하긴 하지만 그때는 너무 어려서 뭔가 이상하다는 생각을 못했었다. 3학년을 얼마 안 남기고 우리 가족은 남부 캘리포니아를 뒤로한 채 주 경계선을 여러 차례 넘었다.

우리는 시애틀 근처, 정확히 말하면 워싱턴 켄트에서 일 년 반을 살았다. 그곳에서 나는 시간표 짜는 법을 배우고 3학년을 마쳤다. 그때 우리가 빌려 생활하던 집에는 뒷마당에 조그만 밭이 있었는데, 아빠는 거기에 대황을 비롯해 여러 채소들을 길렀다. 그 시절의 아버지에 대한 기억은 많지가 않다. 우리 집은 평범한 가정이었다. 아버지는 퇴근하고 집에 왔고, 한 잔 홀짝이며 '바보상자'를 보기도 하고, 우리 아이들과는 그다지 잘 어울리지 않았다. 그러고 보니 바닷가에 살 때 우리 집에는 엄청 빠른 빨간색 영국제 스포츠카가 있었다. 아빠한테는 낚시용 모터보트도 한 척 있었는데, 배를 탔던 기억은 없지만 아빠하고 그 배와 함께 찍은 사진은 한 장 있다. 하지만 그런 것들은 우리가 태평양 북서부 지역으로 이사하기 훨씬 전에 사라지고 없었다.

내가 4학년 때 우리는 조지아 애틀랜타에 살았다. 거기서 나는 혹독한 블룸가튼 선생님에게 문장을 분석하는 법을 배웠다. 반 아이들 모두가 그 선생님을 무서워했다. 5학년 때는 텍사스 알링턴에서 살았는데, 걸어서 갈 수 있는 거리에 패스트푸드 체인점 'What-A-Burger'가 있었다. 그곳은 패스트푸드의 천국이었다. 버거가 손바닥보다도 컸으니까! 텍사스에서 나는 손가락으로 휘파람을 부는 법과 탁구라는 공격적인 게임을 배웠다. 사춘기에 갑자기 사로잡힌 것도 그곳에서였다. 어느 날 아침에 잠에서 깼더니 피가 침대 시트와 내 다리를 온통 뒤덮고 있어서 나는 죽는 줄만 알았다. 어머니가 '변화'에 대해 미처 얘기해주지 않았던 것이다. 어머니는 젊어서 자궁절제술을 받았다(나를 입양한 것도 그 때문이었다). 그래서 내가 겪게 될 신체적 변화에 대해 나한테 가르쳐줘야 하는 걸 깜빡했던 것이다. 선생님들이 동생 양키가 3학년을 또 다녀야 할 것 같다고 말한 것도 같은 해였다. 하지만 나는 이런 일들을 특별히 중요하게 여기지 않았다. 아이라서 뭐든 정상으로 받아들였던 것이다. 전학을 자주 다니는 것도, 브라우니 모임에 참석하는 것도, 그린 스탬프(일정 매수를 모으면 경품과 교환할 수 있는 쿠폰 : 옮긴이)를 모으는 것도, 시어스(20세기 초중반 우편 판매의 대명사가 됐던 미국의 유명 유통업체 : 옮긴이) 카탈로그를 넘기며 그 안의 물건들 주인이 되기를 비는 것도, 사람들과 어울리려고 친구들과 침례교 교회에 다니는 것도.

우리는 뭐가 그렇게 많은 편이 아니었는데, 지금 생각해보면 워낙 이사를 많이 다니다 보니 어머니가 살림살이를 간소화했던 것 같다. 한번은 우리집 거실에 정원용 가구가 있었다. 그걸 보면서 엄마는 아마 이렇게 생각했던 것 같다. "결국 이삿짐 트럭 뒤칸 신세가 될 텐데 저게 다 무슨 소용이야?" 우리는 'What-A-Burger' 주에서 오래 살지 않았다. 6학년 때 우리는 세인트루이스로 이사했다. 그곳에서 남아 있던 어린아이의 순수성이 사라지고 대신 사춘기의 고뇌가 그 자리를 채웠다.

늘 그렇듯이 학교에서 나는 전원 백인인 학급에서 유일한 동양인이었다. 담임선생님은 미스터 로스였다. 선생님은 책상 맨 아래 서랍에 트럼펫을 두고 다니면서 수업이 끝나면 가끔 불곤 했다. 또 책상 위에는 늘 커피 텀블러가 있었고, 껌 씹기를 좋아했다. 그래선지 선생님한테선 늘 커피와 민트 껌 냄새가 났다. 남학생들은 너 나 할 것 없이 그 선생님이 무척 멋있다고 생각했지만 나는 남자 선생님이 처음이라 약간 무서웠다. 7학년 때는 학교생활이 엉망이었다. 문제는 킴이라는 이름의 탄탄한 미인에게 단단히 빠져 있었다는 것이었다. 그 애는 내게는 없는 것을 모두 가지고 있었다. 큰 키와 긴 다리, 금발, 푸른 눈, 남학생들 사이에서의 인기 등등. 나는 그 애를 따라 말썽을 피우기 시작했다. 그때부터 삶이 흐릿해졌다. 아빠는 술을 너무 많이 마셨고, 나는 무디 블루스(1960년대에 활동했던 영국의 록 그룹 : 옮긴이)를 들으며 마리화나를 피우기도 하고 가출도 했다.

이 시절 아버지와 집에서의 생활에 대한 기억은 「밤으로의 긴 여로 A Long Day's Journey into Night」(가족의 비극을 다룬 유진 오닐의 유명한 희곡 : 옮긴이)와 비슷하다. 아버지는 밤마다 술에 취해 우리를 떠나겠다고 큰소리쳐댔고, 나는 그러지 말라고 애원했다. 마실 술이 없으면 안 마시겠지 하는 생각에 술병을 싱크대에 쏟고 아버지 눈에 안 띄는 곳에 숨겨도 봤다. 그동안 아버지는 인사불성으로 취해 도끼로 텔레비전을 빠개버리겠다고 난리를 치는가 하면 깨지기 쉬운 전구가 가득 달린 크리스마스트리를 얼어 죽을 것 같은 겨울 추위에 현관 밖으로 끌어다 놓은 적도 있었다. 최후의 결정타? 어머니가 칼을 내려놓으라고 달래는데도 아버지는 기어이 자해 소동을 벌이고 말았다. 광기를 피해야 할 것 같아 나는 그 길로 집을 나와 다시는 가족과 함께 살지 않았다. 나는 나보다 나이가 많은 친구 집으로 들어갔다. 그 친구에게는 장애가 심한 아들이 하나 있었다. 그때 나는 열여섯 살이었다.

지금 와서 생각해보면 당시 내가 느꼈던 괴로움은 내가 입양아라는 사실에서 오는 감정과, 그런 감정에 대한 이해 부족 때문이었던 것 같다. 알코올 중독을 처리해야 하는 예측 불허의 집안 환경에 나의 정체성 문제까지 겹치면서 사춘기 스트레스와 우울증이 더욱 깊어졌던 것 같다. 내가 갈수록 반항이 심해지자 엄마는 입양을 담당하는 사회복지사에게 나의 생물학적 가족들에게 정신적 문제는 없었는지 알아봐달라는 내용의 편지를 썼다. 아마도 어머니 입장에서는 내가 안고 있는 문제들이 타고난 결함이라고, 양육 때문이 아니라 천성 때문이라고 생각하는 편이 쉬웠을 것이다.

나는 흑과 백의 구분이 명확한 도시들과 주들에서 성장했다. 동양인은 거의 없었고, 반쪽 동양인은 확실히 없었다. 나는 스스로를 늘 백인으로 여겼다. 백인 프로테스탄트 아버지와 한때 가톨릭이었던 백인 어머니와 함께 살았기 때문이다. 하지만 주변에선 내가 백인이 아니라고 시시때때로 일깨웠다. '고향이 어디야?' '아니, 진짜 고향이 어디냐고?' 나의 입양 이야기를 앵무새처럼 반복하는 것쯤이야 아무렇지도 않았지만 알지도 못하는 사람들이 꼬치꼬치 캐묻는 건 정말 싫었다. 나는 사람들이 너 나 할 것 없이 '나의 이야기'를 너무도 당연하게 묻는 게 정말 싫었다. 심지어 처음 보는 사람들도 그랬다. 양키도 십중팔구 똑같은 경험을 했을 테지만 서로 친하지 않아서 이 문제로 이야기해본 적은 없었다. 양키는 동양인보다 히스패닉처럼 보였다. 양키는 십대 때 히치하이킹을 하다가 그를 멕시코인으로 오인한 경찰에 붙잡힌 적도 있었다. 나는 이십대 때 캘리포니아로 다시 이사하고 나서야 비로소 다른 사람들이 날 어떻게 보는지 알게 됐다. 동양인들은 도처에 있었고, 다른 사람들이 어떤 시선으로 나를 보는지 알게 된 것은 그때가 처음이었다. 그날은 일종의 공현 대축일(공현절 公顯節 "공식적으로 나타난 날" 또는 주님 공현대축일은 예수의 출현을 축하하는 기독교의 교회 절기: 옮긴이)이었다!

그 후로 거의 50년이 훌쩍 지나 나의 생물학적 배경을 둘러싼 내 어머니의 궁금증은 어느 정도는 풀렸다. DNA 검사를 통해 나는 생물학적 아버지의 가족을 찾았다. 나의 생부는 동기간이 일곱 있었고, 뉴욕

퀸스의 공동주택 단지에서 성장했다. 생부의 양친은 둘 다 북유럽계였다. 나의 생물학적 아버지 제라드가 아직 고등학생이었을 때 그 아버지가 50세의 나이에 결핵으로 사망했다. 생부는 아들 중 막내였고, 집에는 어머니와 여동생 셋이 있었다. 생부는 학교를 그만두고 푼돈 몇 푼을 받고 일하러 다녔다. 그러다 일 년쯤 뒤 군에 자원해 군대 생활을 시작했다. 생부의 첫 임지는 유럽이었다. 나는 생부가 세 번째 또는 네 번째 임지인 한국에 주둔 중일 때 임신된 게 틀림없었다. 나는 생부의 막내 여동생이자 동기간 중 생존해 있는 유일한 혈육인 고모로부터 제라드와 그 가족이 나에 대해 알고 있었다는 얘기를 들었다. 종합하면 그 가족은 한국의 어머니에게 내 몫으로 옷을 몇 벌 보냈고, 아버지의 할머니는 생물학적 어머니와 편지도 주고받았던 것 같다. 내 생각에 '엄마'가 쓴 편지들은 편지만 전문으로 써주는 사람이 영어로 옮겨 적은 것이었을 확률이 높다. 당시 GI와 서신 왕래를 하던 여성들은 거의 이렇게 해야 했다. 영어를 아예 할 줄 몰랐거나, 적어도 잘 하지 못했기 때문이다.

사촌 페니는 열네 살 때 내 아기 사진을 봤다고 했다. 내 엄마와 함께 찍은 사진이었다. 그 때 제라드 삼촌이 엄마와 결혼할 거라고 말했다는 얘기를 했다. 하지만 그런 일은 일어나지 않았다. 알고 보니 내게는 미국인 이복 남동생이 둘 있었는데, 둘 다 아버지로부터 그 어떤 지원도 받지 못한 채 성장했다. 내게 아기 때 입던 옷을 물려준 사촌은 유방암으로 세상을 떠났다. 이 소식을 듣고 나는 무서운 생각이 들었다. 나도 젊었을 때 유방암을 앓았기 때문이다. 이 밖에 가족 중 몇몇은 알코올이나 약물 문제로 고생했다는 얘기도 들었다. 근친상간, 폭행, 살인/자살, 심지어 중혼에 관한 이야기도 있었다. 솔직히 이런 역

기능을 둘러싼 이야기들을 이해하기가 쉽지는 않았다. 나는 문제가 많은 가정에서 자랐고 그런 만큼 속으로 나의 DNA가 뭔가 정상인 쪽과 연결되기를 바라고 있었다. 하지만 나를 기다리고 있었던 것은 제리 스프링거 쇼(대담 프로그램이라는 형식 아래 외도, 불륜, 가정사 등을 주제로 당사자들이 게스트로 나와 육탄전 및 설전을 벌이는 미국의 유명한 텔레비전 프로그램 : 옮긴이)였다.

나의 한국인 어머니는 내가 두 살 때 나를 포기했다. 한국에서 혼혈인으로 살아간다는 것은 그 자체로 고난이었다. 한국은 일제 강점기 아래서 막 빠져나오기 시작하면서 외세의 침략과 그 영향력에 맞서 '한 나라 한 국민'('일국일민,' 이승만 대통령이 순혈주의 전통을 강조하며 내세웠던 정치 신조 : 옮긴이)을 국가 정책으로 삼고 있었다. 한국 어머니들은 혼혈아들이 어떤 대우를 받는지 잘 알았기에 그중 대부분이 아이를 멀리 떠나보내는 힘든 결정을 내렸다. 사회복지사와 경찰을 비롯한 당국에서조차 혼혈아 자식을 둔 어머니들을 찾아내 친권을 포기하도록 압박했다. 엄마의 이유가 무엇이었든(문화적 이유였을 수도 있고, 금전적인 이유였을 수도 있다) 나의 첫 번째 삶이 끝나고 두 번째 삶이 시작된 것은 그때였다.

고아원에 일 년 반을 지낸 뒤 나는 아이 없는 부부에게 입양됐다. 양엄마는 아이를 가질 수 없었지만 양아버지는 전처와의 사이에서 낳은 아이가 둘 있었다. 그런데 이상하게도 그 둘을 본 적이 없었다. 더 이상한 건 아버지도 자기 자식들을 만나는 것 같지 않았다는 점이다. 내가 생각하기에 아버지가 자기 자식들에게 부양 의무를 졌다 해도 그 기간이 그렇게 길지는 않았을 것 같다. 나의 양아버지는 자식 일에 도무지 관심 없는 게으른 아버지였다. 그 점에서는 나의 생물학적 아버지도 다를 게 없었던 듯하다. 제라드는 1959년에 결혼해 아들 둘을 낳았고 1965년에 이혼했다. 그 뒤로 나의 생부는 자기 아들들을 두 번 다시 보지 않았고, 군대 기록에도 피부양자 난에 아무도 없는 것으로 나와 있다.

입양 가족이 너무 자주 이사를 다니는 바람에 내게는 어린 시절 집이나 어린 시절 친구가 없다. 나는 어떤 뿌리를 내릴 수 있을까? 아버지의 알코올 중독은 해가 갈수록 심해졌지만 그때만 해도 사전에 알코올 중독이라는 어휘가 없었다. 대신 그저 사교상 음주라는 말밖에 없었다. 나는 입양이 나를 불신과 단절로 내몰았을 줄은 미처 몰랐다. 알코올 중독자 밑에서 자라면서 그런 단절은 더욱 강화됐다. 내가 이십 대 때 어머니와 아버지는 결국 이혼했다. 내가 훨씬 더 어렸을 때 그랬으면 좋았을걸. 어머니는 재혼했고 우리 관계는 몇 년째 좋다가 말다가 하고 있다.

이처럼 요란한 성장기를 보냈음에도 여기서의 내 삶이 한국에서 내 어머니 손에 자랐을 때보다 더 나았다는 것을 알고 있다. 어머니와 함께든 아니든 나의 아버지가 나를 미국으로 데려왔다면 나는 잘살았을까? 아마도 아니었을 것이다. 이복 남동생들도 어렸을 때 버려졌으므로. 남동생들은 배를 곯았던 기억을 안고 있다. 나는 입양 가족들 틈에서 정서적으로는 힘들었을지 몰라도 굶주렸던 적은 없었다. 다른 입양 가족을 만났더라면 내 삶이 더 나았을까? 대답하기 어렵다. 생물학적 가족이든 입양 가족이든 가족은 그 자체로 짐이다. 우리 중 몇몇은 억세게 운 좋게 태어나지만 몇몇은 유해하고 심지어는 치명적이기까지

한 환경에서 태어나기도 한다. 그래도 나는 감사할 것들이 많다. 나의 유전적 가족 중 일부를 괴롭혀온 중독 없이 태어나서 얼마나 다행인지 모른다. 사실 몇몇은 그 때문에 사망하기도 했다.

양어머니는 한 가지 점에서 어린 내게 아주 좋은 본보기가 돼주었는데, 바로 독서였다. 나는 어려서부터 책과 가까이 지내면서 어쨌든 교육을 받아야 한다고 생각했고, 실제로도 그랬다. 물론 지금까지 살면서 과속 방지턱도 많았고 우회로도 많았다. 도중에 엄청 큰 싱크홀도 몇 번 피했는데, 정말 운이 좋다고 생각한다. 하지만 내게 가장 힘이 돼준 것은 내 과거의 아픔이 삶을 정의하지는 않는다는 깨달음이 아니었나 싶다. 나의 비천한 출생에 대한 트라우마도, 입양 가족이 안고 있던 문제도, 나의 나쁜 유전자도 내 삶을 어쩌지 못했다. 그것은 천성의 힘일까, 아니면 교육의 힘일까? 나는 둘 다라고 믿는다. 하지만 태도의 영향도 크다. 더 좋은 일이 생길 거라는 믿음 또는 희망. 나의 선조들의 회복력, 고난을 참고 견디면서 결국 극복해내는 능력. 그들 안에 이런 힘이 있었다는 걸 잘 안다. 그리고 내 안에도 있다는 걸 잘 안다.

캐서린 김 Katherine Kim은 1957년 대한민국 인천광역시 부평동에서 태어났고 1961년 미국으로 입양됐다. 교육과 편집분야에서 일해왔고, 2015년에 상염색체 유전자 검사로 입양인들의 친생가족 찾는 일을 돕는 비영리단체인 325KAMRA를 공동으로 설립, 2016년에서 2020년까지 대표를 역임했다. 그녀는 2019년에 친엄마를 찾아 행복하게 재회했다. 2020년 10월 미국에서 출간될 『마침내 함께, DNA 시대의 입양과 재결합에 대한 이야기들 Together at Last, Stories of Adoption and Reunion in the Age of DNA』의 편집자이기도 하다. 캐서린은 여전히 입양인과 혼혈 정체성 문제에 전념하고 있다.

미국인의 정맥을 관통해 흐르는 한국

앨버타 슈미드

나는 1968년 한국에서 한국인 어머니와 미군 아버지 사이에서 태어났다. 한국 곳곳에 미군 기지가 들어서면서 나 같은 출생이 그렇게 드문 일은 아니었다. 나는 장이선과 앨프레드 도슨의 둘째 아이였다. 부모님은 양쪽 다 잘 아는 한 지인의 소개로 만나 몇 년 뒤 나의 오빠를 낳았다. 엄마는 오빠가 있는 상태에서 나를 임신하자 할머니에게 도움을 요청했다. 둘은 썩 친하지도 않았던 데다 서로에게 힘든 감정과 반감이 많았던 터라 이는 기이한 합의였다. 엄마는 태어나면서부터 자기 엄마에게 외면당했기 때문에 가슴에 쌓인 원망이 많았다. 엄마는 학대받았던 걸 생생히 기억했다. 엄마는 할아버지와 훨씬 사이가 좋았지만 할아버지는 내가 겨우 두 살 때 돌아가셨다. 할아버지에 대한 기억은 매우 희미하지만 내가 기억하기로 점잖은 분이었던 듯하다.

모녀 사이의 반감에도 불구하고 할머니는 집에 와서 우리를 돌봐주셨다. 아빠는 배치 명령을 받을 때가 많았고, 그래서 우리는 어쩌다 가끔만 아빠 얼굴을 봤을 뿐이다. 엄마는 자기 남동생 둘과 내 이모의 큰딸인 자기 조카한테서도 큰 도움을 받았다. 우리는 내가 다섯 살 무렵까지 한국에서 살았다. 그러고 나서 아빠는 노스다코타 그랜드포크스로 전보됐고, 우리는 그곳에서 자랐다. 그곳은 오빠와 나에게는 그야말로 문화 충격이었고, 게다가 우리는 영어도 거의 할 줄 몰랐다. 지금 생각해보면 우리가 가장 힘들어했던 부분은 외가 식구들을 한국에 남겨두고 온 거였다. 태어나고 처음 몇 년 동안 우리가 알고 지낸 사람은 그들이 전부인데, 어느 날 갑자기 육지와 바다를 사이에 두고 헤어져야 했으니 그럴 만도 했다.

한국에 있을 때가 참 좋았다. 우리 가족들 틈에서 태어나다니 우리는 아주 운이 좋았던 것 같다. 당시 한국에는 양쪽 부모 모두에게 버림받고 고아원에 보내지는 혼혈아들이 수백 명이나 있었다. 엄마의 친정 식구들은 온통 사랑과 관심으로 우리를 감쌌다. 그중에서도 할머니는 특히 더 그랬다. 솔직히 말하면 그래서 우리 버릇을 망쳐놓았다. 할머니는 어느 누구든 우리를 혼내는 꼴을 못 보셨다. 아빠가 우리 볼기를 때리기라도 할라치면 할머니가 우리와 아빠 사이에 끼어들어 말리던 기억이 난다. 사실 나의 할머니는 한때 체벌의 효과를 굳게 믿으며 다른 손주들은 때리기도 했었다는 점을 고려할 때 이는 완전한 반전이었다. 할머니는 우리를 볼 때마다 뽀뽀와 포옹 세례를 퍼부었다. 할머니가 우리를 꽉 끌어안을 때마다 나는 할머니가 우리를 놓아주기 싫어한다는 걸 느낄 수 있었다. 돌이켜보면 할머니는 우리가 얼마 안 있어 당신 곁을 떠나리라는 걸 알고서 가능한 한 많이 품어주려고 했던 것 같다.

두 삼촌은 우리에게 멋진 아버지 같은 존재들이었다. 우리를 데리고 다니며 구경도 시켜주고 맛있는 것도 사주면서 우리와 함께 아주 많은 시간을 보냈다. 둘째삼촌은 나중에 자기 가족도 생겼지만 우리는 여전히 삼촌을 자주 봤다. 삼촌과 나의 엄마는 서로 매우 친했고, 그래서 우리한테 잘해주었던 것 같다. 이모의 딸 미다(혹은 미자)도 우리를 돌보는 데 손을 보탰다. 그 언니는 당시 중학생이었는데, 얼마나 웃겼던지 지금도 기억이 생생하다. 언니는 좀처럼 화내는 적이 없었고 나의 작은 폭발을 고스란히 받아줬다. 심지어 내가 자기 머리를 잡아당기는데도 묵묵히 참아냈다.

미국으로 떠나오면서 우리는 이 모든 걸 남겨두고 왔다. 사랑하는 가족과의 그 모든 느낌을. 우리는 서로밖에 없었고 새로운 문화, 새로운 언어, 새로운 음식을 배워야 했다. 아빠는 쉽게 적응했다. 원래 미국인이라 그런 생활 방식에 이미 익숙해 있었으니까. 하지만 엄마는 정말 힘들어했다. 엄마에게는 우리밖에 없었다. 오빠와 나를 위해 강해지려고 엄마는 향수병과 눈물을 애써 억눌렀다. 엄마는 우리를 위해서라도 잘 살아야 한다며 영어 공부도 하고, 일(어떤 때는 두 가지 일)도 열심히 하면서 우리를 돌봤다. 엄마는 자기처럼 군인과 결혼해 미국으로 이주한 다른 한국 여성들과도 만나면서 공동체 의식과 소속감을 쌓기도 했다. 그렇게 엄마는 미국 생활에 적응해나갔고, 여기 온 지 5년 만에 미국 시민권자가 되기까지 했다.

엄마는 할머니에게 미국에 와서 우리를 좀 봐달라고 부탁했다. 우리는 일 년 가까이 어린이집에 다니다가 그만두고 부모님의 부탁으로 아빠의 친한 친구 어머니인 로즈 할머니와 함께 지내고 있었다. 그런 와중에 할머니가 도착했던 것이다. 할머니를 다시 본다는 생각에 어찌나 기뻤던지 지금도 기억이 생생하다. 흥분도 되면서 초조하기도 하고 호기심이 일기도 했다. 사실 내 입장에선 할머니가 2년 전 우리가 한국에 남겨두고 온 그 할머니가 과연 맞을지 궁금할 수밖에 없었다. 그 무렵 나는 영어에 푹 젖어 미국인으로 살고 있었기 때문에 한국에서 지

할머니와 함께 서 있는 앨버타(가운데)와 오빠 앨프레드.

낸 삶은 먼 과거의 일처럼 느껴졌다. 우리는 집에서 한국어를 거의 쓰지 않았기 때문에 어느새 나는 몇 가지 말들을 잊어버리고 말았다. 지금 와서 생각하면 그때 나는 할머니와 더는 말이 안 통하면 어쩌나 걱정했던 것 같다.

드디어 그 어마어마한 날이 왔고, 다들 제일 좋은 옷으로 차려입었다. 나는 근사한 투피스 정장에 타이츠를 신었고 오빠는 바지에 셔츠를 입었던 게 기억난다. 한여름이라 부모님도 우리와 함께 갔다. 우리는 일찌감치 노스다코타 그랜드포크스를 출발해 미네소타 미니애폴리스 공항으로 차를 몰았다. 일곱 살짜리에게 그리 쉬운 여행은 아니었다. 언제 도착할지도 알지 못한 채 꼼짝 없이 차에 붙박여 있으려니 무척 힘들었다. 거기다 오빠와 내가 계속 집중할 수 있는 대상은 게임밖에 없었다. 그 점은 내가 인내심이 부족한 아이라는 문제에 아무 도움이 되지 않았다.

영원 같은 시간이 지나고 지평선 위로 대도시가 모습을 드러내자 우리는 흥분하기 시작했다. 이제 조금만 있으면 할머니를 다시 만날 수 있다고 생각하자 기운이 막 다시 넘쳐나는 것 같았다!

미니애폴리스-세인트폴 공항은 너무 거대해 보여서 약간 주눅이 들기도 했지만 우리는 곧바로 할머니가 나오기로 돼 있는 게이트로 찾아가 할머니가 모습을 드러내기를 참을성 있게 기다렸다. 할머니는 영어를 거의 할 줄 몰랐기 때문에 부모님이 승무원 한 명에게 할머니를 도와드리라고 미리 부탁해두었다. 할머니가 한국 전통 의상인 '한복' 차림으로 우리를 향해 걸어오던 모습을 영원히 잊지 못할 것 같다. 색깔은 너무 화려하지 않게 노랑과 크림색이었다. 공항에서 한복을 입은 사람은 할머니밖에 없었기 때문에 금세 눈에 띄었다. 내 눈에 할머니는 아름답고 특별해 보였다. 아름다운 전통 의상 차림의 할머니를 둔 아이들이 몇 명이나 될까? 할머니는 내가 마지막으로 본 후로 약간 달라지긴 했지만 그래도 나는 여전히 할머니를 알아볼 수 있었다. 우리 모두 서로 부둥켜안았고, 할머니는 연신 우리 볼을 만지며 우리를 놓아주지 않았다. 할머니는 오빠와 내가 몰라보게 자랐다며 감탄하셨다. 할머니는 한국의 우리 사촌들은 우리보다 훨씬 작다며 우리 키가 훌쩍 자란 걸 두고두고 말씀하셨다.

나는 그 날을 가장 행복한 날 중의 하나로 기억한다. 우리 가족의 아주 중요한 부분과 다시 결합한 날이기 때문이다. 할머니 짐을 찾고 나서 우리는 집으로 돌아가는 긴 여정에 올랐다. 오빠와 나는 할머니를 사이에 두고 앉았다. 가는 내내 우리는 할머니 손을 잡고 할머니를 쳐다보며 계속 싱글거렸다. 오빠와 나는 그동안 한국어를 쓸 기회가 없다 보니 집까지 가는 길에 의사소통이 어려웠다. 머릿속이 온통 안개로 자욱한 듯해서 단어를 기억해내려면 여기저기 뒤져봐야 했다. 그러다 막히면 우리는 엄마에게 도움을 청해야 했고, 그것도 여의치 않으면 손가락으로 사물을 가리키는 방법으로 할머니를 이해시켰다. 보통은 의사소통이 안 되면 짜증이 났을 텐지만 할머니와는 어색함이나 불만이 전혀 없었다.

지금 생각해보면 할머니와 다시 함께 있다는 것이 약간 비현실처럼 느껴졌던 것 같다. 우리는 할머니가 미국에 오는 이 날을 위해 몇 달 전부터 단단히 계획을 세워두고 있었다! 할머니가 오랜 비행으로 피곤할 것 같아 자주 휴식을 취하면서 휴게소가 나올 때마다 들렀다. 장거리 자동차 여행을 할 때면 엄마는 늘 '김밥'과 그 외 '휴대용' 한국 음식을 몇 가지 준비했다. 그리고 아빠 몫으로는 따로 샌드위치를 꼭 챙겼다. 휴게소 중 한 곳에서 할머니와 함께 사진을 몇 장 찍었던 기억이 난다. 할머니로선 미국이 어떤지 맛볼 수 있는 기회였다. 대부분의 사람들처럼 할머니도 한국의 조그만 논밭과 비교해 땅이 어마어마하게 넓다는 점에 놀라움을 감추지 못했다. 그때 사진들을 보고 있으면 그 순간의 기억이 되살아나면서 더없는 행복감이 나를 가득 감싸 안는다.

그 당시 오빠와 나는 그랜드포크스의 한 사립학교에 다니고 있었다. 이는 매일 공군 기지에서 내주는 버스를 타고 학교까지 가야 한다는 걸 의미했다. 물론 다른 사립학교에 다니는 아이들도 몇 명 있었기 때문에 우리는 외롭지 않았다. 하지만 할머니는 하루도 빠짐없이 버스 정류장까지 함께 걸어와선 우리를 배웅해준 뒤 오후가 되면 같은 버스 정류장에서 우리를 기다리셨다. 나는 할머니가 우리를 기다리고 있는 게 매번 아주 신기하게 느껴졌다. 그런 아이들이 거의 없었기 때문이다. 그리고 할머니가 영어를 할 줄 몰랐기 때문에 할머니와 대화할 때는 한국어를 사용해야 했던 것도 우리에게는 하나의 축복이었다.

가끔 처음 보는 아이들이 버스에 탈 때가 있었다. 하루는 한국 여자애 둘이 모습을 드러냈다. 언니는 조용했지만 동생은 약간 말이 많은 편이었다. 몇 가지 이유 때문에 그 동생은 나를 싫어했다. 그 애는 내 오빠는 좋아했지만 나는 끝까지 싫어했다. 그 애는 나한테 혀를 날름 내밀고 인상을 찌푸리곤 했다. 그때마다 그냥 무시해버렸지만 알지도 못하는 사람한테 왜 저렇게 심술궂게 구는지 이유가 궁금했다. 그리고 반은 한국인인 사람을 저렇게 대하는 이유 또한 도무지 이해할 수가 없었다. 내가 생각하기에 한국인이라는 우리의 공동 유산 때문에 우리는 친하게 지내야 마땅했다.

하루는 버스 경로가 바뀌는 바람에 한국인 자매보다 우리가 먼저 내렸다. 그런데 그 동생이 우리 할머니를 보고 분명히 뭔가에 감동받은 듯했다. 그 애는 할머니가 나와 오빠를 껴안으며 손을 잡는 모습을 지켜보았다. 그 일이 있고 나서 그 아이는 달라졌다. 전에 비해 나한테 친절해졌고, 우리는 서로 말을 트기 시작했다. 알고 보니 아버지들끼리 서로 아는 사이였던 것이다. 자매는 우리를 자기 집으로 초대했다. 그 애들은 우리 할머니와 함께 지내고 싶어했다. 그 애들은 미국 가정에 입양됐기 때문에 우리처럼 한국인이라는 유산에 접근할 기회가 전혀 없었다. 이로써 그 애들이 그 유산을 그리워하고 있다는 게 분명해졌다. 자매의 열망은 손에 만져질 듯 뚜렷했다. 그 뒤 그 애들 아버지가 다른 기지로 근무지를 옮기면서 우리는 두 번 다시 자매를 보지 못했다. 그 애들이 어떻게 됐는지, 한국에는 다시 가봤는지 궁금하다.

할머니에 대한 기분 좋아지는 기억 또 하나는 나의 심술을 웃음으로 바꾸어놓는 할머니의 요령이다. 나는 두 살 때까지는 직모였다가 그 뒤로 곱슬머리로 바뀌었다. 엄마와 할머니는 처음엔 곱슬머리에 익숙하지 않았지만 곧 머리를 하나로 묶어 끝을 망아지처럼 늘어뜨리거나 번빵처럼 동그랗게 말아 뒤통수에 붙여 모양을 내는 방법을 생각해냈다. 우리와 함께 살려고 왔을 때 할머니는 내 머리를 손질하는 역할을 맡았다. 우리에게는 정해진 절차가 있었다. 내가 옷을 다 입고 의자에 앉으면 할머니가 우선 고무줄을 제거하고 한 갈래나 두 갈래로 땋은 머리를 풀었다. 그런 다음 몇 번 빗질하고 나서 양쪽으로 갈라 다시 땋았다. 그렇게 하는 데 다 합쳐서 15분이 채 걸리지 않았고 할머니는 절대 서두르는 법이 없었다.

한 번은 머리 손질하는 것 때문에 짜증을 부린 적이 있었다. 여덟 살인가 아홉 살 때였지 싶다. 나는 빗살에 머리카락이 끼어서 홱홱 잡아당겨지는 게 지겹고 싫었다. 할머니에게 그 날은 머리 손질을 하기 싫다고 말했다. 그러자 할머니는 예쁘게 보이려면 머리를 단정하게 빗어야 한다고 말했다. 나는 큰소리로 "싫어요!"라고 말했다. 할머니는 그대로 놔뒀다가는 새들이 와서 내 머리에 둥지를 틀겠다고 말했다. 그게 바로 요령이었다. 새들이 내 머리 위에서 산다고 생각하니 끔찍했다. 할머니는 내 머리를 빗기면서 당신도 나처럼 곱슬머리였으면 좋겠다고 말씀하셨다. 당신은 곱슬머리처럼 보이려고 파마를 하는데, 서로 머리카락을 바꾸면 어떻겠냐고 하시면서! 나는 깜짝 놀라 할머니에게 나는 흰머리는 싫다고 말했다! 할머니는 웃기 시작했고, 나도 따라 웃었다. 그렇게 할머니는 언제나 나를 누그러뜨리고 내 영혼을 달래는 재주가 있었다.

할머니에 대한 또 다른 기억은 내가 제일 좋아하는 떡을 만들어주셨을 때다. 나는 건포도나 콩이 들어간 떡보다 아무것도 없이 그냥 하얗고 약간 단맛이 나는 백설기 떡을 좋아했다. 우리 집에는 낡았지만 튼튼한 솥이 두 개 있었는데, 하나가 좀 더 작았다. 형편이 빠듯했던 탓에 아빠가 작은 솥에다 구멍을 뚫어 할머니께 찜통을 만들어드렸다. 나는 할머니가 쌀가루를 가득 채운 네모 틀에 물과 설탕 약간을 섞는 모습을 지켜보곤 했다. 할머니는 각각의 재료를 얼마나 넣어야 할지 귀신같이 감지하셨다. 계량컵을 사용하는 적도 상자에 적힌 지시 사항을 읽는 적도 없었기 때문이다. 할머니는 찜통(물 적신 종이 타월로 가장자리를 빙 둘러싼) 안의 떡이 웬만큼 모양이 잡혔다 싶으면 더 많은 종이 타월로 빈틈없이 밀봉했다. 모락모락 피어오르는 김과 떡 냄새는 침샘을 자극했다. 할머니와 나는 부엌 식탁에 앉아 떡이 익기를 기다리며 도란도란 이야기꽃을 피우곤 했다. 할머니는 언제쯤이면 솥을 가스레인지에서 내려놓고 식혀야 하는지를 자동반사적으로 알아챘다. 할머니가 조심스럽게 젖은 종이 타월을 걷어내고 뚜껑을 여는 모습을 지켜보던 기억이 난다. 할머니는 떡이 다 됐는지 확인하려고 젓가락으로 쿡쿡 찔러보곤 했는데, 내가 기억하기로 덜 된 적은 한 번도 없었다. 그러고 나면 할머니는 떡을 도마로 옮겨 놓았고, 나는 조그만 부스러기들을 주워 먹곤 했다. 어떤 부스러기들은 좀 더 파슬파슬했는데, 그래서 더욱 특별했다. 할머니는 늘 크게 한 덩이 썰어 내게 건네셨다. 그렇게 먹는 떡이 얼마나 맛있었던지 지금도 기억이 생생하다. 내게 할머니의 떡은 미국의 그 어떤 페이스트리보다 훌륭했다. 맛도 맛이었지만 그 안에는 내가 정말 좋아하는 뭔가를 만들어주려고 일부러 짬을 내 수고를 아끼지 않은 할머니의 사랑이 가득 들어가 있었으므로.

할머니는 우리를 5년 동안 봐주다가 1980년 한국으로 다시 가셨다. 우리는 제발 가지 마시라고 붙잡았지만 할머니는 큰아들과 살아야 한다고, 그게 순리라고 말씀하셨다. 떠나면서 할머니는 올 때 가지고 온 전통 대부분을 도로 가져가셨다. 할머니는 우리와 한국을 이어주는 든든한 줄이었는데, 이제 할머니는 가고 없었다. 물론 우리에게는 엄마가 있었지만 엄마는 한국계 미국인 엄마로 사느라 바빴다. 엄마는 우리가 미국인으로서 성공하기를 바랐고, 그래서 우리는 더는 한국어를 그렇게 많이 사용하지 않았다. 우리는 여전히 한국 음식을 먹었고 때로 한국 축제를 보러 가기도 했지만 예전 같지 않았다.

나는 1980년을 마지막으로 두 번 다시 할머니를 볼 수 없었다. 2년 뒤 돌아가셨기 때문이다. 나는 지금도 할머니가 그립다. 할머니 생각이 너무 많이 날 때면 나는 엉엉 울고 만다. 할머니는 지금의 내가 있기까지 아주 큰 역할을 하셨다. 나는 한국인이라는 유산을 늘 자랑스럽게 여기고 있으며, 나이가 들수록 그 유산을 더욱더 살뜰히 챙기며 영원히 살아 숨 쉬게 하고 싶다.

몇 년 전 내가 다니는 대학의 강사 한 명의 한국인 사촌이 나를 만나로 오기로 했다고 얘기하는 걸 우연히 듣게 됐다. 그는 자기처럼 혼혈 한국계 미국인인 나에 대해 좀 더 자세히 알고 싶어했다. 우리는 서로의 성장 과정에 대해 얘기했다. 그는 자신의 성장 과정은 매우 미국적이었으며, 한국어를 사용하면 자기 엄마가 싫어했다고 말했다. 결국 그는 한국어를 배우지 못했다. 얼마나 슬픈 일인가. 하지만 당시에는 많은 부모들이 한국말을 못 쓰게 막았다.

이모가 몇 차례 우리를 방문하러 왔고, 나의 부모님도 한국에 갔지만 1980년 할머니를 모셔다 드리러 갔다 온 뒤로는 다시 못 가고 있다. 부모님과 다시 한국에 가고 싶다. 이번에는 남편과 가능하다면 의붓딸 둘도 데려가고 싶다. 남편과 두 딸이 내가 누군지 제대로 이해하려면 내 일부의 뿌리가 되는 곳을 직접 봐야 할 것 같기 때문이다. 내 어린 조카와 조카딸 셋도 한국에 데려가고 싶다. 그래서 할머니의 고향도 보고 은자의 왕국 땅을 절대 잊으면 안 되는 이유를 스스로 깨닫게 해주고 싶다. 나는 그 애들이 자신들의 피 속에 흐르는 한국인이라는 유산을 알고 기꺼이 수용하기를 바란다. 엄마 덕분에 그 애들 모두 전통 의상인 한복을 입고 '돌잔치'를 성대히 치렀다. 우리는 다른 전통들도 계속 이어나갈 수 있기를 희망한다. 엄마는 손주들에게 한국 동요를 가르쳐주셨는데, 나는 그 애들이 잊어버리지 않도록 가끔씩 불러보라고 한다.

오빠와 나도 할머니가 생전에 우리에게 늘 불러주시던 '아리랑'을 가끔씩 흥얼거린다. 더는 가사를 다 기억하진 못해도 그 멜로디와 할머니의 노랫소리는 여전히 우리 귓가에 쟁쟁하다.

가족들 틈에서 성장할 수 있어 나는 참 운이 좋았다. 게다가 나에게는 한국인이라는 우리의 유산을 바로 알길 바라며 늘 든든한 지원군이 돼준 멋진 아버지가 있다. 그런 아빠가 없었다면 지금처럼 감사하고 충만한 마음을 갖지 못했을 것이다. 아빠의 격려가 있었기에 나는 한 번도 정체성 부족을 느낀 적이 없었다. 다시 말해 나는 내가 다른 '보통의' 아이들과 다르다는 걸 언제나 잘 알고 있었다. 한국계 미국인이라서 불편한 게 있었다면 딱 하나, 비동양인들에게는 늘 한국 음식을 설명해야 했다는 점이다. 한 친구 어머니가 우리 가족이 먹는 음식이 미심쩍어서 자기 딸을 우리 집에서 하룻밤 재우는 문제를 놓고 망설였던 게 아직도 생생히 기억난다. 그때 나는 약간 상처를 입었다. 그 어머니가 우리와 같은 교회를 다녔기 때문이다. 우리가 마치 자기 아이들한테 이상한 음식을 먹이기라도 할 것처럼 의심할 줄은 정말 몰랐다. 그 엄마가 그렇게 나왔을 때 어린 마음에도 그런 행동은 기독교인답지 않다는 생각이 들었다. 그 사건은 두고두고 잊히지 않았다.

어쩌다 보니 나는 고기와 감자와 가공 식품을 먹고 자란 중서부 남자와 결혼을 하게 됐다. 그 남자는 한국 음식에 대해 아는 게 하나도 없었다. 김치와 된장국의 강한 냄새에 익숙해지려면 당연히 꽤 많은 시간이 걸릴 줄 예상은 했다. 그런데 지금까지도 남편은 어린 조카들과 조카딸이 하나도 남김없이 싹싹 먹어치우는 모습을 지켜보면서도 해초가 들어간 음식은 아예 입에도 못 댄다. 반면 과일은 완전히 다른 이야기다. 남편과 막내딸은 몇몇 한국 과일 맛에 익숙해지더니 이제는 미국 배보다 한국 배를 훨씬 더 좋아한다. 부녀가 조만간 유년 시절 내게 위안이 돼주던 음식들도 좋아하게 될 날이 오기를 기대해본다!

청소년기에 다는 아니지만 어쨌든 한국인이라는 사실 덕분에 아시아 세계로 통하는 문이 내 앞에서 열렸다. 집에서 수천 마일이나 떨어진 사우스캐롤라이나에 있는 대학에 입학하던 때가 기억난다. 나는 수학이 부족한 것 같아 수학 개인 교습을 신청했다. 그런데 강사가 베트남인이었다. 둘이 서로에 대해 어느 정도 알게 되면서 강사는 내가 반은 한국인이라는 사실도 알게 됐고, 그 뒤로 우리는 급속히 친해졌다. 강사는 내게 자기 가족을 소개해줬고, 그 부모님은 나를 반갑게 자기들 집으로 맞이해줬다. 쌍둥이도시에 살 때도 똑같은 일이 일어났다.

몽족 출신 친구가 있었는데, 내가 반은 한국인이라는 사실을 알고 난 뒤로 그 가족과 친구들이 나를 어찌나 반기던지. 마치 이렇게 말하는 듯했다. "저 애도 우리 중 한 사람이니 잘 대해줘야지." 그리고 지금 이곳 네브라스카에서도 똑같은 일이 일어나고 있다. 어렸을 때만 해도 나는 한국인의 피를 물려받았다는 게 얼마나 큰 축복인지 미처 깨닫지 못했다. 하지만 세월이 한참 흘러 그때보다 조금은 현명해진 어른이 되고 보니 그 유산이 나의 사고와 행동에 얼마나 큰 영향을 미쳤는지 뚜렷이 알겠다. 나는 이 풍부한 역사를 나의 어린 조카들과 조카딸에게도 물려줄 수 있기를 바란다. 자신의 한국 혈통을 아는 것은 그 애들한테도 중요하므로.

앨버타 슈미드 Albertha Schmid는 한국에서 한국인 어머니와 미군 아버지 사이에서 태어났다. 다섯 살 때까지 한국에서 살다가 아버지가 노스다코타로 전보발령 받으면서 미국에 왔다. 그 뒤 미국 남자와 결혼해 의붓딸 둘을 얻었다. 오빠네 집 근처에 살면서 어린 세 조카의 고모 노릇하는 재미에 푹 빠져 있다. 앨버타는 네브라스카에서 가장 큰 커뮤니티 칼리지에서 교무과장으로 일하고 있다. 언어와 문화, 예술, 음악, 독서, 글쓰기, 여행, 제빵에 관심이 많고 가족 및 친지들과 즐거운 시간을 보내는 것 또한 좋아한다. 그 밖에 다양한 단체에서 자원봉사 활동과 멘토링 활동도 활발히 하고 있다.

침묵을 넘어 : 의학박사 에스텔 쿡-샘슨과의 인터뷰

유지니아 김

유지니아 김 : 박사님 부모님과 박사님의 어린 시절에 대해 말씀해주시겠습니까?

에스텔 쿡-샘슨 : 저는 서울 명동성당 뒤쪽의 성바오로 고아원에서 한 미국 군인에게 입양됐습니다. 대략 여섯 살쯤에 미국으로 건너왔습니다. 그때 우리 가족은 워싱턴 DC에서 살았어요. 제 양부모님은 아프리카계 미국인들이었고, 아들 넷이 있었습니다. 나를 막 살갑게 대해주는 가족은 아니었어요. 나는 일종의 국외자였지요. 피부색도 다르고 생김새도 완전히 달랐으니까요. 아프리카계 미국인은 예나 지금이나 혼합 문화가 특징이긴 하지만 50년대의 아프리카계 미국인 가정에 다른 사람들이 보기에 그렇게 심한 혼합체는 없었어요. 하지만 우리는 워싱턴 DC 샌튼 로드에 있는 저소득층 주택단지의 아프리카계 미국인 공동체에서 살았습니다. 사람들은 비슷한 부류의 사람들을 보는 데 익숙해 있었는데, 저는 그 공동체 사람들과 생김새가 달랐어요. 아시아계와 아프리카계가 섞인 미국인은 그 당시 이스트 코스트에서 흔히 볼 수 있는 외모가 아니었지요. 역사를 되짚어보면 미네소타와 웨스트 코스트에선 아마 좀 더 흔하지 않았을까 싶어요.

유지니아 김 : 그 시기에는 미국 전체를 놓고 봤을 때도 아주 드물었습니다. 선생님 같은 한국전쟁 아이들은요. 어느 문화에서든 동질성을 지향하려는 경향이 강하기 마련입니다. 유년기가 힘들지 않았습니까?

에스텔 쿡-샘슨 : 보기에 따라선 힘든 유년기였을 수도 있겠지만 시설에 있다 나오면, 그러니까 다른 건 몰라도 저처럼 아무도 이름을 불러주지 않을 만큼 감정이라곤 없는 곳에서 나왔다면 상관없습니다. 그 사회에 적응하게 됩니다.

게다가 그 당시의 육아 방식은 매우 달랐고, 저는 말을 한마디도 하지 못했어요. 그 어떤 말도 할 줄 몰랐지요.

유지니아 김 : 영어, 한국어 둘 다 말인가요?

에스텔 쿡-샘슨 : 네. 그 전까지 누가 내 이름을 부르거나 신원을 확인한 적이 한 번도 없었으니까요. 삼촌, 이모, 오빠, 등과 가족 계보를 구분하지 못했던 기억이 똑똑히 납니다.

유지니아 김 : 한 번도 불려본 적이 없었다 해도 이름은 있지 않았을까요?

에스텔 쿡-샘슨 : 글쎄요, 누가 내 이름을 불렀던 기억이 없어요. 고아원에서는 확실히 없었어요. 그리고 양아버지가 내 이름을 불렀던 기억 또한 없어요. 하지만 설령 불렀다 해도 어떤 소리든 나한테는 낯설었을 겁니다. 미국에 오기 전 약 6개월 동안 미군 기지에서 아버지와 함께 살았지만 영어도 한국어도 배우지 못했어요. 그리고 조사 차 다시 갔을 때 비로소 내가 있던 고아원에선 프랑스어를 사용했다는 사실을 알게 됐어요.

유지니아 김 : 무척 조용했겠네요. 언어 혼란이 있었겠어요. 아버님께서 무엇 때문에 박사님을 입양했는지에 대해 혹시 뭐 아시는 것 있습

니까?

에스텔 쿡-샘슨 : 안타깝게도 아버지와 그 문제를 놓고 얘기본 적은 한 번도 없었지만 오랫동안 아버지를 겪어본 바로 아버지는 인정이 아주 많은 사람이었어요. 그 고아원에서 아버지가 자기한테 오라고 나를 손짓해 부르던 순간을 저는 지금도 기억합니다. 어느 일요일 부채춤 공연이 끝나고 나서였어요. 그 뒤로 아버지는 주말이면 가끔 고아원에 들러선 나를 차에 태우고 데리고 다녔어요.

말을 알아듣진 못했어도 사람들이 내게 외출복을 입히면 특별한 일이라는 건 알고 있었어요. 저는 또 입양이 목적이 아닌 고아원에도 있었어요. 입양되기에는 여러 가지로 문제가 많은 아이들을 받는 곳이었지요. 같은 수녀원에서 운영하던 인천 근처의 고아원이었어요.

돌아가시기 전 원장 수녀님들한테 들은 이야기인데, 그 말이 어디까지 사실인지는 잘 모르겠어요. 알고 보니 그 분들이 각색을 꽤 많이 하셨더라고요. 어쨌든 그 분한테 내 이름의 출처를 물었더니 자기가 지어줬다고 말씀하시더군요. 하지만 내가 생각할 때 강현숙이라는 이름은 입양을 앞두고 필요하니까 부랴부랴 지은 게 아닌가 싶어요.

유지니아 김 : 그 이름이 무슨 뜻인지 알고 계셨나요?

에스텔 쿡-샘슨 : 한국 이름이 대개 그렇듯이 꽃, 자연과 관계가 있는 것 같아요.

유지니아 김 : 여섯 살 때 이곳에 와서 입양 가족을 만나셨는데, 거기에 대해 뭐 좀 기억나는 게 있으세요?

에스텔 쿡-샘슨 : 긴 여행이었고, 비행기를 탔던 기억이 있습니다. 하와이를 거쳐 웨스트 코스트로 갔고, 거기서 이스트 코스트로 갔다가 뉴욕인가 뉴저지에서 기차를 탔어요. 가축 떼와 들판을 보고 아버지와 있으면서 본 영화 속 장면을 맞춰보려고 했던 기억이 나요. 비행기 탑승은 정말 끔찍했어요. 귀가 얼마나 아프던지.

유지니아 김 : 이곳 도시에서 자라면서 사회적 소외를 경험하지는 않으셨는지, 있었다면 어떤 건가요?

에스텔 쿡-샘슨 : 무엇보다도 저는 신체적으로 다른 초등학교 학생들과 다르게 보였어요. 영어를 배우기 시작하긴 했지만 말도 무척 서툴렀고요. 할 수 있는 말이 몇 마디 안 됐어요. 그렇다고 사람들이 내게 말을 걸어오는 것도 아니었고요. 게다가 초등학교와 중학교 때는 도심 학교를 다녔는데, 징계 문제가 많았어요. 왜, 침묵은 호의를 부른다잖아요. 콩그레스하이츠 초등학교에 다닐 때였는데 안전 순찰대원으로 활동했던 기억이 납니다. 다들 부러워하던 직함이었지요. 당시 그 학교는 과도기를 겪고 있었어요. 백인 교사들은…… 뭔가 느낄 수는 있었지만 그게 구체적으로 뭔지는 잘 몰랐었는데, 돌이켜보면 인종 차별이었어요. 순전히 흑인인 것보다 아시아계가 섞여서 더 심했다고는 생각지 않아요.

우리는 군 시설에서도 몇 차례 살았습니다. 버지니아 포트 먼로에서 한 동양인 가족이, 아마 일본인들이었던 듯한데, 그 집 어머니가 자기 딸한테 나랑 같이 놀지 말라고 말하더군요. 무엇보다도 내가 흑인이라서 그랬던 것 같아요. 하지만 중학교에 들어가선 나라 전체가 인종 문제 때문에 어려움을 많이 겪었고, 사람들은 아프로 스타일 같은 몇 가지 특징들로 '아프리카계 미국인'을 정의했는데, 나한테는 그런 특징이 없었어요. 어쨌거나 저는 어떻게 하면 그 집에서 나올 수 있을지, 어떻게 하면 나의 교육을 책임질 수 있을지 하는 문제에 더 관심이 많았어요.

유지니아 김 : 교육이 박사님이 가야 할 길이라는 건 어떻게 아셨나요?

에스텔 쿡-샘슨 : 중학교 때부터였던 것 같아요. 저소득층 주택단지에 살면서 학교에 갔다 오려면 거의 2마일을 걸어야 했고, 그래서 생각할 시간이 많았어요. 잡지 「뉴요커*The New Yorker*」의 연극 관련 기사를 가끔 읽곤 했는데, 기회는 그때 찾아왔어요. 내가 살고 있는 특이한 환경 밖에 뭔가가 있다는 걸 알게 된 거지요. 그 뒤 9학년이 되고 나서 ABC(A Better Chance) 프로그램을 통해 기회를 얻게 됐어요. 잘하면 나도 대학생이 될 수 있겠다는 희망이 생기더군요. 도심 지역 아이들을 기숙학교로 데려가기 위해 도입된 프로그램이었는데, 기숙학교 4년과 대학 4년 학비 전액장학금을 준다는 거예요. 그런데 어머니가 제동을 걸지 않겠어요? 내 말은 통 들으려고 하질 않더군요. 하지만 그 일은 내 마음에 그 상황에서 벗어날 수 있겠다는 희망의 씨앗을 심어놓았어요.

10학년 때는 온통 그 생각밖에 없었어요. 학기가 끝나가는데도 교과서를 절반도 공부하지 않았다는 걸 깨닫기까지 그렇게 오래 걸리지 않았어요. 아마 이 나라의 다른 사람들도 그 단계를 지나고 있었을 거예요. 당시 나는 학교에서 두각을 나타내고 있었지만 남들과 경쟁하고 있다는 느낌은 들지 않았어요. 두각을 나타내기는 쉬웠어요. 성적은 해당 지역사회의 수준과 비례하니까요. 나는 내 손으로 직접 문제를 해결하기로 했어요.

유지니아 김 : 박사님을 도와줄 멘토가 있었습니까?

에스텔 쿡-샘슨 : 아뇨, 전혀요. 나는 외톨이였어요. 밖에 나가서 즐길 수 있는 처지가 못 됐지요. 요리와 청소 같은 허드렛일을 하는 일종의 가정부였으니까요. 특정 직업을 목표로 하는 공부는 할 생각이 없었어요. 예를 들어 운전 교육은 받고 싶지 않았어요. 당시 그 과정을 이수한 사람들은 주로 우체국에서 근무했어요. 트럭을 몰게 되겠지요. 저는 그런 데는 관심이 없었어요. 선생님들은 저를 예쁘게 봐주셨고, 그래서 양해를 구하고 그 수업에서 빠졌어요. 전에 없던 일이었지요. 왜냐하면 아이들은 누구나 운전을 배우고 싶어하니까요. 모두가 차 한 대에 구겨져 들어가는 바람에 정작 운전자는 계기판 말고는 시야를 전혀 확보할 수 없는 상황이 웃기다고 생각했어요.

또 하나는 타이핑이었어요. 다들 커다란 교실에 앉아 타이프를 치다가 정부 일자리로 이동한다는 게 말이 안 된다고 생각했어요. 저는 정부 부처에서 일할 생각이 없었어요. 당시 청소년 여름 캠프에 참가하고 있었는데, 정부에서 하는 일이 제대로 되는 걸 별로 못 봤어요. 좋은 경험은 아니었어요. 저는 대학 진학을 염두에 두고 있지만 모르고 있었는데 그러려면 논문을 작성하는 능력이 있어야 했어요. 하지만 교실 환경이 그런 걸 배울 수 있는 상황이 안 됐어요.

유지니아 김 : 그렇다면 어떻게 대학에 들어가셨나요?

에스텔 쿡-샘슨 : 꼭 고등학교 졸업장이 있어야 하는 건 아니었어요, 학점만 이수하면 됐어요. 정규 학교 교과과정에서는 그렇게 많이 배울 수 없었기 때문에 여름 계절학기를 수강하며 학점을 땄어요. 학생을 필요로 하는 대학이라면, 특히 70년대 초에는 아프리카계 미국인을 모집하는 대학이 많았는데, 저 같은 사람을 반드시 받아줄 거라고 생각했어요. 그렇다고 아무나 들락거리는 학교는 가고 싶지 않았어요. 비록 '정식' 고등학교 졸업장은 못 땄어도 정식 대학 졸업장은 꼭 따리라 다짐했어요. 대학 졸업장이 있는 사람한테 어느 누가 고등학교 졸업장에 대해 물어보겠어요? 11학년 때 학교를 떠나 다시는 돌아가지 않았어요. 저는 어머니의 손길이 전혀 닿지 않는 환경에서 살았어요. 어머니는 월급만 꼬박꼬박 갖다주면 내가 어딜 가든 상관하지 않았어요. 버스를 타고 인근의 한 하계 학교에 다녔는데, 나더러 나오지 말라고 말하는 직원들은 거의 없었어요. 하계 학교는 주로 비행 청소년들이 다니거든요.

유지니아 김 : 그렇게 어린 나이에 그런 결심을 하셨군요.

에스텔 쿡-샘슨 : 무슨 구체적인 계획을 가지고 단계를 밟아나갔던 건 아니었어요. 하지만 어떤 단계든 앞으로 나아가는 게 뒤로 가는 것보다 나았어요. 막상 대학에 입학하고 보니 타이핑하는 법을 모르고 있는 거예요. 논문을 쓰는 법조차 알지 못했고, 언어실력도 여전히 부족했어요. 독해 능력은 꽤 괜찮은 편이었지만 발음이 좋질 않았어요. 훌륭한 것과는 거리가 멀었지요.

유지니아 김 : 너무 오랫동안 말을 하지 않고 살아서 그랬군요.

에스텔 쿡-샘슨 : 집에서조차 입을 닫고 있었어요. 그렇다고 어머니나 누구 하나 말을 걸어오는 것도 아니었고, 텔레비전을 시청하거나 라디오를 들을 수도 없었어요. 대신 어머니가 시키면 레코드를 틀어야 했어요. 다림질을 하는 사이사이 45회전 레코드를 걸어 놓곤 했지요. 주로 다림질과 빨래할 때 그랬는데, 빨래할 때는 세탁기를 오가며 레코드를 갈아 끼웠어요. 그냥 그렇게 살았어요.

유지니아 김 : 그런데도 무사히 대학을 졸업하다니 정말 대단하십니다.

에스텔 쿡-샘슨 : 우리 인간은 저마다 스스로의 자아를 만들어나가는 것 같아요. 그게 기준이어야 하지 않을까 싶어요. 인간은 저마다 아주 다르니까요. 어떤 사람은 특정인을 가리켜 자수성가했다고 말하는데,

자신은 자기가 만들지 또 누가 만들겠어요? 그 누구도 다른 사람을 만들면 안 되죠. 인간은 저마다 자기만의 재능을 가지고 있으면서 그 재능을 활용하잖아요? 사실 저는 "아무개는 자수성가한 사람이야"라는 식의 표현은 이치에 맞지 않는다고 생각해요. 따지고 보면 우리 중에 독불장군으로 사는 사람은 아무도 없잖아요. 부정적인 경험도 경우에 따라 우리에게 다른 방향을 제시해주는 것 같아요. 부정적인 경험도 있고 긍정적인 경험도 있기 마련이지만 부정적인 경험이 긍정적인 자아를 만들도록 도울 수도 있는 거거든요.

유지니아 김 : 도중에 박사님을 끌어주는 멘토가 한 명도 없었다니 정말 뜻밖인데요.

에스텔 쿡-샘슨 : 워낙 제한적인 환경에 있었기 때문인데 그래도 괜찮았어요. 워싱턴 DC의 에인젤 플레이스에 있는 저소득층 주택단지에 살 때 하고 싶지 않은 일이 뭔지 깨달았어요. 그게 내가 할 수 있는 일이 뭔지를 아는 것보다 내게는 더 긍정적이었어요. 나 자신을 통제하지 못하면 다른 사람이 나를 통제하려 든다는 걸 전 일찌감치 깨달았어요.

유지니아 김 : 그렇다면 그 시기의 경험 가운데 나중에 힘의 원천이 돼준 게 있다면 뭐가 있을까요?

에스텔 쿡-샘슨 : 그런 환경에서 살았던 것, 어머니의 행동을 관찰하며 지켜본 것, 가족 역학을 지켜본 것. 이런 것들은 내가 원하지 않는 게 뭔지를 깨닫게 해주지요. 학교에서 본 것들도요. 지금도 괴롭힘 때문에 말들이 많지만 저는 아주 오래 전에 괴롭힘 현장을 봤어요. 가진 사람과 못 가진 사람들, 가르칠 의욕이 없거나 학생들과 문제를 일으키는 교사들도 봤어요. 관찰은 많은 걸 배울 수 있게 해준답니다.

유지니아 김 : 박사님께서 그렇게 주도면밀하게 관찰하셨다니 무척 놀랍군요. 자기 주변의 세상을 관찰하던 이 말없는 소녀가 자기가 하고 싶지 않은 일을 기준 삼아 선택을 해나가는 과정이 눈에 보이는 듯합니다.

에스텔 쿡-샘슨 : 함께 고등학교를 다녔던 사람들을 만나면 맨 먼저 하는 말이 '우린 네가 말을 할 수 있는지 전혀 몰랐지 뭐야.'예요. 하지만 할 말이 없었고, 거기다 아마 말을 했다 해도 그렇게 잘하지 못했을 거예요. 사실 의대도 그래서 가게 된 거거든요. 거기선 말을 많이 할 필요가 없으니까요. 유니언대학을 선택한 건 잘한 일이었어요. 법학을 전공했더라면 아마 제대로 해내지 못했을 거예요. 암기해야 할 것도 너무 많았고, 그에 비해 의학은 나한테 좀더 잘 맞을 것 같았거든요. 하지만 내과의가 되기로 마음먹었던 건 중학교 때였어요.

그중에서도 정신의학 분야를 생각하고 있었어요. 이유는 저도 모르겠어요. 우리는 병원에 가지 않았거든요. 그렇다고 가족 중에 의사가 있던 것도 아니었고요. 아마도 책을 읽다가 문득 그런 생각이 들지 않았나 싶어요. 원래는 해양 생물학자가 되고 싶었지만 수영을 할 줄 몰랐어요. 어렸을 때 그런 환경에 노출됐던 적이 한 번도 없는데도 저는 자연을 참 좋아했어요. 가본 적이 없기는 풀장도 마찬가지였지만 그 당시 아프리카계 미국인 가정에서는 아주 보기 드문 일도 아니었어요.

유지니아 김 : 듣고 보니 아주 어렸을 때부터 의사의 꿈을 키우기 시작하셨는데, 드디어 앞으로 나아가서 결국은 해내셨네요.

에스텔 쿡-샘슨 : 유니언대학에서의 시간은 정말 즐거웠어요. 그때 활짝 피어났죠. 점점 많은 목소리가 들리기 시작하면서 독립적으로 생활할 줄 아는 사람이 되어갔지요. 듣든 것도 그때부터 시작했어요. 좀 더 다양한 단어들을 들을 기회가 있었는데, 그래서 연습도 하고 억지로 각종 위원회에 참여하기도 하고 특별 활동도 하면서 사람들을 사귀었어요.

무엇보다도 일하지 않아도 됐어요. 노동의 짐에서 해방되고 나니까 혼자 자연을 즐기기도 하고 다른 부류의 사람들과 어울릴 수도 있는 시간이 생기더군요.

저는 의대에 지원했어요. 이 당시 유니언에서는, 아마도 많은 학교가 이런 식으로 다른 학교와 차별화를 꾀하지 않았나 싶은데, 의대에 지원하려면 위원회를 거쳐야 했어요. 위원회에선 나를 탐탁지 않게 여겼지만 탈락시키진 않았어요. 물론 위원회의 이런 엘리트주의 행동이 이상하다고 생각은 했어요. 그 무렵 저는 연방정부를 통해 여름마다 일할 수 있는 주니어 펠로십을 받은 덕분에 워싱턴 DC로 돌아오면 언제든 일할 수 있었어요. 굳이 의대에 지원할 필요가 없었던 거지요. 같은 정부 사무실에서 다시 일할 수 있었으니까요. 크리스마스 전에 집에 돌아와 조지타운 의대에 가서 합격 여부를 알 수 있는지 물어봤어요. 그래서 하인츠 바우어 박사와 면담하게 됐는데, 합격이라고 말하지 뭐예요.

다른 학교들에도 원서를 넣어 합격한 상태였어요. 하지만 나한테는 조지타운이 최선의 선택이었어요. 내가 익숙한 지역사회에 계속 있을 수 있었고, 추운 지방으로 가는 것보다 훨씬 나았으니까요.

유지니아 김 : 정부 사무실이라면 어떤 일을 하셨나요?

에스텔 쿡-샘슨 : 보건교육후생부 산하 식약청에서 일했어요. 당시 저한테는 멘토 같은 분이 계셨어요. 헬렌 쿠라는 중국 여자 분이셨어요. 그 분과는 의대 때문이 아니라 리서치 작업 때문에 만나게 됐어요. 그

분은 할돌(항정신병제의 상품명 : 옮긴이)이라는 약에 대해 연구하고 계셨는데, 그 분의 동물 실험을 돕는 게 제 일이었어요.

재무부에서도 일했어요. 거기서는 주로 답신을 쓰는 일을 했는데, 이때 처음으로 정신건강을 접하게 됐지요. 제가 생각하기에는 정부에 편지를 쓰는 사람들 대다수가 그렇게 건강해 보이는 것 같지는 않았어요. 그 달에 미처 사용하지 못한 사회보장연금이나 은퇴연금을 돌려보내곤 했거든요.

조지타운 의대에 입학해서는 의료 분야에서 내게 맞는 일이 뭘지 많이 고민했어요. 어떤 형태로든 진료는 보지 않기로 거의 마음을 정했어요. 그쪽은 전문가도 넘쳐나고, 또 나는 그런 일에는 맞지 않을 것 같았거든요. 하지만 결국 우연한 기회에 방사선학과를 선택하게 됐지요.

보건교육후생부의 하계 프로그램 때문에 공중보건 간호사를 여러 명 만났어요. 당시 미국은 산아 제한 문제에 개입하고 있었는데, 저는 모성 건강과 관련해 북아프리카에 파견된 공중보건 간호사들을 돕고 있었어요. 나도 공중보건 쪽에서 일하고 싶었어요. 다행히 2학년 때 공중보건의 육성 사업 대상자로 선정이 됐어요. 하지만 공중보건은 무너지고 있었고, 나라에선 공공병원을 없애면서 일차 진료를 하지 않으려는 사람들에게 눈치를 줬어요. 저는 그 많은 약들과 보조를 맞출 수 없을 것 같아 일차 진료를 하지 않기로 이미 결정했는데 말이에요.

유지니아 김 : 방사선학의 어떤 점에 매력을 느끼셨습니까?

에스텔 쿡-샘슨 : (물론 그래서 빠져든 건 아니었지만) 조지타운에 시테이 박사라고 여성 방사선학자가 한 분 계셨어요. 무척 미인이시고 방사선학에 애정이 아주 많으셨어요. 그 분이 필름을 게시하면 대부분의 학생들은 지루해했지만 나는 그 분이 X-레이에서 어떤 부분에 대해 이야기하고 있는지 알 수 있었고, 그래서 나중에 제가 하고 싶은 게 바로 그거라고 말씀드렸지요. 우연히도 그 분은 유방조영술 권위자셨어요.

유지니아 김 : 여성의 건강이라는 측면에서 박사님께선 이미 방사선학에 관심이 많으셨던 것 같습니다. 그렇다면 그중에서도 전문 분야는 어디인지요?

에스텔 쿡-샘슨 : 유방조영술입니다. 하지만 전공의 과정을 끝내고 전임의 시절에는 횡단면 영상 촬영술, 주로 초음파와 CT를 익혔습니다.

유지니아 김 : 혼혈아로 자라면서 가장 만족스러운 점이 있다면 무엇입니까?

에스텔 쿡-샘슨 : 지금은 우리 시대예요! 현재는 안 섞인 사람이 없습니다. 지금은 그게 추세입니다. 4~50년 전에는 아주 이상했던 게 지금은 기준이 되고 있어요. 지금은 많이 섞이면 섞일수록 좋습니다. 그래서 전 요즘 기쁩니다. 인종 간 결혼과 관계, 달라진 가족의 정의, 혼혈에 서로 다른 대륙 출신이라는 게 전혀 걸림돌이 되지 않습니다.

유지니아 김 : 박사님은 결혼 하셨나요?

에스텔 쿡-샘슨 : 의대 졸업 후 결혼했어요. 오션 시티에서 남편을 만났어요. 남편은 공중보건 서비스를 제공하는 클리닉을 운영하고 있었어요. 약제사였어요. 저에게는 두 딸이 있습니다.

유지니아 김 : 혼혈인을 대하는 세상 사람들의 태도에 대해 어떻게 생각하십니까? 현대에는 안 섞인 사람이 없다고 말씀하셨는데, 그래서 사람들이 전과 다른 종류의 기쁨을 누리고 있다는 말씀이신가요?

에스텔 쿡-샘슨 : 우리가 외관상으로는 달라 보일지 몰라도 제가 강조하고 싶은 것은 누구나 독립적으로 생각하고, 도덕적으로 올바르게 살아야 한다는 겁니다. 그건 인종과 아무 상관이 없습니다. 도덕은 어디까지나 도덕입니다. 도덕적 기준이 바뀔 수는 없습니다. 하지만 안타깝게도 많은 사람들이 도덕적 기준을 경제에 두고 있습니다. 그래서 너도나도 경제적 기반을 강화합니다. 가진 게 많든 적든 도덕적 기준을 지키면서 사람들이 최선의 길이 아닌데도 경우에 따라 그 길을 택하게 되는 이유를 이해해야 합니다.

제 딸들은 스페인어를 잘합니다. 이중 언어 사용자들이지요. 라티노-히스패닉 환경에서 자랐거든요. 둘 다 스페인어를 가르치고 있고, 한 애는 스페인어 석사 과정을 밟고 있습니다.

유지니아 김 : 박사님께선 자라면서 그렇게나 오랜 세월을 침묵에 갇혀 말을 못했는데, 따님들은 이중 언어 사용자들이라니 정말 대조적이군요.

에스텔 쿡-샘슨 : 둘 다 글을 아주 잘 쓰는데, 한 애는 특히 출중하답니다. 철학을 전공했고 우등생으로 졸업했어요. 또 한 애는 스페인 방송국에서 아나운서로 일할 만큼 스페인어에 능통하구요.

웃기게도 요즘은 많은 사람들이 절 수다쟁이로 여긴답니다. 사실 수다쟁이가 되려고 얼마나 피눈물 나게 노력했는지 몰라요. 나 자신을 표현하고 싶었어요. 그건 읽기하고는 차원이 다른 문제거든요. 사람들 앞에서 큰 소리로 자신 있게 이야기하고 싶었어요. 뭔가 떠오르는 게 있으면 일단 밖으로 표현하고 봅니다, 그래야 어떤 식으로든 형태가 잡히니까요.

유지니아 김 : 가족 분들과는 계속 연락하고 지내십니까?

에스텔 쿡-샘슨 : 아버지는 돌아가셨고, 어머니는 안타깝게도 치매를 앓고 계시지만 친지들하고는 연락하고 지내고 있습니다. 화기애애한 관계지요. 큰 애를 낳고 어머니와 다소 소원해졌어요. 말이 좋아 선의의 무시지, 방임이라는 상황이 내 아이들한테까지 똑같이 이어지는 걸 원치 않았거든요. 내가 생각하기에 그건 바람직한 가족 역학이 아니었으니까요. 과거의 죄를 내 아이들한테까지 대물림하고 싶지 않았어요. 오실 줄 알고 환영 연회까지 준비했는데 부모님이 첫 아이 세례식에 나타나지 않았을 때 전 결심했어요, 앞으로 부모님하고의 관계는 내가 컨트롤하기로. 더는 종처럼 굴지 않겠다고 다짐했지요. 그 뒤로 모든 걸 혼자 해나가기 시작했고, 거기에 점점 익숙해졌어요. 그렇지 않았다면 계속 부모님한테 굽실거리면서 그게 뭐가 됐든 부모님들이 내게 해준 걸 계속 갚고 있었을 거예요. 남은 평생을 계속 빚지고 사는 방식을 버리기로 한거죠.

저는 봉사의 힘을 믿습니다. 이 나라로 올 수 있어서, 이 가족이 나를 받아들여줘서 참 운이 좋았다고 생각해요. 그렇게 좋은 환경은 아니었지만요. 하지만 한국을 떠날 수 있는 기회가 주어졌다는 게 얼마나 다행인지 몰라요. 또 아버지가 한국에 주둔하면서 저를 만났다는 측면에서 미국 군대에도 굉장히 감사하고 있답니다. 제가 받은 걸 돌려주고 싶었고, 공중보건 쪽 일을 하고 싶었던 것도 그래서였어요. 공중보건의는 공무원이지, 군인은 아니에요. 하지만 군에 합류해달라는 요청을 받았을 때 전 그 요청을 받아들여 총 34여 년을 복무하다가 DC 주방위군 장군으로 퇴역했습니다.

유지니아 김 : 그러고 보니 그 얘기는 하나도 못했네요! 정말 놀랍군요. 한국엔 다시 가보셨나요?

에스텔 쿡-샘슨 : 어른이 된 뒤로 많이 갔다 왔어요. 제 정체성을 찾아 15년 전 처음 가기 시작했지요.

유지니아 김 : 그곳에서 뭘 찾으셨습니까?

에스텔 쿡-샘슨 : 태어난 곳에 대한 진실을 많이 알게 됐습니다. 제가 보기에 인종 문제를 바라보는 한국 사람들의 지금 시각은 미국에 비해 20~25년 정도 뒤져 있는 것 같아요. 다들 점잖지만 속으로는 부글부글 끓어오르고 있어요. 계층 간, 인종 간 차별도 있고요. 한국에 있을 때 가끔 밀쳐질 때가 있는데, 왜 그런 일을 당하는지 잘 알지요. 힐끔힐끔 쳐다보는 사람도 많고, 지하철을 타면 말 그대로 저한테 침을 뱉으면서 의기양양해하는 남자들도 더러 있었습니다. 그래서 놀랐다는 얘기는 아니지만 여전히 감추는 게 많은 건 사실이에요. 다시 말해 한국전쟁의 혼혈아들 역사를 진심으로 대면하지 않고 있다는 겁니다.

하지만 그렇더라도 제가 한국과 미국이라는 주도적이고 아주 훌륭한 두 나라의 산물이라는 사실에 굉장히 자부심을 느끼고 있습니다.

에스텔 쿡-샘슨Estelle Cooke-Sampson 박사는 1951년 또는 1952년 대한민국 부산 근처에서 태어나 다섯 살 무렵 서울의 성바오로 고아원에 입소했다. 거기서 아프리카계 미국인인 쿡 병장에게 입양돼 미국으로 건너왔고, 워싱턴 DC가 결국 그녀의 집이 됐다. 1978년 조지타운 의대를 졸업한 뒤 미국 공중보건국에 몸담았다. 현재 방사선과 개업의로 활동하면서 하워드 대학교 의대 교수도 겸직하고 있다. 또한 세계 각지에서 의료 자원봉사 활동을 해오고 있기도 하다. 성인이 된 두 딸이 있으며, 워싱턴 주방위군 장군으로 퇴역했다.

유지니아 김Eugenia Kim의 데뷔 소설 『서예가의 딸*The Calligrapher's Daughter*』은 Borders Original Voices Award를 수상한 데 이어 Dayton Literary Peace Prize 최종 후보작에 올랐고 「워싱턴 포스트」 Best Historical Novel 및 Critic's Pick으로도 선정됐다. 그녀의 두 번째 소설 『비밀스런 관계*The Kinship of Secrets*』는 2018년 가을에 발간됐다. 유지니아 김은 페어필드 대학교에서 글쓰기를 가르치고 있다.

펴낸이의 글

인종주의의 덫을 넘어서

"당사자들의 목소리를 담아내는 소리통이 되겠다." 지난 17년 동안 (사)뿌리의집이 시민단체로서 활동을 펼치는 동안 거듭 다짐을 거듭해 온 지향이었다. 해외입양인 당사자들만큼 자신들의 삶에 관해 전문성을 지닌 사람들은 없다. 그러기에 그들의 목소리가 가감 없이 우리 사회에 울려 퍼질 때 비로소 우리 사회는 해외입양의 역사에 깃든 사태의 실재를 만나고 알아챌 수 있다. 그럼에도 소리통이 되는 일은 항상 가능했던 일도 쉬운 일도 아니었다. 사태의 긴급성 때문에, 혹은 언어 문화적 가교 역할을 효과적으로 감당하기 위해, 대신 목소리를 내는 경우도 없지 않았다.

『인종주의의 덫을 넘어서: 혼혈 한국인, 혼혈 입양인 이야기』는 혼혈 한국인과 혼혈 입양인의 목소리가 오롯이 담긴 책이다. 이번에야 말로 당사자들의 목소리를 담아내는 소리통이 되고 있다는 느낌이다. 이럴 수 있었던 데는 사연이 있다. 혼혈 입양인들이 2015년 무렵 모국 방문 프로그램을 시작했다. 그 공동체를 통해 이분들이 본격적으로 자신들의 과거와 오늘을 통합하는 활동이 미국에서 시작되었다. 모국을 찾고 가족 찾기에 나서고, 첫 삶의 고향이었을 법한 기지촌을 찾기도 하고, 한국의 지방자치정부 파주시를 움직여 미군이 철수한 기지 캠프 하우즈에 '엄마 품 동산'이라는 혼혈 입양인들과 기지촌 모성의 삶을 연결하는 공원을 세우는 일에 참여하기도 했다. 고향인 한국에서의 기억과 미국에서의 성장이라는 생애 서사를 묶어내는 작업도 했다. 그 중의 하나가 이 책이다. 대표편집자 캐서린 김이 뿌리의집을 방문하고, 이 책의 한국어판 출간을 부탁했다. 그리고 혼혈 입양인이자 기업인이며 북한에 의료장비를 무상으로 공급했고, 미국의 입양인 사회를 위해서 강력한 후원자로 활동하고 있는 토마스 박 클레멘트가 한국어 출판 비용을 부담하기로 했다. 이 책을 통해서 한국의 독자들이 혼혈 한국인과 혼혈 입양인의 삶과 이야기에 굴절 없이 다가갈 수 있다면, 뿌리의집이 당사자들의 소리통이 되리라고 다짐한 일에 한 걸음 더 들어가는 일이 될 것이다.

『인종주의의 덫을 넘어서: 혼혈 한국인, 혼혈 입양인 이야기』는 영문본 『MIXED KOREAN: OUR STORIES』를 번역한 책이다. 영문본은 혼혈 입양인들 스물한 분과 혼혈 한국인 열일곱 분의 이야기가 장절 구분 없이 편찬되었다. 처음 읽었을 때, 이 책은 산이나 강 혹은 둔덕과 시내가 없이, 마냥 끝없이 펼쳐지는 이야기 들판과 같다는 느낌이 들었다. 구획이 없으니, 읽으면서 어디로 가는지, 몇 걸음 더 나가면 무슨 다른 꽃들이 핀 들판이 나타날지를 알지 못하는 채로 무한정 펼쳐진 들판을 걷는 그런 기분이었다. 흥미롭기도 했지만, 다른 한편 혼란스럽고 때로는 방황하고 있다는 느낌이 들었다. 한국어 출판을 준비하면서, 나름 독자들의 산책길에 표지석 몇 개를 세우고, 내용상 조금 두드러지는 글들끼리 묶어서 내었으면 한다는 뜻을 원저의 편집자들에게 표하고 양해를 구했다. 출생의 첫 걸음과 어머니 이야기로부터 시작해서 한국에서 겪었던 아름다운 기억 혹은 차별과 혐오의 기억들, 그리고 입양 보내어진 낯선 나라에서 겪은 인종 차별과 부정의(injustice)의 기억, 혹은 그 가운데서 생존과 성장을 도모하기 위한 문화적 협상들, 그리고 그들이 남기고 있는 유산 등 입양된 나라들에서 전개된 생의 여정에 따라 범주화를 시도했다. 이쪽에 들어가도 다른 쪽에 들어가도 될 그런 글들이 많아, 임의성이 없지 않으나, 아무쪼록 독자들을 돕는 일이 되기를 바라고 그렇게 했다. 구획의 의도와 개요를 아래와 같이 적어둔다.

제1장 어머니, 나의 어머니

'어머니의 사랑은 나의 숨구멍이었다.' '어머니는 나를 사랑했고, 나를 아무에게도 양보하지 않았다.' 이 책의 두 번째 글에서 폴 하우가 하는 말이다. 어머니는 인간 존재의 뿌리다. 생명싸개인 어머니의 태에서 완전보호를 받았던 아기가, 세상에 나와서 최초로 신뢰를 배우는 곳이 엄마의 품이다. 이 신뢰는 아기가 어머니의 무조건적 사랑을 경험하는 데서 형성된다고 한다. 다른 말로 하면 세상과 아기의 몸과 마음에, 혹은 아기의 인격 내부에 타자에 대한 긍정과 신뢰의 힘이 형성된다는 이야기다. 이 신뢰에 기초해서 아기는 혹은 인간은 세상을 향한 모험의 길을 떠날 수 있다는 것이다. 50년대와 60년대를 한국에서 살아야 했던 혼혈 아동에게 이 어머니의 무조건적 사랑은 그 후 그들에게 다가온 모든 시련과 고난을 이겨내는 힘의 원천이 아니었을까. 아이가 혼혈이냐 아니냐는 질문을 어머니들은 던지지 않았다. 그냥 자신의 아이였을 뿐이었다. 이 책의 첫 장에 '어머니, 나의 어머니'란 이름 아래로 묶여질 만한 글들을 모았다. 물론 입양모 이야기들도 함께.

제2장 내 안의 한국

다 자란 나무 안에 그 나무의 어린 시절 나이테가 깃들어 있다. 사람의 어린 시절은 성인으로 살아가고 있는 삶 가운데서 나의 일부로 현존한다. 자신 안에 있는 어린 시절의 기억들은 오랫동안 묻혀 있기도 하지만, 때로 느닷없는 시간에 출현하기도 하고, 어떤 때는 스스로 그 시절을 소환해서 다시 다루기도 한다. 이런 과정에서 슬픔과 아픔, 편견과 차별, 혐오와 배제의 기억들이 되살아나는 일은 아프다. 아니 그것들이 다시 현재를 공격하는 트라우마가 되어 오늘의 삶을 무너뜨릴 수도 있다. 영문본에서 한국에서의 어린 시절이 남긴 트라우마를 수습하고 자신 안에 있는 자기의 과거와 화해하는 여정으로서의 쓰인 글들을 모아 2장에 담았다. 그런 점에서 2장은 그들의 한국에서의 어린 시절 이야기들을 통해 한국에 살았던 우리는 도대체 어떤 존재였는지를 알아챌 수도 있겠다 싶다. 다른 글들과 나란히, 하인즈 인수 펜클의 아름다운 셔츠는 편견과 차별, 배제와 혐오의 힘이 공동체의 몰락을 가져올 수 있다는 섬뜩한 경고를 오늘의 한국 사회를 향해 보내고 있다. 2장은 표면적으론 다문화를 외치지만, 실상은 우리 사회 안에 똬리를 틀고 있는 우리 자신의 흉측한 얼굴, 우리 안의 인종주의를 비추어 볼 수 있는 거울이다.

제3장 지독한 편견에 맞서다

인종주의는 그 사회 내부에 장치해둔 덫과 같다. 편견과 차별, 배제와 혐오의 덫이다. 그 덫은 걸리는 사람에게 당혹과 배제와 소외의 깊은 상처를 남긴다. 밀턴 워싱턴에게는 휴전선 부근의 한 작은 마을이 덫이었다. 40호 남짓 작은 마을의 어르신들은 인종주의의 주먹을 휘둘렀고, 밀턴과 엄마는 하루아침에 고향과 오두막에서 쫓겨났다. 킴 아인혼에게는 노란 스쿨버스가 덫이었다. 노란 스쿨버스의 덫에 갇힌 킴 아인혼은 피부색이라는 무기를 휘두르는 어린 동료 인간들로부터 마음의 린치를 당해야 했다. 편견과 차별, 배제와 혐오의 경험은 동판화에 새겨진 음각과 양각처럼 삶에 새겨진다. 패임과 돋움들은 다듬어지고 수습되고 치유되기도 하고, 부가되는 다른 삶의 사건들을 통해 그 첫 모습은 다른 모습의 일부가 되어, 그 기능과 미학에 변형이 일어나기도 한다. 상처는 남기도 하고 아물기도 하고 연약함을 남기기도 하지만, 지혜의 원천이 되어 그 다음에 다가오는 생의 길 안내 표지판이 되기도 한다. 편견과 차별, 배제와 혐오의 덫은 한국에도 미국에도 네덜란드에도 숨어 있었다. 유년기에도 청년기에도 아니 어른이 되어 사는 날에도 예기치 못한 시간과 개인이 통제할 수 없는 시대의 우연성처럼 보이는 사건들을 통해 그 흉측한 모습을 드러내곤 했다. 이 장은 덫에 갇혔으나 그것을 뿌리치고 나선 사람들의 이야기다. 당혹과 배제와 소외와 맞서는 감정노동의 거칠고 험한 덫 한가운데서 부정적

정서를 마침내 이겨낸 사람들의 이야기이다. 3장은 한국이나 미국에서 공히 인종주의의 덫을 해체하는 일이 얼마나 긴요한 일인지를 말해주는 친구들의 글쓰기이다.

제4장 부정의를 이겨내는 삶

사제와 교수와 정치가들은 뒷배가 든든한 사람들이다. 아니 뒷배의 구성적 주체이자, 뒷배가 작동하는 기능과 권력을 장착하고 사는 사람들이다. 숭엄성과 사랑이라는 상징으로 장착된 종교권력, 지식 함양과 생계 보장을 약속하는 학문권력, 권력 자체를 배분하는 주체로서의 국가권력들이 인종주의로 오염되었을 때, 그런 권력 작동 체계 내부에서 살아가는 사람들의 삶은 고단하다. 사람들은 제도적 부정의(institutional injustice)에 노정되고 깊은 상흔을 입는다. 미키는 혼혈인 국제입양의 영웅으로 한국과 미국에 널리 알려진 사제로부터 끔찍한 성추행을 당했다. 케이티 셸은 다니던 교회의 수석 사제로부터 종종 과도한 질책을 받아야 했다. 이들은 교회의 틀 안에서 인종 약자로 내어 몰리고 인격을 빼앗기고 억압을 겪어야 했지만 마침내 이겨냈다. 낸시 블랙맨은 대학 기구로부터 배제와 소외를 겪지만 분투 끝에 그 배제와 소외의 시스템을 장착한 대학 기구가 인종주의에 오염되면 오작동 된다는 사실을 자신의 생의 여정을 통해 여실히 드러낸 이야기를 하고 있다. 마이클 크롤리는 인종주의의 더러운 물에 오염된 정치가가 한 나라의 기구적 정점에 서는 일이 인종적 다름을 지닌 사람들에게 얼마나 아슬아슬하고 무시무시한 위협인지를 드러내준다. 인종주의에 오염된 제도적 부정의와 맞서 싸우고, 증언하고 해체하는 일 자체가 오히려 본령이어야 할 종교와 대학과 정치의 오작동에 개인이 맞서서 분투하는 일은 개인의 삶을 굴곡지게 하지만, 결국은 이겨낼 만한 일이라는 것을 4장의 글쓴이들은 보여주고 있다. 삶과 글이 고맙다.

제5장 문화적 협상

혼혈 한국인과 혼혈 입양인들의 삶은 자주 문화적 협상이라는 경로 위에 서야만 하는 것처럼 보인다. 몸에 깃든 유전적 특징과 자신이 배치된 사회 사이의 이격은 무언가를 포기하고 무언가를 선택해야 하는 협상의 자리로 내어 몬다. 언어적이고 문화적이며 민족적 특질을 완고하게 주장하기에는 삶을 새롭게 시작하는 땅의 낯가림이 너무 크기도 하고, 새롭게 시작하는 그 땅의 언어와 문화와 그 사회의 가치체계에 대한 수용 없이는 생존이 불가능한 상황에 내어 몰릴 수도 있다. 재스민 박은 자신의 몸과 동시대의 문화가 대립하고 있는 협상의 경로에서 있는 그대로의 자신의 몸에 충성심을 헌정하기로 하고, 거기에서 자유와 성장을 얻을 수 있음을 즐거워한다. 쇼냐 스완슨은 자신의 존재를 날짐승과 길짐승 사이에서 생존을 모색하는 박쥐에 빗대지만, 한국적 정체성의 풍부함을 포기하지 않기로 결단한다. 조엘 피터슨은 입양모의 문화적 몰이해가 듬뿍 담긴 귀리죽을 꾸역꾸역 먹어내는 것으로서 입양모의 사랑에 지지와 찬동을 보내고, 그것을 통해 자신의 삶의 지평을 확보하고 안정화를 도모한다. 빅토리아 남궁은 문화적 협상을 통해 결국 자기 나름의 생존방식을 터득하기도 하고, 자기에게 더 걸맞은 제3의 길을 찾아내려는 시도를 하고 있음을 드러낸다.

제6장 우리의 유산

이 장의 첫 글에서 익명의 시인은 혼혈 한국인, 혼혈 입양인들은 생의 경로가 일제 점령기, 미군통치, 한국 전쟁, 베트남 전쟁, 9.11과 테러와의 전쟁이라고 하는 역사의 험한 골짜기들에 연결되어 있는 생존자들이라고 말한다. 그리고 이 생존자들은 단순히 살아남는 것을 뛰어넘어 꿈과 빛, 아름다움과 기쁨을 향해 나아가고 있다고 말한다. 부정성이 깊은 삶의 현실 속에서도 긍정성의 유산을 남길 수 있다는 믿음을 포기하지 않는다. 캐서린 김은 2살 때 친생모가 포기했던 존재였고, 입양 가족의 알코올 중독과 불화와 폭력에 진저리를 쳐야 했다. 뿐만 아니라 미국 군인이었던 생부를 만나고 확인한 가족사에는 근친상간, 폭행, 살인, 자살, 중혼, 알코올 중독, 유방암, 자녀 방임 등이 얽혀 있었음을 확인한다. '가족은 짐이다'가 그녀의 가족에 대한 결론이다. 그럼에도 그녀는 과거의 아픔이 삶을 결정할 수 없음을 믿고, 긍정성의 생산자로서의 유산을 남기고 싶어 한다. 유지니아 김과 나눈 인터뷰 대화에서 드러나는 에스텔 쿡-샘슨의 삶은 황무지에서 핀 꽃처럼 아름답고 귀하다. 한국 전쟁의 와중에서 태어난 아프리카계 미국인으로서 그녀는 삶 자체를 유산으로 남길 수 있을 만큼 소중한 성취를 이루었다. 그녀는 한국이 한국전쟁 혼혈아들의 역사를 정직하게 대면해야 함을 촉구한다. 이는 한국이 묵직하게 받아들여야 할, 그녀가 남기는, 또 다른 유산이다.

예술평론가 수전 손택은 그녀의 책 『타인의 고통』에서 미국 남북전쟁에 사진작가로 참가해 전쟁의 비참을 냉엄하게 기록해낸 최초의 전쟁 사진작가 중의 한 사람인 매튜 브레디의 말을 빌어 '카메라는 역사의 눈이다'라고 단호하게 말한다. 잔혹한 전쟁터의 삶과 죽음을 가르는 찰나를 포착해 독자들의 눈앞에 생생하게 들이미는 사진의 리얼리즘을 일컫는 말이다. 어쩌면 이 책 『인종주의의 덫을 넘어서: 혼혈 한국인, 혼혈 입양인 이야기』의 글들도 다르지 않다. 50년대의 한국전쟁으로부터 이어진 미국 군대의 한국 주둔이 일으킨 긴 파장과 그림자 안에서 온 몸을 부대끼며 살았던, 그리고 오히려 인종주의의 본산 국가나 다름없는 미국으로 건너가 살았던, 혼혈 한국인과 혼혈 입양들의 삶의 여정에 대한 리얼리즘이 담긴 책이기에, 어쩌면 이 책은 냉전시대와 인종차별이 소용돌이치는 시대를 들여다 볼 수 있는 눈이라 해도 될 법하다. 그런 점에서 한국의 독자들은 우리의 과거사를 들여다 볼 눈을 이 책을 통해서 선물로 받는다.

선물이란 우리에게 없는 무엇, 그럼에도 그것이 우리에게 긴요한 무엇일 때 비로소 선물이 된다. 한국은 지금 다문화주의가 화두다. 아니 다문화주의가 화두로 등장했다는 것은 인종주의가 우리 사회 내부에 똬리를 틀고 있다는 이야기다. 이런 시기에 반세기 전에 이 땅이 씨름했던 인종주의 의제가 있었다는 사실을 알아채고, 그 사안을 우리가 어떻게 처리했고, 그 결과로 인해 그 때 그 사람들의 삶은 어떤 후과를 만나게 되었나를 들여다보는 일은 오늘 우리가 다문화주의를 어떻게 안아내어야 하는지에 대한 영감을 주는 일이다. 제주도 예멘 출신 난민 사건 때 우리 사회 내부에 잠복해 있던 혐오와 배제의 실상이

용출되었던 일이 불과 2년 전의 일이다. 한국에 거주하는 외국인이 작년 기준으로 236만 명이 된 시대이다. 동남아시아를 비롯한 나라들에서, 중앙아시아와 아프리카, 심지어 동유럽에서 들어와 사는 결혼이민 여성들에 대한 편견과 차별에 관한 이야기들, 농업과 어업과 공업이라는 산업현장의 참혹한 노동 조건 가운데서 우리 사회의 최하위 노동력 제공자로 살고 있는 외국인 노동자들의 사망 소식들 역시 심심치 않게 들려오는 사회가 우리 사회다. 특히 이미 우리 사회의 구성원일 수밖에 없는 혼혈 아동들의 얼굴에서 우리는 반세기 전의 혼혈 한국아동들과 혼혈 입양아동들의 얼굴을 기억해내야 한다. 그 기억이 불러내는 사죄와 연대 안에서 우리는 우리 사회의 다문화주의의 기치 아래에서, 몰래, 때로는 거칠게 흐르고 있는 인종주의와 정직하게 대면하고 이제 그 덫을 거두어 내야 한다. 이 일에 나서는 분들에게 이 책 『인종주의의 덫을 넘어서: 혼혈 한국인, 혼혈 입양인 이야기』가 예기치 않은 선물이 되었으면 한다.

마지막으로 이 책의 출간을 위해 함께 수고해주신 분들에게 이 지면을 빌어 감사를 표한다. 무엇보다도 먼저 이 책의 한국어판 출간을 요청해준 영문판 대표편집인 캐서린 김에게 감사드린다. 그녀는 이 책의 한국어 출판 비용을 해결하기 위해 위에서 언급한 바, 토마스 박 클레멘트에게 도움을 요청했다. 흔쾌히 한국어판의 출간을 위해 후원해주신 토마스 박 클레멘트님께 진심어린 감사를 드린다. 기꺼이 한국어판 서문을 써 보내주신 유리 둘런 교수님께 심심한 감사를 드린다. 유리 둘런교수님은 이 책의 한 꼭지를 써주신 필자이기도 하다. 또한 원저의 서문을 써주신 수-지 리 게이지 박사가 지난 해, 이 책의 한국어판 출간을 미처 보지 못한 채 세상을 떠났다. 원저의 편집진은 추모의 뜻으로 한국어판을 수-지 게이지 박사에게 헌정하기로 했다. 수-지리 게이지 박사와는 2018년 서울대학교 아시아연구소에서 해외입양을 주제로 열린 국제컨퍼런스에서 뵙고 개인적인 대화를 잠깐 나눈 적이 있다. 한국어판 편집인으로서 고인을 추모하는 마음을 표한다.

원고를 받아보시고 기쁜 마음으로 번역을 결심해주신 강미경 번역가의 아름다운 번역에 대한 고마움은 이루 말할 수가 없다. 외부 전문가로 이 책의 번역 과정과 편집전반에 대해서 탁월한 조언을 주신 전문 에디터 최윤희님께도 무한한 감사를 드린다. 유리 둘런 교수의 벗 임다혜선생께서 그의 글들을 섬세하게 살피시고 교열해주신 일에 감사드린다. 한국어판 출간에 즈음하여 혼혈인 주제에 깊은 연을 맺고 계신 두 분께 추천사를 부탁드렸다. 한 분은 혼혈인 문제를 아우르는 소수자 문제를 오랫동안 천착해 오신 성공회대학교의 박경태 교수님이시다. 다른 한 분은 당신 자신이 혼혈인이시자, 한국사회의 인종주의 두꺼운 얼음을 부수어 내고 대한민국 최고의 대중음악인의 자리에 오르셨을 뿐 아니라, 다문화 청소년을 위한 해밀학교를 설립하신 인순이 선생님이시다. 두 분께서 흔쾌하게 추천사를 써주셨다. 아름답고 영감이 깃든 추천사를 써주신 두 분께 감사드린다. 출판의 전 과정을 기획하고 진행해준 뿌리의집 황선미 실장의 노고에 감사와 상찬을 드린다. 기꺼이 책을 읽어주고, 꼼꼼하게 교정을 해주었을 뿐 아니라 내용에 대해서 치열한 토론에 가담해주신 동료 공정애, 박창우, 김창선, 염혜경의 도움 또한 소중했다. 한국어판 디자인을 해주신 스튜디오 아홉의 임현주 디자이너와 따뜻한 마음으로 인쇄를 맡아준 미래상상의 전배인 대표에게도 감사를 표한다.

이 모든 감사를 뛰어넘어, 마땅히 드릴 가장 소중한 감사는 이 책의 독자 제위에게 드려야 마땅하다. 이 책이 독자님들에게 마음의 울림을 드릴 뿐 아니라, 우리가 사는 세상 도처에 널려 있는 인종주의의 덫을 걷어내는 일에 일말의 영감이라도 드릴 수 있다면, 그것으로 뿌리의집에게 지워진 몫은 다하는 것이리라 믿고 싶다.

2020년 10월

뿌리의집 대표

김도현 목사

편집진 소개

체리사 김은 대한민국 경기도 의정부에서 한국인 어머니와 미군 아버지 사이에서 태어났다. Squaw Valley Community of Writers 졸업생이자 Women's Fiction Writers Association 회원이다. 이 글은 그녀의 첫 번째 소설에 수록됐던 글을 손본 것이다. 체리사는 소노마 카운티에서 노르웨이 출신 남편과 두 아들, 그리고 구조한 동물들과 함께 살고 있다. 현재 엄마에게 김치 만드는 법을 배우고 있는데, 이 밖에 무당 조상들의 비밀과 한국 요리에 대해서도 전수받고 있다.

캐서린 김은 1957년 대한민국 인천광역시 부평동에서 태어났고 1961년 미국으로 입양됐다. 교육과 편집분야에서 일해왔고, 2015년에 상염색체 유전자 검사로 입양인들의 친생가족 찾는 일을 돕는 비영리단체인 325KAMRA를 공동으로 설립, 2016년에서 2020년까지 대표를 역임했다. 그녀는 2019년에 친엄마를 찾아 행복하게 재회했다. 2020년 10월 미국에서 출간될 『마침내 함께, DNA 시대의 입양과 재결합에 대한 이야기들*Together at Last, Stories of Adoption and Reunion in the Age of DNA*』의 편집자이기도 하다. 캐서린은 여전히 입양인과 혼혈 정체성 문제에 전념하고 있다.

소라 김-러셀은 1976년 플로리다 공군 기지에서 태어나 위로 두 형제와 함께 오키나와와 캘리포니아에서 성장했다. 2004년 동아시아학 석사 과정을 마친 뒤 서울에 정착해 한국 소설을 영어로 번역하면서 틈틈이 문학 번역을 가르치고 있다. sorakimrussell.com에 접속하면 그녀가 출간한 번역 소설 목록을 볼 수 있다.

메리-김 아널드Mary-Kim Arnold는 2016년 'Essay Press Open Book Prize'를 수상한 『장황한 이야기*Litany for the Long Moment*』의 저자다. 종합 예술가이자 작가 겸 교사이며, 『럼퍼스*The Rumpus*』, 『조지아 리뷰*The Georgia Review*』, 『하어퍼럴러직*Hyperallergic*』 등 수많은 문학과 미술 잡지에 글을 기고하고 있다. 브라운 대학교와 버몬트 미술대학을 졸업했으며, 로드아일랜드 주 의회 예술위원회와 로드아일랜드 재단의 연구비 지원 대상자로 여러 차례 선정되기도 했다. 대한민국 서울에서 태어나 뉴욕에서 자랐다.